David Epstein

# Die Siegergene

David Epstein

# DIE SIEGER GENE

## Talent, Übung und die Wahrheit über außergewöhnlichen Erfolg

REDLINE | VERLAG

**Bibliografische Information der Deutschen Nationalbibliothek:**
Die Deutsche Nationalbibliothek verzeichnet diese Publikation in der Deutschen Nationalbibliografie; detaillierte bibliografische Daten sind im Internet über http://d-nb.de abrufbar.

**Für Fragen und Anregungen:**
info@redline-verlag.de

1. Auflage 2020


Nymphenburger Straße 86
D-80636 München
Tel.: 089 651285-0
Fax: 089 652096


Die englische Originalausgabe erschien 2013 bei Portfolio, einem Imprint von Penguin Random House LLC, unter dem Titel *The Sports Gene*.



Übersetzung: Max Limper
Redaktion: Silvia Kinkel
Umschlaggestaltung: Marc Fischer
Umschlagabbildung: Shutterstock/
Ostill is Franck Camhi/ein kaukasischer junger Sprinter-Läufer
Satz: abavo GmbH, Buchloe
Druck: GGP Media GmbH, Pößneck
Printed in Germany

ISBN Print 978-3-86881-798-0
ISBN E-Book (PDF) 978-3-96267-227-0
ISBN E-Book (EPUB, Mobi) 978-3-96267-228-7

*Für Elisabeth,*
*meine allerliebste MC1R-Mutantin*

# INHALT

EINFÜHRUNG

# Auf der Suche nach dem Siegergen

Micheno Lawrence war Sprinter in meinem Highschool-Team. Als Sohn jamaikanischer Eltern war er klein und mollig, und das Netzhemd, das er wie manche andere jamaikanische Teamkameraden zum Training trug, spannte sich über einen prallen Bauch. Nach der Schule jobbte er bei McDonald's und man scherzte, dass er sich dort zu oft selbst bediente. Aber das hielt ihn nicht davon ab, beeindruckend schnell zu sein.

Als in den 1970er- und 1980er-Jahren ein kleiner Exodus jamaikanische Familien nach Evanston, Illinois, brachte, wurde an der Evanston Township Highschool Leichtathletik zu einem beliebten Sport. (In der Folge gewann unser Team zwischen 1976 und 1999 vierundzwanzig aufeinanderfolgende Turniere.) Wie es sich für Ausnahmesportler gehört, sprach Micheno von sich selbst in der dritten Person. »Micheno hat kein Herz«, pflegte er vor großen Wettkämpfen zu sagen und meinte damit, dass er seine Konkurrenten gnadenlos besiegen würde. Im Jahr 1998, meinem Abschlussjahr, gewann er die Meisterschaft des Bundesstaats Illinois, indem er als Schlussläufer der 4×400-Meter-Staffel vom vierten auf den ersten Platz schoss.

Einen solchen Sportler kennt jeder von uns aus der Schulzeit. Einen, der alles ganz leicht aussehen lässt. Egal ob es ein Quarterback oder Shortstop, eine Hochspringerin oder ein Point Guard war – es handelte sich um ein *Naturtalent*.

Wirklich? Haben Eli und Peyton Manning die Quarterback-Gene ihres Vaters Archie geerbt, oder sind sie zu NFL-Stars geworden, weil sie mit einem Football in der Hand aufwuchsen? Gewiss hat Joe »Jellybean« Bryant seine Statur an seinen Sohn Kobe weitergegeben, aber woher hat der Sprössling seinen explosiven Antritt? Wie kommt es, dass Paolo Maldini den AC Milan zum Champions-League-Titel führte – vierzig Jahre nachdem sein Vater Cesare dasselbe erreichte? Hat Ken Griffey Sr. seinem Jungen etwa Baseball-Gene vermacht? Oder bestand das wahre Vermächtnis darin, dass der Junior in einem Baseball-Clubhaus aufwuchs? Oder in beidem? Zum ersten Mal in der Sportgeschichte bildete im Jahr 2010 ein Mutter-Tochter-Gespann, bestehend aus Irina und Olga Lenskiy, die Hälfte der israelischen Nationalmannschaft in der 4-mal-100-Meter-Staffel. Hier lag offenbar das Geschwindigkeitsgen in der Familie. Aber gibt es so etwas überhaupt? Gibt es überhaupt »Siegergene«?

Im April 2003 verkündete ein internationales Konsortium von Wissenschaftlern den Abschluss des Human Genom Projekts. Nach dreizehn Jahren Arbeit (und 200.000 Jahre nach dem Aufkommen des anatomisch modernen Menschen) hatten die Wissenschaftler das menschliche Genom kartiert. Alle rund 23.000 DNA-Regionen, die Gene enthalten, waren identifiziert worden. Auf einmal wussten die Forscher, wo sie nach den Ursprüngen menschlicher Eigenschaften suchen mussten, von der Haarfarbe über Erbkrankheiten bis hin zur Hand-Auge-Koordination; aber sie wussten noch nicht, wie schwierig es sein würde, die genetischen Anweisungen zu lesen.

Das Genom muss man sich als ein 23.000 Seiten dickes Rezeptbuch vorstellen, das in jeder menschlichen Zelle steckt und Anweisungen für die Entstehung des Körpers bereithält. Wer diese 23.000 Seiten zu lesen vermag, könnte herausfinden, wie der Körper entsteht. So jedenfalls war das Wunschdenken der Wissenschaftler. Allerdings enthalten einige der 23.000 Seiten Anweisungen für viele verschiedene Körperfunktionen, und wenn eine Seite verschoben, geändert oder herausgerissen wird, können einige der anderen 22.999 Seiten plötzlich neue Anweisungen enthalten.

In den Jahren nach der Sequenzierung des menschlichen Genoms suchten sich Sportwissenschaftler einzelne Gene heraus, von denen sie vermuteten, dass sie die sportliche Leistung beeinflussen würden, und verglichen unterschiedliche Versionen dieser Gene von Sportlern und Nichtsportlern. Das Problem bei solchen Studien ist, dass einzelne Gene normalerweise so geringe Auswirkungen haben, dass sie in Studien an kleinen Gruppen nicht nachweisbar sind. Selbst bei leicht zu messenden Merkmalen wie der Körpergröße entziehen sich die dazugehörigen Gene meistens der Erkennung. Nicht weil es sie nicht gäbe, sondern weil sie in der Komplexität des Genoms verborgen sind.

Langsam, aber sicher gingen Wissenschaftler von den Studien einzelner Gene über zu neuen und innovativen Methoden zur Analyse der Funktionsweise genetischer Anweisungen. Nimmt man hinzu, was Biologen, Physiologen und Sportwissenschaftler zu den Auswirkungen von biologischer Veranlagung und Trainingseifer auf die Leistungsfähigkeit herausgefunden haben, dann erscheint die große Debatte über ererbte oder erlernte Sportlichkeit in ganz neuem Licht. Das erfordert allerdings, dass wir uns tief ins Gestrüpp solch sensibler Themen wie Geschlecht und Ethnizität wagen. Aber da sich die Wissenschaft dorthin vorgewagt hat, scheut auch dieses Buch nicht davor zurück.

In Wirklichkeit ist es so, dass Ererbtes und Erlerntes in allen Bereichen außergewöhnlicher Leistung so miteinander verflochten sind, dass die Antwort immer lautet: beides. Dies ist jedoch für die Wissenschaft kein zufriedenstellender Schlusspunkt. Wissenschaftler müssen der Frage nachgehen: »Wie wirken Erlerntes und Ererbtes ganz konkret zusammen?« Und »Wie groß ist der jeweilige Anteil?« Um diese Fragen zu beantworten, sind Sportwissenschaftler auf das Gebiet der modernen Genforschung vorgedrungen. Dieses Buch ist mein Versuch, ihre Wege nachzuzeichnen und gesichertes wie umstrittenes Wissen über die angeborenen Begabungen von Spitzensportlern zusammenzutragen.

Schon in der Highschool habe ich mich gefragt, ob Micheno und die anderen Kinder aus jamaikanischen Familien, die unser Team so erfolgreich machten, möglicherweise ein besonderes Geschwindigkeitsgen von ihrer winzigen Insel mitgebracht hatten. Im College hatte ich die Gelegenheit, gegen Kenianer anzutreten, und fragte mich, ob Ausdauergene die Reise aus Ostafrika mitgemacht hatten. Gleichzeitig fiel mir auf, dass sich fünf Teamkameraden, die Tag für Tag, Schritt für Schritt miteinander trainierten, dennoch zu fünf völlig verschiedenen Läufern entwickelten. Wie konnte das sein?

Nach dem Ende meiner College-Läuferkarriere studierte ich Naturwissenschaften und schrieb später für die *Sports Illustrated.* Bei der Recherche und der Niederschrift dieses Buches hatte ich die Möglichkeit, meine sportlichen und wissenschaftlichen Interessen, die ich immer getrennt gesehen hatte, in der Petrischale des Spitzensports zu vermischen.

Die Buchrecherchen führten mich jenseits des Äquators und des Polarkreises und brachten mich in Kontakt mit Weltmeistern und Olympiasiegern, aber auch mit Tieren und Menschen, deren seltene Genmutationen oder außergewöhnliche körperliche Eigenschaften einen drastischen Einfluss auf die körperliche Leistung haben. Unterwegs erfuhr ich, dass Charaktereigenschaften wie beispielsweise die Trainingsmotivation, die ich für eine Frage des Willens hielt, tatsächlich in großem Maße genetisch bestimmt sind, während andere vermeintlich angeborene Eigenschaften wie die blitzschnelle Reaktionsfähigkeit eines Baseball- oder Cricket-Schlagmanns womöglich gar nicht erblich bedingt sind.

Beginnen wir doch gleich damit.

# 1

## Gefährliche Mädchenbälle

### Wie man Können ohne Gene erklärt

Das American-League-Team lag weit zurück, und für das National-League-Team trat gerade Schlagmann Mike Piazza an. Also holte man die Geheimwaffe aufs Feld.

Jennie Finch schlenderte an einer Phalanx der weltbesten Batter vorbei auf das sonnenbeschienene Infield. Ihr flachsfarbenes Haar strahlte im klaren Wüstenlicht. Seit vierundzwanzig Jahren war das Pepsi All-Star-Softballspiel ein Ereignis, an dem nur Baseballspieler der Major League teilnahmen. Die Menge brummte vor Aufregung, als die 1,85 Meter große Spitzenpitcherin der Softball-Nationalmannschaft den Pitcher-Hügel erreichte und ihre Finger um den Ball legte.

Es war ein milder Tag im kalifornischen Cathedral City; 21 Grad warme Luft füllte die hiesige Nachbildung des Wrigley Field der Chicago Cubs, einer der uramerikanischen Sportkathedralen. Die Replik in Dreiviertel der Originalgröße glich dem Original bis hin zu den mit Efeu bedeckten Mauern. Sogar die geziegelten Wohnhäuser der Chicagoer Nachbarschaft waren dort in der Wüste am Fuße der Santa Rosa Mountains präsent, auf beinahe lebensgroß ausgedruckten Originalfotos.

Finch, die in wenigen Monaten bei den Olympischen Spielen 2004 eine Goldmedaille gewinnen sollte, war ursprünglich nur als Mitglied des Trainerstabs der American League eingeladen worden. Das änderte sich, als die Stars der American League im fünften Inning mit 9:1 in Rückstand gerieten.

Kaum war Finch auf dem Mound angekommen, machten es sich die Defensivspieler hinter ihr gemütlich. Der Yankees-Infielder Aaron Boone zog seinen Handschuh aus und legte sich hin, wobei er die zweite Base als Kissen benutzte. Hank Blalock von den Texas Rangers nutzte die Gelegenheit für ein Schlückchen Wasser. Immerhin hatten sie Finch während des Schlagtrainings pitchen gesehen.

Im Rahmen der Feierlichkeiten vor dem Spiel hatte eine Reihe von Major-League-Stars ihre Fähigkeiten gegen Finchs Unterhandgranaten getestet. Finchs Würfe kommen aus einer Entfernung von 13 Metern und erreichen Geschwindigkeiten von annähernd 110 km/h. So benötigt der Ball ungefähr die gleiche Zeit bis zur Home Plate wie ein 150 km/h schneller Fastball vom 18 Meter entfernten regulären Pitcher-Hügel. Ein solcher Fastball ist zwar schnell, aber für Profi-Baseballer auch Routine. Zudem ist ein Softball größer und sollte daher leichter zu treffen sein.

Trotzdem ließ Finch die Bälle mit jedem Windmühlenschwung ihres Armes an den verdutzten Männern vorbeisausen. Als Albert Pujols, der größte Batter einer ganzen Generation, beim Aufwärmtraining Finch gegenübertrat, drängten sich die anderen Starspieler gaffend um ihn herum. Nervös richtete Finch ihren Pferdeschwanz. Ein breites Lächeln huschte über ihr Gesicht. Freude durchströmte sie, aber auch die Sorge, dass Pujols ihren Wurf mit einem Line Drive erwidern könnte. Über seiner breiten Brust baumelte eine silberne Kette, seine Unterarme waren so breit wie der Kopf des Schlägers. »Na dann«, sagte Pujols leise und signalisierte damit seine Bereitschaft. Finch schwankte erst nach hinten, dann nach vorne und peitschte dabei den Wurfarm in weitem Bogen. Zunächst feuerte sie einen hohen Pitch ab. Bei dem Anblick taumelte Pujols erschrocken zurück. Finch kicherte.

Sie ließ einen weiteren Fastball folgen, der diesmal hoch und innenseitig ankam. Pujols wirbelte defensiv herum und drehte den Kopf weg. Hinter ihm lachten seine Kollegen laut auf. Pujols trat aus seiner Position heraus, fasste sich und nahm seinen Platz wieder ein. Er scharrte mit den Füßen, bis er sicher stand, und starrte Finch an. Der nächste Pitch ging ab durch die Mitte. Pujols wirbelte ihm einen mächtigen Schwung entgegen, aber der Ball segelte am Schläger vorbei und die Zuschauer johlten. Der nächste Wurf war weit außen und Pujols ließ ihn vorbeifliegen. Mit dem darauffolgenden erzielte Finch wieder einen Strike, während Pujols nur leere Luft traf. Für den verbleibenden Pitch rückte Pujols ganz nach hinten in die Batter's Box und duckte sich tief.

Finch schwang erst nach hinten, dann nach vorne und feuerte. Pujols schlug weit daneben. Er wandte sich ab und ging zu seinen kichernden Kameraden. Dann blieb er verwirrt stehen. Pujols wandte sich wieder Finch zu, zog vor ihr die Mütze und setzte seinen Weg fort. »So etwas will ich nie wieder erleben«, schwor er später.

Die Abwehrspieler hinter Finch hatten also gute Gründe, es sich auf dem Spielfeld bequem zu machen, sobald sie ins Spiel kam: Sie wussten, dass es keine Hits geben würde. Und wie beim Aufwärmtraining bezwang Finch die beiden Batter, gegen die sie antrat. Piazza schwang an drei schnurgeraden Würfen vorbei. Brian Giles, ein Outfielder der San Diego Padres, verfehlte den dritten Strike so sehr, dass ihn sein Schwung in eine Pirouette zog. Anschließend beschränkte sich Finch wieder auf ihre Rolle als Ehrencoach. Aber dies sollte nicht das letzte Mal sein, dass sie Major Leaguer demütigte.

In den Jahren 2004 und 2005 trat Finch regelmäßig in einer Baseballsendung beim Fernsehsender Fox auf. In den Einspielern reiste sie zu den Trainingslagern der Major League und ließ die besten Baseballer der Welt wie Stümper aussehen.

»Die Mädels treffen solche Bälle?«, staunte Mike Cameron, Outfielder der Seattle Mariners, nachdem er einen Pitch um eine gute Handbreit verfehlt hatte. Nachdem der siebenfach als bester Spieler ausgezeichnete Barry Bonds Finch beim All-Star-Spiel der Major League gesehen hatte, drängte er sich durch die Reporter, um sie in einen Trashtalk zu verwickeln.

»Also, Barry, wann krieg ich's endlich mit dem Besten zu tun?«, fragte Finch.

»Wann du willst«, antwortete Bonds zuversichtlich. »Du hast dich mit den ganzen Zwergen abgegeben … Jetzt musst du dich mal dem Besten stellen. Du siehst gut aus und hast es drauf, da kannst du doch keinen Mann abweisen, der auch gut aussieht und es drauf hat«, sagte Bonds, um sie gleichzeitig anzubaggern und einzuschüchtern. Dann riet er ihr noch, ein Schutznetz mitzubringen, falls sie sich an ihn herantraute, denn »das wirst du brauchen … Ich treffe nämlich«.

»An meinen Ball ist bisher nur einer rangekommen«, erwiderte Finch.

»Rangekommen?«, fragte Bonds lachend. »Wenn der Ball über die Plate kommt, dann komm ich ran, das kannst du mal glauben. Dann komm ich ran, aber wie.«

»Meine Leute melden sich bei deinen Leuten und dann machen wir was aus«, sagte Finch.

»Oh, das ist schon ausgemacht! Ruf einfach mich an, Mädchen«, sagte Bonds. »Ich nehme Herausforderungen gerne persönlich an … Wir senden das Ganze, im nationalen Fernsehen. Ich will, dass die Welt zusieht, dass alle es sehen.«

Also reiste Finch zu einem Treffen mit Bonds – diesmal ohne Fans und Reporter –, und sein spöttischer Ton verging ihm schnell. Bonds sah Pitch um Pitch vorbeisausen und bestand darauf, dass die Kameras ihn nicht aufnahmen. Finch schoss einen Pitch nach dem anderen an Bonds vorbei und seine anwesenden Teamkameraden deklarierten sie sämtlich als Strikes.

»Der gilt aber als *Ball*!«, quengelte Bonds, worauf einer seiner Kameraden antwortete: »Barry, hier sind zwölf Schiedsrichter.« Bonds ließ Dutzende von Strikes an sich vorbeiziehen, ohne auch nur den Schläger zu schwingen. Erst als Finch ihm ankündigte, wie sie den Ball werfen würde, erwischte er einen läppischen Foul Ball, der ein paar Meter weit rollte und liegenblieb. Bonds flehte Finch an: »Mach weiter, wirf noch einen.« Sie tat es – und schmiss an ihm vorbei.

Als Finch in der Folge auf Alex Rodriguez traf, den amtierenden Spieler der Saison, schaute Rodriguez ihr über die Schulter, während sie sich mit einem Catcher aus seinem Team aufwärmte. Der Catcher vermasselte drei der ersten fünf Würfe. Als Rodriguez das sah, weigerte er sich zu Finchs Enttäuschung schlichtweg, die Batter's Box zu betreten. Er beugte sich zu ihr und raunte ihr zu: »Mich macht man nicht zum Affen.«

Seit vier Jahrzehnten versuchen sich Wissenschaftler ein Bild davon zu machen, wie Spitzensportler schnelle Objekte treffen können.

Eine intuitive Erklärung wäre, dass die Albert Pujolses und Roger Federers der Welt genetisch mit schnelleren Reflexen gesegnet sind und daher mehr Zeit haben, um auf den Ball zu reagieren. Allerdings stimmt das nicht.

Testet man Menschen auf ihre »einfache Reaktionszeit« – wie schnell sie auf ein Lichtsignal hin einen Knopf drücken können –, brauchen die meisten von ihnen, egal ob Lehrer, Anwalt oder Profisportler, ungefähr 200 Millisekunden oder eine fünftel Sekunde. Eine fünftel Sekunde entspricht in etwa der Mindestzeit, die eine Information braucht, um von der Netzhaut an der Rückwand des menschlichen Auges über zahlreiche Synapsen – den Lücken zwischen Nervenzellen, deren Querung jeweils einige Millisekunden dauert – zum primären visuellen Kortex im hinteren Teil des Gehirns zu gelangen und vom Gehirn aus als Signal ins Rückenmark übermittelt zu werden, von wo aus die Muskeln in Bewegung gesetzt werden. All dies geschieht so schnell wie ein Blinzeln. (Bei blendendem Licht dauert es schon 150 Millisekunden, bis die Augen zugekniffen werden.) Aber so schnell eine Reaktionszeit von 200 Millisekunden auch ist, angesichts von 160-km/h-Würfen und 200-km/h-Tennis-Aufschlägen ist das viel zu langsam.

Allein in den 75 Millisekunden, die die Sinneszellen in der Netzhaut benötigen, um einen Baseball im Sichtfeld wahrzunehmen und seine Flugbahn und Geschwindigkeit für die Weiterleitung ans Gehirn zu bestimmen, legt ein typischer Fastball im Profibaseball rund drei Meter zurück.

Der gesamte Flug des Baseballs von der Hand des Pitchers bis zur Plate dauert nur 400 Millisekunden. Und weil allein die Hälfte dieser Zeit für das Auslösen der Muskelaktion gebraucht wird, muss ein Batter in der Major League schon kurz, nachdem der Ball die Hand des Pitchers verlassen hat und lange bevor er überhaupt auf halbem Weg zur Plate ist, entscheiden, wohin der Schläger zu schwingen ist. Das Zeitfenster, in dem der Ball in Reichweite des Schlägers ist und überhaupt getroffen werden kann, misst 5 Millisekunden, und weil sich der Winkel, aus dem der Batter den Ball sieht, in Nähe der Plate so schnell ändert, ist der Ratschlag, den Ball im Auge zu behalten (*keep your eye on the ball*) buchstäblich unmöglich zu befolgen. Das Sehorgan des Menschen ist einfach nicht schnell genug ist, um den Ball in seiner ganzen Bahn zu verfolgen. Ein Batter könnte daher genauso gut die Augen schließen, wenn der Ball auf halbem Weg zur Homeplate ist. Angesichts der Wurfgeschwindigkeit und unserer biologischen Grenzen ist es eigentlich ein Wunder, dass überhaupt jemand irgendwelche Bälle trifft.

Dennoch erkennen und bewältigen Albert Pujols und seine All-Star-Kollegen 160-Sachen-Fastballs und verdienen damit sogar ihre Brötchen. Wieso verwandeln sie sich dann in Amateure, sobald sie mit 100 km/h lahmen Softballs konfrontiert werden? Der Grund ist, dass man einen Ball mit derart hoher Geschwindigkeit nur treffen kann, indem man in die Zukunft blickt, und wenn ein Baseball-Batter einer Softball-Pitcherin gegenübersteht, ist ihm der Blick in seine Kristallkugel verwehrt.

Vor fast vierzig Jahren, bevor Janet Starkes eine der einflussreichsten Sportforscherinnen der Welt wurde, war sie eine 1,57 Meter große Aufbauspielerin, die eine Saison in der kanadischen Basketball-Nationalmannschaft verbrachte. Ihren bleibenden Einfluss auf den Sport übte sie jedoch außerhalb des Spielfelds aus, nämlich mit ihrer Arbeit als Doktorandin an der Universität von Waterloo. Ihr Forschungsziel war es, herauszufinden, warum gute Sportler, nun ja, gut sind.

Tests an der »Hardware« – den angeborenen Körpereigenschaften von Sportlern, beispielsweise der einfachen Reaktionszeit – hatten erstaunlich wenig dazu beigetragen, sportliche Spitzenleistungen zu erklären. Die Reaktionszeiten von Spitzensportlern lagen immer um eine fünftel Sekunde herum, genau wie die Reaktionszeiten von zufällig ausgewählten Testpersonen.

Also suchte Starkes woanders nach der Antwort. Sie hatte von Untersuchungen an Fluglotsen gehört, bei denen man mithilfe von »Signalerkennungstests« gemessen hatte, wie schnell ein erfahrener Fluglotse visuelle Informationen durchkämmte, um das Vorhandensein oder Fehlen entscheidender Signale festzustellen. Und sie entschied, dass sich eine solche Untersuchung durch Übung erlernter kognitiver Wahrnehmungsfähigkeiten als lohnend erweisen könnte. Also erfand Starkes 1975 im Rahmen ihrer Abschlussarbeit für Waterloo den modernen »Okklusionstest«.

Sie sammelte Tausende von Fotos aus Frauen-Volleyballspielen und fertigte Dias von Bildern an, auf denen sich der Volleyball im Bild befand oder den Bildbereich gerade verlassen hatte. Auf vielen Fotos waren die körperliche Haltung und Dynamik der Spielerinnen nahezu identisch, egal ob der Ball im Bild war oder nicht, da sich seit dem Moment, in dem der Ball das Bild verließ, kaum etwas geändert hatte.

Starkes baute dann ein Spektiv vor einer Leinwand mit Diaprojektor auf und ließ Volleyballerinnen die Dias einen Sekundenbruchteil lang betrachten und anschließend raten, ob sich der Ball im aufblitzenden Bild befand oder nicht. Die Blickdauer war zu kurz, als dass die Betrachterinnen den Ball tatsächlich hätten sehen können. So sollte festgestellt werden, ob die Spielerinnen das gesamte Spielfeld und die Körpersprache der anderen anders wahrnehmen als ein Durchschnittsmensch und ob sie dadurch auf das Vorhandensein des Balles schließen.

Die Ergebnisse der ersten Okklusionstests verblüfften Starkes. Anders als bei den Untersuchungen der Reaktionszeiten war der Unterschied zwischen Spitzensportlern und Anfängern enorm. Den Elite-Spielerinnen genügte ein Sekundenbruchteil, um festzustellen, ob der Ball vorhanden war. Und je besser die Spielerin, desto schneller konnte sie jedem Dia relevante Informationen entnehmen.

Einmal testete Starkes Mitglieder der kanadischen Volleyball-Nationalmannschaft, zu der zu dieser Zeit eine der besten Stellerinnen der Welt gehörte. Anhand eines Bildes, das nur eine Sechzehntausendstelsekunde lang vor ihren Augen aufblitzte, konnte die Stellerin ableiten, ob der Volleyball vorhanden war. »Das ist eine erstaunliche Leistung«, versicherte mir Starkes. »Leute, die nicht Volleyball spielen, erkennen in sechzehn Millisekunden nur einen Lichtblitz.«

Die Weltklasse-Stellerin erkannte innerhalb von sechzehn Millisekunden nicht nur das Vorhandensein oder Nichtvorhandensein des Balls, sondern erspähte mitunter genug visuelle Informationen, um zu wissen, wann und wo das Bild aufgenommen wurde. »Nach jedem Dia bestätigte sie mit ›ja‹ oder ›nein‹, ob da ein Ball war«, berichtet Starkes, »und dann sagte sie manchmal noch: ›Das war das Sherbrooke-Team, nachdem sie ihre neuen Trikots bekommen hatten, also muss das Bild zu dem und dem Zeitpunkt aufgenommen worden sein.‹« Was für die eine Frau ein Lichtblitz war, erzählte der anderen eine ganze Geschichte. Dies war ein deutlicher Hinweis darauf, dass ein wesentlicher Unterschied zwischen erfahrenen und unerfahrenen Sportlerinnen nicht in ihrer schieren Reaktionsfähigkeit bestand, sondern darin, dass sie gelernt hatten, das Spiel wahrzunehmen.

Kurz nach ihrer Promotion wurde Starkes in die Fakultät der McMaster University aufgenommen und setzte ihre Okklusionsforschungen an der kanadischen Feldhockey-Nationalmannschaft fort. Zu dieser Zeit bestand die Lehrmeinung im Feldhockey aus der Überzeugung, dass angeborene Reflexe von vorrangiger Bedeutung seien. Umgekehrt war damals die Vorstellung, zur spielerischen Spitzenleistung gehörten erlernte Wahrnehmungsfähigkeiten, in Starkes' Worten »Ketzerei«.

1979, als Starkes der kanadischen Feldhockey-Nationalmannschaft bei der Vorbereitung auf die Olympischen Spiele 1980 half, war sie bestürzt darüber, dass sich die Nationaltrainer bei der Aufstellung der Mannschaft auf veraltete Ideen stützten. »Sie glaubten, alle würden das Spielfeld auf die gleiche Weise sehen«, sagt sie. »Sie setzten bei der Auswahl auf einfache Reaktionszeittests und meinten, das sei ein Indikator dafür, wer die besten Torhüterinen oder Stürmerinnen sein würden. Zu meinem Erstaunen war ihnen nicht klar, dass die reine Reaktionszeit möglicherweise gar nichts bedeutet.«

Starkes wusste es besser. Bei ihren Okklusionstests an Feldhockeyspielerinnen stellte sie genau das fest, was sie bei Volleyballerinnen herausgefunden hatte, und noch viel mehr. Elite-Feldhockeyspielerinnen konnten nicht nur mit weniger als einem Augenblick erkennen, ob sich ein Ball im Bild befand, sondern auch nach einem flüchtigen Blick das ganze Spielfeld genau rekonstruieren. Dies bestätigte sich bei Basketball und Football. Es war, als hätte auf wundersame Weise jede Spitzensportlerin ein fotografisches Gedächtnis, wenn es um ihren Sport ging. Die nächste Frage ist also, wie wichtig solche Wahrnehmungsfähigkeiten für Spitzensportler sind und ob sie das Ergebnis genetischer Veranlagung darstellen.

Eine Antwort darauf ließe sich nirgendwo besser finden als bei einer Art von Wettkampf, bei der die Spielzüge langsam und wohlbedacht sind und nicht von Muskeln oder Sehnen abhängen.

In den frühen 1940er-Jahren begann der niederländische Schachmeister und Psychologe Adriaan de Groot damit, dem Kern des Schachkönnens auf den Grund zu gehen. De Groot untersuchte Schachspieler unterschiedlicher Spielstärken, um herauszufinden, was einen Großmeister vom durchschnittlichen Profispieler und einen Profi vom Vereinsspieler abhob.

Nach damaligem Wissensstand dachten hoch qualifizierte Schachspieler weiter voraus als weniger qualifizierte Spieler. Dies trifft auch tatsächlich zu, wenn man erfahrene Spieler mit blutigen Anfängern vergleicht. Als de Groot jedoch Großmeister ebenso wie starke Spieler ihre Entscheidungsfindung in einer ungewohnten Spielsituation erläutern ließ, stellte er fest, dass Spieler trotz unterschiedlicher Spielstärke über gleich viele Schachfiguren nachdachten und im Wesentlichen die gleiche Anzahl möglicher Züge erwogen. Warum, fragte er sich, machten Großmeister dann die besseren Züge?

De Groot stellte eine Gruppe von vier Schachspielern als Vertreter unterschiedlicher Spielstärken zusammen: ein Groß- und Weltmeister; ein Meister; ein Stadtchampion; und ein durchschnittlicher Vereinsspieler.

Dann beauftragte de Groot einen weiteren Schachmeister damit, verschiedene Schachpositionen aus obskuren Spielen auszuwählen, und damit unternahm er dann etwas ganz Ähnliches wie Starkes dreißig

Jahre später bei ihren Sportlerinnen: Er ließ die Schachbretter für einige Sekunden vor den Spielern aufblitzen und bat diese dann, die Spielsituation auf einem leeren Brett zu rekonstruieren. Es stellten sich Unterschiede zwischen den Fähigkeiten heraus, insbesondere zwischen den beiden Meistern und den beiden Nichtmeistern, die »so groß und eindeutig waren, dass sich weitere Nachweise im Grunde erübrigten«, wie de Groot schrieb.

In vier Versuchen rekonstruierte der Großmeister das komplette Brett, nachdem er es drei Sekunden lang betrachtet hatte. Der Meister vollbrachte das gleiche Kunststück zweimal. Keiner der schwächeren Spieler war in der Lage, auch nur ein Brett vollkommen korrekt zu reproduzieren. In sämtlichen Tests platzierten der Großmeister und der Meister mehr als 90 Prozent der Figuren korrekt, während der Stadtmeister rund 70 Prozent und der Vereinsspieler nur etwa 50 Prozent schafften. In fünf Sekunden durchschaute der Großmeister die Spielsituation besser als der Clubspieler in fünfzehn Minuten. Diese Tests legten dar, »dass Erfahrung die Grundlage für die überragenden Leistungen von Schachmeistern ist«, so de Groot. Aber es sollte noch drei Jahrzehnte dauern, bis jemand nachwies, dass es sich bei de Groots Beobachtungen tatsächlich um erworbene Fähigkeiten handelte und nicht um das Produkt einer angeborenen übermenschlichen Merkfähigkeit.

In einer 1973 veröffentlichten wegweisenden Studie wiederholten die Psychologen William G. Chase und Herbert A. Simon – ein späterer Nobelpreisträger – das Experiment von de Groot und fügten eine Besonderheit hinzu: Sie testeten das Erinnerungsvermögen der Spieler an Schachbretter mit zufällig angeordneten Stellungen, wie sie in einem Spiel niemals vorkommen würden. Als die Spieler fünf Sekunden Zeit hatten, um die zufälligen Figurenkonstellationen zu studieren, und sie dann rekonstruieren sollten, verschwand der Vorsprung der Meister. Plötzlich entsprach ihr Erinnerungsvermögen dem von durchschnittlichen Spielern.

Um ihre Beobachtungen zu erklären, postulierten Chase und Simon eine Theorie des »Stückelns« (*chunking*), die für das Verständnis von Spielen wie Schach, aber auch von anderen Sportarten wichtig wurde, und die die Erkenntnisse aus Janet Starkes' Forschungsarbeit an Feldhockey- und Volleyballspielerinnen erklären half.

Schachmeister und Spitzensportler *stückeln* die Informationen auf dem Spielbrett oder Spielfeld. Mit anderen Worten: Anstatt sich mit einer großen Detailfülle auseinanderzusetzen, gruppieren Fortgeschrittene die Informationen unbewusst in wenige aussagekräftige Stückelungen, wobei sie von bereits bekannten Mustern ausgehen. Während sich der durchschnittliche Vereinsspieler in de Groots Studie an die Anordnung von zwanzig einzelnen Schachfiguren zu erinnern versuchte, musste sich der Großmeister nur ein paar Gruppierungen von jeweils mehreren Figuren merken, da die Beziehungen zwischen den Figuren für ihn eine große Bedeutung hatten.[1]

Großmeister sprechen fließend Schach und verfügen über eine mentale Datenbank mit Millionen von Figurenkonstellationen, aufgeteilt in mindestens 300.000 sinnhafte Stückelungen, die wiederum zu mentalen *templates*, großen Arrangements von Figuren (oder Spielern im Fall von Feldsportarten) gruppiert sind, innerhalb derer manche Elemente bewegt werden können, ohne dass das gesamte Arrangement unkenntlich wird. Wo Anfänger von neuen, chaotischen Informationen überfordert werden, erkennen Meister vertraute Ordnungen und Strukturen mit leicht auffindbaren Informationen, die die anstehende Entscheidung erleichtern.

1 Wir alle stückeln und gruppieren ständig. Beispielsweise bei der Sprache: Wer sich einen Satz mit zwanzig Wörtern merken soll, hat es viel leichter als jemand, der zwanzig zufällige Wörter ohne sinnhaften Bezug auswendig lernen muss.

> »*Was anfangs durch langsames, bewusstes, deduktives Denken erreicht wird, wird nun durch schnelle, unbewusste Signalverarbeitung erreicht*«, so Chase und Simon. »*Es ist keine Übertreibung, wenn ein Schachmeister behauptet, er ›sehe‹ den richtigen Zug.*«

Forschungen, bei denen man die Augenbewegungen erfahrener Performer aufzeichnete – seien es Schachspieler, Pianisten, Chirurgen oder Sportler –, haben ergeben, dass Experten mit zunehmender Erfahrung visuelle Informationen umso schneller sichten und die Spreu vom Weizen trennen können. Experten lenken ihre Aufmerksamkeit schnell von irrelevantem Input weg und richten sie auf die Daten, anhand derer sie am besten entscheiden können, was als Nächstes zu tun ist. Während sich Anfänger mit einzelnen Figuren oder Spielern befassen, konzentrieren sich Experten mehr auf die Zwischenräume zwischen Figuren oder Spielern, die für die Verbindung der einzelnen Teile im Ganzen wesentlich sind.

Vor allem im Sport ist es wichtig, dass Ordnungen wahrgenommen werden, denn aus der Anordnung der Spieler oder aus subtilen Änderungen der Körperbewegungen eines Gegners können erfahrene Athleten entscheidende Informationen gewinnen, um unbewusst Vorhersagen darüber zu treffen, was als Nächstes passieren wird.

Ende der 1970er-Jahre war Bruce Abernethy Student an der University of Queensland. Als begeisterter Cricketspieler begann er, die Okklusionsmethoden von Janet Starkes zu erweitern. Abernethy nahm mit einer Super-8-Kamera Filme von Cricket-Bowlern auf. Das Filmmaterial führte er dann Battern vor, schnitt es aber vor dem Wurf ab und ließ sie vorhersagen, wohin der Ball fliegen würde. Es überrascht kaum, dass erfahrene Spieler die Flugbahn des Balls besser vorhersagen konnten als unerfahrene Spieler.

In den Jahrzehnten danach hat Abernethy, der heute stellvertretender Dekan für Forschung in Queensland ist, Okklusionstests immer raffinierter eingesetzt, um die Wirkungen von Wahrnehmungsfähigkeiten im Sport zu ergründen. Abernethy hat seine Studien vom Videobildschirm auf das Spielfeld und den Tennisplatz verlagert. Er hat Tennisspieler mit einer Brille ausgestattet, die undurchsichtig wird, kurz bevor der Gegner den Ball schlägt. Cricket-Battern hat er Kontaktlinsen mit unterschiedlichen Unschärfegraden verpasst.

Der Tenor von Abernethys Forschungsergebnissen lautet, dass Spitzensportler weniger Zeit und weniger visuelle Informationen benötigen, um zu wissen, was in der unmittelbaren Zukunft passieren wird, und dass sie wie erfahrene Schachspieler unbewusst auf entscheidende visuelle Informationen zugreifen. Elite-Athleten stückeln Informationen über Körperhaltungen und Spielerstellungen so, wie es Schachgroßmeister mit Türmen und Läufern tun.

> *»Wir haben erfahrene Cricketspieler getestet und ihnen nur den Ball, die Hand und den Unterarm gezeigt, und sie waren trotzdem besser als bei zufälligem Raten«*, berichtet Abernethy. *»Es wirkt bizarr, aber es stecken wichtige Informationen in der Hand- und Armhaltung, aus denen Topspieler entscheidende Hinweise gewinnen können.«*

Top-Tennisspieler, so Abernethy, können an winzigen Haltungsänderungen des gegnerischen Oberkörpers vor dem Aufschlag erkennen, ob der Ball an ihre Vorhand oder Rückhand geht, während durchschnittliche Spieler dafür erst die Bewegung des Schlägers sehen müssen, was wertvolle Reaktionszeit kostet. (Als Abernethy beim Badminton den Schläger und den gesamten Unterarm verbarg, wurden Elite-Spieler wieder zu Anfängern – ein Hinweis darauf, dass die Stellung des Unterarms bei dieser Sportart von entscheidender Bedeutung ist.)

Profiboxer besitzen eine ähnliche Fähigkeit. Vierzig Millisekunden brauchte eine Gerade von Muhammad Ali, um das 50 Zentimeter entfernte Gesicht seines Gegenübers zu erreichen. Hätten sie keine Voraussagen anhand von Alis Körperbewegungen getroffen, wären Alis Gegner in der ersten Runde erledigt gewesen, da sie jeden einzelnen Schlag eingesteckt hätten. (Ali wusste die Flugbahn seiner Schläge so zu verbergen, dass seine Gegner sie schlechter voraussagen konnten und ohnehin ein paar Runden später erledigt waren.)

Sogar scheinbar rein instinktive Fähigkeiten – etwa der Rebound-Sprung nach einem missglückten Korbwurf beim Basketball – basieren auf erlerntem Wahrnehmungswissen und abgespeicherten Kenntnissen darüber, wie feinste Haltungsänderungen des Werfers die Flugbahn des Balls beeinflussen. Diese Kenntnisse bilden eine Datenbank, die nur durch diszipliniertes Üben entsteht.[2]

Ohne jene Datenbank ergeht es Sportlern wie einem Schachmeister vor einem zufällig aufgestellten Brett oder wie Albert Pujols vor Jennie Finch – ihnen fehlen die Informationen, anhand derer sie in die Zukunft sehen können.[3] Da Pujols keine mentale Datenbank mit Finchs Körperbewegungen und Wurftendenzen hatte und nicht einmal mit den Spin-Eigenschaften eines Softballs vertraut war, blieb ihm nichts übrig, als jedes Mal im letzten Moment zu reagieren. Und Pujols einfache Reaktionsschnelligkeit ist stinknormal.

Als Wissenschaftler der Washington University in St. Louis ihn testeten, lag Pujols, der größte Schlagmann einer ganzen Ära, bei der einfachen Reaktionszeit im Vergleich mit einer Stichprobe von College-Studenten im 66. Perzentil.

Niemand wird mit der Fähigkeit zur Antizipation geboren, die ein Spitzensportler benötigt. Als Abernethy die Augenbewegungen von Badmintonspielern unterschiedlicher Leistungsklassen untersuchte, stellte er fest, dass Anfänger zwar den richtigen Bereich des gegnerischen Kör-

---

2 Profi-Cricketmannschaften haben das Training mit Ballwurfmaschinen aufgegeben, weil dabei nicht die Beobachtung von Körperbewegungen geschult wird, die ein Batter für das Antizipieren des Wurfs benötigt.

3 Eine Analyse des Baseballcoachs Perry Husband aller 500.000 Würfe einer ganzen MLB-Saison hat ergeben, dass mittige Pitches mit einer Trefferquote von 0,462 geschlagen wurden, wenn es zwei Balls und null Strikes stand, während die Quote beim Stand von null Balls und zwei Strikes 0,362 betrug – ein Unterschied von 100 Punkten, der ausschließlich darauf beruhte, dass der Batter anhand der vorigen Würfe den nächsten Pitch besser voraussagen konnte.

pers beobachten, aber einfach nicht über die kognitive Datenbank verfügen, die zur Informationsgewinnung erforderlich ist.

> *»Wenn sie die hätten«*, meint Abernethy, *»wäre es verdammt viel einfacher, Sportler im Training auf Profiniveau zu bringen. Man könnte ihnen einfach sagen: ›Guck auf den Arm.‹ Oder bei Baseball-Battern wäre dann der richtige Tipp nicht: ›Ball im Auge behalten‹, sondern ›Schulter im Auge behalten.‹ Aber wenn man ihnen das sagt, werden gute Spieler tatsächlich eher schlechter.«*

Wenn jemand eine Fertigkeit übt, sei es Schlagen, Werfen oder Autofahren, werden die mentalen Prozesse, die bei der Ausführung der Fertigkeit beteiligt sind, von den im Frontallappen liegenden bewussteren Bereichen des Gehirns nach hinten in die primitiveren Bereiche verschoben, wo automatisierte Prozesse und Fähigkeiten gesteuert werden, die man »ohne nachzudenken« ausführt.

Im Sport ist die Hirnautomatisierung sehr genau auf die ausgeübte Fertigkeit abgestimmt – so genau, dass in Untersuchungen mit bildgebenden Verfahren bei Sportlern, die eine spezifische Disziplin trainieren, die Hirnaktivität im Frontallappen nur dann nachlässt, wenn diese besondere Disziplin ausgeübt wird. Setzt man Läufer auf Fahrräder oder Armfahrräder (bei denen die Pedale mit den Händen statt mit den Füßen bewegt werden), ist die Aktivität des Frontallappens stärker als beim Laufen, obwohl das Radfahren oder Kurbeln nicht viel bewusstes Nachdenken erfordern sollte.

Eine körperliche Aktivität, die man trainiert, wird im Gehirn sehr spezifisch automatisiert. Um zu Abernethys Punkt zurückzukehren: Das »Nachdenken« über eine Bewegung verrät beim Sport den Anfänger und es ist ein Trick, um einen Könner wieder in einen Amateur zu verwandeln. (Sian Beilock, Psychologin an der University of Chicago, hat gezeigt, dass Golfer ihre durch Leistungsdruck hervorgerufene Lähmung beim Putten – sie nennt sie »Paralyse durch Analyse« – überwinden können, indem sie singen und so die bewussten Bereiche des Gehirns beschäftigt halten.)

Stückelung und Automatisierung sind Gefährten auf dem Weg zur Könnerschaft. Nur durch das Erkennen von Körpersignalen und -mustern mit der Schnelligkeit unbewusster Prozesse kann Albert Pujols, kaum dass der Ball die Hand des Werfers verlassen hat, entscheiden, ob er nach dem Ball schlagen soll. Gleiches gilt für Quarterback Peyton Manning. Er kann angesichts stürmender Linebacker nicht innehalten und die defensiven Aufstellungen und Muster bewusst durchgehen, die er in stunden- und jahrelangem Trainieren und Studieren von Spielaufnahmen abgespeichert hat. Er hat nur Sekunden, um das Spielfeld zu überblicken und zu werfen. Er ist ein Großmeister, der Blitzschach spielt, nur mit Linebackern und Safetys anstelle von Springern und Bauern. (Gleichzeitig verstellen die Defensivtrainer der NFL ihre Spieler so, dass das Schachbrett, das sie Manning vorführen, möglichst irreführend und chaotisch wirkt.)

Die Ergebnisse der Hochleistungsforschung von de Groot bis Abernethy können in einem Satz zusammengefasst werden, der bei meinen Gesprächen mit Psychologen, die Spitzenleistungen untersuchen, immer wieder erklang wie eine Schallplatte, die einen Sprung hat:

*»Es liegt an der Software, nicht an der Hardware.«*

Die sportspezifische Beobachtungsgabe, die den Könner vom Dilettanten trennt, wird durch Übung erlernt oder »heruntergeladen« (wie Software). Sie gehört nicht ab Werk zur menschlichen Maschine. Dieser Sachverhalt hat zur Entstehung der bekanntesten modernen Theorie der sportlichen Leistung beigetragen, einer Theorie, in der Gene nicht vorkommen.

Es begann mit Musikern.

Für eine Studie aus dem Jahr 1993 wandten sich drei Psychologen an die Westberliner Musikhochschule, die weithin den Ruf genoss, Weltklasse-Geiger hervorzubringen. Die Professoren halfen den Psychologen, die zehn »besten« Geigenstudenten zu identifizieren, die womöglich internationale Solisten werden würden; zehn Studenten, die »gut«

waren und ihren Lebensunterhalt in einem Sinfonieorchester würden verdienen können; und zehn schwächere Schüler, die sie als »Musiklehrer« kategorisierten, weil dies ihre wahrscheinlichste Laufbahn sein würde.

Die Psychologen führten detaillierte Interviews mit allen dreißig Musikstudenten und es zeigten sich gewisse Ähnlichkeiten. Alle Musiker hatten mit etwa acht Jahren begonnen, systematischen Unterricht zu nehmen, und alle hatten ungefähr mit fünfzehn beschlossen, Musiker zu werden. Und trotz ihrer unterschiedlichen Spielstärke investierten die Geiger aller drei Gruppen satte 50,6 Wochenstunden in ihr musikalisches Fortkommen, wozu musiktheoretischer Unterricht ebenso gehörte wie Musik hören, üben und spielen.

Dann aber kam ein großer Unterschied ans Licht. Die Zeit, die die Geiger aus den beiden höheren Klassen alleine übten, betrug 24,3 Stunden pro Woche, verglichen mit 9,3 Stunden in der schwachen Gruppe. Es verwundert kaum, dass die Musiker das einsame Üben als den wichtigsten Aspekt ihrer Ausbildung sahen, obwohl es viel anstrengender war als Ensembleproben oder das Musizieren zum Vergnügen. Im Leben der Geiger aus den beiden oberen Gruppen schien sich alles um das Üben und die Erholung vom Üben zu drehen. Sie schliefen 60 Stunden pro Woche, anders als die Musiklehrergruppe mit ihren 54,6 Stunden Nachtruhe. Allerdings unterschieden sich die beiden oberen Gruppen nicht in der Übezeit.

Daher baten die Psychologen die Geiger, im Nachhinein zu schätzen, wie viel sie seit dem Tag, an dem sie mit dem Geigenspiel begannen, geübt hatten. Die besten Geiger hatten nach der ersten Begegnung mit dem Instrument die Zahl ihrer Überstunden nach kürzerer Zeit erhöht. Mit zwölf Jahren hatten sie einen Vorsprung von etwa 1.000 Stunden gegenüber den zukünftigen Musiklehrern. Und auch wenn die beiden besseren Gruppen im Musikstudium gleich viel Zeit mit der Pflege ihres Könnens verbrachten, hatten die zukünftigen Solisten im Alter von achtzehn Jahren durchschnittlich 7.410 Stunden Übungszeit angesammelt, verglichen mit 5.301 Stunden in der »guten« Gruppe und 3.420 Stunden bei den angehenden Lehrern. »Daher«, schreiben die Psychologen, »besteht eine klare Entsprechung zwischen dem Spielniveau der Gruppen und ihrer durchschnittlich angehäuften Übezeit mit der Geige.« Im Wesentlichen sind sie zu dem Schluss gekommen, dass das, was man für angeborenes musikalisches Talent hält, eigentlich aus jahrelang akkumulierter Übung besteht.

Bemerkenswerterweise stellten die Psychologen fest, dass erfahrene Pianisten im Durchschnitt ähnlich viele Übestunden wie die besten Geiger angesammelt hatten, als ob es eine universelle Regel der Könnerschaft gäbe. Die Forscher schlossen aus den Schätzungen des wöchentlichen Übevolumens, dass Spitzenmusiker unabhängig vom Instrument bis zum Alter von zwanzig Jahren 10.000 Stunden Übung ansammeln, und dass gute Musiker eine größere Menge an »konzentriertem Üben«, schaffen, einer Art von anstrengendem Training, das die Kraftreserven des Schülers beansprucht. Einer Art von Üben, die oft allein betrieben wird.

In ihrem inzwischen berühmten Artikel *The Role of Deliberate Practice in the Acquisition of Expert Performance* dehnen die Autoren ihre Schlussfolgerungen auf den Sport aus und zitieren Janet Starkes' Okklusionstests, die nachwiesen, dass erlernte Wahrnehmungsfähigkeiten wichtiger sind als reine Reaktionsschnelligkeit. Angesammelte Übestunden erschienen den Autoren zufolge sowohl in der Musik als auch im Sport als angeborenes Talent.

Der Hauptautor des Aufsatzes, der Psychologe K. Anders Ericsson, der inzwischen an der Florida State University lehrt, wird als der Vater der »10.000-Stunden-Regel« betrachtet, obwohl er selbst nie von einer »Regel« oder vom *Deliberate Practice Framework* gesprochen hat, wie es bei denjenigen bekannt ist, die sich mit dem Erlernen von Fähigkeiten befassen.

Ericsson gilt als Experte für Experten. Er und andere Befürworter des Frameworks gehen des Weiteren davon aus, dass hinter dem schönen Schein angeborener Begabung in Wirklichkeit angesammeltes Üben steckt, sei es beim Sprint oder bei der Chirurgie.

Als die Genetik an Bedeutung gewann, arbeitete Ericsson sie in seine Schriften ein. In einem Artikel aus dem Jahr 2009, *Toward a Science of*

*Exceptional Achievement*, schreiben Ericsson und seine Mitautoren, dass die Gene, die einen Profisportler (oder jeden anderen Profi) ausmachen, »in der DNA jedes gesunden Menschen vorkommen«. So gesehen heben sich Könner durch ihre Übeerfahrung hervor, nicht durch ihre Gene. In den Medien wurde Ericssons Arbeit oft dahin gehend interpretiert, dass 10.000 Stunden sowohl notwendig als auch hinreichend sind, um irgendjemanden zu einem Könner in irgendeiner Sache machen. Niemand erreicht demnach Könnerschaft mit weniger Übung und mit ebendiesem Umfang erreicht sie jeder.

Die 10.000-Stunden-Regel (auch als Zehnjahresregel bezeichnet) fand den Weg auf die Backcover einiger Bestseller und in unzählige Artikel, bis sie sich tief in die Branche der Sportförderung einwurzelte und Anreiz gab, Kinder früh einem harten Training auszusetzen.

In manchen Fällen haben populärwissenschaftliche Autoren, die Ericssons Erkenntnisse verarbeiten, zusätzlich zu den durch Übung hervorgerufenen Leistungsdifferenzen auch individuelle genetische Unterschiede berücksichtigt, während andere die 10.000-Stunden-Regel als absolut starr darstellen und keinen Raum für genetisches Erbe sehen. Bei der Recherche für dieses Buch begegneten mir die 10.000 Stunden als Erfolgsrezept in den unterschiedlichsten Bereichen, in einem Interview mit einem Wissenschaftler des amerikanischen Olympischen Komitees ebenso wie im Jahresbericht eines Hedgefonds, der den Anlegern die Grundsätze des Erfolgs erläuterte. Ich habe sogar einen Golfer kennengelernt, der die Regel auf eine sehr persönliche Probe stellt.

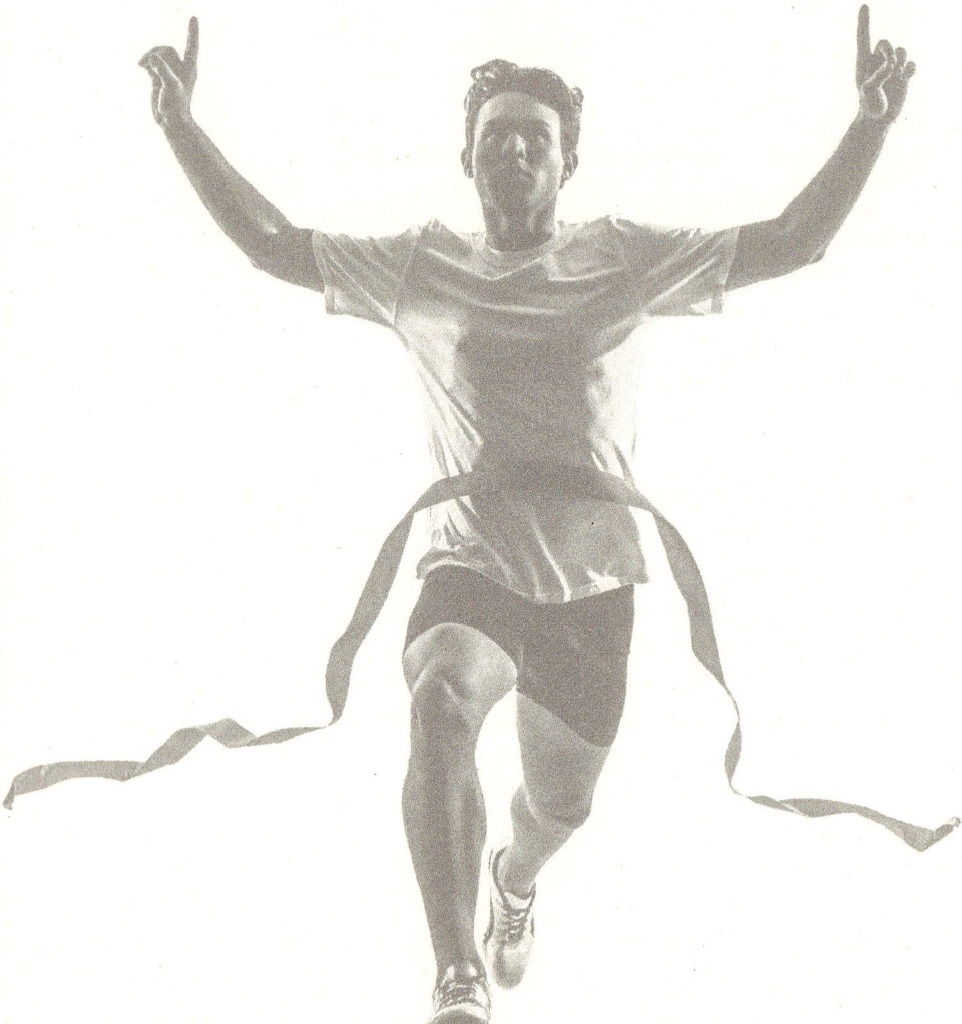

# 2

## Zwei Hochspringer

### Oder: 10.000 Stunden mehr oder weniger

Am 27. Juni 2009, seinem dreißigsten Geburtstag, nahm sich Dan McLaughlin etwas Besonderes vor: seinen Job als Werbefotograf in Portland, Oregon, zu kündigen und professioneller Golfer zu werden. Seine Golferfahrung aus den letzten drei Jahrzehnten bestand aus zwei Besuchen auf einer Driving Range, in Kindertagen, mit seinem älteren Bruder. Bis auf ein bisschen Tennis in Jugendjahren und eine Saison im Laufteam der Highschool war McLaughlin nie Wettkampfsportler gewesen. Aber etwas musste sich ändern.

Nach seinem Abschluss in Journalistik an der University of Georgia im Jahr 2003 fotografierte er zwei Jahre lang für Zeitungen und arbeitete dann in verschiedenen Nischen der Werbung und Produktfotografie. Nach sechs Jahren Schreibtischjob, bei dem sich alles um Fotos von Dentaltechnik drehte, wollte McLaughlin etwas wagen, was seinem Sinn für Herausforderungen besser entsprach.

Zuerst hatte er an ein Aufbaustudium gedacht. Also sparte er genug Geld an, um ein BWL-Studium mit Finanzschwerpunkt zu beginnen. Aber gleich im ersten Kurs an der Portland State University, bei dem es um die Bedienung von Excel-Tabellen ging, merkte McLaughlin, dass ein BWL-Abschluss nicht die ersehnte Kursänderung war. Er überlegte, ob er Physician Assistant oder Architekt werden sollte, entschied dann jedoch, dass sein Neustart drastisch sein müsse.

McLaughlin hatte immer etwas Extremes an sich gehabt. Seine Vorstellung eines Winterurlaubs im Jahr 2006 war eine Reise nach Fidschi, wo gerade das Militär mit einem Putsch die Macht übernahm. Und doch ist McLaughlin in vielerlei Hinsicht der Jedermann. Er ist 1,75 Meter groß, wiegt 68 Kilo und ist »körperlich nicht besonders begabt«, wie er es ausdrückt. »Ich bin einfach ein ziemlicher Durchschnittstyp«, meint er, und sieht darin seine Stärke.

Seine Inspiration fand McLaughlin in dem, was er über Ericssons Arbeit in den Bestsellern *Talent wird überschätzt* von Geoff Colvin und *Überflieger* von Malcolm Gladwell gelesen hatte. Er erfuhr von der 10.000-Stunden-Regel, der »magischen Zahl der Hochleistung«, wie sie in *Überflieger* bezeichnet wird, und von der These, dass scheinbar angeborene Fähigkeiten oft nichts anderes sind als die Manifestation von Tausenden Stunden Übung.

Und so verzeichnete McLaughlin am 5. April 2010 seine ersten zwei Stunden konzentrierten Trainings mit dem Ziel, Profigolfer zu werden und an der PGA-Tour teilzunehmen. Sein Plan sieht vor, jede einzelne Stunde auf dem Weg zu insgesamt 10.000 zu protokollieren und zu beweisen, dass es »keinen Unterschied zwischen Profis und mir oder irgendjemandem gibt, nicht nur beim Golf, sondern in jedem Bereich. Wenn ich über zwei Meter groß wäre, würde das vielleicht nicht viele überzeugen, aber ich bin ein Normalo.«

McLaughlin sieht seinen Lernprozess – bis Ende 2012 waren 3.685 Stunden abgehakt – nicht als Werbegag, sondern als wissenschaftliches Experiment. Er engagierte einen PGA-zertifizierten Golftrainer und beriet sich mit Ericsson über seine Strategie. McLaughlin besteht darauf, nur die Übestunden zu zählen, die gemäß Ericssons Definition als wirklich konzentriert gelten. »Nach den Grundsätzen konzentrierten Übens muss man sich kognitiv anstrengen«, erklärt McLaughlin. Ein paar Stunden auf der Driving Range zu verbringen und Bälle zu kloppen, ohne auf Lerneffekt und Fehlerkorrektur zu achten, das reicht nicht. Deshalb übt McLaughlin an sechs Tagen in der Woche sechs Stunden lang voll konzentriert, wobei jeder Arbeitstag acht Stunden in Anspruch nimmt, denn McLaughlin legt häufig Pausen ein, um darüber nachzudenken, was er gut gemacht hat und was verbessert werden kann – etwa der Schlägerwinkel beim Auftreffen auf den Ball. Außerdem ist es ermüdend, stundenlang hoch konzentriert zu bleiben.

McLaughlin erlernt das Golfspiel von der Pike auf. Als ich ihn nach 1.776 Stunden Lernprozess zum ersten Mal spreche, hat er noch keinen Driver in die Hand genommen. »Ich bin erst beim Eisen 8«, sagt er, »also bewegt sich mein Spiel nur 130 Meter vom Loch.« Immer wenn McLaughlin mit seinem Eisen so etwas wie eine Runde spielen möchte, platziert er drei Bälle in unterschiedlichen Abständen vom Grün und spielt alle drei gleichzeitig. »Auf diese Weise«, sagt er, »kann ich auf nur neun Löchern siebenundzwanzig Löcher spielen.« Bei diesem Tempo hätte McLaughlin die 10.000 Stunden Ende 2016 erreicht. (Und dabei zählt er die Stunden, die er mit Krafttraining, Golftheorie oder seinem Ernährungsberater verbringt, nicht einmal mit.) McLaughlin ist zuversichtlich, dass er ein Profi wird, sobald er die magische Zahl erreicht. »Es gibt keine Garantie«, sagt er. »Ich kann auch einen Autounfall haben und morgen sterben. Aber mein oberstes Ziel ist es, es in die PGA-Tour zu schaffen.«

»Egal, was herauskommt«, fährt er fort, »für mich wird es ein Erfolg sein. Ich liebe das Spiel jeden Tag mehr. Als ich einen Vortrag bei einer Konferenz in Florida gehalten habe, habe ich mit Dr. Ericsson gefrühstückt, zu Mittag und zu Abend gegessen … Er fand es sehr interessant, zu sehen, wie es bei mir vorangeht, auch wenn ich nur eine Einzelperson bin. Er sagte, so lange habe er noch nie jemanden untersucht und konzentriertes Üben protokolliert.«

Niemand hat jemals eine solche Studie durchgeführt. Alle Daten, die die 10.000-Stunden-Regel stützen, stammen aus sogenannten Querschnitts- oder retrospektiven Studien. Dabei untersuchen Forscher Probanden, die bereits ein bestimmtes Qualifikationsniveau erreicht haben und bitten sie, ihre zurückliegenden Übungsstunden zu rekonstruieren.

Bei der ursprünglichen 10.000-Stunden-Studie handelte es sich bei den Probanden um Musiker, die bereits die Zulassung zu einer weltberühmten Musikhochschule geschafft hatten. Der größte Teil der

Menschheit war damit von vornherein ausgeschlossen. Eine Studie, die sich nur auf ausgewählte Kandidaten beschränkt, ist hoffnungslos voreingenommen, wenn es darum geht, Beweise für angeborenes Talent zu finden. Eine »Längsschnittstudie« hingegen erfüllt einen viel höheren wissenschaftlichen Standard. Dabei verfolgt man, wie die Probanden ihre Übestunden ansammeln, und beobachtet, wie sich ihre Fähigkeiten entwickeln. Es ist leicht nachvollziehbar, warum Längsschnittuntersuchungen bei der 10.000-Stunden-Regel schwierig sind: Wie schwierig muss es sein, eine Gruppe von Dan McLaughlins für eine Studie zu rekrutieren – Menschen, die sich bereit erklären, jahrelang etwas zu üben, was sie zuvor noch nie getan haben – und diese dann auch noch gewissenhaft zu überwachen.

Der Erwerb von Fachwissen lässt sich jedoch mit einer Methode nachzuvollziehen, die zumindest einigen Unzulänglichkeiten des subjektiven Erinnerungsvermögens ausweicht.

Schachspieler werden nach der Elo-Zahl bewertet, benannt nach Arpad Elo, einem Physiker, der dieses Punktesystem entwickelt hat. Ein durchschnittlicher Schachspieler hat eine Elo-Zahl von ungefähr 1.200. Beim Rang eines Schachmeisters, dem minimalen Spielniveau, mit dem man seinen Lebensunterhalt durch Schachspiel bestreiten kann, sind es zwischen 2.200 und 2.400 Punkte. Ein internationaler Meister hat 2.400 bis 2.500, ein Großmeister mehr als 2.500 Elo-Punkte. Da die Elo-Zahl steigt, wenn sich ein Spieler verbessert, bietet das Bewertungssystem ein objektives Protokoll der zurückliegenden Fortschritte eines Spielers.

2007 rekrutierten die Psychologen Guillermo Campitelli von der Universidad Abierta Interamericana in Buenos Aires und Fernand Gobet von der Brunel University in Westlondon 104 Schachspieler unterschiedlicher Spielstärke, um an ihnen das Wesen des Schachkönnens zu studieren. Campitelli hatte spätere Großmeister trainiert, und Gobet, der in seiner Jugend täglich acht bis zehn Stunden Schach geübt hatte, war internationaler Meister und zweitplatzierter Spieler in der Schweiz.

Campitelli und Gobet stellten fest, dass 10.000 Stunden Übungsaufwand annähernd reichten, um den Meisterrang oder eine Elo-Zahl von 2.200 zu erreichen und Schachprofi zu werden. Der durchschnittliche Zeitaufwand bis zum Meisterniveau betrug laut der Studie ungefähr 11.000 Stunden – genauer gesagt 11.053 Stunden, also mehr als bei Ericssons Geigenstudie. Interessanter als die durchschnittliche zum Erreichen des Meisterrangs erforderliche Übungsdauer waren jedoch die Unterschiede in der Stundenzahl.

Ein Spieler in der Studie erreichte das Spielniveau eines Schachmeisters in nur 3.000 Übungsstunden, während ein anderer Spieler dafür 23.000 Stunden benötigte. Wenn ein Jahr generell 1.000 Stunden konzentrierten Übens hergibt, ergibt dies einen Unterschied von zwei Jahrzehnten des Übens für dasselbe Maß an Expertise.

> *»Das war der auffälligste Teil unserer Ergebnisse«,* sagt Gobet. *»Dass einer praktisch achtmal mehr üben muss, um das gleiche Niveau wie ein anderer zu erreichen. Und manche tun das und erreichen immer noch nicht das gleiche Niveau.«*[4]

Mehrere Spieler in der Studie, die in früher Kindheit begonnen hatten, hatten mehr als 25.000 Stunden Übe- und Lernzeit hinter sich, aber den einfachen Meisterstatus immer noch nicht erreicht.

Auch wenn die durchschnittliche Zeit bis zum Schachmeister 11.000 Stunden betrug, war die 3.000-Stunden-Regel des einen die 25.000-Stunden-Regel des anderen. Die berühmte 10.000-Stunden-Studie an Geigern gibt nur die durchschnittliche Anzahl der Übungsstunden an. Sie verschweigt die Streuung bei dem für die Erlangung von Könnerschaft erforderlichen Übungsaufwand. Daher lässt sich unmöglich sagen, ob ein Einzelner in der Studie tatsächlich in 10.000 Stunden zum Stargeiger geworden ist, oder ob dies nur ein Durchschnitt unterschiedlicher individueller Werte war.

---

4 Ein weiteres bemerkenswertes Ergebnis war, dass Schachprofis doppelt so häufig Linkshänder sind wie Nicht-Schachprofis.

In einer Podiumsdiskussion bei einer Konferenz des American College of Sports Medicine im Jahr 2012 bemerkte Ericsson, dass die mittlerweile weltberühmten Daten von einer kleinen Anzahl von Testpersonen stammten und hinsichtlich der Zählung der Übungsstunden nicht ganz belastbar seien.

> *»Bekanntlich haben wir nur von zehn Personen Daten gesammelt«,* sagte Ericsson. *»Und [die Geiger haben] einige der Schätzungen aus der Rückschau mehrmals gemacht, und dabei gab es keine perfekte Übereinstimmung.«*

Das heißt, die Geiger widersprachen sich bei mehrfachen Schätzungen ihrer Übezeit. Zudem, so Ericsson, schwankte die Gesamtdauer allein unter den zehn Elitegeigern – der 10.000-Stunden-Gruppe – immer noch »um sicherlich mehr als 500 Stunden.« (Ericsson hat, das sei angemerkt, selbst nie von der »10.000-Stunden-Regel« gesprochen. In einem Artikel aus dem Jahr 2012 im *British Journal of Sports Medicine* führte er die Popularität des Ausdrucks auf eine Kapitelüberschrift in Malcolm Gladwells *Überflieger* zurück, die ihm zufolge die Ergebnisse der Geigenstudie »missversteht«.)

Als ich Dan McLaughlin fragte, ob es ihm keine Sorge bereite, dass er, wie einige der Schachspieler, ein 20.000-Stunden-Typ und kein 10.000-Stunden-Typ sein könnte, sagte er, dass er seinen Lernprozess an sich schon als persönlichen Sieg betrachte.

> *»Wenn es zum Tag der Abrechnung kommt, und meine zehntausendste Stunde herum ist«,* sagte McLaughlin, *»wird es interessant sein zu sehen, ob ich immer noch 75 Schläge brauche, oder ob ich um einen Schlag an der Q-School [der Qualifikation der PGA-Tour] gescheitert bin, oder ob ich an der Tour teilnehme. Man kann wahrscheinlich in 7.000 oder 40.000 Stunden zum Meister werden, aber mit dieser Regel kann man Fortschritte gut festhalten.«*

Irgendwie klingt »7.000-bis-40.000-Stunden-Regel« auch weniger griffig.

Bei den Schachspielern zeigen sich Unterschiede im Fortschritt sehr früh.

> *»Schauen Sie sich die Spieler an, die später Meister werden, und die Spieler, die unter diesem Niveau bleiben«*, sagt Gobet. *»Einige von ihnen haben in den ersten drei Jahren das gleiche Training, aber es gibt bereits große Unterschiede in der Leistung. Womöglich gibt es am Anfang sehr kleine individuelle Unterschiede [in der Begabung], die aber dann einen großen Effekt haben. Wir gehen davon aus, dass es ungefähr zehn Sekunden dauert, um eine Figurenkombination zu lernen, und wir haben geschätzt, dass man ungefähr 300.000 davon lernen muss, um Großmeister zu werden. Wenn jemand eine Kombination in neun Sekunden lernt, ein anderer aber elf Sekunden dafür braucht, verstärken sich solche kleinen Unterschiede.«*

Es ist eine Art Schmetterlingseffekt des Lernens. Wenn zwei Übende mit leicht unterschiedlichen Anfangsbedingungen beginnen, kann dies laut Gobet zu sehr verschiedenen Ergebnissen führen oder zumindest zu sehr verschiedenem Übungsaufwand bei ähnlichen Ergebnissen.

---

Wie immer vor einem Wettbewerb bewahrte Stefan Holm am Morgen des 22. August 2004 seine Ruhe, indem er sich in ein Buch vertiefte. Diesmal war es *Olympics in Athens 1896: The Invention of the Modern Olympic Games* von Michael Llewellyn Smith. Wenn Holm als schwedischer Hochspringer zu Wettkämpfen reiste, nahm er gern Bücher mit, die mit dem Austragungsort zu tun hatten. Und dieses Buch war besonders passend, da er in wenigen Stunden im Athener Olympiakó Stádio zum olympischen Finale antreten würde.

Wie immer sorgte Holm mit allen Mitteln dafür, dass jedes Omen eine günstige Richtung bekam. Selbst wenn er das Buch eigentlich auf Seite 225 zuklappen wollte, würde er mindestens bis Seite 240 weiterlesen, denn falls die Latte während des Wettbewerbs auf 225 Zentimeter angehoben würde, sollte diese Nummer in seinem Kopf nicht mit Aufhören verbunden sein.

Um die mentale Belastung durch kleine Entscheidungen zu minimieren, befolgte Holm am Morgen ein eingeübtes Muster: zuerst Cornflakes und Orangensaft frühstücken; dann, eine Stunde bevor er auf den Sportplatz ging, das blau-gelbe Wettkampftrikot mit der schwedischen Krone auf dem Bett ausbreiten; dann duschen, Haare waschen – immer zweimal, ohne erklärbaren Grund – und rasieren. Seine Tasche packte er jedes Mal in der gleichen Reihenfolge. Er zog die gleiche schwarze Unterwäsche an, die er bei jedem Wettkampf trug. Er zog die rechte Socke vor der linken an, aber die Schuhe in umgekehrter Reihenfolge, den linken vor dem rechten.

An jenem Abend kulminierte Holms Leben in einem letzten Versuch bei 2,34 Meter. Die ersten beiden Male hatte er gerissen. Ein dritter Fehlversuch würde das Ende bedeuten. Wie vor jedem Sprung strich er mit den Händen zweimal nach hinten über sein kurz geschorenes Haar, rieb sich die Augen, zupfte an der Front seines Trikots und wischte sich dann den Schweiß von der Stirn. Er trippelte in Richtung Latte und brach dann in Vollspurt aus. Er schoss empor und segelte hinüber. Danach übersprang er noch 2,36 Meter und gewann die olympische Goldmedaille. Es war ein angemessener Höhepunkt für eine Geschichte, die mit jener jugendlichen Besessenheit begann, welche Genialität hervorbringen kann.

Inspiriert von den Olympischen Spielen in Moskau 1980 machte der nur vierjährige Stefan Holm mit seinem Nachbarn Magnus seine ersten Sprünge über das Sofa. Dieses Unterfangen endete damit, dass Magnus sich den Arm brach. Aber das Duo ließ sich nicht entmutigen.

Als Holm sechs Jahre alt war, baute Magnus' Vater den Jungen aus Kissen und einer alten Matratze eine Hochsprunganlage und stellte sie im Garten auf. Zwei Jahre später, 1984, war Holm acht Jahre alt und sah in einem Turnier Patrik Sjöberg, den ungestümen schwedischen Hochspringer mit der goldenen Lockenpracht, den Weltrekord brechen. In ganz Schweden flogen nun Horden von Mini-Sjöbergs im Schersprung oder Fosbury-Flop über die elterlichen Sofas. Der junge Holm erflehte oft die Aufmerksamkeit seines Vaters mit verzücktem Quietschen – »Guck mal! Ich bin Patrik Sjöberg!« –, bevor er über die Couch setzte.

Zu dieser Zeit wurde Holm eingeschult, was ihn vor allem deshalb begeisterte, weil die Schule eine Hochsprunggrube hatte. Dort verbrachten er und Magnus viele Mittagspausen, um eine Fantasieversion der olympischen Hochsprungwettkämpfe nachzuspielen. Manchmal kamen sie zu spät zum Unterricht.

Am Tag des Finales in Athen saß Magnus auf der Tribüne, ebenso wie Johnny Holm, Stefans Vater und Trainer seit Kindertagen. In seiner Jugend war Johnny Holm ein katzenhafter Torhüter in Schwedens vierter Liga gewesen und hätte in die Profiriege aufsteigen können, aber er entschied sich dafür, in der Nähe seiner Heimat zu bleiben und seiner Arbeit als Schweißer nachzugehen. Schon als Teenager hatte Stefan Holm aus den Erzählungen seines Vaters das Bedauern darüber herausgehört, dass dieser die Chance verschenkt hatte, Profisportler zu werden. Johnny hatte es nie zugegeben, aber Stefan erkannte es daran, wie eifrig der Vater den Sohn dabei unterstützte, sich ganz dem Hochsprung zu widmen. Einer wie der andere waren sie von diesem Sport besessen.

Im Jahr 1987 öffnete in Westschweden, nur wenige Autominuten von Holms winziger Heimatstadt Forshaga entfernt, eine professionelle Leichtathletik-Halle namens Våxnäshallen ihre Pforten, als hätten sie die Götter des Hochsprungs herabgesandt, um Stefan Holm bei seinem Vorhaben zu unterstützen. So erhielt Holm im Alter von elf Jahren für den Rest seiner Karriere einen ganzjährig zugänglichen Trainingsort von Weltklasse.

Mit vierzehn Jahren schaffte Holm mit 1,83 Meter einen Rekord für seine Altersgruppe in seiner Region im Westen Schwedens, obwohl er in dieser Saison bei einer Handvoll Wettbewerben besiegt worden war. Mit fünfzehn gewann er die schwedische Jugendmeisterschaft und reiste mit seinem Vater nach Göteborg, um Patrik Sjöbergs Trainer Viljo Nousiainen zu treffen.

Das Treffen begründete eine dauerhafte Freundschaft zwischen Holm senior und Nousiainen, und Johnny Holm übernahm einige von Nousiainens Trainingsmethoden für seinen jugendlichen Sohn. Der Junge, der den großen Patrik Sjöberg vergöttert hatte, wurde auf einmal zu dessen Nachfolger herangezogen. Aber es gab einen augenfälligen Unterschied. Sjöberg war gut zwei Meter groß, während jeder Lokalzeitungsartikel über Holms Leistungen seine geringe Statur notierte. Als Erwachsener sollte Holm es auf 1,80 Meter bringen, geradezu liliputanisch für einen Hochspringer. In einer Sportart, bei der der Körperschwerpunkt so hoch wie möglich katapultiert werden muss, ist es ein enormer Vorteil, mit einem hohen Schwerpunkt anzutreten.

Als Teenager befiel Holm das hochspringerische Äquivalent zum Lampenfieber: Wurde die Latte auf eine Höhe über seinem Kopf angehoben, nahm er seinen gewöhnlichen Anlauf, rannte jedoch, statt zu springen, einfach unter der Latte durch auf die Matte. Bei mehreren Wettbewerben in seiner Jugendzeit tat Holm dies drei Mal hintereinander bei gleicher Lattenhöhe, weshalb er disqualifiziert wurde. Statt aufzugeben, intensivierte Holm sein Training, gab den Fußball auf und widmete sich ausschließlich dem Hochsprung. Mit sechzehn verlor er nur einen einzigen Wettkampf – ein Trauma, das ihn lange wurmte, und das er mit seiner niederlagenlosen Saison 2004 vergelten sollte – und stürzte sich in das, was er später als »zwanzigjährige Liebesbeziehung mit dem Hochsprung« bezeichnete (Während eines Großteils dieser zwei Jahrzehnte war es eine exklusive Liebesbeziehung, die Holm wenig Zeit für Lebensgefährtinnen ließ.) Man darf wetten, und Holm selbst stimmt dem zu, dass er mehr Hochsprünge gemacht hat als irgendein Mensch, der je gelebt hat.

Mit siebzehn war Holm gut genug, um sich seinem Helden Sjöberg im Wettbewerb zu stellen. Sjöberg gewann mit Leichtigkeit, aber Holm fragte sich, ob er, wenn er nur dranbliebe, eines Tages die schwedische Sportikone würde übertreffen können. Mit neunzehn Jahren begann Holm mit einem Krafttrainingsprogramm, das natürlich sein linkes

Bein betonte und sich über ein Jahrzehnt hinweg immer weiter steigern sollte, bis er 140 Kilo, das Doppelte seines Eigengewichts, schultern und damit so tief in die Hocke gehen konnte, dass sein Hintern vor dem Aufstehen fast den Boden berührte.

Um seine Statur zu kompensieren, perfektionierte Holm einen sprintenden Anlauf, bei dem er eine Höchstgeschwindigkeit von rund 30 km/h erreichte, womit er wahrscheinlich schneller war als jeder andere Hochspringer auf der Welt.

Um diese Geschwindigkeit zu beherrschen, musste er immer weiter von der Latte entfernt abheben. Holm flog jedes Jahr schneller, weiter und höher, schoss zur Latte empor und bog und wickelte seinen Körper so eng um sie herum, dass ihm seine Fersen ein Geheimnis ins Ohr flüstern konnten. Von 1987 an verbesserte sich Holm Jahr für Jahr um einige Zentimeter. Bei einer Leistung, für die scheinbar fraglos das Motto »Entweder man hat's, oder man hat's nicht« galt, verwandelte sich Holm in das ultimative »man hat's«.

1998 gewann Holm die erste von elf schwedischen Meisterschaften in Folge. Drei Jahre später verfehlte er die olympische Siegertreppe nur knapp und wurde Vierter in Sydney. Das war nicht gut genug. Holm hatte bei seinen Eltern gelebt und sporadisch die Uni besucht. Mit fünfundzwanzig brach er sein Studium ab und zog aus dem elterlichen Haus in eine Wohnung gleich neben der Våxnäshallen in Karlstad, einer Stadt mit sechzigtausend Einwohnern an der Nordküste des größten schwedischen Sees. Von da an trainierte Holm zwölfmal pro Woche. Sein Arbeitstag begann um zehn Uhr morgens mit zwei Stunden Krafttraining, Kastensprüngen oder Hürdenlauf – er und sein Vater hatten Hürden gebaut, die bis 1,70 Meter hoch eingestellt werden konnten. Dann kam eine Mittagspause und eine weitere Trainingseinheit am späten Nachmittag, die aus mindestens dreißig Hochsprüngen bei voller Wettkampfgeschwindigkeit bestand. Dreißig, wenn alles glatt lief. Holm ging weder nach einem Fehlversuch nach Hause, noch senkte er jemals die Latte, um einen erfolgreichen Sprung zu ermöglichen, also ging das Training so lange weiter, bis er es über die Höhe geschafft hatte, die er sich vorgenommen hatte. Als Athen näherrückte, hatte Johnny Holm seinen Sohn so viele Sprünge machen sehen, dass er immer schon vier Schritte vor dem Absprung merkte, ob Stefan die Latte passieren würde.

Ohne Anlauf lag Holms vertikale Sprunghöhe aus dem Stand bei 71 Zentimeter, was eine eher bescheidene sportliche Leistung ist. Aber sein rasend schneller Anlauf ermöglichte es ihm, seine Achillessehne mit großer Wucht zu belasten, sodass sie wie eine Sprungfeder wirkte und ihn über die Latte katapultierte. Als Wissenschaftler Holm untersuchten, stellten sie fest, dass seine linke Achillessehne dank seines Trainingsprogramms so zäh geworden war, dass sie erst unter einer Zugkraft von 1,8 Tonnen einen Zentimeter nachgab, was etwa der vierfachen Stabilität der Achillessehne eines durchschnittlichen Mannes entspricht. Dies war ein ungewöhnlich kräftiger Sprungmechanismus.

Im Jahr 2005, ein Jahr nach dem Olympiatitel, qualifizierte sich Holm als perfektes menschliches Projektil: Er überflog 2,40 Meter und zog mit dem bestehenden Rekord für die größte Differenz zwischen Lattenhöhe und Körpergröße des Springers gleich.

Nachdem ich Stefan Holm am schneebedeckten Bahnhof von Karlstad getroffen hatte, brachte er mich am späten Nachmittag in die Våxnäshallen, die Einrichtung, in der »ich zwanzig Jahre lang zu Hause war«, wie er sagte. Auf einer Seite der Laufbahn steht in der Nähe eines Krafttrainingsbereichs ein abschließbarer Kasten mit Holms maßgefertigten Hürden. Um sich vor sich selbst zu retten, hat Holm den Schlüssel abgegeben. Aber er kommt immer noch ein- oder zweimal in der Woche zum Hochspringen und sein Vater bildet hier junge Springer aus.

Holms Sohn Melwin macht inzwischen auch mit. (Melwin ist kein schwedischer Name. Holm und seine Frau mochten »Melvin«, und Holm wollte, dass im Namen das Wort *win* vorkommt.) Im Jahr 2007, als Melwin zwei Jahre alt war, passte Johnny Holm einmal auf ihn auf. Als Stefan nach Hause zurückkehrte, sah er seinen kleinen Sohn mitsamt Windel rücklings über eine Latte aus Duplo-Steinen segeln. »Er hat 30 Zentimeter geschafft«, stellte Opa Holm fest.

In der Våxnäshallen kommen einige Kinder auf Holm zu und bitten um Autogramme. (Seit seinem Rückzug vom Sport ist Holm berühmt geworden, weil er Quizshows im schwedischen Fernsehen gewonnen hat. Er hat ein stählernes Gedächtnis und erinnert sich exakt an die Ergebnisse von zwanzig Jahre zurückliegenden Hochsprungwettkämpfen.) Die meiste Zeit jedoch kann Holm in Ruhe einer Gruppe von sieben- und achtjährigen Kindern beim Hochspringen zuschauen.

Einige der Kinder springen mit dem falschen Fuß ab. Andere mit beiden Füßen. Während die Kinder nacheinander auf die Matte floppen, deutet Holm auf diejenigen, die ein Gefühl dafür haben, wie sich der Körper in der Luft bewegen soll. Flüsternd weist mich Holm auf Kinder hin, die in seinen Augen Potenzial haben. Als ich ihn frage, ob er einem von ihnen beibringen könnte, Olympiasieger zu werden, sagt er:

> *»Es gibt Dinge, die kann man niemandem beibringen, eine Art Sprunggefühl. Ich habe nie gerne Technik trainiert. Die Biegung [des Rückens] war von Anfang an da.«*

Als wir die Sporthalle verlassen und zum Bahnhof zurückgehen, kommen wir an einer Buchhandlung vorbei. »Komm her«, winkt mich Holm heran und zeigt auf ein weißes Buch im Schaufenster, auf dem eine blau geschminkte Hand ein Siegeszeichen macht. Als ich mein Gesicht gegen die Scheibe drücke, erkenne ich, dass es die schwedische Übersetzung von Malcolm Gladwells *Überflieger* ist.

»Siehst du das? Das musst du lesen«, sagt Holm. »Als ich jung war, haben mich andere Springer besiegt. Keiner hätte geglaubt, dass ich Olympiasieger werden würde. Es geht nur um die 10.000 Stunden.«

2007 nahm Holm als Favorit an den Weltmeisterschaften im japanischen Osaka teil. Und obwohl es noch nie einen beflisseneren Hochsprunggelehrten gegeben hat als Holm, sah er sich einem Konkurrenten gegenüber, den er kaum kannte: Donald Thomas, einem Hochspringer von den Bahamas. Thomas hatte gerade mit dem Hochspringen begonnen. Wie es Thomas' Cousin, ein Leichtathletiktrainer, ausdrückte: »Er weiß immer noch nicht, dass die Aschebahn einen Kreis bildet.«

Im Vorjahr, am 19. Januar 2006, saß Thomas in der Mensa der Lindenwood University in Saint Charles, Missouri, und gab vor ein paar befreundeten Leichtathleten mit seinem phänomenalen Slam-Dunk an. Carlos Mattis, der beste Hochspringer des Lindenwood-Teams, hatte genug von Thomas Prahlerei und wettete, dass er in einem Hochsprungwettbewerb keine 1,98 Meter schaffen würde.

Thomas beschloss, seinen Worten springende Taten folgen zu lassen. Er ging nach Hause, schnappte sich ein Paar Turnschuhe und fand sich auf dem Sportplatz von Lindenwood ein, wo der grinsende Mattis gerade die Latte auf 1,98 legte. Mattis trat beiseite und erwartete den Fall des Aufschneiders. Und Thomas fiel auch, nahm jedoch die Latte nicht mit. Zu Mattis' Erstaunen überflog Thomas sie leichthin. Also hob Mattis die Latte auf 2,03 Meter an. Thomas passierte sie. 2,13 Meter – sieben Fuß. Ohne jeden Anflug von hochspringerischer Eleganz – Thomas bog kaum den Rücken, und seine Beine flatterten in der Luft wie der Schwanz eines Drachens – schaffte er auch diese Höhe.

Mattis eilte mit Thomas zum Büro, wo Cheftrainer Lane Lohr gerade die Anmeldung für das bevorstehende Mega-Turnier an der Eastern Ilinois University zusammenstellte. Mattis verkündete seinem Trainer, dass er einen Sieben-Fuß-Springer habe. »Der Trainer meinte, das könne ich unmöglich geschafft haben. Er hat es nicht geglaubt«, erinnert sich Thomas. »Aber Carlos sagte: ‚Doch, er hat es wirklich geschafft.‹ Also hat der Coach gefragt, ob ich am Samstag bei einem Leichtathletikturnier mitmachen möchte.« Lohr griff zum Telefon und bat den Organisator des Turniers, eine verspätete Anmeldung zuzulassen.

Zwei Tage später segelte Thomas in einem schwarzen Trägershirt, weißen Nike-Sneakers und Shorts, die so schlabbrig waren, dass sie im Flug die Latte wischten, gleich beim ersten Versuch über 2,04 Meter und qualifizierte sich für die nationale Meisterschaft.

Dann stellte er mit 2,14 Meter einen neuen Rekord für die Lindenwood University auf. Und dann, beim siebten Hochsprungversuch seines Lebens, technisch so ungelenk, dass es aussah, als flöge jemand auf einem unsichtbaren Liegestuhl rückwärts durch die Luft, schaffte Thomas mit 2,22 Meter einen neuen Platzrekord im Lantz Indoor Fieldhouse. Danach hielt Coach Lohr ihn von weiteren Sprüngen ab, aus Sorge, er könne sich verletzen.

Es sollte noch besser werden. Zwei Monate später trat Thomas bei den Commonwealth Games in Australien gegen einige der besten Profispringer der Welt an – in Tennisschuhen. Er wurde Vierter unter lauter Weltklassegegnern, was ihn verwirrte, weil er noch nicht verstanden hatte, wie beim Hochsprung ein Gleichstand gewertet wird, und bis zur Bekanntgabe der Ergebnisse dachte, dass er Dritter wäre.

Da Thomas' Cousin Henry Rolle Hürdenlauftrainer an der Auburn University war, bekam Thomas umgehend ein Stipendium für Auburn angeboten, mit der Bedingung, dass er sich 2007 auch wirklich dem Hochsprungtraining widmen müsse. Was er auch tat. Einigermaßen.

Der Co-Trainer von Auburn, Jerry Clayton, hatte Charles Austin, den Olympiasieger im Hochsprung von 1996, trainiert und sofort erkannt, dass man Thomas behutsam weiterentwickeln musste. »Als er hierherkam, wusste er nicht, wie man sich aufwärmt oder dehnt«, erzählt Clayton. Und dann war da noch das Problem mit dem Schwänzen. Thomas stahl sich mitunter unter dem Vorwand, etwas trinken zu müssen, aus der Halle, und vierzig Minuten später fand Clayton ihn draußen beim Basketball. Thomas fand Hochsprung nämlich »irgendwie öde«.

Nach ein paar Monaten leichten Trainings hatte Clayton Thomas' Trippeln beim Anlauf verringert. Außerdem hatte er Thomas zwar nicht dazu gebracht, Hochsprungschuhe anzuziehen wie alle anderen Weltklassespringer, aber er hatte ihn zumindest in Stabhochsprungschuhe stecken können. In seiner ersten ganzen Saison gewann Thomas mit 2,33 Meter die NCAA-Hallenhochsprungmeisterschaft.

Im August 2007 zog Thomas nach insgesamt acht Monaten echtem Hochsprungtraining seine Stabhochsprungschuhe und das blau-goldene Trikot seines Heimatlands Bahamas an und reiste zur Weltmeisterschaft nach Osaka. In nichtolympischen Jahren sind die Weltmeisterschaften das höchste Fest der Leichtathletik. Thomas erreichte mühelos das Finale, ebenso wie Stefan Holm. Als die Hochsprung-Finalisten der Männer vorgestellt wurden, kündigten die Kommentatoren den hochkonzentrierten Holm als Favoriten an. Thomas, der mit seiner Sonnenbrille im Flutlicht des Stadions sehr cool aussah, wurde als »ziemlich unbekannte Größe« beschrieben.

Zu Beginn des Wettbewerbs schien es, als knickte Thomas bei seinem ersten Auftritt vor den Augen der Welt ein. Während der Rest der Springer so langen Anlauf nahmen, dass sie auf der Laufbahn starten mussten, begann Thomas auf dem Feld, wie ein Golfanfänger, der noch keinen langen Abschlag wagt. Bei 2,21 Meter trippelte er in einen Fehlversuch hinein (jeder Springer bekommt für jede Höhe drei Versuche), niedriger als seine Sprunghöhe bei seinem ersten Turnier an der Eastern Illinois. Holm schaffte indessen ganz entspannt 2,21, 2,26, 2,30 und 2,33 Meter, ohne ein einziges Mal zu reißen. Auf der Tribüne sah sein Vater durch den Sucher der Videokamera zu und ballte die Siegerfaust.

Aber Thomas kam langsam in die Gänge und ließ gescheiterte und erfolgreiche Sprungversuche aufeinander folgen. Mit einer Handvoll weiterer Springer, darunter Holm, erreichte er die 2,35 Meter.

Vor seinem ersten Versuch hielt Holm mit geschlossenen Augen inne und stellte sich vor, wie er über die Latte fliegen würde. Er nahm Anlauf, sprang und streifte die Latte ein bisschen.

Als sie herabfiel, machte er vor Enttäuschung einen Rückwärtssalto auf der Matte. Als Nächstes schubste Jaroslaw Rybakow, ein 1,98 Meter großer Russe, die Latte von den Ständern. Dann war Thomas dran. Er bremste vor der Latte so sehr ab, dass ein erfolgreicher Versuch unmöglich schien. Und doch überflog er beim ersten Versuch die 2,35 Meter mit zappelnden Beinen und kaum gebogenem Rücken, die Hand hinter sich streckend, als wollte er seinen Sturz abfangen, denn das Gefühl, rückwärts zu fallen, war ihm immer noch unheimlich.

Er rollte von der Matte und hüpfte triumphierend über die Laufbahn. Aber nun war Holm wieder an der Reihe.

Noch ein Fehlversuch, ganz knapp. Holm schüttelte die ausgestreckten Hände, als flehe er die Hochsprunggötter an. Sie erhörten ihn nicht. Bei seinem letzten Versuch riss Holm die Stange mit den Waden und grub noch im Fallen den Kopf in die Hände.

Der Typ in Stabhochsprungschuhen, der Hochsprung »öde« fand, wurde zum Weltmeister von 2007 gekürt. Bei seinem Siegessprung hatte Thomas seinen Körperschwerpunkt auf 2,49 Meter Höhe gebracht. Hätte er den Rücken nur ein wenig gebogen, wie es jeder andere Profi-Springer tat, hätte er den Weltrekord zerschmettert.

Holm blieb in seinen Kommentaren nach dem Wettkampf höflich und gratulierte dem neuen Champion. Rybakov bezeichnete Thomas Leistung als erstaunlich und merkte an, dass er selbst seit achtzehn Jahren auf einen Leichtathletik-Weltmeistertitel hintrainiere und, anders als Thomas mit seinen acht Monaten, noch keinen gewonnen habe. Aber Johnny Holm, Stefans Trainer und Vater, war von Thomas' Sieg so irritiert, dass er diesen in einem Interview nach dem Wettkampf auf Schwedisch als »*jävla pajas*« bezeichnete, als »verdammten Clown« oder »Blödmann«. Johnny Holm fand, Thomas' »Zappelstil« sei ein Skandal für den Hochsprungsport, und bezeichnete die Nicht-Eleganz seines Sprungs als Affront gegen die ganze Disziplin und gegen alle, die jahrelang trainiert hatten.

2008 wurde Thomas von Masaki Ishikawa, damals Wissenschaftler am neuromuskulären Forschungszentrum der Universität Jyväskylä in Finnland, im Auftrag des japanischen Fernsehsenders NHK untersucht. Ishikawa stellte zum einen fest, dass Thomas' Beine im Verhältnis zu seiner Körpergröße lang waren, und zum anderen, dass er mit der Achillessehne eines Riesen gesegnet war. Während Holms Achillessehne eine normal große, unglaublich kraftvolle Feder war, war Thomas' Sehne mit 27 Zentimeter für einen Sportler seiner Größe ungewöhnlich lang. Je länger (und kräftiger) die Achillessehne ist, desto mehr elastische Energie kann sie im gedehnten Zustand speichern. Und desto besser kann sie ihren Besitzer in die Luft katapultieren.

»*Die Achillessehne ist für das Springen sehr wichtig, und zwar nicht nur beim Menschen*«, sagt Gary Hunter, Sportphysiologe an der University of Alabama-Birmingham und Verfasser von Arbeiten über die Achillessehnenlänge. »*Zum Beispiel ist die Sehne des Kängurus, die unserer Achillessehne entspricht, sehr, sehr lang. Deshalb können Kängurus leichter hüpfen als laufen.*«

Hunter hat herausgefunden, dass Sportler mit längerer Achillessehne mehr Kraft aus dem sogenannten *stretch shortening cycle* gewinnen können, bei dem die Sehne im Prinzip gespannt wird und dann wieder zurückfedert. Je mehr Energie beim Spannen der Feder gespeichert wird, desto mehr Energie erhält man, wenn sie wieder zusammenschnellt. (Ein typisches Beispiel ist ein Sprung aus dem Stand in die Höhe. Dabei geht der Springer schnell in die Hocke, was die Sehnen und Muskeln dehnt, bevor er emporspringt.) Hunter setzte seine Probanden in ein Gerät zum Trainieren der Beinpresse und ließ Gewichte in die Mechanik fallen. Je länger die Achillessehne war, desto schneller und kräftiger konnte die Versuchsperson das Gewicht zurückstoßen.

> *»Das ist nicht genau das Gleiche wie beim Springen«,* sagt Hunter, *»Aber es hat viele Ähnlichkeiten. Deshalb springt man höher, wenn man einen oder mehrere Schritte Anlauf nimmt und in die Hocke geht: Man nutzt die Energie der Hockbewegung, um die Sehne zu spannen, genau wie eine Feder.«*

Die Sehnenlänge wird durch Training nicht wesentlich verändert, sondern ist in erster Linie eine Funktion des Abstands zwischen Wadenmuskel und Fersenbein, die durch die Sehne verbunden sind. Zwar lässt sich die Sehnenstabilität offenbar durch Training erhöhen, aber es gibt auch zunehmend Hinweise darauf, dass die Stabilität teilweise von Genen abhängt, die an der Herstellung von Kollagen beteiligt sind, einem Protein, das Bänder und Sehnen bildet.

Weder Ishikawa noch Hunter würden behaupten, dass das ganze Geheimnis der hochspringerischen Erfolge von Holm und Thomas in ihren Achillessehnen liegt. Aber die Sehnen sind ein Puzzleteil, das die Frage beantworten hilft, wie zwei Sportler an den gleichen Punkt gelangen können – einer nach einer zwanzigjährigen Liebesbeziehung mit seiner Disziplin, der andere mit weniger als einem Jahr ordentlichem Training nach einer gewonnenen Wette unter Kommilitonen. Interessanterweise hat sich Thomas in den sechs Jahren seit seinem Antritt im Profibereich nicht um einen Zentimeter verbessert. Thomas hat an der

Weltspitze debütiert und keine Fortschritte gemacht. Er scheint das Prinzip des konzentrierten Übens in jeder Hinsicht zu widerlegen.

Tatsächlich offenbart jede, aber auch jede einzelne Studie zu sportlichen Spitzenleistungen eine enorme Bandbreite im von Sportlern eines bestimmten Leistungsniveaus protokollierten Trainingsvolumen und nur sehr selten verzeichnen Elitesportler vor dem Erreichen der höchsten Wettkampfstufe 10.000 Übestunden in ihrer Disziplin, denn oft kämpfen sie in mehreren Sportarten mit und erwerben verschiedene andere sportliche Fähigkeiten, bevor sie sich auf eine Disziplin konzentrieren. Eine Studie an Ultra-Ausdauer-Triathleten ergab, dass die besseren Athleten im Durchschnitt viel mehr trainiert hatten, dass es jedoch zwischen Athleten auf ähnlicher Leistungsstufe einen zehnfachen Unterschied bei den Trainingsstunden gab.

Untersuchungen an Sportlern haben ergeben, dass Spitzenperformer weit weniger als 10.000 Stunden konzentriertes Training benötigen, um den Eliterang zu erreichen. Laut wissenschaftlicher Literatur braucht man, um im Basketball, Feldhockey oder Ringen internationales Niveau zu erreichen, im Durchschnitt sportartspezifisches Training in der Größenordnung von 4.000 beziehungsweise 6.000 Stunden. In einer Stichprobe australischer Netball-Spielerinnen (ähnlich wie Basketball, aber ohne Dribbeln und Korbbrett) hatte Vicki Wilson, zu der Zeit die wohl weltbeste Spielerin, nur 600 Stunden Training hinter sich, als sie in die Nationalmannschaft kam. Eine Studie mit verschiedenen australischen Nationalteams ergab, dass 28 Prozent der Mitglieder ihren Sport im Durchschnittsalter von siebzehn Jahren begonnen hatten, zuvor durchschnittlich drei andere Sportarten ausprobiert hatten, und nur vier Jahre später auf internationaler Ebene debütierten.

Selbst heutzutage, wo im Sport die Hyperspezialisierung herrscht, werden einige wenige Menschen mit weniger als ein oder zwei Trainingsjahren zu Weltklasse-Athleten und sogar zu Weltmeistern in Sportarten vom Laufen bis zum Rudern. Wie bei Gobets Schachspielern gilt auch bei allen Sportarten und sonstigen Fähigkeiten nur eine einzige feste Regel, nämlich dass es von Natur aus eine enorme Bandbreite gibt.

1908 entwickelte Edward Thorndike, der später als Vater der modernen Lernpsychologie bekannt wurde, eine Methode, um zu testen, ob ererbte oder erlernte Gaben das Können einer Person bei einer bestimmten Tätigkeit dominierten. Thorndike war einer der führenden Befürworter der damals umstrittenen Idee, dass ältere Erwachsene – damals waren damit über 35-Jährige gemeint – immer noch neue Fähigkeiten erlernen können. Er nahm an, dass man Angeborenes von Erworbenem unterscheiden könnte, indem man Menschen eine bestimmte Tätigkeit gleich viel üben ließe und dann schaute, ob sie sich dabei mehr oder weniger ähnlich tüchtig erwiesen. Konvergierten ihre Fähigkeiten, so Thorndikes Überlegung, dann überwog die Wirkung des Übens alle angeborenen individuellen Unterschiede. Gingen sie dagegen auseinander, dann überwog die Natur die Kultur.

In einem Experiment ließ Thorndike Erwachsene üben, im Kopf so schnell wie möglich dreistellige Zahlen mit dreistelligen Zahlen zu multiplizieren. Er war erstaunt über ihre Fortschritte.

> *»Die Tatsache, dass sich diese reifen und fähigen Köpfe im Laufe einer so kurzen Ertüchtigung dermaßen verbessert haben«*, schrieb Thorndike, *»ist es wert, beachtet zu werden.«*

Nach einhundert Übungsaufgaben hatten viele der Probanden ihre Kopfrechenzeit halbiert. Und jede einzelne Versuchsperson hatte sich verbessert. Genau wie Schachspieler, Sprachenlernende, Musiker und Baseballer verinnerlichen auch Kopfrechner, wenn sie sich in der mentalen Multiplikation verbessern, Muster und Methoden, um Probleme so zu stückeln, dass eine immer schnellere Berechnung möglich wird.

Aber Thorndike stellte zwar eine allgemeine Verbesserung fest, bemerkte aber auch das, was Soziologen oft als »Matthäus-Effekt« bezeichnen. Der Begriff stammt aus einer Passage des Matthäusevangeliums:

> *Denn wer da hat, dem wird gegeben, dass er die Fülle habe; wer aber nicht hat, dem wird auch das genommen, was er hat.*

Thorndike stellte fest, dass sich die Probanden, die zu Beginn der Rechenübungen gut abschnitten, im Verlauf des Trainings auch schneller verbesserten als die Probanden, die schwächer begannen. »Tatsächlich«, schrieb Thorndike, »nehmen in diesem Experiment die individuellen Unterschiede bei gleichem Training zu, was eine positive Korrelation zeigt zwischen einem hohen anfänglichen Können und der Neigung, vom Üben zu profitieren.« Das Bibelzitat spiegelt Thorndikes Ergebnisse nicht exakt wider, da sich bei ihm jeder Teilnehmer verbessert hat, aber die Reichen wurden im Vergleich noch reicher. Jeder lernte dazu, aber der Lerneffekt war durchweg unterschiedlich.

Als der Erste Weltkrieg ausbrach, wurde Thorndike Mitglied des *Committee on Classification of Personnel*, einer Gruppe von Psychologen, die von der US-Armee mit der Bewertung von Rekruten beauftragt wurden. Dort machte Thorndike Eindruck auf einen jungen Mann namens David Wechsler, der gerade sein Aufbaustudium in Psychologie abgeschlossen hatte. In Wechsler, der ein berühmter Psychologe werden sollte, keimte eine lebenslange Faszination dafür, die Grenzen des Menschlichen vom Untersten bis zum Obersten zu ergründen.

1935 sammelte Wechsler praktisch alles, was er an glaubwürdigen Messdaten über Menschen in der Welt finden konnte. Er untersuchte alles, vom vertikalen Sprung über die Dauer der Schwangerschaft bis hin zum Gewicht der menschlichen Leber und der Geschwindigkeit, mit der in einer Fabrik Lochkartenstanzer ihre Lochkarten stanzen konnten. Das alles ordnete er zur ersten Ausgabe eines Buches mit dem angemessen erhabenen Titel *The Range of Human Capacities* – »Der Umfang menschlichen Könnens«.

Wechsler stellte bei nahezu jeder Messgröße der Menschheit vom Hochspringen bis zum Sockenstricken fest, dass das Verhältnis vom Kleinsten zum Größten oder vom Besten zum Schlechtesten zwischen zwei zu eins und drei zu eins lag. Wechsler fand ein solches Verhältnis derart häufig vor, dass er darin eine Art universeller Faustregel sah.

Phillip Ackerman, ein Psychologe und Experte für den Erwerb von Fähigkeiten an der Georgia Tech, ist irgendwie ein David Wechsler unserer Zeit. Er hat weltweit Studien zum Erwerb von Fähigkeiten durchkämmt, um herauszufinden, ob Üben ebenbürtig macht, und seine Schlussfolgerung lautet, dass es von der Aufgabe abhängt. Bei einfachen Tätigkeiten gleicht Üben das Können verschiedener Menschen an, bei komplexen Tätigkeiten treibt Üben die Leistungen jedoch auseinander. Ackerman hat Computersimulationen entwickelt, mit denen Fluglotsen geprüft werden, und er berichtet, dass Menschen bei einfachen Aufgaben – wie dem Drücken von Knöpfen, um Flugzeuge abheben zu lassen – durch Übung auf einem ähnlichen Niveau konvergieren, dass aber in komplexeren Simulationen, wie sie für echte Lotsen verwendet werden, »die individuellen Unterschiede mit der Übung steigen«, so Ackerman, statt zu schwinden. Mit anderen Worten, es gibt einen Matthäus-Effekt beim Erwerb von Fähigkeiten.

Selbst bei einfachen motorischen Fähigkeiten, bei denen das Üben die individuellen Unterschiede verringert, lässt es sie nie ganz schwinden. »Es stimmt, dass mehr Übung hilft«, sagt Ackerman, »Aber es gibt keine einzige Studie, in der die Variabilität zwischen den Teilnehmern gänzlich verschwindet.«

»Im Supermarkt«, fährt er fort, »kann man sich Kassiererinnen anschauen, die hauptsächlich perzeptuelle und motorische Fähigkeiten einsetzen. Im Durchschnitt bedienen die Kassiererinnen, die seit zehn Jahren arbeiten, zehn Kunden in der Zeit, in der Neulinge einen schaffen. Aber die schnellste Kassiererin mit zehn Jahren Erfahrung kassiert immer noch dreimal schneller als die langsamste Kassiererin mit zehn Jahren Erfahrung.«

Wissenschaftler, die Leistungsfähigkeit erforschen, versuchen die »Varianz« zwischen Menschen zu erklären. Varianz ist ein statistisches Maß dafür, wie stark Einzelne vom Durchschnitt abweichen. Wenn in einer Testgruppe von zwei Läufern der eine Sportler die Meile in vier Minuten und der andere in fünf Minuten zurücklegt, beträgt der Durchschnitt viereinhalb Minuten und die Varianz eine halbe Minute. Für Wissenschaftler lautet die Frage: Was sorgt für diese Varianz? Übung, Gene oder etwas anderes?

Es ist eine schwierige Frage. Für Wissenschaftler reicht es nicht aus zu sagen, dass Üben wichtig ist. Dieser Punkt ist völlig unumstritten. Joe Baker, Sportpsychologe an der York University in Toronto, stellt fest:

> *»Kein einziger Genetiker oder Physiologe würde behaupten, dass Mühe nicht wichtig sei. Niemand glaubt, dass Olympioniken einfach vom Sofa aufspringen.«*

Wissenschaftler dürfen es nicht bei der Feststellung belassen, dass Üben hilft, sie müssen sich der schwierigen Frage widmen, in welchem Maße Üben hilft. Strenggenommen müsste das akkumulierte Üben nach der 10.000-Stunden-Regel die Leistungsvarianz größtenteils oder ganz erklären. Aber das lässt sich nirgendwo nachweisen. Ob bei Schwimmern, Triathleten oder Pianisten, die Studienlage besagt, dass die durch Üben verursachte Varianz im Allgemeinen gering bis mäßig ist.

In einer Studie an Dartspielern, an der K. Anders Ericsson persönlich mitwirkte, waren beispielsweise nach fünfzehn Jahren Training nur 28 Prozent der Leistungsvarianz zwischen den Teilnehmern übungsbedingt. Angesichts der in dieser Studie festgestellten Konvergenzrate müsste man eher von einer 10.000-Jahre-Regel statt von einer 10.000-Stunden-Regel sprechen – wenn denn die Spieler überhaupt jemals das gleiche Niveau erreichen.

Sei es im Schach und in der Musik, beim Baseball oder beim Tennis – die Daten stützen ganz klar ein Paradigma der Leistungsfähigkeit, das nicht dem Motto »Hardware, nicht Software« entspricht, sondern sowohl auf angeborener Hardware als auch auf erlernter Software beruht.

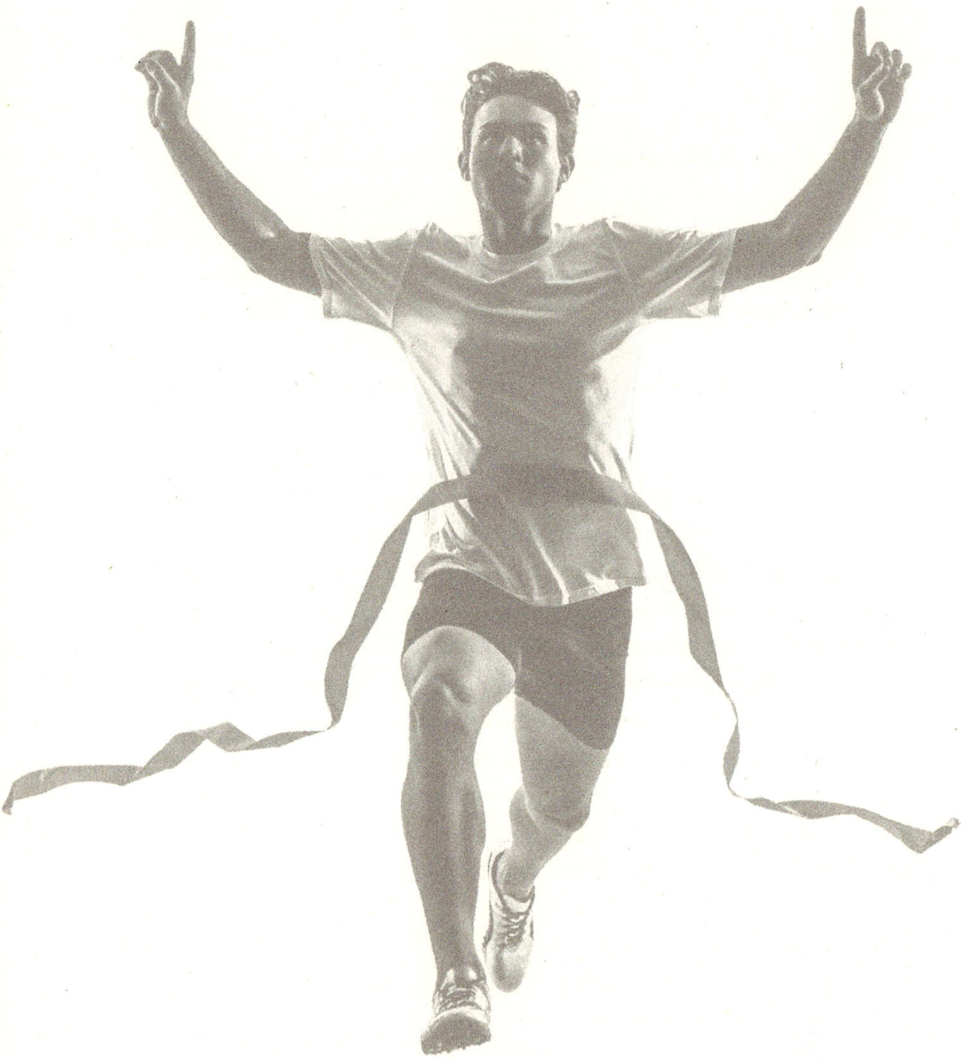

# 3

# Ein Auge für Baseball

## Das Hardware- und Software-Paradigma

1992, als Louis J. Rosenbaum begonnen hatte, die Los Angeles Dodgers zu untersuchen, stieß er auf ein unerwartetes Problem. Die Werte der Spieler waren buchstäblich unermesslich.

Rosenbaum war seit 1988 Augenarzt bei den Phoenix Cardinals in der NFL gewesen. Jetzt testete er in Dodgertown, dem Trainingslager in Vero Beach, Florida, 87 Spieler der Dodgers, sowohl Major-League-Spieler als auch Mitglieder der Minor-League-Teams, die darauf warteten, einen Platz im Spitzenteam zu ergattern.

Von acht Uhr morgens bis fünf Uhr nachmittags testete Rosenbaum an Spielern die gewöhnliche Sehschärfe, die dynamische Sehschärfe (die Fähigkeit, Details von sich bewegenden Objekten zu erkennen), räumliches Sehen (die Fähigkeit, feine Unterschiede in der Tiefendimension zu erkennen) und Kontrastempfindlichkeit (die Fähigkeit, feine Abstufungen von hell und dunkel zu unterscheiden).

Für den Sehschärfetest verwendeten Rosenbaum und seine Kollegen anstelle einer herkömmlichen Sehtafel mit dem großen E obendrauf sogenannte Landoltringe: Kreise mit einer Lücke, deren Richtung der Betrachter erkennen muss, während die Ringe nach unten hin immer kleiner werden.

Das Problem war, dass Rosenbaum handelsübliche Landoltringtafeln verwendete, die die Sehschärfe bis zu einem Wert von 20/15[5] testeten. Fast jeder Spieler erreichte diesen Grenzwert.

Zum Glück verliefen die anderen Sehtests reibungslos. Als ein misstrauischer Dodgers-Manager, der legendäre Tommy Lasorda, von Rosenbaum eine Vorhersage darüber verlangte, welche Nachwuchsspieler für die Major League taugten, standen Rosenbaum für seine Auswahl viele Daten zur Verfügung. Er hatte allerdings keinen Zugriff auf die Baseballstatistik der Spieler und musste sich daher ausschließlich auf die Sehtestergebnisse verlassen. Er tippte auf einen First Baseman mit hervorragenden Ergebnissen.

Der Spieler hieß Eric Karros und war im Draft des Jahres 1988 erst in der sechsten Runde ausgewählt worden. 1992 trat Karros jedoch auf der ersten Base für die Dodgers an und gewann den Nachwuchspreis der National League, den *Rookie of the Year*. Es war seine erste von dreizehn vollen Spielzeiten in der Major League.

Im folgenden Frühjahr kehrte Rosenbaum nach Dodgertown zurück und brachte einen maßgefertigten Sehschärfetest mit, der bis auf 20/8 hinunterreichte. Aufgrund der Größe und Form bestimmter Fotorezeptoren im Auge liegt 20/8 an der theoretischen Grenze der menschlichen Sehschärfe.

Die maximale Sehschärfe wird durch die Dichte der Stäbchen in der Makula bestimmt, einem ovalen Fleck auf der Netzhaut im Augeninnern. Die Stäbchendichte beim Menschen entspricht der Megapixel-Anzahl bei Digitalkameras und unterscheidet sich sehr von Mensch zu Mensch. Wissenschaftler, die Netzhäute von Verstorbenen im Alter von 20 bis 45 Jahren gesammelt haben, maßen eine Bandbreite von 100.000 Stäbchen/mm$^2$ bis 324.000 Stäbchen/mm$^2$. (Liegt die Stäbchendichte unter 20.000 Stäbchen/mm$^2$, braucht man zum Zeitunglesen eine Lupe.) Michael A. Peters, Autor von *See to Play* und Augenarzt von

5 Wer 20/15 schafft, kann aus sechs Meter (20 Fuß) Entfernung den Unterschied zwischen einem *o* und einem *c* erkennen, den normale Menschen mit 20/20 nur wahrnehmen, wenn sie bis auf fünf Meter (15 Fuß) heranrücken.

Profi-Baseballern und -Hockeyspielern, stellt fest: Die Anzahl der Stäbchen scheint »bei uns allen genetisch vorherbestimmt zu sein«.

Mit seiner Sonderanfertigung konnte Rosenbaum beim Frühjahrstraining 1993 endlich messen, wie gut Profi-Baseballspieler sehen. Wieder verlangte Lasorda von Rosenbaum eine Wette darüber, aus welchem Spieler der Minor League ein hervorragender Profi werden würde. Diesmal war der Spieler, dessen Sehtestergebnisse Rosenbaum auffielen, Mike Piazza, ein wenig auffälliger Catcher.

Piazza war fünf Jahre zuvor in der zweiundsechzigsten Draft-Runde von den Dodgers ausgewählt worden, als insgesamt 1.390. Spieler, und zwar nur deshalb, weil Piazzas Vater mit Lasorda aus Kindertagen befreundet war. Trotzdem erfüllte Piazza Rosenbaums Vorhersage. Er wurde 1993 als *Rookie of the Year* der National League ausgezeichnet und wurde der größte Catcher in der Geschichte des Baseballs.

In vier Jahren mit Sehtests und bei 387 Spielern beider Ligen stellten Rosenbaum und sein Team eine durchschnittliche Sehschärfe von rund 20/13 fest. Feldspieler (Spieler, die schlagen müssen) hatten eine bessere Sehstärke als Pitcher und Major-League-Spieler sahen besser als Minor-League-Spieler. Feldspieler der Oberliga hatten auf dem rechten Auge eine durchschnittliche Sehschärfe von 20/11 und auf dem linken Auge 20/12. Beim Messen der feinen Tiefenwahrnehmung erzielten 58 Prozent der Baseballspieler die Note *superior*, die nur 18 Prozent der Normalbevölkerung erhalten. Bei der Kontrastempfindlichkeit erzielten die Profispieler bessere Werte als College-Baseballspieler in früheren Untersuchungen, wobei die College-Spieler bereits besser abgeschnitten hatten als ihre Altersgenossen in der Normalbevölkerung. In jedem Sehtest waren Baseball-Profis besser als Nichtsportler und Major-League-Spieler waren besser als Minor-League-Spieler. »Die Hälfte der Spieler im Major-League-Team der Dodgers hatte unkorrigiert 20/10«, berichtet Rosenbaum.

Die beiden größten Bevölkerungsstudien zur Sehschärfe, eine aus Indien und eine aus China, geben einen Eindruck davon, wie selten eine Sehstärke von 20/10 ist. In der indischen Studie hatte nur ein einziges von 9.411 getesteten Augen eine Sehschärfe von 20/10. In der Studie aus Peking schnitten nur 22 von 4.438 Augen mit 20/17 oder besser ab.

Kleinere Studien, die sich auf junge Menschen beschränken, ergeben dagegen ein besseres durchschnittliches Sehvermögen als die standardmäßigen 20/20. In einer schwedischen Studie besaßen 17- und 18-Jährige eine durchschnittliche Sehschärfe um 20/16. Erwartbar wäre also, dass Major-League-Baseball-Spieler – ihr Durchschnittsalter liegt bei 28 – wegen ihres Alters eine bessere Sehstärke als 20/20 haben, aber nicht durchschnittlich 20/11. (Es mag Zufall sein, aber mit 29 Jahren beginnt sich in der Regel die Sehstärke zu verschlechtern, und im gleichen Alter werden auch Batter allgemein schwächer.)

Mark Kipnis hat mir von dem Moment erzählt, in dem ihm die Sehschärfe seines Baseball spielenden Sohnes Jason auffiel. Es war während eines Skiurlaubs, als Jason zwölf Jahre alt war. Die Familie Kipnis saß in einem großen Bergrestaurant und Mark wollte gerne den Stand des Footballspiels wissen, das auf dem Fernseher am anderen Ende des Speisesaals lief. Weil er müde war, bat er Jason aufzustehen, zum Fernseher zu gehen und ihm den Spielstand zu sagen. »Er hat nur den Kopf gedreht und mir den Spielstand gesagt«, erzählt Mark, »und da ging mir ein Licht auf.« Ein Jahrzehnt später wurde Jason in der zweiten Draft-Runde 2009 von den Cleveland Indians aufgenommen. Bis 2011 trat er auf der zweiten Base an.

Ted Williams, der letzte Spieler, der in einer Saison in der Major League einen *batting average* von .400 erreichte, erklärte den Umstand, dass er immer schon lange vor seinen Jagdkumpanen die Enten am Horizont sah, damit, dass er »sie unbedingt sehen wollte«. Mag sein. Aber Williams 20/10-Sehstärke, die im Zweiten Weltkrieg bei seiner Pilotenprüfung festgestellt wurde, hat wahrscheinlich auch nicht geschadet.[6]

Ungefähr 2 Prozent der Spieler aller Dodgers-Teams unterboten noch die 20/9, flirteten also mit der theoretischen Grenze des mensch-

6 Aber an der Legende, dass er das Label einer sich drehenden Schallplatte lesen konnte, war laut Williams nichts dran.

lichen Sehorgans. Daniel M. Laby, ein Augenarzt, der an der Dodgers-Studie beteiligt war und später bei den Boston Red Sox arbeitete, sagt, dass ihm Spieler mit einer solchen Sehkraft jedes Jahr im Frühlingstraining begegnen.

> *»Ich kann ruhigen Gewissens behaupten, dass ich in zwanzig Jahren, in denen ich mich um die Augen von Menschen gekümmert habe, außerhalb vom Leistungssport nie jemanden mit solchen Werten getroffen habe, und ich habe über zwanzigtausend Menschen getroffen«,* sagt Laby.

David G. Kirschen, ein Optiker, der als Leiter für binokulares Sehen und Orthoptik am Jules Stein Eye Institute der medizinischen Fakultät der UCLA ebenfalls mit Profisportlern arbeitet, sagt, er habe auch außerhalb des Spitzensports ein paar Patienten mit 20/9 gehabt, »aber die können Sie an einer Hand abzählen, nach über dreißig Jahren.«

In der Major League haben Hitter zwar möglicherweise keine schnellere Reaktionszeit als unsereins, aber sie haben ein überragendes Sehvermögen, das ihnen dabei hilft, die entscheidenden Anzeichen früher zu erkennen, was die reine Reaktionszeit weniger wichtig macht.[7]

Baseballspieler müssen vor den letzten zweihundert Millisekunden eines Pitches wissen, wohin sie den Schläger schwingen sollen. Je früher sie vorausschauende Anzeichen wahrnehmen, desto besser. Ein solches Anzeichen, wie der Psychologe Mike Stadler in *The Psychology of Baseball* schreibt, ist das »Flackern« des Pitches, das Aufblitzen der rotierenden roten Nähte, an dem man den Spin des Balls erkennt. Fastballs und Curveballs erkennt man an den zwei Nähten (*two-seam*), die als charakteristische rote Streifen an der Seite des Balls erscheinen. Bei einem Slider dagegen bilden vier Nähte (*four-seam*) einen knallroten Punkt in der Mitte eines weißen Kreises. »Wenn so ein Kreis aus der Hand des Pit-

7 Bei US-Open-Tennisspielern hat man in einer Studie ebenfalls eine viel bessere Sehschärfe als bei Nicht-Tennisprofis gleichen Alters festgestellt, aber manche Spieler hatten eine normale Sehschärfe, was darauf hindeutet, dass für Tennisprofis ein hervorragendes Sehvermögen vorteilhaft ist, ein durchschnittliches jedoch auch kein unüberwindbares Hindernis darstellt.

chers kommt, erkennt das Gehirn sofort: ›Aha, ein Slider‹«, sagte Keith Hernandez, fünfmaliger All-Star-First-Baseman, einmal im Fernsehkommentar eines Mets-Spiels. »Wenn es die kleinen roten Nähte auf dem Ball nicht gäbe, wäre das ein Riesenproblem.«

Wie wichtig das Erkennen der Ballrotation ist, hat sich in Virtual-Reality-Experimenten gezeigt, bei denen Baseballspieler digitale Pitches identifizieren oder schlagen. Konnten die Spieler den Spin des Balls erkennen, identifizierten sie die Flugbahn genauer und führten präzisere Schwünge aus. Die Batter schnitten besser ab, wenn die roten Nähte auf dem Ball hervorgehoben wurden, und schlechter, wenn die Nähte mit weißer Farbe übermalt waren.

Es leuchtet ein, dass Sportler, die äußerst scharf sehen, aber keine mentale Datenbank mit zu erkennenden Mustern haben, genauso wenig taugen wie ein Albert Pujols, der Jennie Finch gegenübersteht. Aber wenn die Daten im Gehirn abgespeichert sind, ist es von Vorteil, die Muster so deutlich und früh wie möglich zu erkennen, damit man nicht auf die reine Reaktionsgeschwindigkeit angewiesen ist.[8] Al Goldis, ein langjähriger Talentscout für die Major League, der motorische Lernprozesse studiert hat, sagt:

> *»Wenn ein Spieler über bessere visuelle Fähigkeiten verfügt, kann er den Pitch schon erkennen, wenn der Ball erst anderthalb bis drei Meter vom Pitcher entfernt ist. Erkennt er ihn nicht, kann seine Schlagtechnik noch so überragend sein, er reagiert so spät, dass er den Schlag verpatzt, weil der Ball schon da ist. Entscheidend ist nicht die Schlagschnelligkeit, sondern die Sehfähigkeit. Sie ist der kleine Unterschied zwischen gewöhnlich und außergewöhnlich.«*

8 Einige wenige Athleten haben schlichtweg überlegene Reaktionsgeschwindigkeiten. 1969 reagierte Muhammad Ali in einem Test innerhalb von 150 Millisekunden, eng an der theoretischen Grenze der visuellen Reaktionszeit des Menschen.

Als Laby und Kirschen die US-Olympioniken der Pekinger Spiele von 2008 untersuchten, stellten sie beim Softballteam eine durchschnittliche Sehschärfe von 20/11, eine hervorragende Tiefenwahrnehmung und eine bessere Kontrastempfindlichkeit fest als bei den Sportlern jeder anderen Sportart. Olympische Bogenschützen besaßen ebenfalls eine außergewöhnliche Sehschärfe – sie erzielten ähnliche Werte wie die Dodgers –, aber keine besonders gute Tiefenwahrnehmung. Das ergibt laut Laby Sinn, weil die Zielscheibe weit weg und zudem flach ist. Fechter, die winzige Entfernungsänderungen in nächster Nähe sofort ausnutzen müssen, erzielten bei der Tiefenwahrnehmung sehr gute Ergebnisse. Sportler, die mit den Augen entfernte Flugobjekte verfolgen müssen – Softballspieler und in geringerem Maße auch Fußball- und Volleyballspieler –, hatten gute Werte bei der Kontrastempfindlichkeit, die »wahrscheinlich auf eine bestimmte Stufe eingestellt ist, mit der man geboren wird,« so Laby.[9]

Die visuelle Hardware interagiert eindeutig mit den Anforderungen der jeweiligen Sportart. Außerdem wird die visuelle Hardware immer wichtiger, je schneller der Ball fliegt. In einer Studie über die Fangkünste von belgischen College-Studenten, von denen einige eine normale Tiefenwahrnehmung und andere eine schlechte Tiefenwahrnehmung hatten, gab es bei niedrigen Ballgeschwindigkeiten kaum einen Unterschied in der Fangleistung. Bei hohen Geschwindigkeiten zeigte sich dagegen ein enormer Unterschied. Die Tiefenwahrnehmung trennte erst dann die guten von den schlechten Fängern, wenn der Ball angepfiffen kam.

Eine clevere Folgestudie eines internationalen Forscherteams rekrutierte eine Gruppe junger Frauen, alle mit normaler Sehschärfe. Einige hatten jedoch eine schlechte, andere eine gute Tiefenwahrnehmung. Jede Frau machte einen Vorher-Fangtest, bei dem sie Tennisbälle aus einer Maschine schnappen musste. Darauf folgten mehr als 1.400 Übungsfänge über zwei Wochen und anschließend ein Nachher-Test.

9 Es gibt Hinweise darauf, dass das Spielen von Videospielen die Kontrastempfindlichkeit etwas verbessert. Aber es müssen Actionspiele sein. Eine relevante Studie hat ergeben, dass *Call of Duty 2* wirkt, *Die Sims 2* jedoch nicht.

Die Frauen mit guter Tiefenwahrnehmung verbesserten sich während des Trainings schnell, während sich die Frauen mit schlechter Tiefenwahrnehmung überhaupt nicht verbesserten. Bessere Hardware beschleunigt also den Download sportspezifischer Software. Umgekehrt ergab eine Studie der Emory Medical School aus dem Jahr 2009, dass viele Kinder mit schlechter Tiefenwahrnehmung ab dem zehnten Lebensjahr auf eigenen Wunsch aus den Baseball- und Softballteams der Little League ausscheiden. Wie bei Gobets Schachspielern zeigt sich auch bei Baseball-Catchern, dass manche von ihnen im Fangen von fliegenden Gegenständen leichter zu trainieren sind als andere.

Zwar ist körperliche Hardware wie Tiefenwahrnehmung oder Sehschärfe an und für sich genauso nutzlos wie ein Laptop mit Betriebssystem (aber) ohne Programme, aber angeborene Merkmale sind dennoch von Bedeutung, wenn es darum geht, wer nach dem Herunterladen der sportspezifischen Software einen besseren Computer hat. Baseballprofis und olympische Softballerinnen haben ein hervorragendes Sehvermögen und Louis J. Rosenbaum konnte anhand seiner Messungen zweimal hintereinander den Preisträger des *Rookie of the Year* vorhersagen – wenn auch zwei Treffer keine wissenschaftliche Studie ergeben.

Andere Hardwaretests erkennen das Potenzial für Spitzenleistungen viel früher im Leben.

Der Psychologe Wolfgang Schneider hatte keine Ahnung, dass er das Studienobjekt seines Lebens vor sich hatte, als er und ein Forschungsteam der Universität Heidelberg im Jahr 1978 mit Unterstützung des Deutschen Tennisbunds 106 der geschicktesten acht- bis zwölfjährigen Tennisspieler in ganz Deutschland rekrutierten. Der Tennisbund half ihnen mit vollem Einsatz, weil die Funktionäre wissen wollten, ob die Wissenschaftler vorhersagen konnten, wer im Erwachsenenalter ein Elite-Spieler sein würde, auch wenn es sich bei der untersuchten Gruppe nur um Kinder handelte, die bereits sehr kompetente Tennisspieler waren. Schneiders Testgruppe erwies sich als die wohl größte Gruppe von Kindersportlern, die jemals untersucht wurde. Von 106 Kindern erreichten schließlich 98 professionelles Spielniveau, 10 stiegen zu den 100 besten Spielern der Welt auf und einige drangen bis in die Top 10 vor.

Fünf Jahre lang maßen die Wissenschaftler bei den Kindern jedes Jahr zunächst das Tenniskönnen und dann Werte der allgemeinen Sportlichkeit. Schneider erwartete, dass die durch Training erworbenen tennisspezifische Fähigkeiten – beispielsweise die Genauigkeit, mit der ein Kind einen Ball auf ein bestimmtes Ziel zurückschlagen kann – einen prognostischen Wert in der Frage hätte, wie hoch später der Rang des Kindes sein würde. Und er hatte recht. Als die Forscher ihre Daten später mit den tatsächlichen Ranglisten der Spieler verglichen, prognostizierte das gemessene Tenniskönnen der Kinder 60 bis 70 Prozent der Varianz in der Rangliste der Erwachsenen. Aber etwas anderes überraschte Schneider.

Die in den Tests festgestellte allgemeine Sportlichkeit – zum Beispiel bei 30-Meter-Sprints oder Start-Stopp-Übungen – verriet, welche Kinder die tennisspezifischen Fähigkeiten am schnellsten erwerben würden. »Sobald wir diese motorischen Fähigkeiten wegließen, wichen unsere Modellrechnungen von den wirklichen Ranglisten ab«, erklärt Schneider. »Da haben wir gesagt, okay, die Werte müssen in unserem Modell drinbleiben.« Mit anderen Worten, in den fünf Jahren der Studie konnten sich die Kinder, die rundherum sportlicher waren, im Tennis schneller verbessern. Wie bei der Studie, in der die Tiefenwahrnehmung und das Erlernen des Ballfangens untersucht wurden, beschleunigte auch hier überlegene Hardware den Download von Tennis-Software. Schneiders Studie stieß in Deutschland auf große Resonanz, aber da sie auf Deutsch veröffentlicht wurde, fand sie im Rest der Welt kaum Beachtung.

Zehn Jahre später wiederholte Schneider die ganze Studie mit hundert weiteren Tennisspielern. Mit der zweiten Testgruppe hatte er bei Weitem nicht so viel Glück – diesmal rückte niemand in die Top 100 der Weltrangliste auf. Aber die Erkenntnis, dass die allgemeine Sportlichkeit den Erwerb von Tenniskompetenz beeinflusst, bestätigte sich. »Das lässt sich vielleicht nicht auf andere Sportarten übertragen«, sagt

Schneider, der später Präsident der *International Society for the Study of Behavioral Development* wurde. »Aber beim Tennis ist es meines Erachtens ein ziemlich stabiles Phänomen.«

Zwei Kinder der ursprünglichen Studie – beide bei Beginn der Tests unter zwölf – sollten sich später in der Tenniswelt einen Namen machen: Boris Becker und Steffi Graf, zwei der dominantesten Spieler der Geschichte. »Für uns war Steffi Graf das perfekte Tennistalent«, sagt Schneider. »Sie übertraf alle anderen bei den tennisspezifischen Fähigkeiten ebenso wie bei der allgemeinen Motorik und ihre Lungenkapazität ließ die Voraussage zu, dass sie Europameisterin auf 1.500 Metern hätte werden können.«

Graf erreichte Spitzenwerte bei jedem einzelnen Test, vom gemessenen Kampfgeist über ihre Konzentrationsfähigkeit bis hin zur Laufgeschwindigkeit. Jahre später, als Graf die beste Tennisspielerin der Welt war, trainierte sie ihre Ausdauer zusammen mit Deutschlands olympischen Langstreckenläuferinnen.

Die allergründlichste Untersuchung von Sportlerbiografien von der Jugend bis zur Profiliga hat eine weitere Hardware-plus-Software-Story ergeben. Im Rahmen der *Groningen talent studies* testeten vier Wissenschaftler der Rijksuniversiteit Groningen in den Niederlanden zehn Jahre lang jedes Jahr Fußballspieler, die sich in der Talentförderung befanden. Im Jahr 2000 begannen sie mit zwölfjährigen Jungen.

Obwohl die Niederlande nur 16,7 Millionen Einwohner haben, sind sie ein Gigant im beliebtesten Mannschaftssport der Welt. Das kleine Land hat es dreimal ins Finale der Weltmeisterschaft geschafft, unter anderem im Jahr 2010, und alle niederländischen Profivereine besitzen Förderprogramme für Nachwuchsspieler. Bis 2011 waren von Hunderten untersuchter Spieler 68 in den Profisport aufgerückt, davon neunzehn in die *Eredivisie*, die oberste Fußballliga der Niederlande.

Zu Beginn der Studie »musste ich auf Knien betteln: ›Bitte, dürfen wir an Ihren Spielern Tests durchführen?‹«, erinnert sich Marije Elferink-Gemser von der Universität Groningen. Die Arbeit hat sich jedoch für die Vorhersage, welche Spieler sich langfristig am besten entwickeln, als so wertvoll erwiesen, dass »die Vereine jetzt zu uns kommen und fragen, ob wir auch ihre Spieler testen können«, so Elferink-Gemser. »Inzwischen sind es mehr Vereine, als wir bearbeiten können.«

Einige der Merkmale, anhand derer man zukünftige Profis erkennt, sind bestimmte Verhaltensweisen. Zukünftige Profis neigen nicht nur dazu, mehr zu trainieren, sondern fühlen sich auch für die Qualität ihres Trainings verantwortlich. Elferink-Gemser erklärt: »Schon wenn wir sie mit zwölf Jahren zum ersten Mal testen, sehen wir bei denen, die später aufsteigen, dass sie, wenn sie mit dem Training nicht einverstanden sind, zum Trainer gehen und fragen: ›Wieso soll ich das machen?‹«

Aber selbst unter den jungen Fußballspielern, die bereits von professionellen Vereinen ausgewählt wurden, trennen schon im Alter von zwölf Jahren kleine Unterschiede in den körperlichen Merkmalen die Erfolgreichen vom Rest. »Bei den Shuttle-Sprints zeigt sich«, so Elferink-Gemser, »dass diejenigen, die später bei einem Verein unter Vertrag gehen, schon im Alter von zwölf, dreizehn, vierzehn, fünfzehn und sechzehn durchschnittlich 0,2 Sekunden schneller sind. Sie sind im Gruppendurchschnitt immer etwa 0,2 Sekunden schneller als die, die im Amateurbereich landen. Daran sieht man, dass es wichtig ist, schnell zu sein. Man braucht ein Mindestmaß an Schnelligkeit. Wer wirklich langsam ist, kommt nicht mit, und Schnelligkeit ist für die Spieler sehr schwer zu trainieren.«[10]

Für Sportwissenschaftler ist dies alles nichts Überraschendes. Justin Durandt vom Sports Science Institute in Südafrika testet auf Geschwindigkeit, wenn er im Land nach neuen Rugbyspielern sucht. Der schnellste Läufer, den er jemals getestet hat, war ein Naturtalent. »Ein Sechzehnjähriger, der vom Land kam und in seinem Leben noch keinen einzigen Tag Profitraining hatte«, sagt Durandt. Der Junge lief 40 Meter

10 Die einzigen Spieler, die ihren Rückstand bei der Sprintgeschwindigkeit ausgleichen konnten, waren diejenigen, die beim ersten Test ihren Wachstumsschub – im Fachjargon *peak height velocity* – noch nicht hinter sich hatten. Die Groninger Forscher zeichnen auch das Wachstum der Spieler auf, um Trainer warnen zu können, die einen Spieler unterschätzen, der einfach noch nicht in der Pubertät ist. Ausgesprochen langsame Spieler holen allerdings nie auf, ob Wachstumsschub oder nicht.

in 4,68 Sekunden, womit er auf dem Niveau der schnellsten NFL-Spieler aller Zeiten war. Bemerkenswert ist jedoch das, was Durandt nicht gefunden hat. »Wir haben über zehntausend Jungen getestet », sagt er, »und ich habe noch nie erlebt, dass ein Junge, der langsam war, schnell geworden ist.«

Im August 2004 ging eine kleine Gruppe von Wissenschaftlern des ehrwürdigen Australian Institute of Sport (AIS) eine große Wette ein, bei der sie alles auf das Primat der allgemeinen, nicht sportartspezifischen Sportlichkeit setzten.

Die AIS-Forscher hatten anderthalb Jahre Zeit, um eine Frau für die Olympischen Winterspiele 2006 in Turin zu qualifizieren, und zwar im Skeleton-Rodeln. Bei dieser Wintersportdisziplin rennt die Sportlerin zunächst mit einer oder zwei Händen auf dem Schlitten über das Eis, besteigt diesen dann in einem Sprung, der der Tanzfigur *the worm* ziemlich ähnlich ist, und rast mit mehr als 110 km/h bäuchlings eine eisbeschichtete Rodelbahn hinunter.

Die australischen Wissenschaftler hatten noch nie ein Skeleton-Rennen gesehen, wussten aber, dass der Startsprint ungefähr die Hälfte der Variation der gesamten Rennzeit ausmacht. Also suchten sie durch einen landesweiten Aufruf nach Frauen, die gut auf einen winzigen Schlitten passten und sprinten konnten. So begann eine Art *Australien sucht die Super-Rodlerin*, was in Down Under einiges an medialer Aufmerksamkeit erregte.

Aufgrund von schriftlichen Bewerbungen wurden 26 Athletinnen zum AIS nach Canberra im Südosten Australiens eingeladen, um sich körperlichen Tests zu unterziehen. Sie durften auf einen von zehn finanzierten Plätzen im Trainingsprogramm hoffen. Die Frauen kamen aus den Bereichen Leichtathletik, Turnen und Wasserski sowie aus der in Australien beliebten Sportart *Surf Lifesaving*, bei der Rudern und Kajakfahren im offenen Wasser mit Surfpaddeln, Schwimmen und Wettrennen im Sand kombiniert werden. Keine der Frauen hatte je von Skeleton gehört, geschweige denn es je ausprobiert.

Fünf der zehn Plätze wurden ausschließlich auf Grundlage des 30-Meter-Sprints besetzt, die anderen fünf nach Absprache der Wissenschaftler und AIS-Trainer und basierend darauf, wie gut die Sportlerinnen bei einem Trockentest abschnitten, bei dem sie auf einen Schlitten mit Rädern springen mussten.

In den Augen der globalen Skeleton-Szene war das Projekt ein zum Scheitern verurteiltes Kasperletheater. »Alle in der Szene haben uns gesagt: ›Ihr schafft das nie‹«, sagt Jason Gulbin, damals Physiologe am AIS. »Sie haben gesagt: ›Es ist eine Gefühlssache. Es ist eine Kunst. Man braucht Zeit in diesem Sport.‹ Die größten Skeptiker waren vor allem die Trainer aus anderen Ländern.«

Die Frauen des AIS-Projekts hatten gewiss kein Gefühl für das Eis, aber sie waren herausragende Allround-Athletinnen. Melissa Hoar hatte beim Surf Lifesaving einen Weltmeistertitel in der Disziplin *Beach Racing* gewonnen. Emma Sheers war Weltmeisterin im Wasserski gewesen. »Es war schon sensationell«, erzählt Gulbin, »dass wir im Grunde genommen völlig unerfahrene Strandmädels eine Rodelbahn hinunterschubsten.«

Nach dem Auswahlverfahren ging es nun um die Frage, ob es die Frauen überhaupt mit intakten Knochen durch die Eisbahn schafften. Die Forscher nahmen ihren Mut zusammen und reisten zu Beginn der Wintersaison nach Calgary, um die ersten Läufe auf echtem Eis zu wagen. Man brauchte keinen Doktortitel, um die Ergebnisse auszuwerten.

Schon nach drei Probeläufen verzeichneten die Neulinge die schnellsten Zeiten in der australischen Skeleton-Geschichte, schneller als die bisherige Rekordhalterin, die jahrelang trainiert hatte. »Nach einer Woche auf der Bahn war alles klar«, sagt Gulbin. »Die Sache war besiegelt.«

Von wegen »Gefühl für das Eis«. Anfängliche Hilfsbereitschaft wich nun kühler Distanz, denn die rivalisierenden Skeletonistinnen und ihre Trainer erkannten, dass sie von Frauen, die sie für Anfängerinnen gehalten hatten, womöglich blamiert oder deklassiert werden würden.

Zehn Wochen nach ihren ersten Schritten auf dem Eis setzte sich Melissa Hoar bei der U23-Skeleton-Weltmeisterschaft gegen die Hälfte des Feldes durch. (Beim nächsten Versuch gewann sie den Titel.) Und die Strandsprinterin Michelle Steele schaffte es bis zu den Olympischen Winterspielen in Italien.

Die AIS-Wissenschaftler haben den Erfolg ihres Projekts in einem treffend betitelten Artikel festgehalten: *Ice Novice to Winter Olympian in 14 Months* – »In nur 14 Monaten zur Winterolympionikin«.

Australien ist eine Sportnation von Weltrang geworden, nicht zuletzt durch Talentsuche und »Talenttransfer«, den Wechsel von Sportlern von einer Sportart zur anderen. Im Jahr 1994 startete das Land im Vorfeld der Olympischen Spiele 2000 in Sydney ein nationales Talentförderprogramm. An Kinder im Alter von 14 bis 16 Jahren maß man in der Schule die Körpergröße und die allgemeine Sportlichkeit. Mit seinen 19,1 Millionen Einwohnern gewann Australien in Sydney 58 Medaillen. Das sind 3,03 Medaillen pro Million Einwohner, fast das Zehnfache der relativen Medaillenausbeute der Vereinigten Staaten, die nur 0,33 Medaillen pro Million Amerikaner mit nach Hause nahmen.

Im Rahmen der australischen Talentsuche wurden einige Sportler von den Sportarten, die sie bereits gelernt hatten, zu Sportarten überredet, die sie noch nicht kannten, die jedoch besser zu ihnen passten. 1994 wurde Alisa Camplin, die zuvor an Turn-, Leichtathletik- und Segelwettkämpfen teilgenommen hatte, zur Freestyle-Skifahrerin umgemodelt. Camplin war eine hervorragende Allround-Athletin, hatte aber noch nie Schnee gesehen. Bei ihrer ersten Abfahrt brach sie sich eine Rippe. Bei der zweiten krachte sie gegen einen Baum. »Alle dachten, es sei ein Witz », sagte Camplin gegenüber dem australischen Fernsehsender Channel Nine. »Es hieß, ich sei zu alt. Es hieß, ich hätte zu spät angefangen.« Aber 1997 nahm Camplin an der Weltmeisterschaft teil. Bei den Olympischen Winterspielen 2002 in Salt Lake City gewann Camplin die Goldmedaille, obwohl sie sich sechs Wochen zuvor beide Sprunggelenke gebrochen hatte. Sogar nach diesem Sieg sah die wenig erfahrene Camplin auf Skiern aus wie eine Giraffe auf Rollschuhen. Als sie als Goldmedaillengewinnerin den Berg hinunter zur Pressekonferenz fahren wollte, fiel sie hin und zerdrückte ihren Blumenstrauß.

Die Erfolge beim Talenttransfer zeugen davon, dass eine Nation für sportlichen Erfolg nicht nur viele Sportler braucht, die sich hervorragend mit sportspezifischen Fähigkeiten auskennen, sondern vor allem die besten Allround-Athleten in die richtigen Sportarten bringen muss. So wurde festgestellt, dass Mitglieder der belgischen Feldhockeynationalmannschaft der Herren im Durchschnitt etwas mehr als 10.000 Stunden Training gesammelt haben, Tausende Stunden mehr als die Spieler der niederländischen Mannschaft. Aber die belgische Mannschaft bleibt mittelmäßig – ein 1. FC Köln im Weltfeldhockey –, während die Niederländer, die überlegene Athleten für ihre Sportart gewinnen, international dominieren.

In Wirklichkeit handelt es sich selbst auf niederstem Niveau immer um eine Hardware-und-Software-Story. Die Hardware ist ohne die Software nutzlos, und das Gegenteil ebenso ist der Fall. Der Erwerb sportlicher Fähigkeiten gelingt nur mit bestimmten Genen und in einer bestimmten Umgebung und häufig müssen sich Gene und Umgebung zu einem bestimmten Zeitpunkt treffen.

Ein weiteres bemerkenswertes Ergebnis der Schachstudien von Guillermo Campitelli und Fernand Gobet war, dass die Wahrscheinlichkeit, internationaler Meister zu werden, drastisch sank, wenn der Spieler nicht mit spätestens zwölf Jahren mit ernsthaftem Schachtraining begann. Wie früh man anfängt, ist nicht unbedingt wichtig, solange es vor zwölf geschieht. Manche Spieler, die später anfangen, erreichen zwar dennoch internationalen Meisterrang, aber ihre Chancen gehen steil nach unten. Vielleicht ist um die zwölf Jahre ein Schwellenalter, bis zu dem bestimmte Kombinationen gelernt und bestimmte neuronale Verbindungen verschaltet sein müssen, ehe die Gelegenheit dazu verloren geht.

Man ging früher davon aus, dass das Gehirn beim Wachsen und Lernen Neuronen bildet. Aber inzwischen scheint es, als ob wir mit Neuronen angefüllt geboren werden, und dass die Neuronen, die wir nicht früh verwenden, wegfallen, während die, die wir verwenden, gestärkt und miteinander verbunden werden. Das Gehirn wird in der Breite weniger flexibel, aber auf engem Gebiet effizienter.

In seinem Buch *Why Michael Couldn't Hit* argumentiert der Neurologe Harold Klawans, dass Michael Jordan (nach seinem ersten Rücktritt von der NBA) trotz seiner übernatürlichen Sportlichkeit niemals lernen würde, wie man in der obersten Liga einen Baseball schlägt, weil die Neuronen für die nötige Antizipationsfähigkeit schon längst weggefallen waren, als er Basketball spielte.[11]

Dies ist ein Grund, warum strikte Befürworter des konzentrierten Übens darauf beharren, dass das Training so früh wie möglich beginnen sollte. Es ist jedoch unklar, welche Sportarten wirklich eine frühkindliche Spezialisierung erfordern, damit Spitzenleistungen möglich werden. Gewiss müssen Turnerinnen früh anfangen. Aber immer mehr wissenschaftliche Erkenntnisse stützen die These, dass eine frühzeitige Spezialisierung nicht nur nicht nötig ist, um in vielen Sportarten das höchste Niveau zu erreichen, sondern möglicherweise aktiv vermieden werden sollte.

Beim Sprint kann ein frühes Training, das intensiv und gezielt ist, die Geschwindigkeitsentwicklung behindern und möglicherweise zum gefürchteten *speed plateau* führen. Das bedeutet, dass der Sprinter bei einer bestimmten Höchstgeschwindigkeit und einem bestimmten Laufrhythmus bleibt, die er sich im früheren Training angewöhnt hat. Laut einem wissenschaftlichen Bericht der International Association of Athletics Federation (IAAF), dem Weltverband für Leichtathletik, tritt das Leistungsplateau am häufigsten bei Anfängern auf, die zu früh in ein sportspezifisches Trainingsprogramm eingeengt werden, auf Kosten der allgemeinen Entwicklung. Justin Durandt vom südafrikanischen Sports Science Institute: »Was Ericssons 10.000-Stunden-Modell angeht, ist es

11 Jordan erzielte in 127 Spielen in der AA Minor League einen *batting average* von 0,202. Offensichtlich war er noch weit von der Major League entfernt. Doch wie viele Erwachsene, die seit 15 Jahren keinen Baseball mehr angerührt haben, könnten in dieser Liga antreten, gegen ehemalige College-Stars und zukünftige Major-League-Profis spielen und .202 schaffen? Ich vermute, dass viele Leute bei .000 landen würden.

nicht so, dass wir gar nicht mehr an Training glauben, aber tatsächlich ist es jetzt so, dass Sportler übertrainiert werden.«

2011 hat eine Studie an 243 dänischen Sportlern ergeben, dass frühzeitige Spezialisierung entweder völlig unnötig oder tatsächlich schädlich für die endgültige Entwicklung ist. Die Teilnehmer wurden aufgeteilt in eine Elitegruppe, die in der Spitzenklasse ihrer Sportart gekämpft hatte, beispielsweise bei Olympia, und in eine schwächere Sub-Elite-Gruppe. Die Studie beschränkte sich auf »ZGS-Sportarten« – Sportarten, die in Zentimetern, Gramm oder Sekunden gemessen wurden, also etwa Radfahren, Leichtathletik, Segeln, Schwimmen, Skifahren und Gewichtheben. Sowohl die Elite- als auch die Sub-Elite-Sportler hatten in der Kindheit eine Reihe von Sportarten »ausprobiert«, aber die Subelitären – die kleinere der beiden Gruppen – zeichneten sich durch ein bestimmtes Merkmal aus, das auf eine frühe Spezialisierung hinwies: Sie trainierten im Alter von 15 Jahren mehr als die Eliteathleten. Erst nach dem 15. Lebensjahr erhöhte die Elite ihre Trainingshäufigkeit und im Alter von 18 Jahren hatten sie ihre subelitären Kameraden an Trainingsstunden überrundet. Der kontraintuitive Titel dieser Anti-10.000-Stunden-Studie: *Late Specialization: The Key to Success in Centimeters, Grams, or Seconds (cgs) Sports* – »Späte Spezialisierung: Der Schlüssel zum Erfolg in ZGS-Sportarten«.

Die Konsistenz der Ergebnisse bei diesen Sportarten veranlasste den südafrikanischen Sportphysiologen und Autor Ross Tucker zu der Annahme, dass die Elitesportler wahrscheinlich von Anfang an begabter waren und daher zu Beginn ihrer Karriere schlichtweg nicht so viel trainieren mussten wie die weniger Begabten. »Ihr natürliches Talent lässt sie diesen Punkt mit weniger Training erreichen als ihre Kollegen«, sagt Tucker. »Im Alter von 16 oder 17 Jahren, wenn die meisten Kinder körperlich gereift sind, merken sie, dass sie im Sport eine Zukunft haben und das Trainingsvolumen erhöhen müssen.«[12]

12 Eine Untersuchung von Musikstudenten an der Chetham School of Music in England ergab ein ähnliches Muster. In den frühen Entwicklungsstadien übten die »Ausnahmetalente« durchweg weniger als die »Durchschnittsbegabungen« und erhöhten erst später ihr Übevolumen.

Mehrere populäre Bücher, in denen die Bedeutung von Genen nur kurz gestreift wird, stellen Tiger Woods als Apotheose des 10.000-Stunden-Modells dar. Sein Vater ermöglichte ihm in früher Kindheit kolossale Mengen an Training. Aber Woods zufolge war dies eine Reaktion auf seinen eigenen Wunsch, zu spielen. »Bis heute«, sagte Woods im Jahr 2000, »hat mein Vater mich nie darum gebeten, Golf zu spielen. Ich habe immer ihn gebeten. Was zählt, ist der Wunsch des Kindes, zu spielen, nicht der Wunsch der Eltern, das Kind spielen zu lassen.« Wenn es um Woods' Kindheit geht, wird häufig die Tatsache übergangen, dass er mit sechs Monaten, wenn die meisten Säuglinge kaum stehen können, auf der Handfläche seines Vaters Earl balancieren konnte, während Earl im Haus herumging. Das muss nicht heißen, dass Woods als Erwachsener zwangsläufig übermenschliche Koordination und Kraft entwickeln musste, aber zumindest schien es ihm ermöglicht zu haben, früher als andere Kinder mit dem Üben zu beginnen, sodass er schon mit elf Monaten Bälle schlug. Vielleicht ist dies ein weiterer Fall von physischer Hardware, die das Herunterladen sportspezifischer Software erleichtert.

Der Erklärungsansatz »Alles nur Übung« hat bei Tiger Woods einen besonderen Charme: Er appelliert an unser Wunschdenken, dass mit der richtigen Umgebung alles möglich ist, und dass unsere Kinder Lehmklumpen mit unendlicher sportlicher Formbarkeit sind. Kurz gesagt, er enthält die größtmögliche Selbstverwirklichungsperspektive und räumt dem freien Willen mehr Raum ein als jede andere Erklärung. Aber Narrative, die den Anteil angeborener Talente ausblenden, können in der Bewegungswissenschaft negative Nebenwirkungen haben.

Manche Sportwissenschaftler, die Genforschung betreiben, haben mir berichtet, dass ihre Arbeit ein PR-Problem hat, weil es die Vorstellung gibt, dass die Genetik streng deterministisch ist, und dass sie dem freien Willen oder der Fähigkeit, die eigene sportliche Leistung zu verbessern, entgegensteht. Einige Gene – wie die, die für zwei Augäpfel sorgen oder für die degenerative Hirnkrankheit Huntington – sind tatsächlich eher deterministisch. Wer den genetischen Defekt für Huntington hat, bekommt die Krankheit. Viele andere Gene sind jedoch kein biologisches Schicksal, sondern eine Tendenz in der körperlichen Veranlagung. Leider geht diese gemäßigte Botschaft verloren, wenn die Presse jede neue Erkenntnis über ein Gen so herausposaunt, als wäre nun ein weiterer Aspekt der menschlichen Handlungsfreiheit abgeschafft.

Jason Gulbin, der als Physiologe an Australiens olympischem Skeleton-Experiment beteiligt war, meint, dass das Wort »Genetik« in seinem Fachgebiet der Talentsuche inzwischen so tabu ist, dass »wir im Zusammenhang mit genetischer Forschungsarbeit unsere Wortwahl bewusst geändert haben. Statt ›Genetik‹ heißt es jetzt ›Molekularbiologie und Proteinsynthese‹. Es ging buchstäblich darum, bloß nicht das ›G-Wort‹ zu sagen. Wenn wir Förderanträge einreichen, erwähnen wir genetische Aspekte möglichst gar nicht. Nach dem Motto: ›Na, wenn's nur um Molekularbiologie und Proteinsynthese geht, ist das in Ordnung.‹« Als ob das nicht ein und dasselbe wäre.

Mehrere Sportpsychologen haben mir gegenüber im Gespräch zugegeben, dass sie öffentlich eine Sicht vertreten, die die Genetik an den Rand rückt, weil sie glauben, dass sie damit eine positive soziale Botschaft aussenden. »Aber vielleicht ist es auch gefährlich«, sagt mir ein bekannter Sportpsychologe, »wenn man den Leuten sagt, dass sie nicht weiterkommen, weil sie sich nicht genug bemühen.« So oder so hat die soziale Botschaft keinen Einfluss auf die wissenschaftliche Wahrheit.

Janet Starkes, deren Arbeit zusammen mit der von Ericsson die Ära des »Software statt Hardware« eingeläutet hat, hat immer geglaubt, dass genetische Unterschiede eine Rolle bei der sportlichen Leistung spielen, aber bisher hat sie sich gescheut, dies öffentlich deutlich zu machen. »Vor 35 Jahren hat man es noch eher akzeptiert, dass angeborene Fähigkeiten die Grundlage sind«, sagt Starkes. »Als der Ansatz der [erlernten] kognitiven Wahrnehmung mehr Anklang fand, konnte ich wieder in die andere Richtung gehen. Es hat wirklich sehr viel von einer Pendelbewegung ... Darts ist die spezialisierteste motorische Fähigkeit, die man sich aneignen kann, aber selbst hier lässt sich die ganze Varianz nicht nur mit Übung erklären. Und um einen Baseball zu schlagen, muss man ein gewisses Maß an Sehschärfe haben, je mehr davon, desto besser, und man braucht definitiv auch die entsprechende Software.«

Starkes hat mindestens so viel zur Erforschung des Fähigkeitserwerbs beigetragen wie jeder lebende Sportwissenschaftler. Ihre Arbeit bildet einen ganzen Wirbel im Rückgrat des 10.000-Stunden-Dogmas, demzufolge sportlicher Erfolg ganz von Übung abhängt. Und doch weiß Starkes, auch wenn sie es sich nicht zu sagen traut, dass man Sportkompetenz ohne Genetik nicht verstehen kann. Denn wenn nur die akkumulierte Übung zählt, fragt Starkes, warum trennen wir dann Männer und Frauen im sportlichen Wettkampf?

Eine gute Frage.

# 4

## Warum Männer Brustwarzen haben

Für Maria José Martínez-Patiño gab es gewiss nie einen Grund, an ihrer Weiblichkeit zu zweifeln. Ihr Gesicht war schmal und edel, ihre mokkafarbene Haut spannte sich zart über den hohen Wangenknochen. Sie wuchs als ganz normales Mädchen in Nordspanien auf, abgesehen davon, dass sie besser laufen und springen konnte als ihre Altersgenossinnen.

Als Martínez-Patiño, die mit 24 Jahren inzwischen eine international anerkannte Hürdensprinterin war, 1985 bei den World University Games im japanischen Kobe ankam, merkte sie, dass sie das ärztliche Attest vergessen hatte, das sie als Frau auswies, die gegen Frauen antreten durfte. Also musste sie vor dem Wettkampf in Kobe den üblichen Wangenabstrich zur Feststellung des biologischen Geschlechts abgeben.

Geschlechtsüberprüfungen werden seit den 1960er-Jahren durchgeführt. Damals hatte der Leichtathletikdachverband IAAF so viele muskulöse Sportlerinnen aus dem Ostblock gesehen – viele von ihnen waren Gegenstand von groß angelegten Dopingprogrammen –, dass man Vorschriften erließ, damit sich männliche Athleten nicht mehr als Frauen tarnen konnten. (Kein solcher Fall wurde je bestätigt.) Anfangs war das Testen eine unfeine Angelegenheit. Frauen mussten vor einem Arzt die Hose herunterlassen. 1968, bei den Olympischen Spielen in Mexiko-Stadt, wurde die demütigende Prozedur durch ein sauberes, objektives Verfahren ersetzt: Wangenabstriche, die auf Chromosomen untersucht wurden. Frauen haben XX-Chromosomen, bei Männern sind es XY-Chromosomen.

Außer, wenn es anders ist.

An jenem Augustnachmittag im Jahr 1985 kam der spanische Mannschaftsarzt mit Neuigkeiten zu Martínez-Patiño. Es gab ein Problem mit ihrem Test und sie würde nicht antreten dürfen. Martínez-Patiño fragte sich, ob sie möglicherweise AIDS hatte oder vielleicht Leukämie – wie ihr Bruder, den die Krankheit das Leben gekostet hatte. Aber der Arzt wollte nichts Genaueres sagen.

Zwei Monate lang lebte sie mit drückender Angst. Sie ging zu Ärzten, aber immer allein, um ihre Eltern zu schonen, die immer noch um ihren Bruder trauerten. Dann kam der Brief. Es war weder AIDS noch Leukämie und dennoch sollte die Diagnose ihr Leben verändern. In dem Brief stand, dass jede der fünfzig analysierten Zellen aus ihrer Wange XY-Chromosomen enthielt. Überraschung! Sie sind ein Mann. Die spanischen Funktionäre drängten Martínez-Patiño dazu, eine Verletzung vorzutäuschen und sich unauffällig vom Sport zurückzuziehen.

Aber Martínez-Patiño weigerte sich nicht nur, in den Ruhestand zu gehen, sondern gewann auch noch drei Monate später den spanischen Nationaltitel im 60-Meter-Hürdenlauf. Der Siegesruhm sorgte dafür, dass sie der Lächerlichkeit preisgegeben wurde. Das Ergebnis von Martínez-Patiños Geschlechtsüberprüfung wurde der Presse zugespielt. Ihr Abstieg war schnell und durchweg schmerzhaft.

Alles, was man ihr nehmen konnte, wurde ihr genommen. Spanische Funktionäre nahmen Martínez-Patiño ihren nationalen Titel wieder weg. Sie flog aus dem Wohnquartier der Nationalmannschaft. Man widerrief ihr Stipendium. Ihre sportlichen Leistungen wurden aus den Tabellen gelöscht, als hätten sie nie existiert. Ihre Freunde trennten sich in jene, die blieben und jene, die gingen. Ihr Verlobter gehörte zu den Letzteren.

Martínez-Patiño schämte sich. Sie verlor ihre Energie. Aber ihre Widerstandskraft blieb erhalten. Der Presse gegenüber beharrte sie auf ihrer Weiblichkeit. Sie schwor, sich zu wehren, und erhielt Hilfe aus der Ferne.

Ein finnischer Genetiker namens Albert de la Chapelle las einen Artikel über Martinez-Patinos Schwierigkeiten und meldete sich zu

Wort. De la Chapelle wusste sehr genau, dass Chromosomen nicht unbedingt über das Mann- oder Frausein bestimmen. Er hatte Pionierarbeit bei der Untersuchung von Menschen mit XX-Chromosomen geleistet, die sich zu Männern entwickeln. Das *De-la-Chapelle-Syndrom* kann auftreten, wenn die X- und Y-Chromosomen der Eltern beim Informationsaustausch nicht passgenau aufeinandertreffen, sodass sich Gene von der Spitze des Y-Chromosoms lösen und auf einem X landen.

Martínez-Patiño ließ sich auf hohe eigene Kosten von Ärzten untersuchen. Man teilte ihr mit, dass sie Hoden hatte, die in ihren Schamlippen verborgen waren, und dass sie weder eine Gebärmutter noch Eierstöcke hatte. Zudem stellten die Ärzte zwar einen männlichen Testosteronspiegel fest, den Martínez-Patiños Hoden produzierten, aber auch eine Androgenresistenz. Das heißt, dass ihr Körper dem Ruf des Testosterons gegenüber taub war, und sie sich daher vollständig als Frau entwickelt hatte. Die meisten Frauen können die geringe Menge an Testosteron, die ihr Körper produziert, zu ihrem sportlichen Vorteil nutzen, aber Martínez-Patiño konnte dies nicht.

Fast drei Jahre nach der Veröffentlichung ihres Geschlechtstests trat die olympische Medizinkommission bei den Spielen 1988 in Seoul erneut zusammen und verfügte, dass Martínez-Patiño rehabilitiert werden sollte. Zu diesem Zeitpunkt war ihre Karriere jedoch im Sande verlaufen, und sie verfehlte die Qualifikation für die Olympischen Spiele 1992 um eine Zehntelsekunde.

Angeregt durch Martínez-Patiños Leidensgeschichte berief die IAAF 1990 eine internationale Gruppe von Wissenschaftlern ein, um ein für alle Mal zu entscheiden, wie Männer von Frauen vor Wettkämpfen zu unterscheiden seien. Die Antwort der Experten: Fragen Sie uns nicht! Die Gruppe empfahl stattdessen, die Geschlechtsüberprüfungen ganz fallen zu lassen. 1999 war es so weit, dass das Internationale Olympische Komitee Frauen nur in Verdachtsfällen testete, und selbst dann gab es keinen klaren Maßstab für das, was eine richtige Frau ausmachte.

Das Problem ist, dass die menschliche Biologie einfach nicht so säuberlich in Männer und Frauen trennt, wie es sich Sportverbände wünschen. Und daran hat der technische Fortschritt der letzten zwei Jahrzehnte nicht im Geringsten gerüttelt und wird es auch in Zukunft nicht tun. »Ich kann mir nicht vorstellen, wie man das besser lösen könnte als wir vor 20 Jahren«, sagt Myron Genel, emeritierter Professor für Pädiatrie in Yale und Mitglied der Gruppe, die der IAAF von Geschlechtsüberprüfungen generell abgeraten hat.

Die Ärzte entschieden schließlich, dass Martínez-Patiño ungerecht behandelt worden war. Sie war aus ärztlicher Sicht und im Hinblick auf sportlichen Wettbewerb eine Frau. Eine Frau mit Vagina und innen liegenden Hoden, mit Brüsten, aber ohne Eierstöcke und Gebärmutter, mit männlichen Testosteronmengen, die nichtsnutzig in ihrem Körper zirkulierten.

Weder Geschlechtsorgane noch die darin enthaltenen Chromosomen unterschieden eindeutig männliche von weiblichen Sportlerinnen. Gibt es also irgendeinen genetischen Grund, um Männer und Frauen überhaupt zu trennen?

*Will Women Soon Outrun Men?* – »Laufen Frauen bald schneller als Männer?« Dieser Titel einer Arbeit zweier UCLA-Physiologen schien mir absurd, als ich ihn 2002 in meinem College-Abschlussjahr zum ersten Mal sah. Ich trainierte erst seit fünf Sommern im 800-Meter-Lauf und hatte bereits den Weltrekord der Frauen unterboten. Und dabei war ich nicht einmal der Schnellste in meiner Staffel.

Aber der Artikel stand in der Zeitschrift *Nature*, einer der renommiertesten wissenschaftlichen Publikationen der Welt, also musste etwas dran sein. Das dachte jedenfalls die Öffentlichkeit. Von tausend Amerikanern, die vor den Olympischen Spielen in Atlanta 1996 vom *U.S. News & World Report* befragt wurden, waren zwei Drittel der Ansicht, dass »der Tag kommen wird, an dem die besten Sportlerinnen die besten Sportler schlagen werden«.

Die Autoren des *Nature*-Artikels hatten die historischen Weltrekorde von Männern und Frauen in allerlei Laufdisziplinen vom 200-Meter-Sprint bis zum Marathon zu Diagrammen verarbeitet und festgestellt, dass die Rekordwerte der Frauen weitaus steiler anstiegen als die der Männer. Durch Extrapolation der Kurven in die Zukunft kamen die

Autoren zu der Prognose, dass Frauen noch in der ersten Hälfte des 21. Jahrhunderts Männer bei allen Laufveranstaltungen schlagen würden. »Das Verbesserungstempo ist so auffallend unterschiedlich«, schrieben die Autoren. »Die Lücke schließt sich nach und nach.«

Im Jahr 2004 nahm *Nature* die Olympischen Spiele in Athen zum Anlass für einen weiteren Artikel mit dem Titel *Momentous Sprint at the 2156 Olympics?* – »Folgenschwerer Sprint bei den Olympischen Spielen 2156?« Der Titel war ein Verweis auf das prognostizierte Datum, an dem Frauen die Männer im 100-Meter-Sprint überholen würden.

2005 ließ dann der Artikel eines Trios von Sportwissenschaftlern im *British Journal of Sports Medicine* das Fragezeichen im Titel weg und verkündete einfach: *Women Will Do It in the Long Run* – »Auf lange Sicht gewinnen die Frauen«. Konnte es denn sein, dass die männliche Dominanz bei den Weltrekorden nur ein Produkt der Diskriminierung war, die Frauen von Höchstleistungen abhielt?

In der ersten Hälfte des 20. Jahrhunderts schränkten kulturelle Normen und Pseudowissenschaften die sportlichen Teilnahmemöglichkeiten von Frauen stark ein. Bei den Olympischen Spielen 1928 in Amsterdam erregte ein (erfundener) Pressebericht über Athletinnen, die nach dem 800-Meter-Rennen erschöpft auf dem Boden lagen, so viel Abscheu bei Ärzten und Sportjournalisten, dass die Disziplin fortan als schädlich für die weibliche Gesundheit galt. »Diese Laufdistanz strapaziert die weiblichen Kräfte zu sehr«, hieß es in einem Artikel der *New York Times*.[13] Nach dieser Olympiade waren für die nächsten 32 Jahre alle Frauenläufe über 200 Meter von den Spielen ausgeschlossen. Erst bei den Olympischen Spielen 2008 fanden in der Leichtathletik endlich die gleichen Wettkämpfe für Frauen wie Männer statt. Aber als dann Frauen

13 Zeitungen berichteten mit Entsetzen, dass Frauen bei den 800 Metern auf der ganzen Strecke hinfielen. Wie die Zeitschrift *Running Times* im Jahr 2012 berichtete, war es nur eine Frau, die am Ziel zusammenbrach; drei andere unterboten den vorherigen Weltrekord. Ein Reporter der *New York Evening Post*, der das Rennen angeblich mitangesehen hatte, schrieb von »11 erbärmlichen Frauen«, von denen fünf vor der Ziellinie aufgaben, während fünf dahinter zusammenbrachen. Laut *Running Times* nahmen nur neun Frauen teil und alle beendeten das Rennen.

in größerer Zahl antraten, sah es so aus, als würden sie sportlich irgendwann mit den Männern gleichziehen oder sie sogar übertreffen.

Mit dem Sportpsychologen Joe Baker von der York University habe ich über die sportlichen Leistungsunterschiede zwischen Männern und Frauen gesprochen, vor allem über die Unterschiede beim Werfen. Von allen Geschlechtsunterschieden, die jemals in wissenschaftlichen Experimenten festgestellt wurden, ist die Wurfweite durchweg einer der größten. Der Unterschied in der durchschnittlichen Wurfgeschwindigkeit zwischen Männern und Frauen beträgt statistisch ausgedrückt drei Standardabweichungen. Das bedeutet: Von tausend x-beliebigen Männern könnten 998 einen Ball weiter werfen als eine durchschnittliche Frau. Die Diskrepanz ist ungefähr doppelt so groß wie der Größenunterschied zwischen Männern und Frauen.

Baker merkt jedoch an, dass dieser Sachverhalt einen Mangel an Training bei den Frauen widerspiegeln könnte. Seine Frau hat in ihrer Jugend Baseball gespielt und wirft mühelos weiter als er. »Sie wirft wie eine Laserkanone«, scherzt er. Ist der Unterschied also biologisch?

Die genetischen Unterschiede zwischen Männern und Frauen sind extrem gering und beschränken sich auf ein einziges Chromosom, das entweder bei Frauen X oder bei Männern Y ist. Eine Schwester und ein Bruder beziehen ihre Gene aus genau denselben Quellen – wobei die sogenannte Rekombination, das Mischen der mütterlichen und väterlichen Gene, dafür sorgt, dass Geschwister nie auch nur annähernd Klone sind. Ein Großteil der sexuellen Differenz beruht auf einem einzigen Gen auf dem Y-Chromosom: dem SRY-Gen (*sex determining region Y gene*). Wenn es überhaupt ein Sportlergen gibt, ist es das SRY-Gen. Die Humanbiologie ist so angelegt, dass dieselben zwei Elternteile sowohl maskuline Söhne als auch feminine Töchter hervorbringen können, obwohl sie immer die gleichen Gene weitergeben. Das SRY-Gen ist ein Generalschlüssel aus DNA, der selektiv die Gene aktiviert, die Männer zu Männern machen.

Wir alle beginnen unser Leben als Frauen. Jeder menschliche Embryo ist in den ersten sechs Wochen seines Bestehens weiblich. Da Säugetierföten im Mutterleib einer hohen Dosis weiblicher Hormone ausgesetzt sind, ist es ökonomischer, wenn das Standardgeschlecht weiblich ist. Bei Männern führt das SRY-Gen in der sechsten Woche zur Bildung von Hoden, in denen sich wiederum Leydig-Zellen bilden, die Testosteron herstellen. Innerhalb eines Monats sprudelt das Testosteron und schaltet bestimmte Gene aus und andere an, und es dauert nicht lange, bis sich die Ungleichheit beim Weitwurf ausbildet.

Noch im Mutterleib wächst Jungen ein längerer Unterarm, der beim Werfen eine stärkere Peitschwirkung ermöglicht. Zwar sind die ausgeprägten Unterschiede in der Wurfkraft zwischen Jungen und Mädchen geringer als zwischen Männern und Frauen, aber sie machen sich bereits bei zweijährigen Kindern bemerkbar.

Um festzustellen, inwieweit die Unterschiede im Weitwurf kulturell bedingt sind, haben Wissenschaftler der University of North Texas und der University of Western Australia in einem gemeinsamen Forschungsprojekt sowohl amerikanische als auch australische Ureinwohner auf ihre Wurffähigkeiten getestet. Die australischen Ureinwohner haben keine Landwirtschaft entwickelt, sondern sind Jäger und Sammler geblieben. Australischen Aborigine-Mädchen wird daher ebenso wie den Jungen beigebracht, Wurfgeschosse zu werfen, sowohl für den Kampf als auch für die Jagd. Dementsprechend zeigte sich, dass die Wurfunterschiede zwischen Jungen und Mädchen bei den Aborigines viel weniger ausgeprägt waren als bei den amerikanischen Ureinwohnern. Aber die Jungen warfen immer noch viel kräftiger als die Mädchen, obwohl die Mädchen aufgrund ihrer früheren Reifung größer und schwerer waren.

Jungen sind nicht nur meistens besser im Weitwurf, sondern auch viel geschickter darin, Flugobjekte im Auge zu behalten und zu fangen; 87 Prozent der Jungen übertreffen beim Zielwerfen das durchschnittliche Mädchen. Und der Unterschied lässt sich zumindest teilweise auf die Testosteronversorgung im Mutterleib zurückführen. Mädchen, die im Mutterleib einem hohen Testosteronspiegel ausgesetzt sind, weil wegen einer Erbkrankheit namens androgenitale Hyperplasie die fetalen Nebennieren im Überschuss männliche Hormone produzieren, schneiden bei diesen Tests wie Jungen ab, nicht wie Mädchen.

Trainierte Frauen werfen deutlich besser als untrainierte Männer, aber trainierte Männer werfen weitaus besser als trainierte Frauen. Olympioniken werfen den Speer etwa 30 Prozent weiter als Olympionikinnen, obwohl deren Speer leichter ist. Und der Guinness-Weltrekord für den schnellsten Baseball-Pitch einer Frau liegt bei 105 km/h, einer Geschwindigkeit, die mühelos von besseren Highschool-Jungs übertroffen wird. Manche Profis werfen schneller als 160 km/h.

Bei Laufdisziplinen von 100 bis 10.000 Meter liegt die Lücke im Leistungssport bei ungefähr 11 Prozent. Die zehn besten Männer sind unabhängig von der Strecke – vom Sprint bis zum Ultramarathon – etwa 11 Prozent schneller als die zehn besten Frauen.[14] Im Profibereich ist das keine Lücke, sondern eine Schlucht. Der 100-Meter-Weltrekord der Frauen wäre um eine Viertelsekunde zu langsam gewesen, um sich bei den Männern für die Olympischen Spielen 2012 zu qualifizieren. Auf 10.000 Metern bricht jeder Mann, der sich knapp für Olympia qualifiziert, den Weltrekord der Frauen.

Größere Lücken treten beim Werfen und bei reinen Sprungdisziplinen auf. Im Weitsprung liegen die Frauen 19 Prozent hinter den Männern. Die kleinste Lücke klafft beim Wettschwimmen über längere Strecken. Im 800-Meter-Freistil liegen die Spitzenfrauen nur 6 Prozent hinter den Spitzenmännern.

Die Studien, denen zufolge Frauen dereinst Männer überholen würden, gingen davon aus, dass die Leistungssteigerungen bei den Frauen in den 50er- bis 80er-Jahren Anzeichen eines stabilen Fortschritts seien,

14 Lange hielt sich die Idee, dass Läuferinnen mit zunehmender Laufdistanz die Läufer übertreffen. Sie kommt auch in Christopher McDougalls faszinierendem Buch *Born to Run* zur Sprache. Aber sie stimmt nicht ganz. Die Lücke von 11 Prozent bei den Bestleistungen zeigt sich bei den längsten Strecken ebenso verlässlich wie bei den kürzesten. Allerdings stellten südafrikanische Physiologen fest, dass bei einem Mann-Frau-Paar mit gleicher Marathonzeit der Mann in der Regel gewinnt, wenn man beide eine kürzere Strecke laufen lässt, während die Frau auf einer um 20 Kilometer verlängerten Laufdistanz überlegen ist. Den Forschern zufolge liegt dies daran, dass Männer normalerweise größer und schwerer sind und deswegen umso mehr im Nachteil sind, je länger das Rennen dauert. Bei den weltbesten Ultramarathonläufern sind die Größenunterschiede zwischen Männern und Frauen jedoch geringer als in der Allgemeinbevölkerung und daher besteht auch im Ultralangstreckenlauf eine Leistungslücke von 11 Prozent zwischen den besten Männern und den besten Frauen.

der immer weiter gehen würde. Aber in Wirklichkeit waren sie eine zeitweilige Explosion, die in ein Plateau überging – ein Plateau, das für die Frauen galt, aber nicht für die Männer. Während die Spitzengeschwindigkeiten der Frauen auf den Distanzen zwischen 100 Metern und einer Meile seit den 1980er-Jahren konstant blieben, legten die Männer weiterhin zu, wenn auch spärlich.

Die Zahlen sind eindeutig. Die besten Frauen holen die besten Männer weder ein, noch bleiben sie ihnen auf den Fersen. Die Männer ziehen ganz langsam davon. Die biologische Kluft vergrößert sich.

Aber warum gibt es sie überhaupt?

Neben einem telefonbuchdicken Lexikon liegt auf der Fensterbank von David C. Gearys Eckbüro der Schädel einer Frau. Sie überblickt den Campus der Universität von Missouri. »Wie Sie sehen, ist der Schädel recht klein«, sagt Geary. Er hat ein hageres Gesicht und türkisfarbene Augen. Eine graue Haarlocke, die sich vor seiner Stirn emporreckt, sieht ein bisschen wie ein Fragezeichen aus und verleiht seinem Gesicht einen angemessen wissbegierigen Ausdruck. »Ihr Gehirn war nur etwa ein Drittel so groß wie unser Gehirn. Deshalb liegt sie neben dem Lexikon, sie muss noch viel lernen«, scherzt er. Geary meint damit sein maßstabsgetreues Modell des Schädels von Lucy, der berühmten *Australopithecus-afarensis*-Vorfahrin des modernen Menschen, deren 3,2 Millionen Jahre alte Knochen in Äthiopien gefunden wurden.

Geary denkt viel über Gehirne nach. Als Psychologe mit Schwerpunkt kognitive Entwicklung hat er einen Großteil seiner Karriere damit verbracht, herauszufinden, wie Kinder rechnen lernen. Aufgrund seiner Expertise saß er von 2006 bis 2008 im präsidialen Beratergremium für Mathematik. Nebenbei ist er eine wandelnde Datenbank für Geschlechtsunterschiede.

Seit seiner Studienzeit an der UC Riverside in den 80ern interessiert sich Geary für die Evolution der menschlichen Geschlechtsunterschiede. Da Forschungen zu biologischen Geschlechtsunterschieden oft umstritten sind – zumindest dann, wenn sie über die Genitalien hinausgehen –, publizierte Geary erst dann zur menschlichen Evolution, als er eine feste Professur hatte. Aber dann ließ er es krachen. Er war Mitautor eines tausendseitigen Lehrbuchs, das nichts weiter enthielt als sämtliche Ergebnisse jeder seriösen wissenschaftlichen Studie über Geschlechtsunterschiede – vom Geburtsgewicht bis zum Sozialverhalten –, die in den letzten hundert Jahren durchgeführt wurde.

Vielleicht war es ihm gar nicht bewusst, bevor ich vor seiner Tür stand, aber Gearys interessantester Beitrag zur Welt des Sports ist sein 550-seitiger Wälzer *Male, Female: The Evolution of Human Sex Differences* – »Männlich, weiblich: Die Evolution menschlicher Geschlechtsunterschiede«. Es ist die erste Arbeit, die alle Studien – Betonung auf *alle* –, die sich mit menschlichen Geschlechtsunterschieden befassen, mit der sexuellen Selektion in Zusammenhang stellt.

Die Prinzipien der sexuellen Selektion hat als Erster Charles Darwin erklärt, auch wenn er damit weit weniger Aufsehen erregte als mit seiner anderen Idee, der natürlichen Selektion. Wo die natürliche Selektion auf die genetischen Merkmale einwirkt, die als Reaktion auf die natürliche Umgebung erhalten oder beseitigt werden, geht es bei der sexuellen Selektion um jene Merkmale, die in der Partnerwerbung und durch die Partnerwahl bestehen oder aussterben. Sexuelle Selektion ist die Ursache der meisten menschlichen Geschlechtsunterschiede und für das Verständnis sportlicher Leistungsfähigkeit von entscheidender Bedeutung.

Zu den körperlichen Unterschieden zwischen den Geschlechtern gehört, dass Männer im Allgemeinen schwerer und größer sind und im Verhältnis zu ihrer Größe längere Arme und Beine sowie größere Herzen und Lungen haben. Männer sind doppelt so häufig Linkshänder wie Frauen – ein Vorteil in einer Reihe von Sportarten.[15] Männer haben weniger Fett, dichtere Knochen, mehr Sauerstoff transportierende rote

15 Weil Linkshänder selten sind, begegnen Sportler ihnen nicht so häufig und verfügen daher über eine kleinere mentale Datenbank mit deren Körperbewegungen, was den Linkshändern einen »negativ frequenzbedingten Vorteil« verschafft. Bei den Moskauer Olympischen Spielen 1980 waren im Florettfechten alle sechs Finalisten Linkshänder. Die französischen Forscher Charlotte Faurie und Michel Raymond haben bei Eingeborenenvölkern mit mehr Nahkampf eine höhere Linkshänderquote festgestellt. Sie und andere haben die Hypothese aufgestellt, dass die natürliche Selektion aufgrund des Kampfvorteils ein gewisses Maß an Linkshändigkeit, insbesondere bei Männern, bestehen lässt.

Blutkörperchen, robustere Skelette, die mehr Muskeln tragen können, und schmalere Hüften, die das Laufen effizienter machen und Verletzungen beim Laufen und Springen verhindern – beispielsweise den bei Sportlerinnen häufigen vorderen Kreuzbandriss. »Wegen des breiteren Beckens haben Frauen einen größeren Winkel zum Knie hin«, erläutert Bruce Latimer, Professor für Anthropologie und Anatomie an der Case Western Reserve University. »Daher verpufft viel Energie in der Quetschung des Hüftgelenks und hilft nicht beim Vorankommen ... Je breiter das Becken, desto mehr Energie wird verschwendet.«

Einer der ausgeprägtesten körperlichen Unterschiede zwischen den Geschlechtern ist die Muskelmasse. Bei Männern sind in jeder Körperregion mehr Muskelfasern untergebracht, im Oberkörper sogar 80 Prozent mehr Muskelmasse als bei Frauen, in den Beinen sind es 50 Prozent mehr. Für den Oberkörper ergibt dies einen Kraftunterschied von drei Standardabweichungen. Das bedeutet, dass von tausend x-beliebigen Männern 998 auch noch einen stärkeren Oberkörper als die durchschnittliche Frau haben.

> *»Die Unterschiede in der Oberkörperkraft kommen dem gleich, was man bei Gorillas misst«,* sagt Geary. *»Sie sind also sehr groß. Gorillas sind die sexuell dimorphesten unserer nahen Verwandten. Die Männchen sind etwa doppelt so groß wie die Weibchen. Der Unterschied in der Körpergröße ist also ausgeprägter als beim Menschen, aber der Unterschied in der Oberkörperkraft ist ähnlich.«*

Unsere Ähnlichkeit mit Gorillas gibt einen Hinweis darauf, wie die sexuelle Selektion die Sportlichkeit des Menschen (und des Gorillas) geprägt hat. Um zu erfahren, ob bei einer bestimmten Tierart das Männchen oder Weibchen größer und stärker ist, ist eine Information besonders nützlich: Welches Geschlecht hat die höhere potenzielle Reproduktionsrate?

Wegen der langen Trag- und Stillzeit kann ein Gorillaweibchen nur etwa alle vier Jahre Nachwuchs hervorbringen. Da Gorillamännchen einen Harem von Weibchen um sich sammeln und ihn verteidigen, haben sie eine viel höhere potenzielle Fortpflanzungsrate. Aber für jedes Männchen, das einen Harem hat, gibt es mehrere andere Männchen, die komplett von der Fortpflanzung ausgeschlossen sind. Das hat zur Folge, dass Gorillamännchen mit allen Mitteln um die Gunst mehrerer Weibchen konkurrieren. Dieser »Wettbewerb zwischen Männern« erfolgt in Form von Kämpfen oder zumindest Kampfgebärden und die natürliche Selektion bevorzugt Merkmale, die Gorillas zu besseren Kämpfern machen. Bei Seepferdchen und anderen »Arten, wo die Weibchen eine höhere potenzielle Fortpflanzungsrate haben«, erklärt Geary, »ist die Situation umgekehrt, und die Weibchen sind größer und aggressiver.« Es überrascht nicht, dass männliche Seepferdchen, die für die Pflege der Eier zuständig sind, größere, stärkere Weibchen bevorzugen.

In Lebensräumen, die schwieriger zu kontrollieren und physisch zu verteidigen sind – wie zum Beispiel die Luft –, gewinnt die Partnerwahl des Weibchens an Bedeutung, und die natürliche Selektion bevorzugt bei den Männchen Merkmale wie attraktive Färbung und melodischen Balzgesang, wie sie bei Vögeln üblich sind. Aber bei Gorillas, Urmenschen und anderen Primaten, deren Reviere hauptsächlich aus festem Boden bestehen, sind Zweikämpfe oft wichtig und die Evolution betont die rohe Körperkraft.

Daraus lassen sich einige eher unangenehme Schlüsse über uns Menschen ziehen, die wir am Boden lebende Primaten sind, und insbesondere über uns Männer: Die Evolution hat bestimmte männliche Eigenschaften begünstigt, dank derer wir uns gegenseitig besser verletzen, töten oder zumindest einschüchtern können. Und die Männer, die am erfolgreichsten andere Männer verletzt, getötet oder einschüchtert haben, haben diesen Erfolg manchmal dazu genutzt, um sich mit mehreren Frauen zu paaren und viele Kinder zu zeugen.

Beide Schlüsse lassen sich mit Belegen stützen. In allen Jäger-Sammler-Gesellschaften starben rund 30 Prozent der Männer durch die Hand anderer Männer, entweder im Kampf oder bei Überfällen, die häufig Frauen als Beute hatten. In einem Vortrag über sein Buch *Gewalt: Eine neue Geschichte der Menschheit*, das von der Geschichte und dem modernen Rückgang menschlicher Gewalt handelt, hat es der Harvard-Psychologe Steven Pinker so ausgedrückt:

> *»Es stellt sich heraus, dass [Thomas] Hobbes Recht hatte. Das Leben des Menschen im Naturzustand war scheußlich, brutal und kurz.«*

Der zweite Schluss – dass unser Urmensch mehrere Gattinnen erstrebte – ist nach genetischer Beweislage unbestreitbar. Da Väter ihre Y-chromosomale DNA nur an Söhne weitergeben, und nur Mütter die sogenannte mitochondriale DNA vererben, können wir unsere mütterlichen und väterlichen Abstammungslinien getrennt zurückverfolgen. Die Ergebnisse von Studien auf der ganzen Welt sind eindeutig: Egal, wo Wissenschaftler suchen, wir haben weniger männliche als weibliche Vorfahren. Weit weniger Adams als Evas waren nötig, um die gegenwärtige Weltbevölkerung hervorzubringen. (In teilweise erstaunlichem Maße: 16 Millionen asiatische Männer – ein halbes Prozent der männlichen Weltbevölkerung – haben einen nahezu identischen Anteil jenes Y-Chromosoms, das nach Ansicht von Genetikern wahrscheinlich von Dschingis Khan stammt, welcher bekanntlich Hunderte von Ehefrauen und Konkubinen hatte.)

Ein weiteres Muster, das bei vielen Tierarten und auch bei den Primaten mit ihrer starken Konkurrenz zwischen Männern auftritt: Die für den Kampf wichtigen körperlichen Fähigkeiten prägen sich in der Pubertät ausschließlich bei Männern aus. Die Pubertät verstärkt die Eigenschaften, die Heranwachsende bald für die Fortpflanzung benötigen. Da sportliche Eigenschaften wie Boxen oder Steinewerfen für die Fortpflanzung wichtig sind, verbessern sie sich während der Pubertät. Und auch hier erweisen sich Männer als typische gewalttätige Primaten. Während Mädchen früh und schnell reif werden, durchlaufen Jungen eine Pubertät, die spät einsetzt und lange dauert, sodass mehr Zeit für Wachstum bleibt und die Sportlichkeit explodiert.

Bis zum Alter von zehn Jahren haben Mädchen und Jungen ähnliche Körper. Mädchen sind größer und haben bereits etwas mehr Körperfett, aber viele sportliche Eigenschaften sind bei Jungen und Mädchen kaum zu unterscheiden. Die Höchstgeschwindigkeit beim Rennen ist bei zehnjährigen Jungen und Mädchen nahezu gleich und unterscheidet sich kaum bis zum Alter von 14, wenn Jungen von Natur aus buchstäblich Steroide bekommen.

Mit 14 weitet sich die ohnehin schon breite Weitwurflücke zu einer Kluft. Jungen entwickeln stärkere Arme und breitere Schultern, und mit 18 kann ein durchschnittlicher Junge dreimal so weit werfen wie ein durchschnittliches Mädchen. Männer entwickeln auch Merkmale, die einen Knockout im Kampf unwahrscheinlicher machen als bei Jungen und Frauen: massivere Stirnkämme zum Schutz der Augen und größere Kieferknochen, die das Gesicht widerstandsfähiger gegen Schläge machen. Ein gläsernes Kinn kam in der Steinzeit offenbar nicht gut an.

Der Testosteronanstieg in der männlichen Pubertät stimuliert auch die Produktion roter Blutkörperchen, weswegen Männer mehr Sauerstoff verbrauchen können als Frauen. Zudem macht es Männer weniger schmerzempfindlich als Frauen[16] – genau wie alle Tiere und Menschen, denen man Testosteron spritzt. Mit ungefähr 14 Jahren nähert sich das durchschnittliche Mädchen der höchsten Sprintgeschwindigkeit seines Lebens. Die Sprint-Weltrekorde einer Altersgruppe sind bei neunjährigen Jungen und Mädchen nahezu identisch. Vor der Pubertät gibt es kaum einen biologischen Grund für nach Geschlechtern getrennte Wettkämpfe. Aber bei den Vierzehnjährigen befinden sich die Rekorde schon nicht mehr in derselben Sportdimension.[17]

In einigen Fällen schneiden Frauen nach der Pubertät bei bestimmten sportlichen Merkmalen schlechter ab. Da Östrogen dazu führt, dass sich Fett auf den breiter gewordenen Hüften ansetzt, erleben die meisten Mädchen einen Stillstand oder eine Rückgang bei der vertikalen Sprunghöhe. Und selbst die schmalsten erwachsenen Marathonläufe-

16 Die Vorstellung, dass Frauen weniger schmerzempfindlich seien als Männer, weil sie gebären, ist ein Mythos, den jede Studie zu diesem Thema widerlegt. Frauen sind schmerzempfindlicher und leiden viel häufiger an chronischen Schmerzen. Allerdings nimmt ihre Schmerzempfindlichkeit ab, wenn eine Geburt näher rückt.

17 400-Meter-Rekorde: Neunjährige Jungen: 1:00,87. Vierzehnjährige Jungen: 46,96. Neunjährige Mädchen: 1:00,56. Vierzehnjährige Mädchen: 52,68

rinnen haben immer noch etwa 6 bis 8 Prozent Körperfett, doppelt so viel wie ihre männlichen Kollegen.

In bestimmten Sportarten besteht Untersuchungen an Olympionikinnen zufolge ein wichtiges Merkmal der Sportlerinnen darin, dass ihnen nicht so breite Hüften wachsen wie anderen Frauen. Wenn junge Spitzenturnerinnen einen starken Wachstumsschub in die Höhe oder in die Hüftbreite durchlaufen, ist ihre Karriere in der Weltklasse praktisch vorbei. Da ihre Körpergröße schneller zunimmt als ihre Kraft, verschiebt sich das für Flugübungen so wichtige Kraft-Gewicht-Verhältnis ebenso in die falsche Richtung wie die Fähigkeit, sich in der Luft zu drehen. Bei Turnerinnen spricht man im Alter von 20 Jahren vom Höhepunkt ihrer Karriere, während Turner in dem Alter noch am Anfang stehen. China wurde bei den Spielen 2000 in Sydney eine olympische Turnmedaille aberkannt, als das Internationale Olympische Komitee feststellte, dass die Turnerin Dong Fangxiao zwei Jahre jünger war als das Mindestalter von 16 Jahren. Wir können fest davon ausgehen, dass wir beim Turnen der Männer niemals einen ähnlichen Skandal erleben werden.

Der Vorteil, den einige Sportlerinnen haben, liegt in bestimmten Merkmalen, die eher für Männer typisch sind, wie z.B. wenig Körperfett und schmale Hüften. Der Hauptgrund, warum Frauen in der Leichtathletik der 1970er- und 1980er-Jahren gegenüber den Männern aufholten, besteht offenbar darin, dass sie das Fehlen des SRY-Gens durch Injizieren von Testosteron wettmachten – was die *Nature*-Recherchen nicht berücksichtigt hatten. Ab den 1960er-Jahren griff der Wettbewerb des Kalten Krieges auf den Sport über und das systematische Doping von Mädchen, oft ohne ihr Wissen, war in Ländern wie der DDR weit verbreitet. Nach dieser Ära haben sich die Spitzensportlerinnen in den Disziplinen mit viel Explosivkraft verschlechtert. So erfolgten 75 der 80 besten Kugelstöße aller Zeiten zwischen Mitte der 1970er und 1990, und zwar vorwiegend aus der Hand von Ostblock-Athletinnen. Die achtzigste Kugel in dieser Liste stieß Heidi Krieger aus Ostdeutschland, die Jahrzehnte später vor Gericht über systematisches Doping in Ostdeutschland aussagte. Inzwischen hatte sie sich nach den enorm hohen Dosen von Steroiden, die wie Testosteron wirkten und den Körper männlicher werden lassen, entschieden, als Mann zu leben, und hieß Andreas Krieger. Bis heute stammen fast alle Weltrekorde der Frauen in den Sprint- und Kraftdisziplinen aus den 1980er-Jahren, ein Zeugnis für die starke Wirkung männlicher Hormone auf Sportlerinnen. Nach dem Ende der Ära des extremen Dopings verbreiterte sich die Leistungslücke zwischen Menschen mit und ohne SRY-Gen erneut. Es ist jetzt klar, dass der genetische Vorteil von Männern gegenüber Frauen in den meisten Sportarten so gewaltig ist, dass die beste Lösung darin besteht, die Geschlechter zu trennen.

Alice Dreger, Professorin für klinisch-medizinische Geisteswissenschaften und Bioethik an der Northwestern University und Expertin für die Geschichte der Geschlechtsüberprüfung im Sport, hat mir gesagt:

> *»Der Grund, warum wir Frauen im Sport getrennt antreten lassen, ist, dass die besten Sportlerinnen nicht mit den besten Sportlern mithalten können. Und das weiß jeder, aber niemand sagt es. Der Frauensport ist aus allen möglichen – wie ich finde, guten – Gründen wie eine Klasse von Behinderten aufgebaut.«*

Wie schwer es ist, festzustellen, wer Zugang zu dieser Klasse erhält, wurde bei den Leichtathletik-Weltmeisterschaften 2009 deutlich, als Caster Semenya, eine junge und unbekannte 800-Meter-Läuferin aus Südafrika einen Blick über ihre muskulöse Schulter warf, sich vom Feld löste und zum Weltmeistertitel spurtete. Semenyas Konkurrentinnen verspotteten sie in den Medien. »Brauchst sie dir nur anzuschauen«, spottete die Russin Mariya Savinova als Fünftplatzierte über Semenyas schmale Hüften und muskelbepackten Oberkörper. Aber nur durch Anschauen wird man nicht schlauer.

Nach der Weltmeisterschaft kam heraus, dass Semenya innenliegende Hoden, weder Eierstöcke noch Gebärmutter und einen hohen Testosteronspiegel hat. (Semenya hat den Bericht nie bestätigt oder kommentiert.) Wenn dies stimmt, wie ist sie dann einzuordnen? Wenn man Wettkampfklassen nach bestimmten biologischen Merkmalen aufschlüsselt, »müsste man internationale Wettbewerbe wie eine Hundeausstellung organisieren, mit Wettbewerben für jede einzelne Rasse«, sagt Myron Genel, Professor für Pädiatrie in Yale. Maria José Martínez-Patiño, die spanische Hürdenläuferin, hatte sowohl ein Y-Chromosom als auch ein SRY-Gen, aber weil sie resistent gegen Testosteron war, durfte sie letztendlich gegen Frauen antreten.

Angesichts anhaltender Kontroversen um den Fall Semenya kündigten die IAAF und das Internationale Olympische Komitee vor den Olympischen Spielen 2012 in London an, dass das Geschlecht auf der Grundlage des Testosteronspiegels bestimmt werden würde. Nicht nur anhand der produzierten Menge, sondern je nachdem, wie viel vom Körper verwendet wird.

Testosteronmengen sind keineswegs gleichmäßig verteilt. Eine normale Frau erzeugt weniger als 75 Nanogramm Testosteron pro Deziliter Blut. Bei Männern liegt die Menge normalerweise zwischen 240 und 1.200. Das untere Ende der männlichen Spanne ist also immer noch mehr als 200 Prozent höher als das obere Ende des weiblichen Spektrums. Im Jahr 2011 entschied die NCAA – nach Beratung mit einer Denkfabrik des National Center for Lesbian Rights –, dass jeder Sportler, der sich einer Geschlechtsumwandlung unterzieht, um zur Frau zu werden, ein Jahr aussetzen und dabei seinen Testosteronspiegel senken muss, bevor er im Frauensport antreten kann. Damit wurde Testosteron als die Quelle des männlichen Vorteils im Sport anerkannt. Obwohl es vielleicht nicht die einzige ist.

Endokrinologen, die mit androgenresistenten Frauen arbeiten, haben mir gegenüber vermutet, dass XY-Frauen mit Androgenresistenz – die also wie Martínez-Patiño überhaupt kein Testosteron verarbeiten können – im Sport eher über- als unterrepräsentiert sind.

Bei den Olympischen Sommerspielen 1996 in Atlanta, den letzten mit Wangenabstrichen, wurde bei sieben von 3.387 Teilnehmerinnen – ungefähr einer von 480 – das SRY-Gen und die Androgenresistenz festgestellt. Die übliche Häufigkeit von Androgenresistenz wird auf eins zu 20.000 bis 64.000 geschätzt. Im Verlauf von fünf Olympiaden hat man im Durchschnitt bei einer von 421 Wettkämpferinnen ein Y-Chromosom gefunden. Frauen mit Androgenresistenz sind also in der Weltklasse des Sports stark überrepräsentiert. Vielleicht liegt der Vorteil nicht im Testosteron, sondern in einer anderen Begleiterscheinung des Y-Chromosoms.

Frauen mit Androgenresistenz neigen zu körperlichen Proportionen, die eher typisch für Männer wären. Ihre Arme und Beine sind im Verhältnis zum Körper länger und ihre durchschnittliche Größe ist einige Zentimeter größer als bei gewöhnlichen Frauen. Ein Bespiel wäre Erika Coimbra, eine 1,80 Meter große brasilianische Volleyballspielerin und Olympiasiegerin vom Jahr 2000. Sie ist eine der wenigen Sportlerinnen mit Androgenresistenz, deren Name jemals bekannt wurde. (Zwei der Endokrinologen, mit denen ich gesprochen habe, behaupten, dass XY-Frauen auch im Modelgeschäft überrepräsentiert sind, weil sie oft sehr weiblich aussehen, aber auch groß und langbeinig sind. Bevor medizinische Details über Coimbra der Presse in die Hände fielen, wurde die große Blondine als »brasilianische Barbie-Puppe« bezeichnet.)

Der höhere Wuchs von XY-Frauen, die gegen Testosteron resistent sind, ist möglicherweise auf eine längere Wachstumsphase zurückzuführen, denn der Körper überhört die Stoppsignale der Hormone oder der Gene auf dem Y-Chromosom, die die Körpergröße bestimmen. Männer mit einem zusätzlichen Y-Chromosom werden oft sehr groß. Dave Rasmussen, das größte Mitglied von Tall Clubs International, ist ein 2,21 Meter großer XYY-Mann, dessen Eltern 1,93 und 1,75 Meter groß sind.

Die Überrepräsentation von XY-Frauen »ist nur die Spitze eines Eisbergs von intersexuellen Diagnosen im Sport«, wie es ein Artikel im *British Journal of Sports Medicine* ausdrückt. Jeff Brown, ein Endokrinologe aus Houston, arbeitet mit einigen der besten amerikanischen Sportler in Amerika zusammen – seine Patienten haben insgesamt 15 olympische Goldmedaillen inne. Er hat zahlreiche Olympionikinnen mit einem sogenannten partiellen 21-Hydroxylase-Mangel behandelt. Diese Erkrankung kann in der Familie liegen und führt zu einer Überproduktion von Testosteron.[18] Nach Browns Einschätzung ist die Erkrankung bei Sportlerinnen stark überrepräsentiert. »Die Frage ist, ob sie dadurch jemandem gegenüber im Vorteil sind, der die Krankheit nicht hat«, sagt Brown.

*»Natürlich lautet die Antwort ja. Aber es ist eben eine Gottesgabe. Ich habe den Mangel bei Springerinnen, Sprinterinnen und Langstreckenläuferinnen festgestellt.«*

Kein Wissenschaftler kann behaupten, die genauen Auswirkungen von Testosteron auf einzelne Sportler zu kennen. Eine Studie aus dem Jahr 2012, bei der Sportlerinnen aus verschiedenen Sportarten – einschließlich Leichtathletik und Schwimmen – drei Monate lang beobachtet wurden, hat jedoch gezeigt, dass der Testosteronspiegel bei den Spitzensportlerinnen durchweg mehr als doppelt so hoch war wie beim Mittelfeld. Und es gibt auch eindrucksvolle Anekdoten. Die 55-jährige medizinische Physikerin Joanna Harper wurde als Mann geboren und lebt inzwischen als Frau. Zufällig ist Harper auch eine erfahrene Läuferin im amerikanischen Seniorensport. Als sie im August 2004 mit der Hormontherapie begann, um ihre eigene Testosteronproduktion zu unterdrücken und körperlich zur Frau zu werden, zeichnete sie wie jede gute Wissenschaftlerin Daten auf. Harper ging davon aus, dass sie allmählich langsamer werden würde, aber zu ihrer Überraschung wurde sie schon gegen Ende des ersten Monats langsamer und schwächer. »Ich habe mich beim Laufen genauso gefühlt«, sagt sie. »Aber ich konnte einfach

18 Brown hat einen partiellen 21-Hydroxylase-Mangel auch schon bei Männern festgestellt, aber die Auswirkungen sind weniger dramatisch. Insgesamt, so Brown, unterscheiden sich die Hormonsysteme von Spitzensportlern deutlich von denen der meisten Erwachsenen. »Alles Mögliche ist bei Sportlern anders«, sagt er. »Was ihr hormonelles Milieu angeht, sind sie nicht so wie ich gebaut.« Christian J. Cook, ein Physiologe, der Sportler und Testosteron erforscht, sagt: »Ein Muster, das sich abzeichnet, ist, dass Weltklasse-Kraftsportlerinnen in ihrem Testosteronspiegel Männern oft näher sind … tendenziell sind diese Frauen in hohem Maße fähig, aus Training Kraft zu gewinnen.« In einer kleinen Studie aus dem Jahr 2013 stellt Cook fest, dass Sportlerinnen mit höherem Testosteronspiegel von sich aus anstrengenderes Krafttraining machten als Altersgenossinnen mit niedrigerem Testosteronspiegel.

nicht mehr so schnell.« 2012 gewann Harper den US-amerikanischen Cross-Country-Titel in der Altersgruppe 55–59 Jahre. Legt man jedoch alters- und geschlechtsangepasste Maßstäbe an, ist Harper jetzt als Frau genauso wettkampfstark wie als Mann. Als Frau läuft Harper also im Verhältnis zu anderen Frauen genauso schnell, wie sie vor ihrer Geschlechtsumwandlung im Verhältnis zu anderen Männern lief, aber sie läuft deutlich langsamer als ihr früheres Selbst mit dem höherem Testosteronspiegel.

Im Jahr 2003 lief Harper als Mann den Helvetia-Halbmarathon in Portland mit einer Zeit von 1:23:11. 2005 lief sie als Frau das gleiche Rennen in 1:34:01. Pro Kilometer war ihre männliche Zeit ungefähr 30 Sekunden schneller als ihre weibliche Zeit. Harper hat Daten von fünf anderen Läuferinnen zusammengestellt, die vom Mann zur Frau geworden sind, und bei allen zeigte sich das gleiche Muster eines steilen Geschwindigkeitsabfalls. Ein Läufer nahm 15 Jahre lang am gleichen 5-km-Rennen teil, achtmal als Mann und dann nach einer Testosteron-Unterdrückungstherapie siebenmal als Frau; als Mann immer unter 19 Minuten und als Frau immer über 20.[19]

Die bei Männern typischen Hormonspiegel (mehr Testosteron), Skelette (höherer Wuchs, breitere Schultern, dichtere Knochen, längere Arme, schmalere Hüften) und Gene (SRY und weitere) können also bestimmte sportliche Vorteile bringen. Eine interessante evolutionäre Frage lautet also: Warum sind Frauen überhaupt sportlich?

Wie unsere männlichen Vorfahren mussten auch unsere weiblichen Urahnen sportlich genug sein, um lange Strecken zu gehen, Kinder und

19 Zum ersten Mal habe ich mit Harper im Rahmen des 2012 erschienenen *Sports-Illustrated*-Artikels »The Transgender Athlete« gesprochen, den ich zusammen mit Pablo S. Torre geschrieben habe. Pablo und ich haben auch Kye Allums getroffen, eine ehemalige Basketballspielerin der George Washington University und die erste offen transsexuelle Spielerin in der Geschichte der NCAA-Oberliga. Allums hatte gerade mit Testosteroninjektionen begonnen, um körperlich zum Mann zu werden. Er berichtete, dass Hände, Füße und Kopf gewachsen waren, dass seine Stimme tiefer geworden war, dass ihm nun Flaum im Gesicht wuchs, und dass er schneller laufen konnte. Medizinische Studien haben bei Patienten einen dosisabhängigen Zusammenhang zwischen der verabreichten Testosteronmenge und der Zunahme von Muskelmasse und -kraft festgestellt.

Brennholz zu tragen, Bäume zu fällen und Wurzeln auszugraben. Frauen kamen jedoch weitaus seltener dazu, zu kämpfen, zu rennen oder auf Bäume zu klettern – eine anstrengende Aktivität, die die Kraft des Oberkörpers beansprucht. Ein Grund dafür, dass Frauen so sportlich sind, wie sie sind, könnte laut Geary und anderen Wissenschaftler sein, dass Männer sportlich sind.

Eine parallele Frage wäre: Warum haben Männer Brustwarzen? Die Antwort ist, dass Männer deshalb Brustwarzen haben, weil Frauen welche haben. Bei Frauen sind Brustwarzen für eine erfolgreiche Fortpflanzung unbedingt erforderlich und für Männer sind sie nicht so schädlich, dass genügend natürlicher Selektionsdruck bestünde, um sie loszuwerden. Der Harvard-Anthropologe Dan Lieberman, der die Rolle des Dauerlaufs für die Jagd und die menschliche Evolution untersucht hat, hat mir gesagt:

> *»Man kann Männer und Frauen nicht völlig getrennt programmieren. Man kann uns nicht in Rot oder Blau bestellen wie ein Auto. Unsere Biologie ist im Großen und Ganzen dieselbe, mit kleinen Unterschieden. Wenn Frauen nicht schnell rennen müssten, könnte man argumentieren, dass sie die federnde Achillessehne im Sprunggelenk gar nicht bräuchten. Aber wie würde man das lösen? Man müsste ein geschlechtsspezifisches Fehlen der Achilles festlegen.«*

Stattdessen hat die Natur beim Menschen die Geschlechtsunterschiede so gestaltet, dass statt vieler unterschiedlicher Gene die gleichen Gene durch Hormone selektiv mit unterschiedlicher Wirkung aktiviert werden können.

Männer und Frauen haben fast die gleichen Gene. Aber diese kleinen genetischen Unterschiede – beispielsweise das SRY-Gen – führen zu einer Kaskade von biologischen Konsequenzen, die Riesenunterschiede auf dem Spielfeld hervorbringen. Und das nicht nur bei sichtbaren, unveränderlichen Eigenschaften wie Körpergröße und Länge der Gliedmaßen. Die Muskeln von Männern wachsen durch Krafttraining schneller als die von Frauen. Und als Reaktion auf Ausdauertraining werden die Herzen von Männern schneller größer als die von Frauen. Es sind also kleine DNA-Unterschiede auf dem Y-Chromosom, die letztendlich das sportliche Potenzial bestimmen.

Und das Y-Chromosom ist nicht das einzige Chromosom mit solchen Genen.

# 5

## Das Talent der Trainierbarkeit

Die Großmutter rief zum Abendessen, aber der Junge wollte nicht kommen. Schließlich hatte er gerade einen Lauf und starrte den gegnerischen Batter in Grund und Boden. Der Junge konnte Stunden damit verbringen, hinter dem Haus seiner Großeltern seinen Baseball mit solcher Wucht zu werfen, dass er dumpf gegen die Steinmauer knallte.

Natürlich war da kein Batter, nur ein Junge und seine Fantasie und sein Traum, Pitcher zu sein. Oder Catcher. Oder dritter Baseman. Oder irgendetwas. Es musste nicht einmal Baseball sein. Solange der Junge denken konnte, hatte er davon geträumt, Sportler zu sein, und er würde nehmen, was er bekommen konnte. Er wollte nur Teil einer Mannschaft sein, irgendeiner Mannschaft. Er interessierte sich nicht besonders für die Schule, wie also konnte er sich sonst hervortun als körperlich?

Eines Tages, nachdem er eine Folge *Superman* auf einem alten Schwarz-Weiß-Fernseher gesehen hatte, holte er alles aus dem Küchenschrank, von Gurken über Cola bis hin zu Ketchup, was einen Supertrunk ergeben könnte, der ihm die Gabe des Fliegens verleihen würde. So wollte er die enttäuschende körperliche Hülle verwandeln, in der er lebte. Aber der Supertrunk schmeckte eklig und funktionierte nicht. Nichts funktionierte.

Er schaffte es nicht mehr ins Baseballteam der Kirchengemeinde, nicht seit man dort mit längeren Baselines spielte. Er war zu schwach, um von der dritten zur ersten Base zu werfen, ohne den Ball titschen zu lassen. Und obwohl er größer als die meisten anderen Kinder war, wurde er aus dem Basketballteam der Mittelstufe ausgeschlossen. Also suchte sich der Junge andere Wege, um sein angeknackstes Selbstwertgefühl zu stärken.

Schon als Sechstklässler fluchte er und prügelte sich. Er gab den Lehrern Widerworte und wurde einmal für einen Tag der Schule verwiesen. Er hielt eine mit Zigaretten gefüllte Plastikbox in einem Busch in der Nähe seines Zuhauses versteckt und steckte sich jeden Morgen eine an, bevor er die Zeitungen austrug. Er vertrödelte Nachmittage in der Bowlingbahn, rauchte, aß Junk-Food und lernte, frisch gebackenen Kuchen von einem Lieferwagen zu stibitzen, der immer im Hinterhof parkte. Bald nach diesem Einstieg in den Diebstahl machte der Junge seinen Fünf-Finger-Rabatt im Kiosk bei Comics und Süßigkeiten geltend. Er begann an dem Gott zu zweifeln, mit man ihn strenggläubig aufgezogen hatte.

Zwar hatte der Junge die Anerkennung von Gleichaltrigen durch Aufsässigkeit und Kleinkriminalität gefunden, aber dennoch gab es etwas Spießiges und sehr Greifbares, nach dem er sich immer noch sehnte: eine Jacke mit den großen Buchstaben einer Schulmannschaft darauf. Und in der Junior Highschool gab es eigentlich nur noch eine Sportart, die er ausprobieren konnte. Leichtathletik. Also versuchte er es ein letztes Mal als Neuntklässler beim Leichtathletikteam der Curtis Junior Highschool. In den vergangenen Jahren hatte er sich schon beworben, mit katastrophalen Ergebnissen. Weitsprung konnte er nicht, beim Versuch eines Stabhochsprungs war er tatsächlich so übel gestürzt, dass er das Bewusstsein verlor. In der siebten Klasse hatte er die Hürden umgerannt und sich in der achten Klasse beim 50-Meter-Lauf einen Muskel gezerrt. Dieses Mal, im Frühjahr 1962, wählte er die längste Laufdistanz, die trainiert wurde, nämlich die Viertelmeile oder 400 Meter: eine Runde um den Platz. Vor dem Qualifikationsrennen bat er Gott darum, in dieses Team aufgenommen zu werden.

Als der Sportlehrer »Los!« rief, übernahm der Junge sofort die Führung. Er hatte seine Berufung gefunden. Er war allein an der Spitze, seine Füße hämmerten wie Kolben auf die Bahn, unter ihm nur die knisternde Asche, über und vor ihm der blaue Himmel. Das ging 200

Meter lang gut. Dann verwandelten sich seine Beine in Ziegelsteine und Sandpapier wickelte sich um seine Lunge, während eine Meute aus anderen Jungen ihn verschlang und an ihrem hinteren Ende wieder ausspuckte. Er schaffte es in knapp sechzig Sekunden, nicht gut genug, um ins Team zu kommen.

Aber er hatte das Rennen angeführt, wenn auch nur kurz. Wenn er dranblieb, dachte er sich, würde er eines Tages respektable 52 oder 53 Sekunden schaffen und womöglich auch so eine Buchstabenjacke tragen dürfen.

In dem Sommer, bevor er auf die Highschool kam – die in Wichita East mit der zehnten Klasse begann –, trainierte er ein paarmal, indem er zwei Häuserblocks von seinem Zuhause aus lief, kehrt machte, zurückrannte und auf dem Rasen zusammenbrach. Und als im Herbst der Langstreckenlauf-Trainer vor der versammelten Schülerschaft sprach, war es, als spräche er direkt zu ihm. »Viele von euch Jungs haben vielleicht in der Mittelstufe schlechte Leistungen erbracht«, sagte der Trainer. »Aber lasst euch nicht entmutigen. Jeder wächst in seiner eigenen Geschwindigkeit und einige von euch haben noch viel Wachstum vor sich.« Der Trainer hatte das ebenso wörtlich wie metaphorisch gemeint und stand zu seinem Wort, also trat der Junge dem Team bei.

Bei seinem ersten Geländelauf wurde der Junge mit Doug Boyle gepaart, einem anderen Zehntklässler, der zum Glück gleichgesinnt und ebenso unerfahren war. »Wir haben uns angeguckt und gesagt, wir sind beide noch nie ununterbrochen fünf Meilen gelaufen«, erinnerte sich der Junge Jahrzehnte später. »Also sollten wir uns gegenseitig helfen. Lass uns langsam genug laufen, damit wir den ganzen Weg schaffen.« Und das taten sie, und waren beide begeistert. Aber dann wurde es schwieriger.

Beim ersten Meilenlauf auf Zeit lief der Junge 5:38. Kein schlechter Start, aber nur vierzehnter im Team. »Gib's auf », drängte seine besorgte Mutter. »Du hast beim Abendessen kaum zwei Bissen gegessen, weil du dich unwohl fühlst und immer erschöpft bist.«

»Es ist zu schwer für dich«, sagte sein Vater. Aber die Teamkameraden ermutigten den Jungen und irgendetwas am Laufen hatte ihn infiziert. Sein Körper fühlte sich dabei gut an. Also blieb er für das Team auf der Piste und eine drastische Metamorphose begann.

Bei seinem ersten Rennen war der Junge nur der einundzwanzigstbeste Läufer der Schule, womit er geradewegs im C-Team landete. Aber das richtige Training hatte begonnen und er konnte mittlerweile zehn Meilen durchlaufen. Sechs Wochen nach Beginn der Saison stieg der Junge, der kein anderes Training als seine Kameraden im C-Team genossen hatte, in die Junior-Varsity-Riege auf. Zwei Monate später führte der Junge sein Schulteam zur Meisterschaft des Staates Kansas. Trotz seiner phänomenalen Fortschritte hing der Junge nicht am Laufen. »Ich habe das Gefühl des Erfolges geliebt«, schrieb er später, »aber wie sehr hasste ich die Schmerzen!« Also pausierte er den Winter über und hoffte, dass ihn im Frühling etwas Angenehmeres beschäftigen würde. Er träumte von einer Karriere als Gewichtheber und dachte daran, wie sehr er doch Golf mochte. Aber im Frühling fand er sich auf der Bahn wieder. Und wieder verbesserten sich seine Kameraden nur schrittweise, während er mit Siebenmeilenstiefeln besser wurde.

In diesem März, nur sechs Monate nach seiner 5:38-Minuten-Meile und trotz eines trainingsfreien Winters, lief der Junge ein Meilenrennen in 4:26 und besiegte den amtierenden Champion von Kansas. Er legte eine 4:21-Minuten-Meile nach. Auf der Heimreise im Teambus winkte Coach Bob Timmons den Jungen nach vorne und fragte ihn, wie schnell er denn noch zu werden glaubte. Dieses Jahr vielleicht 4:18 oder 4:19, erklärte der Junge, und am Ende seiner Highschool-Karriere vielleicht 4:10. Der Trainer hatte andere Pläne. Ein Jahrzehnt zuvor hatte der Trainer erlebt, wie Roger Bannister der Welt zeigte, dass man tatsächlich eine Meile in weniger als vier Minuten laufen konnte, ohne dass einem die Beine zu Staub zerfielen. Und in dem Jungen – in Jim Ryun – sah der Trainer seinen eigenen kleinen Bannister. Er teilte Ryun mit, dass er der erste Highschool-Läufer sein würde, der die vier Minuten unterbietet. Der spinnt doch, dachte Ryun, aber der Samen war gepflanzt.

Ryun sollte die zehnte Klasse – seine erste Leichtathletiksaison – mit einer 4:08-Minuten-Meile beenden. Im folgenden Jahr begann er wie ein Profi zu trainieren. Er teilte seinem Pfarrer mit, dass drei wöchentliche Kirchenbesuche seinem Ziel, die vier Minuten zu schaffen, nicht förderlich seien. Er ackerte sich regelmäßig durch ein Wochenpensum von 160 Kilometern. Nach einer Saison wohnte er den Sommer über bei seinem Trainer und absolvierte absurd intensive Trainingseinheiten, beispielsweise 40 schnelle Intervalle von jeweils 400 Metern. Im vorletzten Schuljahr – seiner zweiten Laufsaison – lief er die Meile in 3:59 Minuten und wurde zur landesweiten Sensation. In diesem Sommer trat er der US-Olympiamannschaft von 1964 bei. 1966 lief er als 19-jähriger Erstsemester an der Universität von Kansas die Meile in einer Weltrekordzeit von 3:51,30 Minuten. Im folgenden Sommer ließ Ryun eine Bahn in Bakersfield, Kalifornien, glühen – in einem der spektakulärsten Läufe der Geschichte. Heutzutage werden Weltrekorde auf Langstreckendistanzen fast immer in Rennen erzielt, bei denen *rabbits* – »Hasen« – eingesetzt werden, um das Tempo zu setzen und den Gegenwind für den Athleten zu verringern, der einen Rekordversuch unternimmt. Aber am 23. Juni 1967 brach Ryun seinen eigenen Rekord ohne die geringste Hilfe eines Nagetiers oder auch eines Konkurrenten, und das auf einer Aschenbahn. Vom Startschuss bis zur Ziellinie hielt er die Führung und schaffte eine Zeit von 3:51,10, ein Meilenstein, der fast acht Jahre hielt.

Er gilt bis heute als einer der besten Mittelstreckenläufer aller Zeiten. »Sei vorsichtig, was du dir in deinen Gebeten wünschst!«, sagt Ryun, der schließlich seinen sportlichen Erfolg ummünzte, indem er republikanischer Kongressabgeordneter für Kansas wurde, als er daran zurückdachte, wie er damals gebetet hatte, ins Laufteam aufgenommen zu werden. 2007 stufte ESPN Ryun als den größten amerikanischen Highschool-Sportler aller Zeiten ein, knapp vor Tiger Woods und LeBron James.

Ohne seinen Trainer, der in ihm den Glauben an die vier Minuten säte, und ohne seinen Trainingseifer wäre aus Ryun wahrscheinlich nur ein hervorragender Highschool-Läufer geworden, aber kein Sportler mit eigener, umfangreicher Wikipedia-Seite. Aber das Ungewöhnlichste an ihm sind vielleicht nicht seine Weltrekorde, sondern die Zeit zwischen 1962 bis 1963, als Ryun sich noch gar nicht seinem ehrgeizigen Ziel verschrieben hatte. In dieser Zeit verbesserte er sich von einem der erbärmlichsten Mitglieder des Langstreckenlaufteams seiner Highschool zum besten Läufer im besten Team des Staates, anschließend verbesserte er seine Meilenzeit zwischen Herbst und Frühling um 90 Sekunden, sodass er die Meile nun beinahe in dem Tempo lief, in dem er ein Jahr zuvor die Viertelmeile gesprintet hatte. »Ich konnte mir das Ganze nicht erklären«, schrieb er später über seine rapiden Fortschritte. »Niemand konnte das.« Jedenfalls nicht zur damaligen Zeit.

1992 rekrutierte ein Kollektiv von fünf Universitäten in Kanada und den Vereinigten Staaten Probanden für ein wegweisendes Forschungsprojekt: die HERITAGE Family Study (*HEalth, RIsk factors, exercise Training And GEnetics* – »Gesundheit, Risikofaktoren, Fitnesstraining und Genetik«). Die Universitäten ließen 98 Familien mit zwei Generationen fünf Monate lang identische Trainingsprogramme auf dem Hometrainer absolvieren – pro Woche drei Trainingseinheiten mit zunehmender Intensität, im Labor streng kontrolliert.

Die Wissenschaftler, die die Studie durchführten, wollten herausfinden, wie regelmäßiges Training die zuvor untrainierten Menschen verändern würde. Wie würde sich die Leistung ihres Herzens verändern? Wie die Menge an Sauerstoff, die sie während des Trainings verbrauchten? Wie würden Cholesterin- und Insulinspiegel reagieren? Der Blutdruck würde vermutlich sinken, aber wie stark? Und bei allen gleichermaßen?

Anders als bei früheren Studien wurden bei allen 481 Teilnehmern DNA-Proben genommen, um zu untersuchen, ob Gene eine Rolle dabei spielen, wie fit der eine im Vergleich zum anderen wurde. Eines der Hauptmerkmale, das die Forscher ins Auge fassten, war die sogenannte aerobe Kapazität (im Jargon der Physiologen *$VO_2max$* genannt). Die aerobe Kapazität ist eine Messgröße für die Menge an Sauerstoff, die der Körper eines Menschen beim Laufen oder Fahrradfahren verbrauchen kann. Sie hängt davon ab, wie viel Blut das Herz pumpt, wie viel Sauerstoff die Lunge dem Blut zuführt, und wie gut die Muskeln den

Sauerstoff dem Blut entnehmen, das sie durchströmt. Je mehr Sauerstoff man verbrauchen kann, desto besser ist die Ausdauer.[20]

Dr. Claude Bouchard, damals federführend bei der HERITAGE Family Study und inzwischen Professor an der Louisiana State University, ahnte bereits, wie die Ergebnisse aussehen würden. In den 1980er-Jahren hatte Bouchard einer Gruppe von 30 bewegungsarmen Probanden ein genormtes Fitnessprogramm verordnet, um festzustellen, wie sehr sich ihre aerobe Kapazität erhöhen ließe. Ausdauertraining hat tief greifende Auswirkungen auf den menschlichen Körper. Es wird mehr Blut produziert und es fließt durch neue Kapillaren, die wie Wurzeln in den Muskeln sprießen. Herz und Lunge werden gekräftigt und in den Zellen vermehren sich Energie erzeugende Mitochondrien.

Bouchard rechnete damit, dass er zwischen den Teilnehmern einige Unterschiede in der $VO_2max$-Steigerung feststellen würde, aber, »dass die Steigerungen von 0 Prozent bis 100 Prozent reichten, hätte ich nicht erwartet«, sagt er. Seine Neugier war dadurch so angestachelt, dass er daraufhin in drei verschiedenen Studien eineiige Zwillinge mit jeweils anderen Trainingsprogrammen testete. Natürlich sprachen manche gut auf das Training an, andere dagegen weniger gut. »Aber zwischen zwei Brüdern war die Ähnlichkeit bemerkenswert«, so Bouchard.

> *»Die Unterschiede beim Trainingseffekt waren zwischen verschiedenen Brüderpaaren sechs- bis neunmal größer als innerhalb der Paare und das zeigte sich durchgehend. Mit diesen Ergebnissen konnte ich die National Institutes of Health davon überzeugen, die große HERITAGE-Studie zu finanzieren.«*

---

20 Ehrlich gesagt ist $VO_2max$ nicht das einzige Anzeichen von Ausdauer, aber der Wert ist wichtig. Zwar wird man mit dem Wissen um die aerobe Kapazität jedes Läufers in einem Marathon nicht annähernd die Zielreihenfolge erraten können, aber man kann daran erkennen, wer von den Teilnehmern Leistungssportler, Hobbysportler oder Wochenendläufer ist, und wer immer noch laufen wird, wenn am nächsten Morgen die Müllabfuhr kommt. Bei anderen Sportarten ist die aerobe Kapazität möglicherweise noch aussagekräftiger. Laut dem schwedischen Physiologen Björn Ekblom belegen Daten aus den 1970er-Jahren, dass sich anhand von $VO_2max$ olympische Medaillen im Skilanglauf vorhersagen lassen.

Es dauerte vier Jahre, bis alle HERITAGE-Daten beisammen waren, und das Muster zeigte sich auch dort.

An jeder der vier Universitäten, an denen Freiwillige trainiert wurden – in Indiana, Minnesota, Texas und Quebec – waren die Ergebnisse von HERITAGE erstaunlich konsistent. Obwohl jeder Studienteilnehmer ein identisches Trainingsprogramm absolvierte, zeigten alle vier Standorte ein breites und gleichartiges Spektrum von Steigerungen der aeroben Kapazität – von den 15 Prozent der Teilnehmer am unteren Ende, die nach fünf Monaten Training überhaupt keinen oder nur einen geringen Zuwachs zeigten, bis zu den oberen 15 Prozent, die sich dramatisch verbesserten und den Sauerstoffverbrauch ihres Körpers um 50 Prozent oder mehr erhöhen konnten.

Erstaunlicherweise hatte das Ausmaß der Verbesserung nichts damit zu tun, wie gut jemand im Vorhinein war. In manchen Fällen wurden die Sauerstoffarmen relativ gesehen ärmer (indem sie mit einer geringen aeroben Kapazität begannen und sich nur wenig verbesserten); in anderen Fällen wurde die Sauerstoffreichen noch reicher (indem sie mit einer höheren aeroben Kapazität begannen und sich schnell verbesserten); aber es gab auch alle möglichen Varianten, also Menschen mit hoher aerober Grundkapazität und geringer Verbesserung oder mit geringer aerober Startkapazität und drastischen positiven Veränderungen.

Entlang der Verbesserungskurve bewiesen Familien Zusammenhalt. Anders gesagt, Mitglieder einer Familie erfuhren durch das Training im Allgemeinen ähnliche aerobe Verbesserungen, während die Unterschiede zwischen verschiedenen Familien groß waren. Die statistische Analyse ergab, dass etwa die Hälfte der Fähigkeit eines Menschen, die eigene aerobe Kapazität durch Training zu verbessern, ausschließlich von den Eltern bestimmt wurde. Das Ausmaß, in dem sich Studienteilnehmer verbesserten, hatte nichts mit ihrer anfänglichen aeroben Fitness im Verhältnis zu anderen zu tun, aber etwa die Hälfte dieses Ausgangswertes war ebenfalls familiär bedingt.

Im Jahr 2011 verkündete die HERITAGE-Forschungsgruppe einen Durchbruch in der Sportgenetik: Man hatte 21 Genvarianten – kleine genetische Unterschiede zwischen Menschen – identifiziert, die Auskunft geben über die erbliche Komponente der aeroben Trainierbarkeit eines Menschen. Damit hängt immer noch die Hälfte der aeroben Trainingsfähigkeit von anderen Faktoren ab, aber anhand der 21 Genmarker lässt sich vorhersagen, wer wie stark auf Training reagiert. HERITAGE-Probanden, die mindestens 19 der »günstigen« Genvarianten vorwiesen, steigerten ihre $VO_2max$ fast dreimal so sehr wie diejenigen, die weniger als zehn hatten.

Vor dieser Forschungsarbeit hatten Wissenschaftler so gut wie keine Gene ausmachen können, anhand derer sich eine Verbesserung der Ausdauer vorhersagen ließe. Ein Jahrzehnt zuvor, als mit der Sequenzierung des menschlichen Genoms angeblich ein Zeitalter der personalisierten Medizin anbrechen sollte, hofften Wissenschaftler auf ein einfaches biologisches System, in dem ein einzelnes Gen oder eine kleine Anzahl von Genen ein entsprechendes Merkmal festlegen würde. Inzwischen ist es bedauerlicherweise offensichtlich, dass die meisten Merkmale weitaus komplexere Ursachen haben.

Das Genom ist ein Rezeptbuch, das in jeder Zelle des menschlichen Körpers vorliegt und dem Körper sagt, wie er sich selbst aufbauen soll. Ungefähr 23.000 Seiten des Buches enthalten direkte Anweisungen – oder Gene – zum Aufbau von Proteinen. Man hoffte, durch das Lesen der 23.000 Seiten alles darüber zu erfahren, wie der Körper aufgebaut ist. In Wirklichkeit enthalten jedoch einige der 23.000 Seiten Anweisungen für mehrere Funktionen. Wenn eine Seite geändert oder herausgerissen wird, können manche der anderen 22.999 Seiten plötzlich neue Anweisungen enthalten. Die Anleitungen interagieren also miteinander. In den Jahren nach der Sequenzierung des menschlichen Genoms pickten sich Sportwissenschaftler einzelne Gene heraus, bei denen sie eine Auswirkung auf die Sportlichkeit vermuteten, und verglichen verschiedene Varianten dieser Gene in kleinen Gruppen von Sportlern und Nichtsportlern. Das Problem bei dieser Forschung ist, dass einzelne Gene oft winzige Auswirkungen haben – so winzig, dass sie in kleinen Studien nicht nachweisbar sind. Selbst Gene für leicht zu messende Merkmale wie die Körpergröße ließen sich nicht auffinden, da die Wissenschaftler die Komplexität der Genetik unterschätzt hatten.

Eine der innovativen Ideen von Bouchard und einer internationalen Gruppe von Kollegen im Fahrwasser von HERITAGE bestand darin, dass nicht die Wissenschaftler im Vorhinein die zu untersuchenden Gene bestimmen, sondern dass das Genom sie den Wissenschaftlern verrät. In einem von HERITAGE unabhängigen Experiment unterzog die Gruppe 24 bewegungsarme junge Männer einem sechswöchigen Hometrainer-Programm. Vorher und nachher entnahmen sie Muskelgewebeproben von den Männern und untersuchten, welche Gene mehr, und welche weniger »exprimiert« wurden – welche also ihre proteinbildende Aktivität erhöht oder verringert hatten. Bei den gut beziehungsweise schlecht Trainierbaren zeigten sich Unterschiede im Ausmaß der Expression von 29 Genen. Das heißt, bestimmte Gene waren zwar bei allen Teilnehmern vorhanden, bei den gut trainierbaren aber mehr oder weniger aktiv als bei weniger trainierbaren Personen. Dieses Muster in der Genexpression bestätigte sich, als die Forscher es anschließend dazu verwendeten, die Trainingserfolge bei einer separaten Gruppe junger Männer vorherzusagen, die bereits fit waren und einem intensiven Intervalltrainingsprogramm unterzogen wurden. (Einige der menschlichen High-Responder-Gene sagten auch einen Trainingseffekt bei Ratten voraus.) Bemerkenswert ist, dass das Expressionsniveau bei den 29 Genen durch Training unverändert blieb, was darauf hinweist, dass diese genetischen Expressionsniveaus eine echte individuelle Prägung sind, nicht das Ergebnis von vorherigem Training.

Es ist immer noch unbekannt, ob die von Bouchard und Kollegen identifizierten Indikator-Gene die wirklich entscheidenden Gene sind, oder ob sie lediglich Marker für breitere Gen-Netzwerke sind. Genexpressionsforschungen legen nahe, dass an der Reaktion eines Menschen auf körperliche Betätigung Hunderte von Genen beteiligt sind, und dass einige davon, wie das RUNX1-Gen, wahrscheinlich an Veränderungen im Muskelgewebe oder an der Bildung neuer Blutgefäße beteiligt sind. Beteiligt sind auch Gene, die urzeitlichen Organismen dabei geholfen haben, sich an das Leben in der sauerstoffreichen Atmosphäre anzupassen, die vor mehr als drei Milliarden Jahren von Meeresbakterien geschaffen wurde.

Weil die Genetik so komplex ist, sollte man Ergebnisse immer vorsichtig interpretieren. Nichtsdestotrotz haben die HERITAGE-Ergebnisse ein erstes Licht auf den genomischen Hintergrund der Trainierbarkeit geworfen und unabhängige Arbeiten stützen die Ergebnisse. In einer separaten Studie namens GEAR (*Genetics Exercise and Research*) an der Universität von Miami haben Forscher 442 nicht verwandte und ethnisch diverse Erwachsene identisches Cardio- und Krafttraining machen lassen und genau wie bei HERITAGE festgestellt, dass individuelle Unterschiede in der aeroben Trainierbarkeit von Genen abhängen, die ansonsten Immunsystem und Entzündungsprozesse regeln. Einige der Gene, die bei HERITAGE aufgetaucht sind, stachen auch bei GEAR heraus.

Als ich Tuomo Rankinen, einem der Wissenschaftler der HERITAGE-Studie, gegenüber bemerkte, dass manche Menschen »aerobe Zeitbomben« zu sein scheinen, die nur darauf warten, trainiert zu werden, lachte er und meinte, »Trainierbarkeitsbomben« wäre ein besseres Wort. Dieser Begriff bringt die Vorstellung von einer angeborenen Begabung, die sich ohne jedes Training offenbart, durcheinander. In Bezug auf das andere Ende des Trainierbarkeitsspektrums stellte ein Leitartikel im *Journal of Applied Physiology* fest: »Bei den schlecht trainierbaren Studienteilnehmern ergibt die vorgegebene (genetische) Buchstabensuppe möglicherweise einfach nicht das Wort ›LÄUFER‹.« Aber auch für sie gibt es gute Nachrichten.

Das ultimative Ziel der HERITAGE-Forschung entsprach dem ursprünglichen Versprechen des Human Genome Project: Hin zu einer personalisierten Medizin. Wenn Ärzte wissen, wie ein Patient auf das Training reagiert, können sie entscheiden, ob ein Trainingsprogramm den gewünschten gesundheitlichen Nutzen bringt, beispielsweise eine Blutdrucksenkung oder einen Anstieg der Herz-Kreislauf-Leistung, oder ob ein schwer trainierbarer Patient lieber medizinisch behandelt werden sollte. Glücklicherweise zog jeder einzelne HERITAGE-Teilnehmer gesundheitlichen Nutzen aus dem Training. Sogar diejenigen, deren aerobe Kapazität sich überhaupt nicht steigerte, verbesserten andere gesundheitliche Parameter wie Blutdruck, Cholesterinspiegel oder Insulinsensitivität. (Andererseits bewegte sich bei einer kleinen Anzahl von Trainierenden, die zwei Kopien einer bestimmten Genvariante hatten, die Insulinsensitivität tatsächlich in die falsche Richtung, woraus man schließen kann, dass Bewegung zwar die meisten Menschen davon abhält, Diabetiker zu werden, aber bei einer kleinen Minderheit eher dazu beiträgt.)

Bei jeder gemessenen sportlichen Eigenschaft zeigte sich ein Spektrum von niedriger bis hoher Trainierbarkeit und man ist derzeit auf der Suche nach Genen, die die Trainierbarkeit einzelner Eigenschaften voraussagen. Es wurden bereits Gene identifiziert, die für den Blutdruck- und Herzfrequenzabfall beim Training zuständig sind. Man hat festgestellt, dass Variationen des CREBI-Gens, das die Herzfrequenz beeinflusst, mit dem Ausmaß der Herzfrequenzsenkung im Laufe des Trainings zusammenhängen.

Ein Nebeneffekt der HERITAGE-Ergebnisse war, dass man zumindest in dieser Stichprobe die genetischen Grundlagen festgestellt hat, die einen Doug Boyle von einem Jim Ryun unterscheiden. Nicht, dass Boyle ein Schluffi gewesen wäre. Im Meilenrennen zu Beginn seines letzten Schuljahres war er mit 4:39 Minuten Dritter im Team von Wichita East. Ryun trabte währenddessen 4:06 Minuten.

An diesem Punkt lagen zwischen Ryun und Boyle, denen anfangs beim Gedanken an einen Fünf-Meilen-Lauf gleichermaßen mulmig gewesen war, ganze Kontinente und Ozeane in Bezug auf ihre sportliche Leistung. Ryun hatte bereits an den Olympischen Spielen in Tokio teilgenommen und war einer der besten Läufer der Welt. Im Rausch des Erfolges, den er sich damals mit seinem Supertrunk erträumt hatte, und gestärkt durch das Engagement seines Trainers holte Ryun alles aus seinem höchst trainierbaren Körper heraus, quälte sich durch 120-Meilen-Wochen und hat Trainingseinheiten durchgestanden, an die andere Läufer nicht einmal denken wollten. Zweifellos verdankt Ryun seiner wilden Entschlossenheit, so schnell wie möglich zu rennen, seine Aufnahme ins Pantheon des Laufsports. Aber sein Wille war eine Reaktion auf die außergewöhnliche Fähigkeit seines Körpers, auf Training zu reagieren.

Es wäre interessant zu wissen, wo sich die Familie Ryun im Spektrum der HERITAGE-Studie befinden würde. Auf die Frage, ob es bei anderen Familienmitgliedern Anzeichen dafür gäbe, dass sie sehr gut auf Ausdauertraining reagierten, sagt Ryun: »Das ist eine gute Frage. Aber ich war der Einzige in meiner Familie, der sportlich war. Niemand sonst hatte daran Interesse.«

Was war mit seiner jüngeren Schwester? »Ich glaube nicht, dass sie jemals gelaufen ist», sagt er. »Sie ist in dem Bereich nicht sehr begabt.« Begabt war allerdings auch der große Bruder nicht. Zumindest machte er nicht den Eindruck, bevor er mit dem Training begann.

Die gleiche Geschichte spielt sich – wenn auch weitaus weniger dramatisch – auf jedem Sportplatz in Amerika immer wieder ab: Ähnliche Jungen und Mädchen werden sich auf wundersame Weise weniger ähnlich, obwohl sie ähnlich trainieren. Da es an einer biologischen Erklärung für diese Geschichten fehlt, suchen wir nach anderen Erklärungen…

Die Luft im Armory Track and Field Center an der 168th Street in Manhattan ist notorisch muffig. Es war im Januar 2002, meine letzte Hallenleichtathletiksaison an der Columbia University, und diese staubtrockene Luft würde ich nicht vermissen. In den Nächten nach Wettkämpfen in der Armory hielten mich kratzende Schmerzen in der Brust wach. Warum nicht einfach das ganze Training sein lassen und Eisenspäne inhalieren, wenn es darauf hinauslief? Aber ich hatte einen guten Saisonstart und freute mich darauf, mich an diesem Tag mit meinem Trainingspartner Scott zu messen.

Gerade noch hatten wir uns gemeinsam aufgewärmt, aber jetzt war er weg. Als Scott wieder auftauchte, sagte er mir, er wolle nur die ersten 600 Meter des Rennens laufen und dann aussteigen. Das war eine seltsame Entscheidung so kurz vor dem Rennen, aber eine, die ich verstehen konnte.

Zwei Jahre zuvor, als ich im zweiten College-Jahr und er im letzten Schuljahr war, war Scott während seiner Aufnahmeprüfung bei mir zu Gast. Ich wusste, dass er ein heißer Kandidat war, weil mich einer unserer Co-Trainer mit den Worten »Sei sehr, sehr nett zu dem Jungen« impfte. Trotz dieser Anweisung überschlug ich mich nicht vor Gastfreundschaft. Scott war auf die gleiche Disziplin spezialisiert wie ich, auf die halbe Meile oder die 800 Meter. Als Reserveläufer, der es noch nicht ins Wettkampfteam geschafft hatte, war ich wenig begeistert von dem Gedanken, dass da ein zwei Jahre jüngeres Wunderkind engagiert werden sollte, das meine Distanz schon fünf Sekunden schneller lief als ich mit meinen glatten zwei Minuten.

Im Jahr 1997, als ich im vorletzten Schuljahr mit Leichtathletik anfing, stellte Scott in seinem Heimatland Kanada einen 400-Meter-Rekord in der Altersgruppe 14–15 Jahre auf. Offenbar hatte er nicht nur Talent, sondern war auch ehrgeizig, klug und erfahren. Wie andere vielversprechende junge Läufer in Kanada war er einem Sportverein beigetreten, der professionelleres Training anbot als die meisten US-amerikanischen Highschool-Teams. Scott schien einfach ein Naturtalent zu sein. Seine Mutter war 1969 kanadische 100-Meter-Jugendmeisterin gewesen und sie und Scotts Vater waren zwischen 1973 und ’74 die weiblichen und männlichen Top-Leichtathleten der University of Windsor.

Warum also hatte das Naturtalent kurz vor dem Startschuss beschlossen, das Rennen bei 600 Metern zu beenden? Scott hatte in dieser Saison mentale Schwierigkeiten. Seine Zeiten verbesserten sich nicht und ein geplanter Ausstieg war ein Sicherheitsventil, das den auf ihm lastenden Druck ablassen konnte. Steigt man bei 600 aus, kann niemand behaupten, man hätte schon wieder nicht seine 800-Meter-Zeit verbessert. Niemand kann dann behaupten, man hätte zwar ein Talent, für das alle anderen ihre Oma hergeben würden, aber da man nicht schneller werde, sei man offenbar ein Problemfall.

Ich dagegen hatte mich relativ schnell verbessert. Ich war nach einer Highschool-Karriere mit Football, Basketball und Baseball erst spät zum Laufsport gestoßen und hatte daher weniger Erfahrung als meine neuen Trainingspartner. Aber im Rückblick glaube ich, dass ich wie jene Gruppe von HERITAGE-Probanden war, die schlechte Ausgangswerte und hohe Trainerbarkeit zeigten.

Als ich in der Highschool mit dem Laufen anfing, fiel mir das Durchhalten auf längeren Strecken so schwer, dass ich zum Lungenarzt ging, meine Atmung testen ließ. So erfuhr ich, dass ich mit jedem Atemzug nur etwa 60 Prozent so viel Luft ausstieß wie meine Kameraden. Laut einem der ärztlichen Nachuntersuchungsberichte waren meine Werte trotz meiner Jugend so schlecht, dass sie einem Emphysem im frühesten Stadium entsprachen. Wenn ich außer Form bin, bin ich völlig außer Form. So, dass ich beim Treppensteigen keuche.

In jedem Herbst meiner Studienzeit meldete ich mich nach den Semesterferien zurück, nachdem ich genau das gleiche, vorgeschriebene leichte Sommertraining absolviert hatte wie alle 800-Meter-Läufer. Und trotzdem war ich immer in schlechterer Verfassung als der Rest der Jungs. Aber als das intensive Training begann, holte ich immer schnell auf. Wenn ich im Winter zum Lungenarzt ging, bewiesen die Messwerte, dass ich mich auf wundersame Weise in einen jungen Mann verwandelt hatte, der genauso kräftig ausatmen konnte wie meine Sportsfreunde. Niedrige Grundlinie, schneller Trainingseffekt. Alle anderen Mitglieder meiner Trainingsgruppe schienen eine höhere aerobe Grundkapazität zu haben, aber jeder reagierte unterschiedlich stark auf das Training.

Mit Scott war es so, dass er in relativ guter Form in die Saison startete und sich langsam und mäßig verbesserte, sodass man ihn leicht als großes Talent abtun konnte, das seine beeindruckenden Gaben nicht nutzte. Wenn sich eine solche Erklärung durchsetzt, kann die Wirkung verheerend sein, das sah man an Scotts Bedürfnis, an jenem Tag in der Armory das Notventil zu öffnen.

Ich dagegen stand unter dem Segen einer weitaus schmeichelhafteren Geschichte. Ich war die unbegabte Niete, die zur Not auch eine Brechstange durchkauen würde, wenn es dabei eine weitere Viertelsekunde herausspränge. Schmerz bedeutete mir nichts und ich machte das Beste aus meinen dürftigen Gaben. Das stimmte natürlich. Ich musste mich nach harten Trainingseinheiten meistens übergeben. Ich schlich mich zu einem abgelegenen Mülleimer – wenn ich es überhaupt rechtzeitig schaffte –, damit meine Teamkollegen es nicht mitbekamen.

Ich beneidete Scott, wenn wir beim Training Seite an Seite liefen und ich heimlich seine fließenden Bewegungen beobachtete. Aber ich musste eben zäher sein als er, dachte ich, weil mir das Talent fehlte. Diese Vorstellung wurde vom Trainer und von den Teamkollegen verstärkt, wie es in jedem Laufteam geschieht. Ich freundete mich mit dem Selbstbild des taffen Kämpfers an, der tröpfelnde Fortschritte aus dem trockenen Felsen seines talentfreien Körpers quetscht. Wenn ich das alles heute durch den Filter der HERITAGE-Studie sehe, glaube ich, dass dieses Selbstbild nichts weiter als eine vorgeschobene Geschichte war, hinter der eine Geschichte von Genen und genetisch bedingten Trainingseffekten steckte, eine Geschichte, die sich im Verborgenen abspielte.

Eines Tages in meinem Abschlussjahr suchte ich gerade nach einer stillen Ecke, in die ich kotzen könnte, als ich Scott entdeckte, der sich bereits übergab. Und das blieb nicht das einzige Mal. Ich sah ihn mehrmals, wie er sich über einem Mülleimer die Seele aus dem Leib kotzte. Und wieder, und wieder. Ein paar Mal sah ich ihn sogar nach der Hälfte des Trainings von der Bahn wegflitzen, um dann nach dem Kotzen zurückzukehren und die Intervalle zu beenden. Es stellte sich heraus, dass er so zäh war wie Schmiedestahl. Dass ich vom Anfang bis zum Ende jeder Saison immer weiter aufholte, lag gar nicht daran, dass ich härter trainierte. Gegen Ende meiner College-Karriere machten er und ich genau das gleiche Training, auf den Schritt genau. Vielleicht holte ich deshalb auf, weil ich eine niedrige Grundlinie und eine schnelle Trainingsreaktion hatte. Lange bevor ich jemals von der HERITAGE-Studie und ihren *High-* und *Low-Respondern* gehört hatte, begann ich buchstäblich jede Saison mit dem gleichen positiven Selbstgespräch: »Keine Sorge, alle anderen fangen in besserer Form an, aber bei dir wirkt Training wie Raketentreibstoff.«

Nach Untersuchung einiger meiner Gendaten deutete ein Wissenschaftler der HERITAGE-Studie an, dass ich wahrscheinlich überdurchschnittlich auf aerobes Training reagiere. Ich weiß auch, dass mein Blutdruck beim Training sehr schnell sinkt. Und wenn ich daran denke, von welchen Trainings ich im College am meisten profitiert habe, vermute ich, dass ich besonders auf sprintbasierte Workouts reagiere. Genau wie für aerobes Training hat man auch Experimente mit Trainingsprogrammen gemacht, die auf explosive Übungen setzen, und auch dabei unterschiedliche Trainierbarkeit festgestellt. (Wenn aus diesem Bereich der Sportgenetik eine Lehre gezogen werden kann, dann die, dass es kein einheitliches Training gibt. Wer den Verdacht hat, nicht so gut auf einen bestimmten Trainingsreiz zu reagieren wie der Trainingspartner, liegt wahrscheinlich richtig und sollte, statt aufzugeben, lieber etwas anderes versuchen.)

An jenem Januartag in der Armory konnte Scott den Erwartungsdruck durch seine Entscheidung, das Rennen nicht ernst zu nehmen, lindern und doch ins Ziel einlaufen, aber ich überholte ihn 150 Meter vor der Linie und schlug ihn zum ersten Mal mit einer Zeit von 1:54 Minuten. Das war 30 Sekunden schneller, als ich in der Highschool gelaufen war.

Letztendlich ließ Scott von den 800 Metern ab und lief sie im Laufe seiner Karriere immer seltener, da er andere Distanzen bevorzugte und dort auch erfolgreich war. Ich dagegen wurde immer schneller. Dank meiner starken Leistungssteigerung errang ich einen prächtigen Holz- und Glaskasten, den sogenannten Gustave-A.-Jaeger-Gedächtnispreis, der einem Sportler zusteht, der während seiner vier Universitätsjahre »trotz außergewöhnlicher Herausforderungen und Schwierigkeiten bedeutende sportliche Erfolge erzielt hat« Jemand mit einer hohen aeroben Grundkapazität soll einmal versuchen, diesen Preis zu gewinnen.

Manche Menschen verbessern ihre Ausdauer schneller als andere. Sie sind mit hoher Trainierbarkeit begabt. Andere sind mit einer hohen aeroben Grundfitness ausgestattet. Aber wie hoch kann diese Grundlinie sein? Oder, was für den Sport entscheidend wäre: Haben manche Menschen schon vor dem Training eine aerobe Ausdauer auf Elite-Niveau? Diese Frage beschäftigte in den 1970er-Jahren Norman Gledhill, Professor für Kinesiologie an der York University in Toronto, der die Talentförderung der National Hockey League leitete. Gledhills Neugier wurde durch einige Fälle geweckt, in denen ein gewisses Ausmaß an Ausdauer schon vor dem Training vorhanden zu sein schien. Zu den Geschichten, sie sich ihm eingeprägt hatten, gehörte auch die von Nancy Tinari, einer Schülerin der nahe gelegenen Highschool.

Im Jahr 1975 erschien Tinari in abgeschnittenen Jeans und abgewetzten Leinenturnschuhen zum Sportunterricht und rannte ohne vorheriges Training im 12-Minuten-Lauftest locker zwei Meilen. »Ich habe mich nicht als Sportskanone gesehen«, sagt Tinari. »Ich konnte nichts mit Sportklamotten oder mit Training anfangen. Ich hatte kein wirkliches Interesse daran.« Zu ihrem Glück hatte der Mann, der an diesem Herbsttag die Stoppuhr hielt, George S. Gluppe, ein großes Interesse daran und »gerade genug Grips, um zu erkennen, dass ich jemanden Besonderes in die Finger bekommen hatte«, wie er berichtet. Gluppe drängte Tinari hartnäckig dazu, mit dem Training zu beginnen. »Hör mal, Nancy, du könntest olympische Läuferin werden«, sagte er ihr. Sie lachte. Aber am Ende gab Tinari nach und löste sein Versprechen ein.

Kaum trainierte sie, gewann sie auch schon. Nach der Highschool lief Tinari an der York University und dann als Profisportlerin. 1988 nahm sie am 10-km-Rennen bei den Olympischen Spielen in Seoul teil, obwohl sie verletzungsbedingt nur knapp 50 bis 60 Kilometer pro Woche trainiert hatte. Bis heute hält Tinari den kanadischen Nationalrekord im 15-km-Lauf. Norm Gledhill hat nie die Geschichte des Mädchens vergessen, das im Sportunterricht entdeckt wurde und zur größten Läuferin der York University wurde. In den 80er- und 90er-Jahren wurde er oft daran erinnert, als er mit seiner Kollegin Veronica Jamnik Ausdauertests an Tausenden von Menschen durchführte, von älteren Damen bis hin zu Spitzenradfahrern und -ruderern. Hin und wieder fanden sie jemanden mit einer $VO_2max$, die gar nicht zu dessen Unsportlichkeit passte.

In den späten 90ern nahmen sich Gledhill und Jamnik zusammen mit dem Yorker Forscher Marco Martino vor, solche von Natur aus fitten Menschen zu finden und zu studieren. Ein Teil ihrer Arbeit bestand darin, junge Männer auf ihre Fitness zu testen, die in Toronto zur Feuerwehr wollten. Über zwei Jahre hinweg führte das Team bei 1.900 jungen Männern $VO_2max$-Tests durch.

Dabei stießen sie auf sechs Männer ohne jegliche Trainingserfahrung, deren aerobe Kapazität dennoch der von College-Läufern ebenbürtig war. Die »naturfitten Sechs«, wie die australischen Physiologen Damian Farrow und Justin Kemp sie in ihrem sportwissenschaftlichen Buch *Why Dick Fosbury Flopped* nennen, wiesen trotz ihrer Vorliebe fürs Herumgammeln auf dem Sofa $VO_2$max-Werte vor, die mehr als 50 Prozent höher lagen als bei durchschnittlichen untrainierten jungen Männern. Als die Yorker Forscher diese sogenannten »schlummernden Talente« untersuchten, stellten sie bei den von Natur aus fitten Männern ein entscheidendes Merkmal fest, das ihnen ohne eigene Disziplin oder Anstrengung zuteil geworden war: Riesenmengen an Blut. Sie waren mit einem Blutvolumen ausgestattet, das dem von durchtrainierten Ausdauersportlern gleichkam. »Es liegt an der erhöhten diastolischen Füllung«, erklärt Gledhill und bezieht sich auf die Phase des Herzschlags, in der sich der Herzmuskel entspannt, um wieder Blut hereinzulassen. »Wenn man die rechte Seite des Herzens mit mehr Blut füllt, dann pumpt es mehr Blut in die linke Seite, und die linke Seite pumpt es hinaus in den Körper. Die [Rückführung von Blut zum Herzen] wird durch das zusätzliche Blutvolumen verbessert.«

Eine Erhöhung des Blutvolumens ist eines der deutlichsten Merkmale eines gut trainierten Sportlers. Und gelegentlich werden Profisportler beim Doping durch Erhöhung des Blutvolumens erwischt, was die Ausdauer steigern soll. Aber bei den naturfitten Sechs war das nicht der Fall; sie waren schon ab Werk naturgedopt.

Auch einige der weltbesten Ausdauersportler scheinen fitter aus dem Ei geschlüpft zu sein als ihre Kollegen. Sportlerinnen wie Chrissie Wellington.

Wellington, eine 36-jährige britische Triathletin, machte sich bei Ironman-Läufen einen Namen: 3,86 Kilometer Schwimmen, gefolgt von 180,2 Kilometer Radfahren und einem vollen Marathonlauf mit 42,195 Kilometern. Sie ist die größte Ironman-Triathletin aller Zeiten, und zwar mit Abstand. In 13 Ironman-Wettkämpfen, darunter vier Weltmeisterschaften, hat sie nie verloren. Im Juli 2011 vollbrachte Wellington eine der herausragendsten Leistungen in der Geschichte des Ausdauersports: Sie beendete ein Rennen in Deutschland in 8 Stunden, 18 Minuten und 13 Sekunden, mehr als eine halbe Stunde schneller als der Weltrekord vor Wellingtons Debüt im Jahr 2007. Mit ihrer Zeit hätte sie alle bis auf vier der zum Rennen angetretenen Männer überrundet.

Nach eigenen Angaben hatte Wellington als Heranwachsende in dem winzigen Dorf Feltwell im Osten Englands keine Lust, sich heftigem Training zu widmen. Die Leidenschaft ihrer Kindheit war der Umweltschutz. »Ich war die Sorte Kind, die sich im Dorf um die Mülltrennung kümmert«, erzählt sie. Wellington trieb zwar Sport, aber »in der Schule ging es mir nur darum, möglichst gute Noten zu bekommen, Sport habe ich eher zum Spaß gemacht«. Daher probierte sie ein bisschen von allem aus: Laufen, Feldhockey, Netball, außerdem schwamm sie für den örtlichen Schwimmverein, die Thetford Dolphins.

Als Wellington fünfzehn war, merkten ihre Eltern, dass sie ein aquatisches Talent im Haus hatten. So erinnert sich Wellington an das Gespräch:

> *»Meine Eltern sagten zu mir: ›Hör mal, du hast Potenzial im Schwimmen, möchtest du zu dem großen Schwimmverein, der eine Stunde entfernt ist, und wir fahren dich jeden Morgen hin? Oder lernst du lieber für die Hauptprüfungen, die mit 16 anstehen?‹ Und ich sagte: ›Ach, ich bleibe lieber bei meinem Schwimmverein, nehme das Ganze locker, und konzentriere mich auf die Prüfungen.‹ So habe ich das entschieden, als ich jünger war.«*

Wellingtons schulischer Eifer zahlte sich aus. 1998 schloss sie ihr Studium an der University of Birmingham mit Auszeichnung ab, bereiste dann die Welt und begann anschließend ihr Masterstudium in International Development Studies an der Manchester University. Im Jahr 2002 nahm Wellington eine Stelle beim britischen Ministerium für Umwelt, Ernährung und Landwirtschaft (DEFRA) an. Wellington arbeitete zwei Jahre lang an der Umsetzung von Entwicklungsprojekten in ärmeren Ländern und half bei der Ausarbeitung der offiziellen britischen Strategie für den Wiederaufbau des Nachkriegs-Irak. In der Zwischenzeit hatte sie hobbymäßig mit dem Laufen begonnen. Als sie ihren ersten Marathon lief, verblüffte sie sich selbst mit einer Zeit unter drei Stunden, wo sie doch 3:45 erwartet hatte. Zwar übte Wellington ihre Arbeit als Beamtin mit Leidenschaft aus, aber 2004 hatte sie den bürokratischen Eiertanz satt, der für jede winzige politische Änderung notwendig war. Sie wollte unbedingt etwas Greifbares erreichen. Also zog sie nach Nepal, um an einem Abwasserprojekt in einer vom Bürgerkrieg verwüsteten Gegend zu arbeiten. Dort im Himalaya fand sie die Inspiration für ihre professionelle Triathlon-Karriere.

Wellington hatte keine Erfahrung mit Radrennen – sie war 27, als sie zum ersten Mal auf einem Rennrad saß –, aber im Mai 2004, kurz bevor sie nach Nepal ging, stachelte eine Freundin sie an, einen Amateur-Triathlon mit Supersprint zu versuchen. Es ging um 800 Meter Schwimmen, 10 Kilometer mit dem Rad und 2.400 Meter Laufen.

Wellington lieh sich ein schäbiges Rennrad aus, das in ihren Worten »schwarz-gelb war und aussah wie eine Hummel«. Da sie im Gegensatz zu den ernsthaften Konkurrentinnen keine Klickpedalschuhe hatte, gerieten ihre Schnürsenkel mitten im Rennen zwischen Kette und Zahnrad, sodass sie fast stürzte. Trotzdem wurde sie Dritte und genoss das Rennen sehr. Also nahm Wellington an zwei weiteren Supersprint-Triathlons teil und gewann beide Male. Als sie in Nepal landete, kaufte sie sich ein Fahrrad.

In Nepal machte Wellington morgens mit Freunden Radtouren. Sofort fiel ihr auf: »Ich konnte einfach fahren und fahren und fahren, den ganzen Tag.« Während eines zweiwöchigen Urlaubs reiste Wellington mit einer Gruppe von Freunden in die tibetische Hauptstadt Lhasa und radelte dann 1.300 Kilometer durch den Himalaya zurück nach Kathmandu.

Wellington hatte acht Monate lang in Kathmandu in einer Höhenlage von rund 1.500 Metern gelebt, sodass sie schon ein wenig an die Höhe akklimatisiert war, aber ein Großteil der Urlaubsfahrt verlief über 4.500 Meter Höhe – die Krönung war das Basislager am Everest auf 5.500 Metern, wo die Luft so dünn ist, dass nicht akklimatisierte Menschen Probleme beim Gehen haben, geschweige denn beim Fahrradfahren. Einige der Männer, die neben Wellington fuhren, hatten damit kein Problem. Sie waren nicht nur erfahrene Radler, sondern auch Sherpas, einheimische Nepalesen, die ihren Lebensunterhalt als Bergführer auf dem Mount Everest verdienen. »Technisch waren sie mir weit überlegen«, sagt Wellington, »aber bei den Anstiegen konnte ich ganz gut mithalten.«

> *»Als ich [Ende 2005] aus Nepal nach Großbritannien zurückkehrte«,* berichtet sie, *»hatte ich fest vor, es ernsthaft mit dem Triathlon zu versuchen. Aber Profi zu werden hatte ich noch nicht im Sinn.«*

Im Februar 2006, kurz nach ihrer Rückkehr, war Wellington auf einer Hochzeit in Neuseeland und wurde von Freunden dazu »verdonnert«, an einem 243 Kilometer umfassenden Abenteuerlauf mit Laufen, Radfahren und Kajakfahren in den Neuseeländischen Alpen teilzunehmen. Das einzige Kajaktraining in Wellingtons ganzem Leben bestand aus einem Crashkurs im Vormonat. Obwohl sie während der Kajaketappe des Rennens mehrmals kenterte, belegte sie den zweiten Platz. Im September gewann Wellington, die neben ihrem Vollzeitjob trainiert hatte, einen Weltmeistertitel im Amateur-Triathlon. Fünf Monate später, im Februar 2007, wurde sie Profi.

Im Oktober dieses Jahres trat Wellington – in den Augen der Konkurrenz praktisch ein Niemand – bei der Ironman-Weltmeisterschaft an, obwohl sie ausschließlich für kürzere Triathlondistanzen trainiert hatte. Ihre Anonymität hielt bis zum frühen Nachmittag des 13. Oktober 2007 an, als sie zwei Minuten vor der nächsten Frau die Laufetappe des Weltmeisterschaftsrennens erreichte. »Ich habe immer wieder geglaubt, dass die anderen Athleten stärker wären und aufholen und an mir vorbeiziehen würden«, erzählt Wellington, »aber der Abstand wuchs immer mehr.« Bis zur Ziellinie war ihr Vorsprung auf fünf Minuten angewachsen.

Die British Triathlon Federation begrüßte den Sieg als »eine bemerkenswerte Leistung, die jedem Sportler, der als Anfänger bei seinen ersten Ironman-Weltmeisterschaften antritt, nahezu unmöglich erscheinen muss.« Wellington besiegte Sportlerinnen wie die Zweitplatzierte Samantha McGlone. In jedem der fünf vorangegangenen Jahre, in denen sich Wellington um die Trinkwasserversorgung in der Dritten Welt gekümmert hatte, hatte McGlone dem professionellen kanadischen Triathlonteam Canadian National Elite angehört. Sie hatte bereits bei den Olympischen Spielen 2004 in Athen am Triathlon teilgenommen und trainierte im Gegensatz zu Wellington gezielt für die Ironman-Distanz. »Jeder Mensch hat Talente«, sagt Wellington. »Und manchmal sind diese Talente verborgen und man muss sich etwas Neues trauen, sonst weiß man vielleicht gar nicht, was man kann.«

Als sich Wellington im Dezember 2012 vom Sport zurückzog und eine Karriere beendete, die von Anfang bis Ende fünf Jahre gedauert hatte, lag der Ausdauersport als Hobby nach Feierabend weit hinter ihr. Als Profi trainierte Wellington eifrig. Schwimmen, Radfahren und Laufen – von jedem gab es sechs wöchentliche Trainingseinheiten, und sechsstündige Trainingstage waren keine Seltenheit, ganz zu schweigen von der anschließenden Massage, den akribisch geplanten Mahl- und Bettzeiten. Sie hat im Laufe ihrer Karriere nie aufgehört, sich zu verbessern, und ihre besten Läufe lagen möglicherweise noch vor ihr. Aber das Erstaunlichste war ihr schneller Aufstieg.

Auf die Frage, was ihre Schwachstelle im Vergleich zur Konkurrenz war, nennt Wellington ohne Zögern ihr Schwimmen, ausgerechnet die Disziplin, in der sie die meiste Erfahrung hat.

In der Studie der York University gehörten 6 von 1.900 Männern zur Bruderschaft der Naturfitten. Das klingt zunächst nach Seltenheit, aber bei einem Vorkommen von 6 aus 1.900 kann man davon ausgehen, dass die meisten großen Highschools mehrere von Natur aus fitte Jungen haben, und wenn man die Ergebnisse auf Frauen hochrechnet, gibt es in den Vereinigten Staaten mehr als 100.000 fit geborene Menschen im Alter zwischen 20 und 65 Jahren. So gesehen drängt sich die Frage auf, ob nicht vielleicht jeder professionelle Ausdauersportler in der Geschichte ursprünglich aus dem Kreis der Naturfitten stammt.

Prüfungen im Schulsport – wie die, die Nancy Tinari den Weg nach Olympia wies – sind kein ungewöhnlicher Anlass für die Entdeckung zukünftiger Weltrekordhalter. Meb Keflezighi, der eritreischstämmige Amerikaner, der 2009 als erster Amerikaner seit 27 Jahren den New York City Marathon gewann, bekam beim Meilenlauf in der siebten Klasse in San Diego zum ersten Mal ein Gefühl für seine Ausdauer. »Ich bin einfach drauflosgelaufen, weil ich eine gute Note wollte. Ich hatte keine Ahnung von Strategie oder Tempo«, schreibt Keflezighi in seiner Autobiografie *Run to Overcome* über die 5:10-Minuten-Meile, die er ganz ohne Training schaffte. Der Sportlehrer rief daraufhin den Geländelauf-Trainer der San Diego Highschool an und teilte ihm mit: »Wir haben hier einen Olympioniken.« So war es. Keflezighi gewann bei den Olympischen Spielen 2004 in Athen die Silbermedaille im Marathon. »Der Sportunterricht hat mein Leben verändert«, schreibt er, »auch wenn ich es damals noch nicht wusste.«

Andrew Wheating, ein 25-jähriger Amerikaner und einer der besten Meilenläufer des Landes, lief sein erstes Langstreckenrennen erst in seinem Abschlussjahr an der winzigen Kimball Union Academy in Meriden, New Hampshire. Seine Laufkarriere begann, als er im vorletzten Jahr vor der Fußballsaison im Rahmen des Konditionstrainings eine 5-Minuten-Meile lief. Offenbar spürte der Fußballtrainer, dass Wheatings sportliche Zukunft auf der Bahn und nicht auf dem Feld lag, und schlug ihm vor, zum Langstreckenlauf zu wechseln. Wheating tat wie geheißen und erhielt ein Sportstipendium an der University of Oregon, wo es eine leistungsstarke Laufabteilung gab. Im Sommer nach seinem zweiten Jahr in Oregon – seiner dritten Laufsaison überhaupt – schaffte es Wheating in die US-Olympiamannschaft für den 800-Meter-Lauf. Zwei Jahre später, am Ende der Laufsaison von 2010, nahm Wheating mit einer Zeit von 3:30,90 auf den 1.500 Metern den vierten Platz der Weltrangliste ein, was einem Meilenlauf von unter 3:50 Minuten entspricht.

Der kubanische Läufer Alberto Juantorena, der 1976 als einziger Athlet Goldmedaillen auf 400 und 800 Metern gewann, war noch 1971 ein aufstrebender Basketballspieler, als ihm der Basketballtrainer der Nationalmannschaft vorschlug, zum Laufen zu wechseln.

> »*Danke für das Angebot, aber nein, lieber nicht*«, beharrte Juantorena. »*Du weißt, dass Basketball mein Leben ist.*« Darauf antwortete der Trainer: »*Tut uns leid, aber es wurde bereits entschieden, dass du den Sport wechseln wirst. Ab morgen bist du Läufer, nicht Basketballspieler.*«

Juantorena nahm im nächsten Jahr an den Olympischen Spielen in München teil.

Es könnte aber auch sein, dass manche, von Natur aus fitte Menschen nicht wie Wellington oder Wheating sind, sondern wie die schwer Trainierbaren aus der HERITAGE-Studie. In diesem Fall würden sie im Training keine schnellen Fortschritte machen. (Bouchards Forschungsgruppe besitzt auch die DNA von 300 Ausdauersportlern mit sehr hohen $VO_2$max-Werten. Angesichts ihrer Genvarianten ist es nicht überraschend, dass sich keiner von ihnen am unteren Ende des Trainierbarkeitsspektrums befindet.) Darauf basierend schätzt Bouchard, dass 5 bis 10 Prozent aller Menschen von Haus aus eine erhöhte aerobe Kapazität haben – wenn auch nicht annähernd so hoch wie die der naturfitten Sechs –, und dass 2 bis 10 Prozent aller Menschen stark auf aerobes Training ansprechen. »Die Wahrscheinlichkeit, dass ein Mensch stark begabt und gut trainierbar ist, ist das Produkt dieser beiden Wahrscheinlichkeiten«, sagt Bouchard. »Es ist ernüchternd. Sie liegt zwischen 1 zu 100 und 1 zu 1.000.«

Die ultimative Kombination wäre natürlich jemand, der schon mit einer stark erhöhten aeroben Kapazität startet und einen schnellen Trainingseffekt zeigt. Es ist sehr schwierig, solche Menschen zu entdecken, bevor sie mit dem Training beginnen, da Sportler normalerweise keine Labortests durchmachen, ehe sie einiges erreicht haben. Die Wissenschaft ist sehr gut darin, einen Spitzensportler zu untersuchen und nachträglich zu erklären, warum gerade dieser Mensch Erfolg hat. Weitaus weniger gut kann sie erfolgversprechende Sportler oder Sportlerinnen entdecken, bevor er oder sie mit dem Training begonnen hat – und auf das Training reagieren konnte –, und ein solches Talent dann in seiner Karriere begleiten.

Aber es gibt eine einzigartige und aufschlussreiche Forschungsarbeit, die von Dr. Jack Daniels stammt, der Sportphysiologe, ehemaliger olympischer Pentathlet und einer der angesehensten Ausdauertrainer der Welt ist. Vor Jahrzehnten verfolgte Daniels die Karriere eines olympischen Läufers über einen Zeitraum von fünf Jahren und testete ihn mindestens alle sechs Monate auf alle möglichen biologischen Merkmale. Austrainiert hatte der Läufer einen $VO_2$max-Wert, der etwa doppelt so hoch war wie der eines durchschnittlichen, untrainierten, aber gesunden Mannes. Das dritte Jahr der Studie brachte jedoch ein unerwartetes Forschungsproblem mit sich: Der Sportler hatte es satt, an Wettkämpfen teilzunehmen. Der Erwartungsdruck und die unaufhörliche Schinderei und Plackerei des Intervalltrainings setzten ihm zu. Der Läufer hatte noch nicht einmal die Hälfte eines Rennens bei der US-Meisterschaft hinter sich, als er einfach aus der Bahn trat und sich ein ganzes Jahr lang weigerte, auch nur einen Schritt zu laufen. Mehr als anderthalb Jahre vergingen, bis er es wieder Wettkampfgeist zeigte.

Anstatt seine Forschung aufzugeben, testete Daniels den Sportler auch während seines Faulenzerjahres. Ein Sportler, der mit dem Training aufhört, kann innerhalb von Wochen mehr als 15 Prozent der von ihm aufgebauten $VO_2$max verlieren. Als Daniels den Läufer testete, war dessen $VO_2$max um 20 Prozent gefallen. In untrainiertem Zustand stimmte die aerobe Kapazität des Olympioniken exakt mit der der naturfitten Sechs aus der Studie der York University überein. (Jahrzehnte später wurde dies für Daniels ein vertrautes Muster. 1968 testete Daniels für seine Dissertation 26 Elite-Läufer, von denen 15 an den Olympischen Spielen teilnahmen. Als er sie 1993 erneut testete – auch die, die schon längst mit dem Laufen aufgehört hatten und dick geworden waren –, lag ihre $VO_2$max immer noch viel höher als bei normalen Männern. Daniels dazu in einem Interview mit *Flotrack*: »Selbst bei denen, die das Laufen gelassen hatten, traten die genetischen Eigenschaften ziemlich gut hervor.«)

Nach einer mentalen Erholungsphase von einem Jahr begann der Läufer mit seiner Frau zu joggen. Und da die Olympischen Spiele näher rückten, entbrannte sein Feuer für das Vollzeit-Training wieder. Als der Läufer seine Trainingsintensität allmählich steigerte, erlangte er schnell ziemlich genau die 20 Prozent seiner aeroben Kapazität zurück, die er während seiner Brachzeit verloren hatte.

Aus physiologischer Sicht stimmte das, was Daniels über fünf Jahre hinweg dokumentierte, mit den Ergebnissen einer siebenjährigen Studie an jugendlichen japanischen Langstreckenläufern überein. Die Jungen wurden für die Studie ausgewählt, weil jeder von ihnen bei den japanischen Jugendmeisterschaften ein Mittel- oder Langstreckenrennen gewonnen hatte. Die Studie begleitete dann die Jungen, die an fünf oder sechs Tagen in der Woche zwei Stunden fleißig trainierten, vom 14. bis 21. Lebensjahr. Ihre anfänglichen aeroben Fähigkeiten lagen fast auf dem gleichen Niveau wie bei Daniels' Olympioniken während seiner Zeit ohne Training – ungefähr wie bei den naturfitten Sechs. Im Laufe ihres jahrelangen Trainings verbesserten sich alle Jungen, teilten sich aber wie von selbst in zwei Gruppen auf: Studiengruppe I, in der die aerobe Kapazität durchschnittlich um 13 Prozent zunahm; und Studiengruppe II mit den Jungen, die mit 17 Jahren ein Plateau von 9 Prozent aerober Verbesserung erreichten, verbunden mit einem Plateau bei der Verbesserung der Laufzeiten. Alle Jungen der zweiten Gruppe hörten nach dem siebzehnten Lebensjahr ganz mit dem Laufen auf, da sie sich nicht mehr verbesserten. Faktisch hat hier also möglicherweise eine Form von natürlicher Selbstselektion gewirkt, die im Wettkampfpool (der seine 10.000 Stunden anstrebt) nur diejenigen Jungen zurückließ, die sich weiter verbesserten. Das heißt nicht, dass die Jungen, die weiter an Rennen teilnahmen, einfach Glück hatten. Die Studie legt nahe, dass die Jungen, je mehr Verbesserungspotenzial vorhanden war, umso länger und härter trainieren mussten, um es auszuschöpfen. Aber ihre Fähigkeit, Fortschritte zu machen, hat möglicherweise ihre Treue zum Sport und ihren Trainingseifer gefördert.

Die jungen Japaner der Gruppe I schienen also ebenso wie Daniels' Olympionike von vornherein eine hohe aerobe Kapazität mitzubringen, aber auch die Fähigkeit, sich mehr als ihre Altersgenossen zu verbessern. Aber Daniels' Olympiasieger verbesserte sich noch mehr, während einige seiner Genossen, ähnlich wie die Jungen der Gruppe II, stagnierten und sich anderen Interessen zuwandten. Offenbar hatte Daniels' Olympionike einerseits eine von Haus aus hohe aerobe Fitness und sprach andererseits sehr gut auf das Training an.

Der Olympionike war übrigens Jim Ryun.

# 6

## Superbaby, Superhund und die Trainierbarkeit von Muskeln

Als der kleine Junge um die Jahrtausendwende geboren wurde, fiel der Hebamme ein Zucken auf. Sicher, der Junge war recht kräftig, aber nicht so, dass es im Kreissaal der Berliner Charité Staunen erregt hätte. Aber diese Zuckungen. Das leichte Zappeln und Zittern, das schon ein paar Stunden nach seiner Geburt begann. Die Ärzte befürchteten, er könnte an Epilepsie leiden, und schickten ihn auf die Neugeborenenstation. Hier bemerkte Markus Schuelke, ein pädiatrischer Neurologe, die Muskeln des Säuglings.

Das Neugeborene hatte einen leicht gewölbten Bizeps, als wäre es im Mutterleib ins Fitnessstudio gegangen. Seine Waden waren wie gemeißelt und die Haut über seinen Quadrizepsmuskeln war etwas zu straff. Weich wie ein Babypopo? Nicht bei diesem Baby. Auf solchen Gesäßmuskeln würde ein Groschen abprallen. Ein Ultraschall seines Unterkörpers ergab, dass sich der Junge mit seiner Muskelmasse oberhalb aller Normwerte bewegte, während sein Fettanteil an der Untergrenze lag.

Ansonsten war der Junge normal. Seine Herzfunktion war in Ordnung und die Zuckungen ließen nach zwei Monaten nach. *Vielleicht war das Baby der Benjamin Button des Bodybuildings und würde seine Muskulatur allmählich abbauen.* Nicht wirklich. Mit vier Jahren hielt er mühelos 10-Kilo-Hanteln mit gestreckten Armen in der Schwebe. (Es war sicherlich nicht einfach, die Wohnung kindersicher zu machen.)

Die ungeheuerliche Kraft lag in der Familie. Die Mutter des Jungen war stark, ebenso wie ihr Bruder und ihr Vater. Und erst ihr Großvater – er war auf der Baustelle dafür bekannt, dass er mit bloßen Händen 150 Kilo schwere Bordsteine von Lkw-Ladeflächen abgeladen hatte.

Voll bekleidet stach der Junge nicht zwischen seinen Altersgenossen heraus. Begegnete man ihm auf der Straße, hätte man ihn nicht staunend angestarrt. Aber die Muskeln in seinen Oberarmen und Beinen waren ungefähr doppelt so groß wie bei anderen Jungen in seinem Alter. *Doppel*muskeln. Das erinnerte Schuelke an etwas.

In den frühen 90er-Jahren untersuchte der Johns-Hopkins-Genetiker Se-Jin Lee in seinem Labor in der North Wolfe Street in Baltimore Muskeln. Allerdings nicht das fertige Muskelgewebe selbst, sondern das Proteingerüst, aus dem es besteht. Der Zweck seiner Suche war es, Behandlungen für Muskelschwunderkrankungen wie die Muskeldystrophie zu finden. Lee und eine Gruppe von Kollegen hatten es auf eine Familie von Proteinen abgesehen, die als *TGF-β* (*transforming growth factor* – »transformierender Wachstumsfaktor«) bekannt sind. Indem sie die Gene klonten, die diese Proteine kodieren, konnten sie wie Kinder mit neuem Spielzeug herumexperimentieren und herausfinden, was zum Teufel die einzelnen Gene bewirkten.

Sie gaben den Genen prosaische Namen – *GDF-1* bis *-15* (*growth differentiation factor*) – und züchteten dann Mäuse, denen jeweils funktionierende Kopien eines der Gene fehlten. Anhand der beobachteten Auswirkungen konnten sie die Funktion des jeweiligen Gens ableiten. Die Mäuse ohne GDF-1 hatten ihre Organe auf der falschen Seite. Sie überlebten nicht lange. Die Mäuse ohne GDF-11 hatten sechsunddreißig Rippen. Auch sie starben schnell. Aber die Mäuse ohne GDF-8 überlebten. Sie waren Nagetier-Mutanten der anderen Art. Sie hatten die *doppelte* Muskelmasse.

Im Jahr 1997 taufte Lees Gruppe das GDF-8, ein Gen auf Chromosom zwei, und das dazugehörige Protein *Myostatin* – nach griechisch *myo*, »Muskel« und lateinisch *-stare*, »anhalten«. Denn irgendeine Funktion des Myostatins signalisiert den Muskeln, nicht mehr zu wachsen.

Sie hatten quasi ein genetisches Stoppschild für Muskeln entdeckt. Bei fehlendem Myostatin explodiert das Muskelwachstum. Zumindest bei den Labormäusen.

Lee fragte sich, ob das Gen bei anderen Spezies den gleichen Effekt haben könnte. Er kontaktierte Dee Garrels, Inhaberin der Lakeview Belgian Blue Ranch in Stockton, Missouri. Die Rinderrasse Weißblaue Belgier ist das Ergebnis der Nachkriegszucht, die mehr Fleisch anstrebte, um der gestiegenen Nachfrage in den Jahren des europäischen Wiederaufbaus gerecht zu werden. Belgische Züchter kreuzten friesische Milchkühe mit stämmigen Durham-Shorthorns und bekamen Rinder, die man *doppellendig* nennt, weil sie doppelt so viel Muskelfleisch haben. Weißblaue Belgier sehen aus, als hätte sie jemand aufgeschlitzt und ihnen Bowlingkugeln unter die Haut gesteckt. Garrels tonnenschwerer weißblau-belgischer Preisbulle »Hotline« hat einmal auf dem Weg zu einer brünstigen Kuh ein stählernes Gatter aus den Angeln gerissen und beiseite geschlenzt.

Lee bat Garrels um Blutproben von ihrem muskulösen Vieh. Und siehe da, den Weißblauen Belgiern fehlten elf DNA-Basenpaare – von mehr als 6.000 – im Myostatin-Gen. Sie hatten kein Stoppschild für die Muskeln. Eine andere doppellendige Rinderrasse, das Piemonteser Rind, weist ebenfalls eine genetische Mutation auf, die kein funktionelles Myostatin zulässt.

Also machte sich Lee auf die Jagd nach menschlichen Versuchsobjekten. Seine Suche begann im Supermarkt, wo er den Einkaufswagen mit Bodybuilding-Zeitschriften belud, die Sorte, auf deren Titeln prall geäderte Männer in knappen Badehosen posieren. Lee, den Kollegen scherzhaft als »dürrsten Mann der Welt« bezeichnen, erinnert sich noch immer an den argwöhnischen Blick der Kassiererin. Davon unbeirrt schaltete er eine Anzeige in der *Muscle and Fitness* und wurde sofort von begeisterten Freiwilligen überrannt. Viele schickten ihm Fotos von sich, auf denen sie spärlich oder gar nicht bekleidet die Muskeln anspannten. Er nahm Proben von 150 muskulösen Männern, fand darunter aber keine Myostatin-Mutanten.

Er ließ die Arbeit bis 2003 ruhen, als Markus Schuelke anrief, um von dem muskelbepackten Baby zu berichten, das drei Jahre zuvor im Charité-Krankenhaus geboren worden war, und dessen Entwicklung er beobachtete. Im folgenden Jahr veröffentlichten Schuelke, Lee und eine Gruppe von Wissenschaftlern ein Papier, in dem sie der Welt »Superbaby« vorstellten, wie die Medien es nennen würden. Der deutsche Knabe, dessen Identität sorgfältig gehütet wird, war die menschliche Version eines Weißblauen Belgiers. Durch Mutationen an seinen beiden Myostatin-Genen hatte er kein nachweisbares Myostatin im Blut. Noch aufsehenerregender war, dass die Mutter von Superbaby ein normales und ein mutiertes Myostatin-Gen hatte, weswegen sie mehr Myostatin als ihr Sohn, aber weniger als ein durchschnittlicher Mensch hatte. Sie war die einzige Erwachsene mit diagnostizierter Myostatin-Mutation und sie war Profi-Sprinterin.

Doppellendigkeit mag wie ein Segen ohne Nachteile erscheinen, aber Myostatin existiert nicht ohne Grund. Es ist evolutionär gesehen »hoch konserviert«. Das Gen erfüllt die gleiche Funktion bei Mäusen, Ratten, Schweinen, Fischen, Truthähnen, Hühnern, Kühen, Schafen und Menschen. Das liegt wahrscheinlich daran, dass Muskeln teuer sind. Der Erhalt von Muskeln fordert Kalorien und speziell Protein und große Muskeln können ein großes Problem für Organismen sein, die – wie die Menschen der Urzeit – keinen ständigen Zugang zu dem Protein haben, das für die Ernährung der Organe erforderlich ist. Aber in der modernen Gesellschaft ist diese Sorge von immer geringerer Bedeutung.

In Superbabys Fall hatten die Ärzte anfangs die Sorge, dass der Myostatinmangel des Jungen dazu führen könnte, dass sein Herz ungebremst wächst. Bisher wurden jedoch keine größeren gesundheitlichen Bedenken bei ihm oder seiner Mutter bekannt.[21] Deshalb ist es auch unwahrscheinlich, dass jemand mit einer Myostatin-Mutation von sich aus darauf kommen würde, sich untersuchen zu lassen. Infolgedessen hat

21 Myostatin-Rückgang ist eine normale Anpassungsreaktion bei Menschen, die regelmäßig Krafttraining betreiben. Anscheinend gehört dies zu den körpereigenen Maßnahmen, um den Weg für den Muskelaufbau freizumachen.

niemand eine Ahnung, wie selten die Myostatin-Mutation ist, abgesehen davon, dass die allermeisten Menschen (und Tiere) sie nicht haben. Aber der Umstand, dass der eine Junge mit zwei der seltenen Myostatin-Genvarianten außergewöhnlich stark und seine Mutter außergewöhnlich schnell ist, ist kein Zufall. Mit Superbaby und seiner Mutter verhält es sich genauso wie mit Windhunden.

Seit dem späten 19. Jahrhundert haben tempoversessene Züchter der Windhundrasse Whippet unwissentlich Hunde geschaffen, die wie Superbabys Mutter einzelne Myostatin-Mutationen aufweisen und blitzschnell sind. In der Rennklasse A, der höchsten Klasse beim Hunderennen, in der Hunde eine Höchstgeschwindigkeit von 55 km/h erreichen, weisen mehr als 40 Prozent der Hunde eine normalerweise äußerst seltene Myostatin-Mutation auf. In der Rennklasse B tritt diese nur bei etwa 14 Prozent auf. In der Klasse C ist sie praktisch nicht zu finden.

Selbst in der Rennklasse A ist die Myostatin-Mutation keine Voraussetzung, aber eindeutig von Vorteil. Von Nachteil in der Windhundzucht ist, dass einige Hunde zu viel Muskeln bekommen.

Jeder Windhundewelpe erbt von jedem Elternteil eine Kopie seines Myostatin-Gens. Wenn zwei Windhunde mit je einer Kopie der Myostatin-Mutation vier Welpen haben, ist dies das wahrscheinliche Szenario: Ein Welpe hat keine Kopien der Mutation und ist normal; zwei Welpen haben eine Kopie der Mutation, so wie Superbabys Mutter, und werden *Sprinter* genannt; der vierte Welpe hat wie Superbaby zwei Kopien der Mutation, was ihn zu einem doppellendigen *Bully-Whippet* macht. Bully-Whippets haben Muskeln wie eine Comicfigur. Sie sehen aus wie ein eingeschweißter Steinhaufen, an dem eine knuddelige Schnauze klebt. Bully-Whippets sind zu stämmig, um zu sprinten, deshalb schläfern Züchter sie oft ein.

Je mehr Wissenschaftler suchen, desto mehr Tierarten finden sie, bei denen sich das Muster von Myostatin-Genmutation und Geschwindigkeit bestätigt. Anfang 2010 fanden zwei Studien unabhängig voneinander heraus, dass Variationen der Myostatin-Gene von Vollblut-Rennpferden verraten konnten, ob die Pferde Sprinter oder Langstreckenläufer waren. Und Pferde mit der sogenannten C-Version des Myostatin-Gens – einer Variante, die weniger Myostatin und mehr Muskeln ergibt – brachten fünfeinhalb Mal mehr Preisgeld ein als ihre Artgenossen mit zwei T-Versionen und Mengen an Myostatin im Blut.

Wen wundert's, dass die Wissenschaftler, die diese Entdeckung machten, Unternehmen gegründet haben, die Gentests für Vollblutzüchter anbieten.

Kaum hatte Lee 1997 seine ersten Arbeiten über die Muskelmäuse veröffentlicht, überfluteten ihn Anfragen von Eltern von Kindern mit Muskeldystrophie (keine Überraschung), aber auch von Sportlern (Überraschung!), die bereit und willens waren, sich für genetische Experimente herzugeben. Einige der Athleten wussten kaum, wovon sie sprachen. Sie fragten Lee, wo man Myostatin kaufen könne, weil ihnen nicht klar war, dass gerade das Fehlen von Myostatin Muskelwachstum herbeiführt.

Lee selbst ist ein großer Sportfan. Er kann die letzten 45 NCAA-Basketballmeister rezitieren und die Erinnerung an ein zwei Jahrzehnte zurückliegendes Rendezvous mit seiner Frau kommt ihm leichter, wenn er zunächst überlegt, wer an jenem Tag Pitcher der St. Louis Cardinals war. Dennoch scheute er sich, mit Sportjournalisten über seine Arbeit zu sprechen. Sorge bereitet ihm die offensichtliche Bereitschaft von Sportlern, Technologien zu missbrauchen, die noch nicht einmal Technologie sind, und die eigentlich für Patienten ohne andere Möglichkeiten gedacht sind. Er hofft, dass zukünftige Behandlungen auf Myostatin-Basis nicht so stigmatisiert sein werden, wie es Steroide aufgrund ihrer Rolle in Dopingskandalen sind.

Das Schlüsselloch des Genlabors übt verständlicherweise eine große Verlockung auf Sportler aus. Nach seiner Forschung zu Myostatin ging Lee dazu über, bei Mäusen nicht nur das Myostatin zu blockieren, sondern auch ein anderes am Muskelwachstum beteiligtes Protein zu verändern, das Follistatin. Das Ergebnis: vierfache Muskelmasse. In Zusammenarbeit mit Forschern des Pharmaunternehmens Wyeth entwickelte Lee dann ein Molekül, das sich nachweislich mit Myostatin verbindet und dieses hemmt, sodass der Mausmuskel mit nur zwei

Injektionen in zwei Wochen um 60 Prozent wächst. Eine nachfolgende Studie der Pharmafirma Acceleron ergab 2012, dass eine Einzeldosis desselben Moleküls die Muskelmasse bei Frauen nach der Menopause steigert. Mehrere Unternehmen prüfen inzwischen Myostatin-Inhibitoren in klinischen Studien.

Für die Pharmaunternehmen ist dies nicht nur die Suche nach einem Heilmittel gegen krankhaften Muskelschwund, sondern nach der pharmazeutischen goldenen Gans: einem Mittel gegen den normalen, altersbedingten Abbau der Muskulatur. Und Myostatin ist nicht das einzige Gen, auf das man auf der Suche nach explosivem Muskelwachstum gestoßen ist.

Ein Jahr, nachdem Lees Supermäuse in den Schlagzeilen waren, stellte H. Lee Sweeney, ein Physiologieprofessor von der University of Pennsylvania, der Welt seine eigenen muskelbepackten Nagetiere vor. Er hatte Mäusen ein Transgen injiziert – ein im Labor hergestelltes Gen –, das eine muskelaufbauende Substanz namens *IGF-1* (*insulin-like growth factor* – »insulinähnlicher Wachstumsfaktor«) herstellt. Daraufhin erging es ihm wie Lee: Sein Telefon läutete Sturm. Sogleich boten ihm ein Ringer- sowie ein Footballtrainer, beide von Highschools, ihre Teams als gentechnische Versuchskaninchen an. (Natürlich wurden die Angebote abgelehnt.)

Die Ära des Gendopings könnte sogar schon angebrochen sein. Ein Gerichtsverfahren gegen den deutschen Trainer Thomas Springstein im Jahr 2006 wegen der Ausgabe von leistungssteigernden Medikamenten an Minderjährige lieferte Hinweise darauf, dass der Trainer Repoxygen beschaffen wollte, ein Mittel gegen Anämie, das mittels eines Transgens die Produktion roter Blutkörperchen ankurbelt.

Bevor ich 2008 zu den Olympischen Spielen in Peking reiste, verriet mir ein ehemaliger Powerlifting-Weltmeister den Namen eines chinesischen Unternehmens, das angeblich von Bodybuildern für gentherapeutische Anwendungen in Anspruch genommen wird. In China habe ich das Unternehmen kontaktiert, woraufhin mir ein Mitarbeiter angeboten hat, mögliche gentechnische Leistungen zu besprechen. Aber ich vermute, dass dies nur eine Verkaufsstrategie war, um Patienten zu verführen, und dass das Unternehmen in Wahrheit gar keine Gentherapie durchführt.

Anderseits versichert Sweeney, dass man Transgene einfach in den Blutkreislauf kippen kann, was nicht unbedingt eine sichere Methode ist, aber so einfach, dass es ein cleverer Student der Molekularbiologie hinbekommt. Sweeney hat Vertreter der World Anti-Doping Agency dabei unterstützt, sich auf die Bekämpfung von Gendoping vorzubereiten. Sollte sich die Gentherapie jedoch als absolut ungefährlich herausstellen, sieht Sweeney nach eigenem Bekunden keinen Grund mehr, sie aus dem Sport herauszuhalten.[22]

Die vielleicht interessanteste Frage ist jedoch, ob nicht die seltenen Mutationen, sondern eher die häufig auftretenden Variationen der DNA-Sequenz in Genen wie IGF-1 oder Myostatin Aufschluss darüber geben, ob eine Sportlerin schneller Muskeln aufbaut als ihre Trainingsgenossin. Vergleiche von gängigen Varianten des menschlichen Myostatin-Gens bei Menschen, die teils Krafttraining betrieben und teils nicht, haben nicht gerade atemberaubende Ergebnisse erbracht. Einige Studien haben geringfügige Unterschiede festgestellt, andere überhaupt keine. Allerdings treten bei der Frage, warum manche Menschen durch Eisenstemmen monströs werden, während sich andere vergeblich um ein breites Kreuz abmühen, andere am Muskelaufbauprozess beteiligte Gene in den Vordergrund.

Muskeln sind Fleischstücke aus Millionen von dicht aneinander liegenden Fäden oder Fasern, die jeweils einige Millimeter lang und so dünn sind, dass sie auf einer Nadelspitze kaum sichtbar sind. Entlang jeder Faser liegen eine Reihe von Kommandozentralen oder Myonuklei, die die Muskelfunktion in der Umgebung steuern. Jede Kommandozentrale herrscht über ihre eigenen faserigen Vasallen.

22 In einer berühmten Gentherapie-Studie in Frankreich wurden zwölf Jungen erfolgreich wegen X-chromosomaler SCID (*severe combined immunodeficiency* – »schwerer kombinierter Immundefekt«, »Bubble-Boy-Syndrom«) behandelt, aber einige der Jungen entwickelten später Leukämie.

Außerhalb der Fasern befinden sich Satellitenzellen: Stammzellen, die unauffällig warten, bis Muskelgewebe beschädigt wird – wie es beim Krafttraining passiert –, und dann in Aktion treten, um die Muskeln zu flicken und größer und besser wiederaufzubauen.

Größtenteils gewinnen wir mit zunehmender Kraft keine neuen Muskelfasern, sondern vergrößern nur die bereits vorhandenen. Wenn Fasern wachsen, steuert die Myonuklei-Kommandozentrale einen immer größeren Bereich, bis die Faser so groß ist, dass die Kommandozentrale Verstärkung braucht. Satellitenzellen bilden dann neue Kommandozentralen, sodass der Muskel weiterwachsen kann. Eine Reihe von Studien am Core Muscle Research Laboratory der University of Alabama-Birmingham und am Veterans Affairs Medical Center in Birmingham haben 2007 und 2008 gezeigt, dass individuelle Unterschiede in der Gen- und Satellitenzellaktivität bestimmen, wie Menschen auf Krafttraining reagieren.

66 Personen unterschiedlichen Alters erhielten einen viermonatigen Krafttrainingsplan: Kniebeugen, Beindrücken und Beinheben – mit einem an einen bestimmten Bruchteil der Maximalkraft angepassten Intensitätsniveau. (Ein typischer Satz bestand aus elf Wiederholungen mit 75 Prozent des bei einer Wiederholung gehobenen Maximalgewichts.) Nach Beendigung des Trainings teilten sich die Probanden ziemlich ausgewogen in drei Gruppen: Bei einigen wurden die Oberschenkelmuskelfasern um 50 Prozent größer; bei anderen wuchsen sie um 25 Prozent; und bei manchen nahm die Muskelgröße überhaupt nicht zu.

Verbesserungen zwischen 0 und 50 Prozent trotz identischem Training. Klingt bekannt? Genau wie bei der HERITAGE-Studie waren die Unterschiede in der Trainierbarkeit immens, nur dass es diesmal um Kraft statt um Ausdauer ging. 17 Kraftsportler waren *Extrem-Responder*, die wie wild Muskeln aufbauten; 32 waren mäßig trainierbar mit ordentlichen Zuwächsen; und 17 waren *Nonresponder*, deren Muskelfasern gar nicht wuchsen.[23]

Noch bevor das Krafttraining begann, hatten die Probanden, die am Ende die Gruppe mit dem extremen Muskelwachstum bilden würden, die meisten Satellitenzellen im Quadrizeps, die nur darauf warteten, aktiviert zu werden und Muskelmasse aufzubauen. Ihr Körper war so voreingestellt, dass er auf Training stark ansprach. (Ein möglicher Grund, warum Steroide Sportlern schnelles Muskelwachstum bescheren, ist übrigens, dass diese Mittel den Körper dazu bringen, mehr Satellitenzellen für den Muskelaufbau zur Verfügung zu stellen.)

Alle vergleichbaren Krafttrainingsstudien haben ein breites Spektrum an Reaktionen auf das Eisenstemmen offenbart. In der GEAR-Studie aus Miami gab es unter 442 Probanden bei der Bein- und Brustpresse Kraftzuwächse zwischen weniger als 50 Prozent und mehr als 200 Prozent. Eine zwölfwöchige Studie mit 585 Männern und Frauen, die von einem internationalen Konsortium von Krankenhäusern und Universitäten durchgeführt wurde, ergab Kraftzuwächse am Oberarm zwischen null und über 250 Prozent.

Die Ergebnisse erinnern an das neue Motto des American College of Sports Medicine: »Training ist Medizin.« So wie unterschiedliche Bereiche des Genoms Einfluss darauf haben, wie stark einzelne Menschen auf Kaffee, Tylenol oder Cholesterin reagieren, so scheint jeder Einzelne eine individuelle physiologische Reaktion auf die Medizin einer bestimmten Trainingsform zu haben.

Die Forscher aus Birmingham verfolgten einen HERITAGE-ähnlichen Ansatz bei der Suche nach Genen, anhand derer man die High-Responder mit vielen Satellitenzellen von den Low-Respondern mit wenig Reaktion auf Krafttraining unterscheiden könnte. Genau wie bei den HERITAGE- und GEAR-Studien zur Ausdauer gingen die extremen

23 Ein wichtiger Punkt ist, dass es mit zunehmender Trainingsintensität umso weniger wahrscheinlich ist, keinen Trainingseffekt zu erhalten. Je härter die Anstrengung, desto wahrscheinlicher erfährt man zumindest ein wenig Zuwachs, auch wenn dieser geringer ist als bei anderen.

Krafttrainingseffekte mit dem Expressionsniveau bestimmter Gene einher.

Von allen Probanden wurden vor Beginn des Trainings, nach der ersten und nach der letzten Einheit Muskelbiopsien entnommen. Bestimmte Gene waren bei allen Probanden, die Krafttraining betrieben hatten, ähnlich hoch- oder runtergeregelt, andere jedoch nur bei den High-Respondern. Eines der Gene, die beim Training der extrem Trainierbaren viel mehr Aktivität zeigten, war *IGF-IEa*, welches mit dem Gen verwandt ist, mit dem H. Lee Sweeney seine Schwarzenegger-Mäuse geschaffen hat. Die anderen herausragenden Merkmale waren die MGF- und Myogenin-Gene, die beide an Muskelfunktion und Muskelwachstum beteiligt sind.

Die Aktivität von MGF- und Myogenin-Gen war bei den High-Respondern um 126 Prozent bzw. 65 Prozent erhöht; bei den gemäßigten Respondern um 73 Prozent und 41 Prozent; und bei Menschen, die kein Muskelwachstum hatten, überhaupt nicht.

Das Netzwerk von Genen, die das Muskelwachstum regulieren, ist noch kaum erfasst, aber eine biologische Ursache für individuelle Unterschiede beim Kraftaufbau ist bereits bekannt. Manche Sportler haben mehr Potenzial für Muskelwachstum als andere, weil bei ihnen die Muskelfasern von Anfang an anders zugeteilt sind.

Grob gesagt gibt es zwei Haupttypen von Muskelfasern: *Slow-twitch* (»langsam zuckend«, Typ I) und *Fast-twitch* (»schnell zuckend«, Typ II). Fast-twitch-Muskelfasern ziehen sich bei explosiven Bewegungen mindestens doppelt so schnell zusammen wie Slow-twitch-Fasern, ermüden aber dafür sehr schnell. Die Kontraktionsgeschwindigkeit der Muskeln ist nachweislich ein limitierender Faktor für die Sprintgeschwindigkeit beim Menschen.[24]

24 Da Slow-twitch-Muskelfasern reichlich Sauerstoff benötigen, sind sie von Blutgefäßen umgeben und erscheinen dunkel. Beim Truthahnessen erkennt man, dass Truthähne überwiegend Bodenbewohner und keine Flugtiere sind, da sich an den Beinen dunkles Fleisch und in der Brust weißes, schnell zuckendes Fleisch befindet. Die Slow-twitch-Fasern sind eisenreich. Wer also mehr Eisen zu sich nehmen möchte, greift zum Putenschenkel.

Fast-twitch-Fasern wachsen auch doppelt so schnell wie Slow-twitch-Fasern, wenn sie durch Krafttraining gereizt werden. Je mehr Fast-twitch-Fasern ein Muskel enthält, desto größer ist sein Wachstumspotenzial.

Bei den meisten Menschen bestehen die Muskeln etwas mehr als zur Hälfte aus Slow-twitch-Fasern. Aber die Fasermischung eines Sportlers passt oft zu seinem Sport. Die Wadenmuskeln von Sprintern bestehen zu 75 Prozent oder mehr aus Fast-twitch-Fasern. Sportler, die wie ich die halbe Meile rennen, haben eher eine 50:50-Mischung aus Fast- und Slow-twitch in den Waden, wobei mit dem Wettkampfniveau der Fast-twitch-Anteil steigt. Langstreckenläufer sind den Slow-twitch-Muskelfasern zugeneigt, die weniger explosive Kraft erzeugen können, aber nur sehr langsam ermüden. Frank Shorter, der letzte Amerikaner, der den olympischen Marathon gewann, hatte 80 Prozent Slow-twitch-Muskelfasern in einem untersuchten Beinmuskel. Es stellt sich die Frage, ob die Sportler ihre einzigartige Muskelfasermischung durch Training generieren, oder ob sie sich für ihren Sport interessieren und darin Erfolg haben, weil sie ab Werk dafür gebaut sind.

Eine Vielzahl von Nachweisen deutet darauf hin, dass eher Letzteres der Fall ist. Kein Trainingsexperiment hat beim Menschen jemals einen substanziellen Umbau von Slow-twitch- zu Fast-twitch-Fasern bewirken können, auch nicht durch acht Stunden elektrische Stimulation am Tag (was bei Mäusen zu einem Wechsel des Fasertyps führte, bei Menschen jedoch nicht.) Eine Durchsicht von Studien zum Muskelfasertyp im *Scandinavian Journal of Medicine & Science in Sports* aus dem Jahr 2010 beantwortete die Frage, ob durch Training ein signifikanter Fasertypwechsel erfolgen könne, folgendermaßen: »Die kurze (enttäuschende) Antwort lautet: ›Nicht wirklich.‹ Die lange Antwort hat einige erfreuliche Nuancen.«[25] Aerobes Training kann nämlich Fast-twitch-Fasern

25 Eine Studie von 2009 mit 1.423 russischen Ausdauersportlern und 1.132 Unsportlichen ergab eine mäßig starke und statistisch hoch signifikante Korrelation zwischen dem Anteil von Slow-twitch-Fasern und bestimmten Varianten von zehn verschiedenen Genen, die in unabhängigen Studien (wenn auch lose) mit Ausdauer in Verbindung gebracht wurden. Welche Gene genau die Fasertypmischung beeinflussen, ist jedoch kaum bekannt.

ausdauernder machen, und Krafttraining kann Slow-twitch-Fasern kräftigen. Vollständig umschalten lassen sie sich aber nicht. (Außer unter extremen Umständen, beispielsweise wenn das Rückenmark durchtrennt ist. In diesem Fall schalten alle Fasern auf Fast-twitch um.)

Sowohl Gen- als auch Fasertypdaten legen nahe, dass es wegen der angeborenen Eigenschaften jedes Einzelnen keine Einheitssportart und kein Einheitstraining für alle gibt. Einige Sportwissenschaftler haben diese Erkenntnis bereits in die Praxis umgesetzt.

Mit nur 5,5 Millionen Einwohnern kann es sich Dänemark nicht leisten, seine Spitzensportler brachliegen zu lassen. Jesper Andersen sorgt also dafür, dass dänische Sportler und Trainer über Muskelfasertypen nachdenken.

Andersen war 400-Meter-Läufer auf nationaler Ebene und trainierte später die Sprinter der dänischen Nationalmannschaft. Jetzt ist er Physiologe am weltberühmten Kopenhagener Institut für Sportmedizin. Er arbeitet mit Spitzensportlern zusammen, mit olympischen Läufern, aber auch Fußballspielern vom FC Kopenhagen, Dänemarks bester Mannschaft, die in der Champions League spielt. Und er hat es jeden Tag mit individuellen Reaktionen auf Trainingsprogramme zu tun.

Als Andersen 2003 Muskelbiopsien an dänischen Kugelstoßern vornahm, stellte er fest, dass Joachim Olsen in den Schultermuskeln, Quadrizeps und Trizeps einen viel höheren Anteil an Fast-twitch-Fasern hatte als die anderen Top-Kugelstoßer. Andersen war überzeugt, dass Olsen aufgrund seines hohen Anteils an Fast-twitch-Fasern sein Muskelwachstumspotenzial bei Weitem nicht erreicht hatte. Also forderte er Olsen auf, das dauernde Krafttraining sein zu lassen und stattdessen in kürzeren Perioden mit extrem schweren Gewichten zu trainieren, gefolgt von Ruheperioden ohne jedes Krafttraining. Im Laufe einer Saison schwollen – wie eine weitere Biopsie bestätigte – Olsens Muskelfasern an und im folgenden Sommer gewann er die Bronzemedaille bei den Olympischen Spielen 2004 in Athen. Das Kunststück machte ihn in Dänemark zur Berühmtheit. Anschließend gewann er die dänische Ausgabe von *Let's dance* und wurde ins Parlament gewählt.

Im Schultermuskel eines Kajakfahrers der dänischen Nationalmannschaft (sowie bei dessen Bruder) fand Andersen mehr als 90 Prozent Slow-twitch-Muskelfasern. Der Kajakfahrer hatte vor, sich für die Olympischen Spiele im 500- oder 1.000-Meter-Rennen zu qualifizieren, aber seine Gegner kamen so viel explosiver von der Startlinie weg, dass er zwar im Laufe des Rennens aufholen, aber den Vorsprung nie wettmachen konnte, sodass er keine Chance auf eine Aufnahme in die Olympiamannschaft hatte. Andersen berichtete dem Kajakfahrer von seiner Muskelfasermischung und schlug ihm vor, die Distanz zu wechseln. Der Kajakfahrer verlegte sich auf Langstreckenrennen und wurde schnell zu einem der besten Paddler der Welt.

Andersen, der seine Muskelfaserforschung zwar erfolgreich auf Leichtathletik und Kajakfahren angewendet hat, ist beim Fußball ratlos. Fußballtrainer wollen immer die schnellsten Spieler, daher wunderte es Andersen, warum so viele dänische Profis weniger Fast-twitch-Fasern haben als ein x-beliebiger Durchschnittsmensch. Er wandte sich an die Fußballakademie des FC Kopenhagen und stellte fest, dass die schnellsten Spieler wegen chronischer Verletzungen ausscheiden, bevor sie jemals Spitzenleistungen erbringen.

> *»Die Jungs mit den sehr schnellen Muskelfasern vertragen nicht so viel Training wie die anderen«*, erläutert er. *»Die Jungs mit vielen [Fast-twitch-Fasern], die ihre Muskeln sehr schnell kontrahieren können, haben zum Beispiel ein viel höheres Risiko einer Oberschenkelverletzung als die Jungs, die nicht die gleiche Art von explosiver Kontraktion ausführen können, sich dafür aber nie verletzen.«*

Die weniger verletzungsanfälligen Spieler überlebten ihre Lehrjahre, weshalb die dänische Fußballelite am Ende unverhältnismäßig viel Slow-twitch enthält. »Im American Football«, sagt Andersen, »kriegen die Breitschultrigen eine Position, und die Flinken eine andere zugewiesen, und jeder trainiert entsprechend anders. Aber Fußballspieler werden alle gleich trainiert. Ich höre die ganze Zeit von den Trainern: ›Den und den können wir nicht einsetzen, weil er immer verletzt ist.‹ Wenn er sich ständig verletzt, liegt das wahrscheinlich daran, dass wir ihn falsch behandeln und das müssen wir ändern. Wir dürfen die schnellsten Spieler nicht verlieren.«

Obwohl im internationalen Fußball so viel Geld und Ruhm winken, verlieren Trainer – zumindest in Dänemark – möglicherweise einige ihrer flottesten Spieler, bevor diese jemals das Profiniveau erreichen. Sportler sollten nicht alle die gleiche Medizin verschrieben bekommen. Für manche ist weniger Training das richtige Mittel.

Werden angeborene, von außen nicht sichtbare körperliche Unterschiede wie etwa die Mischung der Fasertypen nicht berücksichtigt, dann opfert man einige Sportler dem Dogma, dass das gleiche harte Training für alle gut ist. Der Slow-twitch-Kajakfahrer, der vom Sprint zur Langstrecke wechselte, hätte seine Karriere womöglich damit vertan, kürzere Rennen zu verlieren, wenn Andersen ihn nicht zu den langen Distanzen gelenkt hätte, die er gewinnen konnte.

In anderen Fällen ist es viel offensichtlicher, wie vorhandene körperliche Merkmale zu bestimmten Sportarten passen, während sich der Genpool im Leistungssport rapide verändert.

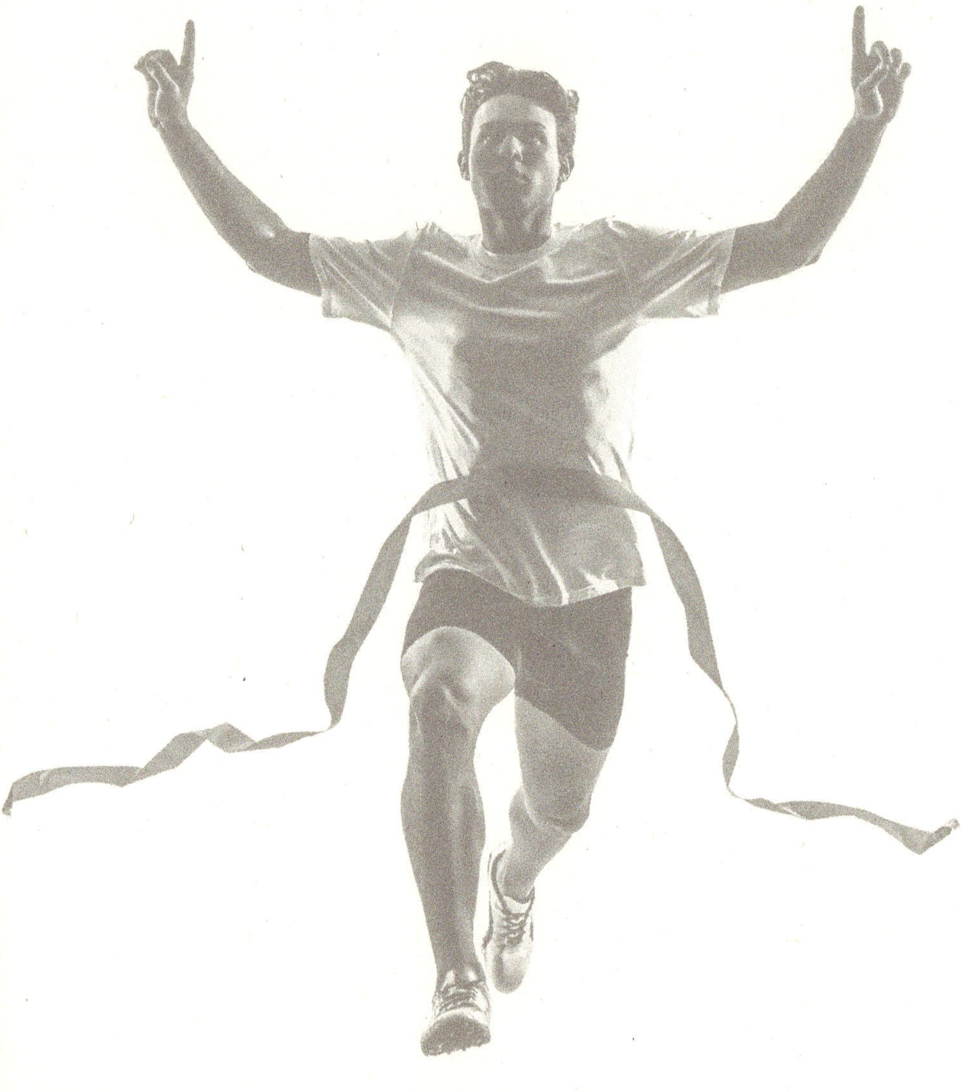

# 7

## Der Urknall der Körpertypen

Vor Jahrzehnten förderten örtliche Sportvereine – vor allem in Europa – eine große Anzahl regional erfolgreicher oder sogar semiprofessioneller Sportler, aus denen dann oft die Sportelite der Menschheit hervorging. Bis der technische Fortschritt das Ganze ins Kippen brachte.

Heute erhalten Milliarden von Zuschauern mit einem Druck auf ihre Fernbedienung ein Ticket für die Olympischen Spiele, die Fußballweltmeisterschaft oder den Super Bowl. Und so schauen die meisten Sportbegeisterten jetzt der Elite zu und nicht relativ guten Normalsterblichen. Massenhaft Sessel-Quarterbacks zahlen dafür, einer winzigen Anzahl echter Quarterbacks zuzusehen. In diesem Szenario entsteht das, was der Ökonom Robert H. Frank als *Winner-take-all*-Markt bezeichnet hat. Während sich das potenzielle Publikum für sportliche Spitzenleistungen vergrößerte, fielen Ruhm und finanzieller Lohn einer immer schmaleren Oberschicht der Leistungspyramide zu. Während diese Belohnungen angewachsen sind und sich an der Spitze konzentriert haben, sind die Sportler, die sie erringen, schneller, stärker und geschickter geworden.

Einige Sportpsychologen, besonders die Anhänger der strengen 10.000-Stunden-Schule, argumentieren, dass sich einzelne Sportweltrekorde und die Spielstärke im Mannschaftssport im letzten Jahrhundert so schnell verbessert haben – schneller, als die Evolution den Genpool signifikant hätte verändern können –, dass die Fortschritte nur auf mehr Training zurückzuführen sind. Da die Belohnungen für Spitzenleistungen gestiegen sind, haben mehr Sportler mehr Training absolviert, um sie zu erringen.

Zu einem Teil sind die Verbesserungen jedoch selbst bei simplen sportlichen Leistungen eindeutig auf technische Fortschritte zurückzuführen. Eine biomechanische Videoanalyse des legendären Sprinters Jesse Owens hat zum Beispiel offenbart, dass sich seine Gelenke in den 1930er-Jahren genauso schnell bewegten wie die von Carl Lewis in den 1980er-Jahren, nur dass Owens auf Aschenbahnen lief, die weitaus mehr Energie verschluckten als die synthetischen Oberflächen, auf denen Lewis seine Rekorde aufstellte.

Aber der technische Fortschritt ist nicht die einzige Ursache für Verbesserungen, die oft übersehen wird. Zweifellos hat die gesteigerte Trainingsmenge und -präzision dazu beigetragen, Leistungsgrenzen zu überwinden. In Kombination mit der Globalisierung, die es viel mehr Menschen ermöglicht hat, um die winzige Anzahl von zunehmend lukrativen Spitzenpositionen zu kämpfen, hat der Winner-take-all-Effekt dennoch den Genpool verändert. Nicht den Genpool der gesamten Menschheit, aber gewiss den Genpool im Spitzensport.

Mitte der 1990er-Jahre begannen die australischen Sportwissenschaftler Kevin Norton und Tim Olds, Daten zum Körpertypus von Sportlern zu sammeln. Sie wollten feststellen, ob es im Laufe des 20. Jahrhunderts signifikante Veränderungen gegeben hatte. Schließlich hatte sich die Sportwissenschaft drastisch verändert.

Im späten 19. Jahrhundert kam man in der Wissenschaft von den Körpertypen – Anthropometrie genannt – zu Schlussfolgerungen, die teils von der klassischen Philosophie beeinflusst waren, beispielsweise von Platons Konzept der idealen Formen; teils durch Kunstwerke wie Leonardo da Vincis vitruvianischen Menschen, die berühmte Darstellung eines Männerkörpers in einem Kreis und einem Quadrat, die die idealen menschlichen Proportionen vorgibt; sowie durch rassistische Ideologien.

*»Es gibt eine perfekte Körperform oder einen perfekten Menschentypus«*, heißt es in einem Artikel aus dem späten 19. Jahrhundert, in dem die Eigenschaften eines Athleten *»und die [weiße] Rasse tendiert dazu, diesem Typus zu entsprechen.«*

Damals glaubten Anthropometriker, dass menschliche Körperformen entlang einer Glockenkurve verteilt seien, und dass der Scheitelpunkt der Kurve – der Durchschnitt – die perfekte Form wiedergäbe, während alles davon Abweichende nach links und rechts fiel. Man beharrte also darauf, dass die besten Sportler einen möglichst ausgeglichenen oder durchschnittlichen Körperbau haben müssten. Weder zu groß noch zu klein, weder zu dünn noch zu breit, sondern die goldrichtige Normalversion eines Mannes. (Und es ging nur um Männer.) Das galt felsenfest für jede Sportart: Der durchschnittliche menschliche Körpertypus sei ideal für alle sportlichen Unternehmungen. Dieser Zusammenfluss von subjektiver Theorie und Philosophie dominierte zu Beginn des 20. Jahrhunderts die Lehrpläne für Trainer und Sportlehrer und zeigte sich in den Körpern der Sportler. Im Jahr 1925 waren der durchschnittliche Weltklasse-Volleyballspieler oder Weltklasse-Diskuswerfer genauso groß wie ein Weltklasse-Hochspringer oder Weltklasse-Kugelstoßer.

Aber laut Norton und Olds schwand das Paradigma des einen perfekten Athletenkörpers im frühen 20. Jahrhundert mit dem Aufkommen von Winner-take-all-Marktkräften zugunsten eigenartigerer und hoch spezialisierter Körper, die wie Finkenschnäbel ihren sportlichen Nischen angepasst waren. Als Norton und Olds moderne Hochspringer und Kugelstoßer von Weltklasse in Sachen Körpergröße und -gewicht miteinander verglichen, stellten sie fest, dass die Sportler im Laufe der Zeit erstaunlich unterschiedlich geworden waren. Ein durchschnittlicher Weltklasse-Kugelstoßer ist inzwischen 6,4 Zentimeter größer und 59 Kilo schwerer als ein durchschnittlicher internationaler Hochspringer.

In einem Diagramm setzte das Forscherduo Körpergröße und -gewicht ins Verhältnis und stellte so den durchschnittlichen Körperbau von Spitzensportlern in zwei Dutzend Sportarten dar. Ein Datenpunkt zeigte den durchschnittlichen Körperbau eines Sportlers einer Sportart im Jahr 1925 und ein weiterer zeigte das Gleiche 70 Jahre später.

Als sie für jede Sportart die Punkte von 1925 mit denen der Gegenwart verbanden, erschien ein prägnantes Muster. Zu Beginn des 20. Jahrhunderts gruppierten sich die Spitzensportler aller Sportarten um jene »durchschnittliche« Figur, die Trainer damals bevorzugten, und bildeten in der Grafik einen relativ engen Haufen. Danach aber sprengten sie in alle Richtungen auseinander. Die Grafik sah aus wie ein von Astronomen erstelltes Diagramm, das das Auseinanderfliegen der Galaxien in unserem expandierenden Universum verdeutlicht. Deshalb nannten Norton und Olds sie den *Urknall der Körpertypen*. So wie Galaxien voneinander weg rasen, rasen auch die Körpertypen, die für den Erfolg einer bestimmten Sportart erforderlich sind, voneinander weg in Richtung ihrer jeweiligen hoch spezialisierten und einsamen Ecken im Universum der Sportlerphysiologien. Im Vergleich zur restlichen Menschheit werden die besten Langstreckenläufer immer kleiner. Das Gleiche gilt für alle Sportler, die sich in der Luft drehen müssen: Turmspringer, Eiskunstläufer und Turner. In den letzten 30 Jahren sind Spitzenturnerinnen von durchschnittlich 1,60 auf 1,45 Meter geschrumpft. Gleichzeitig werden Volleyballer, Ruderer und Fußballspieler immer größer. (In den meisten Sportarten wird Größe geschätzt. Bei den Olympischen Spielen 1972 und ’76 hatten 1,80 Meter große oder größere Frauen eine 191-fache Chance auf eine Finalteilnahme als Frauen unter 1,52 Meter.) Die Welt des Profisports ist ein Laborexperiment für extreme Selbstaussortierung geworden, oder für künstliche Selektion, wie Norton und Olds es im Gegensatz zu natürlicher Selektion nennen.

Anhand ihrer Urknalldaten entwickelten Norton und Olds eine Messgröße, die sie *BOZ* (*bivariate overlap zone* – »bivariate Überlappungszone«) tauften. Sie beschreibt die Wahrscheinlichkeit, mit der ein zufällig aus der Bevölkerung ausgewählter Mensch den Körperbau hat, der möglicherweise die Anforderungen einer bestimmten Sportart auf Eliteebene erfüllt. Es überrascht nicht, dass die Gene, die man für eine bestimmte sportliche Nische braucht, immer seltener geworden sind, und dass die BOZ in den meisten Sportarten stark zurückgegangen ist, da die Winner-take-all-Marktkräfte den Urknall der Körpertypen vorangetrieben haben. Etwa 28 Prozent aller Männer besitzen heute die Kombination aus Körpergröße und -gewicht, die ein Profi-Fußballer brauchen könnte. Bei Weltklasse-Sprintern sind es 23 Prozent; 15 Prozent bei professionellen Hockeyspielern; und 9,5 Prozent bei Rugby-Stürmern.

In der NFL bedeutet ein zusätzlicher Zentimeter Höhe oder drei zusätzliche Kilo im Durchschnitt ein Einkommensplus von etwa 45.000 US-Dollar. (Bestimmte Berufe, die einen einzigartigen Körperbau erfordern, haben eine noch zugespitztere Winner-take-all-Struktur und übertreffen sogar den Profisport. Die BOZ bei regional erfolgreichen Laufstegmodels beträgt weniger als 8 Prozent, bei international tätigen Models 5 Prozent und bei Supermodels nur 0,5 Prozent.)

Und der Urknall der Körpertypen spielt sich auch auf der Ebene der Körperteile ab. Während große Sportler viel schneller größer geworden sind als der Rest der Menschheit, und kleine Athleten relativ kleiner geworden sind, ist man in bestimmten Sportarten zunehmend auf äußerst spezialisierte Körpermaße angewiesen. Messungen an kroatischen Elite-Wasserballspielern zwischen 1980 und 1998 haben ergeben, dass die Armlänge der Spieler innerhalb von zwei Jahrzehnten um mehr als 2,5 Zentimeter zugenommen hat, fünfmal so stark wie bei der kroatischen Bevölkerung im selben Zeitraum. Da die Leistungsanforderungen immer strenger werden, schaffen es nur die Sportler mit dem erforderlichen Körperbau in die Spitzenklasse. Solche mit kürzeren Armen werden häufiger ausgejätet.

Neben insgesamt längeren Armen haben sich bei den besten Wasserballspielern auch die Knochenproportionen in den Armen verändert. Spitzenspieler haben heutzutage im Verhältnis zur gesamten Armlänge längere Unterarme als normale Menschen, was ihnen eine effizientere Peitschmechanik beim Werfen ermöglicht. Gleiches gilt für Sportler, die lange Hebel für kraftvolle, sich wiederholende Ruderschläge benötigen, wie Kanuten und Kajakfahrer. Umgekehrt haben Elite-Gewichtheber im Verhältnis zur Körpergröße nach und nach kürzere Arme – insbesondere kürzere Unterarme – als normale Menschen, was ihnen einen vorteilhaften Hebel beim Stemmen von Gewichten über den Kopf verschafft. Einer der vielen Fehler der NFL-Nachwuchsqualifikation, bei der die Kandidaten auch auf Körpermaße untersucht werden, besteht darin, dass bei der Kraftmessung die Armlänge nicht berücksichtigt wird. Bankdrücken ist für Männer mit kürzeren Armen viel einfacher, aber auf dem Footballfeld haben längere Arme nur Vorteile. Ein Spieler, der aufgrund seiner beim Bankdrücken bewiesenen Kraft in die NFL aufrücken darf, verdankt diesen Karrieresprung womöglich seinen kurzen Armen – einem eigentlich unerwünschten Merkmal.

Spitzensportler im Sprungsport – Basketball, Volleyball – haben jetzt kurze Oberkörper und vergleichsweise lange Beine, besser zum Beschleunigen der unteren Gliedmaßen, um ein stärkeres Abheben zu erzielen.

Professionelle Boxer gibt es in verschiedenen Formen und Größen, aber viele haben die Kombination aus langen Armen und kurzen Beinen, was eine größere Reichweite, aber einen niedrigeren und stabileren Schwerpunkt bietet.

Die Größe eines Sprinters entscheidet oft darüber, auf welcher Distanz er am besten ist. Die weltbesten Wettkämpfer im 60-Meter-Sprint sind fast immer kleiner als im 100-, 200- oder 400-Meter-Sprint, weil kürzere Beine und geringere Masse für die Beschleunigung vorteilhaft sind. (Kurze Beine haben ein geringeres Trägheitsmoment, also einfacher ausgedrückt weniger Widerstand gegen das Starten.) Sprinter erreichen beim 100- und 200-Meter-Rennen die größten Höchstgeschwindigkeiten, aber beim 60-Meter-Rennen dauert die Beschleunigungsphase proportional länger. Dass kleiner Wuchs die Beschleunigung begünstigt, erklärt vielleicht, warum die Running Backs und Cornerbacks der NFL, die ihren Lebensunterhalt mit schnellstmöglichem Losrennen und Abstoppen verdienen, in den letzten 40 Jahren im Durchschnitt kleiner geworden sind, während die Menschheit größer wurde.

Gelegentlich haben Änderungen der Technik im Sport den bevorzugten Körpertypus fast über Nacht verändert. 1968 stellte Dick Fosbury seinen *Fosbury Flop* vor, eine neue Hochsprungtechnik, die Sportlern mit hohem Körperschwerpunkt einen Vorteil verschafft. Innerhalb von nur acht Jahren nach Fosburys Innovation stieg die durchschnittliche Größe der besten Hochspringer um 10 Zentimeter.[26]

In anderen Fällen zeitigt der Körpertypus differenziertere Wirkungen. Zwar ist geringer Wuchs im Allgemeinen ein Segen für Ausdauersportler, aber Paula Radcliffe, die Weltrekordhalterin beim Marathon der Frauen, überragt mit ihren 1,72 Meter buchstäblich die meisten ihrer Weltklasse-Konkurrentinnen. Das hat die für ihre Zähigkeit bekannte Britin nicht davon abgehalten, in ihrer läuferischen Blütezeit von 2002 bis 2008 acht Marathons zu gewinnen. Aber Radcliffes Größe hat möglicherweise dazu beigetragen, dass die meisten ihrer Siege in den Herbst fielen. Ein Grund für den Kleinwuchs von Marathonläufern ist, dass bei kleinen Menschen die Hautoberfläche im Verhältnis zum Körpervolumen größer ist. Je größer die Oberfläche im Verhältnis zum Volumen, desto besser funktioniert der menschliche Heizkörper beim Abgeben von Körperwärme. (Deshalb frieren kleine, dünne Menschen auch eher als große, kräftige Menschen.) Die Wärmeableitung ist entscheidend für die Ausdauerleistung, da das Zentralnervensystem eine Verlangsamung oder Beendigung der Tätigkeit erzwingt, sobald die Körperkerntemperatur ungefähr 40 Grad Celsius überschreitet.[27]

Radcliffe war in ihren besten Jahren zwar an Herbstvormittagen unschlagbar, wenn Rennen bei kühlen Temperaturen abgehalten wurden, aber in sommerlicher Hitze war sie chancenlos. Bei den Olympi-

26 In nahezu jeder Sportart hat die weltweite Suche nach immer besser geeigneten Sportlerkörpern großen Erfolg gezeigt. Über Jahrhunderte dominierten japanische Wettkämpfer das Sumo-Ringen, weil nur Japaner gegeneinander antraten. Vom 17. Jahrhundert bis 1990 erreichten nur in Japan geborene Ringer den höchsten Rang: Yokozuna. Aber dank des globalen Sportmarkts haben Sportler aus Ländern mit größerer Einwohnerzahl das Sumo-Ringen in großem Umfang unterwandert. Zum Entsetzen vieler Sumo-Traditionalisten waren fünf der letzten sieben Yokozuna Mongolen oder aus Hawaii stammende Amerikaner.

27 Dass Amphetamine, wenn auch illegal, so doch förderlich für die Ausdauerleistung sind, liegt auch daran, dass sie die hemmende Wirkung des Gehirns durch Überhitzung offenbar beseitigen und es Sportlern ermöglichen, jenseits der 40 Grad weiterzumachen. Das ist großartig fürs Endergebnis, hat aber auch schon zu Todesfällen durch Hitzschlag während des Wettkampfs geführt. Im Jahr 2009 wurde der Fußballtrainer einer Highschool in Kentucky wegen Mordes angeklagt, nachdem einer seiner Spieler während des Trainings bei extremer Hitze zusammenbrach und starb. Der Trainer wurde freigesprochen, da man feststellte, dass der Spieler Amphetamine eingenommen hatte, die ihm gegen ADHS verschrieben worden waren.

schen Spielen in Athen im Jahr 2004, als der Marathon bei 35 Grad ausgetragen wurde, hatte sie zwar den schnellsten Start, konnte aber das Rennen nicht beenden und brach am Straßenrand zusammen. Das Rennen gewann eine 1,50 Meter große Frau. Beim Olympischen Marathon in Peking im Jahr 2008 betrug die Lufttemperatur feuchte 27 Grad und Radcliffe landete abgeschlagen auf dem 23. Platz. Von 2002 bis 2008 siegte Radcliffe bei allen acht Marathons, die sie in kühlem oder gemäßigtem Klima lief, bei den beiden heißen olympischen Sommerspielen in dieser Zeit platzierte sie sich nicht einmal.

Das Datensammeln für die berühmteste Studie, die jemals über den Körpertypus von Sportlern durchgeführt wurde, dauerte ein ganzes Jahr. Dann hatte ein internationales Forschungsteam 1.265 Teilnehmer der Olympischen Spiele 1968 in Mexiko-Stadt untersucht: Vertreter aller Sportarten (außer Pferdesport) und 92 verschiedener Länder. Es dauerte weitere sechs Jahre, bis die Ergebnisse zusammengestellt und in einem 236-seitigen Buch veröffentlicht wurden. Die Hälfte dieses Buches besteht nur aus Tabellen mit Körpermaßen. Auch ohne Text vermitteln sie eine deutliche Botschaft: Bei den meisten olympischen Sportarten ähneln sich die Sportler körperlich mehr als ich meinem eigenen Bruder.

In der Leichtathletik kann man die meisten Sportler schon anhand ihrer Körpermaße der richtigen Disziplin zuordnen. Die Männer und Frauen, die die 400- oder 800-Meter oder den Hürdenlauf liefen, waren unter den Läufern die größten – was kaum überrascht, da es beim Hürdenlauf darum geht, die Hürden mit möglichst geringer Anhebung des Schwerpunkts zu überwinden. Die Marathonläufer waren dagegen am kleinsten. Auch hier keine Überraschung. Aber die Ähnlichkeiten erstreckten sich auch auf weniger sichtbare Merkmale des Skeletts.

Sportler derselben Sportart oder Disziplin waren sich in Größe und Gewicht ähnlich und unterschieden sich oft von der Kontrollgruppe aus Nichtsportlern. Aber sie ähnelten sich auch in Bezug auf die Breite ihres Beckens und die Struktur ihres Schultergürtels.

Nichtsportlerinnen, die als Kontrollgruppe für die Studie vermessen wurden, hatten natürlich breitere Beckenknochen als Nichtsportler. Aber Schwimmerinnen hatten schmalere Beckenknochen als die normale männliche Kontrollgruppe. Und Turmspringerinnen hatten noch schmalere Becken als Schwimmerinnen. Und noch schmaler gebaut als weibliche Sprinterinnen waren die Turmspringerinnen. (Schmale Hüften ermöglichen effizientes Laufen.) Und die Turnerinnen hatten noch schlankere Hüften.

Sprinterinnen hatten viel längere Beine als die weibliche Kontrollgruppe und ungefähr so lange wie die männliche Kontrollgruppe. Männliche Sprinter waren ungefähr 5 Zentimeter größer als normale Männer und 100 Prozent dieses Größenunterschieds steckte in den Beinen, sodass die Sprinter im Sitzen so groß waren wie ein Normalo.

Obwohl die männlichen Schwimmer im Durchschnitt mehr als drei Zentimeter größer waren als die Sprinter, hatten sie trotzdem eineinhalb Zentimeter kürzere Beine. Ein längerer Rumpf und kürzere Beine sorgen dafür, dass mehr Körperoberfläche mit dem Wasser in Kontakt ist. Das entspricht einem längeren Bootsrumpf und ist bei schneller Bewegung durchs Wasser ein Segen. Michael Phelps trägt mit seinen 1,93 Meter angeblich Hosen mit einer Schrittlänge von 32 Zoll, die somit kürzer wären als die von Hicham El Guerrouj, dem 1,75 Meter großen marokkanischen Weltrekordhalter im Meilenlauf. (Wie andere Top-Schwimmer hat auch Phelps lange Arme und große Hände und Füße. Dieser längliche Körpertypus kann auf eine gefährliche Krankheit namens Marfan-Syndrom hinweisen. Laut Phelps' Autobiographie *Unter der Oberfläche* wird er wegen seiner ungewöhnlichen Proportionen jährlich auf Marfan untersucht.)[28]

Je mehr sich der Spitzensport von einer teilnehmerzentrierten Angelegenheit zu einem Spektakel für Massen von Zuschauern gewandelt hat, desto seltener sind die für den Erfolg erforderlichen Körper gewor-

---

28 Bei Sportarten wie Schwimmen, Kajakfahren und Lacrosse haben Sportler tendenziell einen sehr hohen »Brachialindex«. Das bedeutet, dass der Unterarm im Vergleich zum Oberarm relativ lang ist, wodurch der Arm besser für den Antrieb geeignet ist. Gewichtheber und Ringer, die Stabilität und Kraft benötigen, haben einen sehr niedrigen Brachialindex.

den, und desto mehr Geld wird benötigt, um für eine bestimmte Sportart diese seltenen Körper zu gewinnen. Im Jahr 1975 bekamen Sportler in den großen amerikanischen Sportarten im Durchschnitt etwa das Fünffache des mittleren amerikanischen Gehalts. Heute liegen die Durchschnittsgehälter in diesen Sportarten zwischen dem Vierzig- und Hundertfachen des mittleren Vollzeitgehalts. Um ein einziges Jahresgehalt eines Sportlers mit Topverdienst zu erreichen, müsste ein Amerikaner, der mit seinem Vollzeitjob den Mittelwert des Landes erreicht, 500 Jahre arbeiten.

Gene beeinflussen das Körpergewicht. Die Konsortialstudie *GIANT* (*Genetic Investigation of ANthropometric Traits*) an 100.000 Erwachsenen fand sechs DNA-Varianten, die das Gewicht beeinflussen. Allein das FTO-Gen macht Studien zufolge mehrere Pfunde Unterschied, möglicherweise indem es den Geschmack von fetthaltigen Lebensmitteln beeinflusst. Aber wie jeder bezeugen kann, der jemals nach weihnachtlichem Schlemmen auf die Waage gestiegen ist, wird das Körpergewicht wesentlich vom Lebensstil bestimmt.

Fett ist die Gewebeart, die am meisten auf Bewegung und Ernährung reagiert. (Und das Gewicht reagiert extrem auf bestimmte Pharmazeutika. Als Norton und Olds das rasante Wachstum von NFL-Abwehrspielern untersuchten, fiel ihnen eine Beschleunigung des Massenzuwachses Ende der 1960er- und Anfang der 70er-Jahre auf, als Steroide im Football erstmals die Runde machten. Von den 1940er- bis 1990er-Jahren stieg der Body-Mass-Index eines NFL-Abwehrspielers von 30 auf 36. Bei einem 1,88 Meter großen Defensive Tackle bedeutet dies eine Gewichtszunahme von 106 auf 127 Kilo.)

Selbstverständlich gab es das FTO-Gen schon lange vor der aktuellen Adipositas-Epidemie in der industrialisierten Welt. Man wird mit Sicherheit weitere Gene finden, die das Gewicht beeinflussen – Studien an Zwillingen und Adoptivkindern legen nahe, dass es noch mehr gibt. Das komplexe Zusammenspiel von Genetik, Lebensweise und Gewicht liegt noch weitgehend im Dunkeln. Selbst wenn man alle vom GIANT-Konsortium identifizierten DNA-Varianten zusammennimmt, erklären sie nur einen kleinen Teil des Massenzuwachses. (Laut meiner DNA-Analyse darf ich nur knapp vier meiner 68 Kilo auf die Gene schieben.)

Und so wie das individuelle Verhältnis von Fast-twitch- und Slow-twitch-Muskelfasern das Muskelwachstumspotenzial beeinflusst, beeinflusst es auch die Fettverbrennungskapazität. Forscher in den USA und in Finnland haben unabhängig voneinander nachgewiesen, dass Erwachsene mit einem hohen Anteil an Fast-twitch-Fasern zwar gut Muskeln aufbauen, aber schlechter Fett abbauen können. Fett wird hauptsächlich im Rahmen der Energieerzeugung verbrannt, welche in Slow-twitch-Muskelfasern stattfindet. Je weniger Slow-twitch-Muskelfasern jemand hat, desto geringer ist seine Fähigkeit, Fett zu verbrennen – das erklärt möglicherweise, warum Sprint- und Kraftsportler tendenziell untersetzter sind als Ausdauersportler, auch vor und nach ihrer Sportkarriere.

Und auch wenn es offensichtlich ist, dass Ernährung und Training den Körperbau eines Sportlers drastisch verändern können, gibt es doch Grenzen dafür. Grenzen, die durch den individuellen Knochenbau gesetzt werden.

Francis Holway, ein Sport- und Ernährungsforscher aus Buenos Aires, ist seit seiner Kindheit von den durch den Körpertypus gesetzten Grenzen besessen. Seine erste Inspiration war die Geschichte von Tarzan. Es faszinierte ihn, dass der Sohn eines britischen Lords, der von Affen adoptiert und in den Dschungel verpflanzt wurde, einen Körperbau entwickeln konnte, mit dem er Nashörner niederringen und an Lianen schaukeln konnte. Holways führte sein erstes Experiment im Alter von sieben Jahren durch, indem er einen Löffel Haferbrei schluckte und dann sofort den Bizeps anspannte, um zu sehen, ob er schon gewachsen war. Als Kind glaubte er zunächst, dass der Sport den Körper prägte: dass Basketballspieler vom Basketballspielen groß würden, und dass Gewichtheber vom vielen Stemmen stämmig würden. Gewissermaßen hat die Forschungsarbeit, die er als Erwachsener geleistet hat, ähnlich verblüffende Phänomene offenbart. Holway maß die Unterarme einer

Gruppe von Tennisspielern, die zu den Top 20 der Welt gehörten, und stellte fest, dass ihre Schlagarme etwas anders wuchsen als ihre Gegenarme.

Die schlägerseitigen Unterarmknochen wuchsen bei den Tennisspielern etwa 0,6 Zentimeter länger als die Unterarmknochen des gegenüberliegenden Arms. Und das Ellbogengelenk verbreiterte sich um einen Zentimeter. Wie Muskelgewebe reagiert auch Knochenmasse auf Bewegung. Sogar Nichtsportler haben oft mehr Knochen in dem Arm, mit dem sie schreiben, einfach weil sie ihn häufiger verwenden. Daher wird der Knochen stärker und kann mehr Muskelmasse halten. »Es ist einfach erstaunlich, wie sich Knochen an wiederholte Belastung anpassen«, sagt Holway. Die Tennisprofis haben sich mit Aufschlägen und Volleys ihre längeren Unterarme buchstäblich erspielt. Und doch hat diese Formbarkeit ihre Grenzen.

Libby Cowgill, Anthropologin an der University of Missouri, hat Skelette aus der ganzen Welt untersucht, um festzustellen, ob bestimmte Bevölkerungsgruppen durch Aktivitäten im Kindesalter starke Skelette aufgebaut haben, oder ob sie einfach mit einem robusten Knochengerüst geboren wurden, das Muskelberge tragen kann.

> *»Wir sehen bei unterschiedlichen Bevölkerungsgruppen bereits im Alter von einem Jahr Unterschiede in der Knochenstärke«,* so Cowgill. *»Meine Erkenntnisse deuten darauf hin, dass diese Unterschiede einfach da sind. Sie verschärfen sich im Laufe des Wachstums, je nach Tätigkeit, aber es sieht so aus, als würden Menschen mit einer genetischen Tendenz geboren, stark oder schwach zu sein.«*

In einer Studie verglich Cowgill Skelette von Angehörigen der Mistihalj, einer Volksgruppe mittelalterlicher jugoslawischer Hirten, mit Skeletten von Kindern aus dem Denver der 1950er-Jahre.

*»Die Hirtenkinder sind die größten, kräftigsten Kinder, die mir je untergekommen sind«*, sagt sie. *»Schaut man auf die Daten moderner amerikanischer Kinder, sind wir einfach nur mickrig, was Knochenmasse angeht.«*

Aber könnte ein striktes Trainingsprogramm in Kinderjahren jedes amerikanische Kleinkind in einen starken mittelalterlichen Hirten verwandeln? »Mit Bewegung kann man viel anfangen, umso mehr, wenn man früh damit beginnt«, sagt Cowgill. »Aber es sieht immer mehr danach aus, als gäbe es auch eine genetische Komponente.«

Der ererbte Knochenbau hat viel damit zu tun, ob man jemals das für eine bestimmte Sportart erforderliche Gewicht erreichen kann. Holway vergleicht das Skelett mit einem leeren Bücherregal. Ein Bücherregal, das zehn Zentimeter breiter als ein anderes ist, wiegt nur geringfügig mehr. Füllt man jedoch beide Regale mit Büchern, bedeutet plötzlich das kleine bisschen Mehr an Breite eine beträchtliche Zunahme an Gewicht. Dies ist auch beim menschlichen Skelett der Fall. Bei Messungen von Tausenden von Spitzensportlern aus Fußball, Gewichtheben, Ringen, Boxen, Judo, Rugby und weiteren Disziplinen hat Holway festgestellt, dass jedes Kilogramm Knochen maximal fünf Kilogramm Muskeln tragen kann. 5:1 ist also die allgemeine Belastungsgrenze für das menschliche Muskelregal.[29]

*»Bei uns kommen Leute zur Sprechstunde, die aus ästhetischen Gründen ihre Muskelmasse erhöhen wollen«*, berichtet Holway. *»Wir messen sie, und wenn sie nahe an 5:1 sind, fragen wir sie, wie lange sie schon auf dem gleichen Masse- oder Kraftniveau sind. Dann heißt es immer, seit fünf oder sieben Jahren kommen sie nicht darüber hinaus.«*

29 Die Grenze, die Holway bei Frauen festgestellt hat, liegt eher bei 4,2:1. Und beide Grenzen gelten ohne Steroide. Sportler, die Steroide einnehmen, können die Obergrenze von 5:1 überschreiten.

Holway experimentierte an sich selbst, indem er jahrelang mit schweren Gewichten trainierte, sich proteinreich ernährte und zusätzlich Kreatin einnahm. Aber als er sich dem Verhältnis 5:1 näherte, konnte er noch so viele Steaks und Shakes verschlingen, er setzte nur Fett an, keine Muskeln.

Holway hat olympische Kraftsportler wie Diskuswerfer und Kugelstoßer gemessen. Ihre Skelette sind nur etwa drei Kilo schwerer als die von durchschnittlichen Männern, aber das ergibt mit dem richtigen Training mehr als 13 Kilogramm zusätzliche Muskeln, die getragen werden können. Mithilfe seiner Messungen kann Holway Trainingsprogramme individuell zuschneiden. Im Kugelstoßen zum Beispiel muss man sich nicht sehr weit bewegen, sodass sich zusätzlich aufgepacktes Fett möglicherweise lohnt. Als Kugelstoßer muss man kräftig zunehmen, um relativ zum Wurfobjekt möglichst schwer zu sein. Aber im Speerwurf, wo man sowohl schnell laufen als auch kräftig werfen muss, muss man aufpassen, nicht über das 5:1-Verhältnis hinweg zuzunehmen, weil die Extrapfunde dann wahrscheinlich aus Fett bestehen. Anders verhält es sich bei Sumo-Ringern oder einem Football-Lineman, die es ihren Gegnern einfach erschweren wollen, sie zu bewegen. Sie könnten gut daran tun, zusätzlich Fett anzusetzen. Der typische Offensive Lineman ist unglaublich stark, aber mit Sicherheit nicht muskulös.

Auch hier zeigt sich: Wenn angeborene biologische Unterschiede berücksichtigt werden, wird klar, dass ein erfolgreicher Trainingsplan auf die individuelle Physiologie zugeschnitten sein muss. Dr. J. M. Tanner, ein bedeutender Wachstumsexperte (und Weltklasse-Hürdenläufer), schreibt in seinem Buch *Fetus into Man*: »Jeder hat einen anderen Genotyp. Deshalb braucht jeder für eine optimale Entwicklung eine andere Umgebung.«

Sportliche Höchstleistungen erfordern sowohl spezielles Training als auch spezielle Körper. Gegenwärtig expandiert das Universum der sportlichen Körpertypen immer langsamer. Ein Großteil der Selbstaussortierung oder künstlichen Selektion ist abgeschlossen. Die Größe der großen Sportler steigt im Vergleich zum Rest der Menschheit nicht mehr so stark wie vor zwei Jahrzehnten, auch die der kleinen Sportler sinkt nicht mehr so schnell. Und der Marsch ständig gebrochener Weltrekorde verlangsamt sich ebenfalls.

Das Sprichwort »Rekorde werden aufgestellt, um gebrochen zu werden« galt während langer Strecken des 20. Jahrhunderts. Aber in den meisten, wenn auch sicherlich nicht allen Disziplinen mit großer Konkurrenz kriechen die Rekorde nur noch voran – wenn sie sich überhaupt noch bewegen. Die begehrten Weltrekorde auf der Meile oder den 1.500 Metern der Männer wurden zwischen 1950 und 2000 insgesamt etwa acht Mal pro Jahrzehnt gebrochen, aber seitdem überhaupt nicht mehr. Andere Rekorde haben sich sogar verschlechtert, wenn auch nur gering. Man kann gespannt sein, ob der finanzielle Erfolg von Usain Bolt, der Rekorde mit ziemlich großen Abständen gebrochen hat, mehr Athleten, die eine ähnlich außerordentliche Mischung aus Explosivität und Körpergröße haben, von anderen Sportarten zum Sprint lockt.

> *»Es gibt immer noch einige unerschlossene Ecken auf der Welt, aber den Großteil des globalen Marktes haben wir erreicht«*, sagt Tim Olds, einer der Forscher von der Urknall-Studie. *»Wir nähern uns dem Äußersten, was unsere Quellpopulationen an Körpern zu bieten hat. Da sich das Bevölkerungswachstum weltweit verlangsamt, werden wir sowohl bei der Körpergröße als auch bei den Körperformen und den Rekorden ein langsameres Wachstum feststellen.«*

So wie die Erkundung der Erde, die den Entdeckern einst wie ein grenzenloses Unterfangen scheinen musste, liegt die Ära des ständigen Rekordebrechens größtenteils hinter uns, und in Zukunft wird es nur noch schrittchenweise vorwärts gehen.

Während das Universum der Sportlerkörper immer weiter expandierte, wurde zum Auffinden dieser immer seltener werdenden Körper eine zunehmend weitreichende und teure weltweite Talentsuche nötig.

Bei diesem Unterfangen war keine Liga erfolgreicher als die National Basketball Association.

# 8

## Der vitruvianische Basketballer

Lange bevor er zur popkulturellen Ikone wurde, bevor er mit Madonna liiert oder mit Carmen Electra verheiratet war oder als Werbegag sich selbst ehelichte; bevor er mit feuerrotem Haar, Nietenhalsband, selbstgefälligem Blick und einem blauen Papagei für das Cover von *Sports Illustrated* posierte; bevor er ankündigte, dass er eine Basketballliga für Frauen oben ohne gründen würde; und lange bevor er mit dem nordkoreanischen Diktator Kim Jong-un abhing, war Dennis Rodman nicht mehr als ein unsicherer kleiner Junge.

Als Kind im sozialen Wohnungsbau von Oak Cliff in Dallas lag er jeden Abend noch wach und dachte: »Da draußen wartet etwas Großes auf Dennis Rodman.« Damals ahnte er noch nicht, dass er selbst das große Etwas sein würde.

Damals waren Rodmans Schwestern die Basketballstars. Beide würden zu ausgezeichneten College-Spielerinnen werden, während Dennis, das Küken der Familie, klein und ungeschickt blieb und schon beim Korbleger Mühe hatte. Eine halbe Saison lang wärmte er beim Basketball die Ersatzbank und gab dann auf. Beim Schulabschluss maß er 1,75 Meter und wurde von seinen Freunden verspottet, wenn sie ihn zusammen mit seinen größeren, jüngeren, sportlicheren Schwestern erwischten.

Nach der Schule übernahm Rodman eine Nachtschicht beim Wachdienst auf dem internationalen Flughafen Dallas/Fort Worth. Eines Nachts steckte er einen Besen durch das Sperrgitter eines Geschenkartikelladens am Flughafen und fischte ein paar Dutzend Uhren heraus, die er unter seinen Freunden verteilte. Er wurde erwischt. Rodman hielt es nicht lange in diesem Job. Aber sein großes Etwas hatte bereits begonnen. In den zwei Jahren nach der Highschool wuchs Rodman wie ein Zucchino. Er arbeitete in Teilzeit bei einem Oldsmobile-Händler und schrubbte für 3,50 Dollar pro Stunde Autos, als er bei 2,03 Meter ankam.

Also begann Rodman Basketball zu spielen und stellte fest, dass er plötzlich zwar größer und muskulöser war, aber weniger ungelenk. Er fand so schnell ins Spiel, als hätte ihm eine Basketballfee über Nacht magische Kräfte verliehen. In seinen Worten: »Es war wie ein neuer Körper, der den ganzen Scheiß beherrschte, den der alte nicht drauf hatte.«

Ein Bekannter überredete Rodman dazu, sich beim örtlichen College-Team zu bewerben. Dort spielte eine Weile, brach aber wegen Lernproblemen ab. Im folgenden Jahr, 1983, erhielt er ein Basketballstipendium für die Southeastern Oklahoma State University, eine wenig bekannte Hochschule mit Sportprogramm. Dort dominierte er drei Jahre lang mit durchschnittlich 25,7 Punkten und 15,7 Rebounds pro Spiel. Der Rest ist Basketballgeschichte. Rodman rückte in die NBA auf und gewann in 14 Jahren fünf Meisterschaften, wurde zweimal zum Defensivspieler des Jahres gekürt und gilt als größter Rebounder in der NBA-Geschichte. Im Jahr 2011 wurde ein Mann, der vor seinem 21. Lebensjahr kaum organisierten Basketball gespielt hatte, in die Basketball Hall of Fame aufgenommen.

Zwar sind nur der Tod und Steuern unvermeidlich, aber fast so sicher war in den 1990er-Jahren der NBA-Meistertitel für die Chicago Bulls.

Die dynastische Dominanz beruhte auf drei zukünftigen Hall-of-Fame-Bewohnern und drei Wachstumsschüben in letzter Minute. Bevor die dreieinigen Säulen der Chicagoer Herrschaft ihre jeweilige Größe erreicht hatten, ragten sie nur mit ihren Fähigkeiten nicht aus der Menge heraus.

Da war natürlich Rodman. Daneben gab es Scottie Pippen, der einen ähnlichen Hintergrund hatte. Er war 1,85 Meter groß, als er von der Schule ging und als Teammanager an der University of Central Arkansas anfing. Nach seinem ersten Jahr wuchs er auf 1,91 Meter und begann für das Team zu spielen. Am Ende des folgenden Sommers maß Pippen 1,96 Meter. In der zweiten Saison war Pippen 2,01 Meter hoch, und auf der Tribüne des unbedeutenden Colleges tummelten sich auf einmal Talentscouts der NBA. Jahre später wurde er zu einem der 50 größten Spieler in der NBA-Geschichte gewählt und ein Jahr vor Rodman in die Hall of Fame aufgenommen.

Bei Michael Jordan war es nicht ganz so knapp. Jordan war bereits in der Highschool ein guter Basketballspieler – begann als 1,73 Meter großer Neuntklässler. Aber er stammt aus einer vergleichsweise kleinen Familie und war mit 1,83 Meter bereits als Zehntklässler anormal. Im vorletzten Highschool-Jahr wurde Jordan von Talentscouts bewertet, die ihn eher an einem kleineren College sahen. Nach Jordans eigener Einschätzung war sein 1,70 Meter großer Bruder Larry genauso sportlich wie er und behielt bei ihren Spielen im Hinterhof die Oberhand – bis zu Michaels Zucchiniphase. Gegen Ende der Schulzeit wuchs er 15 Zentimeter und gab den Baseball auf, um sich ganz auf den Basketball zu konzentrieren. Er erhielt ein Stipendium für die basketballstarke University of North Carolina. Der Rest der Geschichte muss kaum erzählt werden. Rodman, Pippen und Jordan bildeten den Kern eines Bulls-Teams, das in der Saison 1995/96 eine zuvor nie dagewesene und danach nie wiederholte Bilanz von 72-10 erspielte. Die Biografien der Drei sind Beleg für das Primat der Körpergröße.

Das soll nicht heißen, dass man ab zwei Meter Länge automatisch Basketballprofi wird, geschweige denn in die Hall of Fame kommt. Wie es der ESPN-Moderator Colin Cowherd in seiner Radiosendung ausdrückte:

> *»Begnadete Spieler purzeln nicht aus dem Mutterleib … In Amerika gibt es eine Million Leute, die zwei Meter groß sind und nicht in der NBA spielen.«*

Allerdings stimmt das so nicht.

Glaubt man den Daten des United States Census Bureau und des National Center for Health Statistics gibt es wahrscheinlich weniger als 20.000 amerikanische Männer zwischen 20 und 40 Jahren, die 2,03 Meter groß oder größer sind. Also sind ein Dennis Rodman oder ein LeBron James nicht etwa die Nadeln im Heuhaufen gleich großer Männer, sondern nur einzigartig in einer Gruppe von der Größe einer Kleinstadt.

Körpergröße ist ein unglaublich spärlich verteiltes Merkmal unter Menschen. 68 Prozent der amerikanischen Männer fallen in die 15 Zentimeter weite Spanne zwischen 1,70 und 1,80 Meter. Die Glockenkurve der Körpergröße gleicht bei Erwachsenen einer Kuppe im Himalaya, die auf beiden Seiten des Mittelwerts steil abfällt. Nur 5 Prozent der amerikanischen Männer sind größer als 1,90 Meter, aber die durchschnittliche Größe eines NBA-Spielers bewegt sich um die zwei Meter. Kein Wunder, dass es bei der Körpergröße erstaunlich wenig Überlappung zwischen der Menschheit und dem NBA-Kader gibt – weit weniger als Cowherd vermutet hatte.

Die Bewohner der Industrienationen wurden im Laufe des 20. Jahrhunderts mit einer Geschwindigkeit von etwa einem Zentimeter pro Jahrzehnt größer – teils zumindest aufgrund der erhöhten Proteinaufnahme und des Rückgangs wachstumshemmender Infektionen bei Kindern, möglicherweise aber auch, weil sich die Gene mischen und »große« Gene die »kleinen« Gene dominieren. Die NBA-Spieler sind währenddessen mehr als viermal so schnell gewachsen und der größte der großen NBA-Spieler hat zehnfach zugelegt.

In *Outliers* erklärt Malcolm Gladwell die Bedeutung von Körpergröße im Basketball, indem er sie mit dem IQ vergleicht. Es gibt eine Schwelle, die zu überschreiten nichts bringt. Oberhalb eines IQ von 120 – womit bereits der größte Teil der Menschheit ausgeschlossen ist – ist man laut Gladwell bereits schlau genug, um die schwierigsten intellektuellen Probleme zu bewältigen, und mehr IQ führt nicht zu mehr Erfolg in der Wirklichkeit. Für den Basketball, ergänzt er, »ist es wahrscheinlich besser, 1,88 statt 1,85 Meter groß zu sein … Aber ab einem bestimmten Punkt spielt die Größe keine Rolle mehr.« Die »Schwellenhypothese« wird jedoch weder von Wissenschaftlern bestätigt, die sich mit dem IQ beschäftigen, noch wird sie in puncto NBA durch Spielerdaten gestützt.

Daten aus der NBA und aus dem NBA-Qualifikationsverfahren (beruhend auf echten Messungen an Spielern ohne Schuhe), dem Census Bureau und dem Center for Disease Control ist jedes Plus an Körpergröße in der NBA so wertvoll, dass die Wahrscheinlichkeit, aktiver NBA-Spieler zu sein, bei 20- bis 40-jährigen Amerikanern ab 1,83 Meter Körpergröße alle fünf Zentimeter um fast eine ganze Größenordnung ansteigt. Bei einem Mann zwischen 1,83 und 1,88 Meter beträgt die Chance, dass er gerade in der NBA spielt, fünf zu einer Million. Misst er zwischen 1,88 und 2,03 Meter, steigt seine Chance auf 20 zu einer Million. Bei Männern zwischen 2,08 und 2,40 Metern liegt sie bei 32.000 zu einer Million oder 3,2 Prozent. Ein Amerikaner, der 2,40 Meter groß ist, ist eine solche Seltenheit, dass das CDC nicht einmal ein Höhenperzentil für diese Statur auflistet. Kombiniert man die NBA-Messungen mit der Glockenkurve aus den Daten des CDC, erfährt man, dass von den amerikanischen Männern im Alter zwischen 20 und 40, die 2,40 Meter groß sind, ganze 17 Prozent *derzeit* in der NBA sind.[30] Man braucht nur sechs echte 2,40-Meter-Riesen zu suchen, um einen NBA-Spieler zu finden.

Kevin Norton und Timothy Olds, die Wissenschaftler mit dem Urknall der Körpertypen, untersuchten die Zunahme von 2,40-Meter-Spielern in der NBA zwischen 1946 und 1998 und stellten fest, dass in 35 Jahren der Anteil der 2,40er langsam, aber stetig anstieg, von null im Jahr 1946 auf etwa 5 Prozent aller Spieler in den frühen 1980er-Jahren, kurz bevor im Basketball das Winner-take-all-Prinzip Vollgas gab.

1983 schloss die NBA mit ihren Spielern einen bahnbrechenden Tarifvertrag ab, der die Sportler zu Teilhabern der Liga machte und

30 Viele der Männer, von denen Vereine behaupten, sie seien 2,40 Meter oder sieben Fuß groß, haben sich als mehrere Zentimeter kleiner erwiesen, als man sie ohne Schuhe maß. Shaquille O'Neal ist jedoch mit 2,42 Metern ohne Schuhe ein echter *seven footer*.

ihnen Einnahmen aus Lizenzvereinbarungen, Ticketverkäufen und Fernsehverträgen zusicherte. Im folgenden Jahr unterzeichnete der Neuling Michael Jordan einen ziemlich aufsehenerregenden Vertrag mit Nike, der ihm Lizenzgebühren für den Verkauf von Turnschuhen mit seinem Namen versprach.

Plötzlich ging das Verdienstpotenzial von Basketballprofis durchs Hallendach, und so ziemlich jeder, der in der NBA spielen konnte, wollte auch. Zur gleichen Zeit begannen NBA-Teams, den Erdball nach Riesen abzusuchen. Schon drei Jahre nach dem neuen Tarifvertrag hatte sich der Anteil der 2,40-Riesen in der NBA mehr als verdoppelt und erreichte 11 Prozent, wo er seitdem im Wesentlichen geblieben ist.

> *»Das bedeutet, dass im Grunde jeder auf der Welt, der 2,40 Meter groß ist und Basketball spielen kann, dabei ist«*, sagt Old. *»Wir haben das Potenzial der Bevölkerung ausgereizt.«*

Um dies zu erreichen, musste das Spiel zunehmend globalisiert werden. Die durchschnittliche Größe der amerikanischen Spieler in der NBA beträgt etwa 1,99 Meter, während die durchschnittliche Größe der ausländischen Spieler fast 2,06 Meter beträgt. Offenbar sind sehr viele ausländische Spieler deshalb in der NBA, weil ihr Team innerhalb des Landes nicht genügend große Spieler kriegen konnte. Wenig überraschend gehören die Menschen in den Nicht-US-Ländern, die kräftig in der NBA vertreten sind – Kroatien, Serbien, Litauen – zu den größten der Welt. Da die Körpergröße bei Menschen ein »normalverteiltes« Merkmal ist (also eine Glockenkurve bildet), ergibt ein winziger Unterschied in der durchschnittlichen Körpergröße eines Landes einen großen Unterschied in der Anzahl von Menschen mit Extremwerten, wie es 2,40-Meter-Riesen sind.

Was monströse Körpergröße angeht, liegt die Women's National Basketball Association weit hinter der Männerliga zurück. Die Durchschnittsgröße einer WNBA-Spielerin liegt zwischen 1,80 und 1,83, womit Basketballerinnen eine durchschnittliche Frau nicht so weit überragen wie NBA-Spieler normalsterbliche Männer. Die durchschnittliche WNBA-Spielerin ist nur etwa 10 Prozent größer als die durchschnittliche amerikanische Frau, während ein durchschnittlicher NBA-Spieler eher 15 Prozent größer ist als der Durchschnittsmann.

Vielleicht dauert es noch eine Weile, bis größere Frauen für das Spiel gewonnen werden können. Oder vielleicht fehlt ein stärkerer Winner-take-all-Markt. WNBA-Spielerinnen verdienen nur fünfstellige Dollarbeträge im Jahr, während ein durchschnittlicher NBA-Spieler mehr als 5 Millionen Dollar pro Jahr einsackt. Es leuchtet ein, dass viele Frauen mit der sportlichen Gabe eines hohen Wuchses zu anderen Sportarten neigen, die lukrativere Möglichkeiten bieten, wie beispielsweise Tennis. Während dort die Schläger immer leichter geworden sind und der Aufschlag immer mehr an Bedeutung gewonnen hat, sind die Spielerinnen größer geworden. Zum Zeitpunkt der Niederschrift haben die drei besten Tennisspielerinnen der Welt eine durchschnittliche Körpergröße von 1,82 Meter, was nahe am Durchschnitt in der WNBA liegt.

Das alles soll nicht heißen, dass kleinere Männer und Frauen im Basketball keinen Erfolg haben können. NBA-Spieler wie Muggsy Bogues (1,60), Nate Robinson (haarscharf unter 1,73) und Spud Webb (1,70 mit dicken Socken) gediehen im Land der Riesen. Aber nicht ohne Fähigkeiten, die ihre Statur kompensierten. Robinson und Webb, zwei der kleinsten Spieler in der NBA-Geschichte, gewannen beide den Slam Dunk Contest. Bogues schaffte eine erstaunliche vertikale Sprunghöhe von 1,12 Meter, aber seine winzigen Hände erschwerten ihm die Handhabung des Basketballs, sodass er sich im Training damit begnügte, Volleybälle zu dunken.

Kleinere Menschen schaffen es im Allgemeinen nicht in die NBA, es sei denn, sie haben außergewöhnliche Sprungkraft. Man muss nicht so springen können wie Bogues, Robinson und Webb, aber wie hoch ist wohl die Gesamtzahl der in die NBA aufgenommenen Männer, die beim Qualifikationstest nicht den Korb zu fassen bekamen? Null. Dennoch gibt es noch etwas, mit dem kleine NBA-Spieler groß herauskommen.

Leonardo da Vincis vitruvianischer Mensch hat eine Armspanne, die seiner Körpergröße entspricht. Ich auch, und Sie wahrscheinlich ebenfalls, zumindest annähernd. Nate Robinson hingegen ist 1,72 Meter groß, und seine Armspanne beträgt 1,85. Er ist also in Wirklichkeit gar nicht so klein, wie er ist. In Wirklichkeit ist fast keiner der Spieler in der NBA so klein, wie er scheint, auch die absurd großen nicht. Das Verhältnis von Armspanne zu Körpergröße beträgt bei NBA-Spielern durchschnittlich 1,063. (Aus medizinischer Sicht gehört ein Verhältnis von mehr als 1,05 zu den üblichen Anzeichen für das Marfan-Syndrom, eine Bindegewebsstörung, die zur Verlängerung der Gliedmaßen führt.) Ein durchschnittlicher, 2,01 Meter großer NBA-Spieler hat eine Spannweite von 2,13 Meter. Um einen vitruvianischen NBA-Spieler einzupassen, hätte Leonardo ein Rechteck und eine Ellipse zeichnen müssen, kein sauberes Quadrat und keinen Kreis.

NBA-Spieler, die aufgrund ihrer Statur für ihre Position als *undersized* eingestuft werden, gleichen dies meist durch ein Übermaß an Spannweite aus. Elton Brand, erste Wahl beim NBA-Draft 1999, ist mit seinen 2,04 Metern unauffällig für einen Power-Forward. Aber in Wirklichkeit ist Brand ein Riese unter den Power-Forwards, wenn man seine Spannweite von 2,27 Meter berücksichtigt. John Wall, der Point-Guard, der die erste Wahl beim Draft von 2010 war, ist ohne Schuhe nur 1,92 Meter groß, hat aber eine Reichweite von 2,06 Meter. Als die Miami Heat vor der Saison 2010/11 mit großem Buhei ihre Big Three versammelten – Chris Bosh, LeBron James und Dwyane Wade –, kamen die Drei auf eine kombinierte Größe von 6,03 Meter, überspannten aber 6,46 Meter. Und das war kein Zufall.

Aus den Statistiken der Spieler, die zu Beginn der Saison 2010/11 auf den NBA-Mannschaftslisten standen, kann man ersehen, dass die Spannweite eines Spielers einige wichtige Werte beeinflusst. Ein NBA-Manager, der seinem Team mehr blockierte Würfe ermöglichen möchte, sollte lieber einen Spieler mit einem zusätzlichen Zentimeter Armlänge nehmen als einen mit einem Zentimeter mehr Körpergröße. Anthony Davis von den New Orleans Pelicans, erste Wahl beim Draft von 2012, misst 2,06 Meter mit einer Spannweite von 2,27 Meter. Ein Spieler mit Davis' Maßen blockt laut Statistik zehn Würfe mehr pro

Saison als ein 2,16-Meter-Riese, der die gleiche Anzahl von Minuten spielt, aber Arme hat, die zu seiner Körpergröße passen.

Sucht der Manager einen Offensive-Rebound, kann er ebenso gut einen Spieler mit mehr Reichweite wie einen mit mehr Höhenwuchs verpflichten. Auch wenn für Defensive-Rebounds die Körpergröße ein etwas besserer Indikator ist als die Spannweite, sind beide wichtig und machen zusammen statistisch die Hälfte der Defensivleistungen eines NBA-Spielers aus, ohne auch nur Eigenschaften wie Sprungfähigkeit, Gewicht, Position oder allgemeines Rebound-Geschick zu berücksichtigen.

Statistisch versierten Managern ist dies zweifellos aufgefallen. Daryl Morey, der MIT-diplomierte Manager der Houston Rockets, der für seine statistikgetriebene Methodik bekannt ist, hat mehrere Spieler in die NBA eingezogen, die auf den ersten Blick *undersized* sind. (Morey lässt meine Frage offen, ob die Rockets beim Draft gezielt nach Spielern mit hohem Spannweiten-Größe-Verhältnis suchen.) Vor drei Jahren setzten die Rockets den kleinsten Starting-Center in der NBA-Geschichte ein: Chuck Hayes, der nur 1,97 Meter groß ist. Zum Glück reichen seine Arme 2,08 Meter weit.

Das Fazit ist, dass NBA-Spieler nicht nur herausragend groß sind, sondern auch absurd lange Arme haben, selbst im Verhältnis zu ihrer Statur. Und wenn ein NBA-Spieler nicht den Höhenwuchs hat, den man für einen Platz im Universum der sportlichen Körpertypen haben sollte, bleibt ihm fast immer eine Spannweite, die dies ausgleicht. In der Zeit nach dem Urknall der Körpertypen schafft es fast kein Spieler in die NBA, der nicht die richtigen funktionalen Maße für seine Position hat. Diese Maße, egal ob Größe oder Reichweite, liegen oft am Rande der menschlichen Norm. Von allen Spielern im NBA-Kader von 2010/11, deren Maße offiziell verfügbar sind, haben nur zwei eine Spannweite, die kürzer als ihre Größe ist. Einer davon ist J. J. Redick, der Guard der Milwaukee Bucks, der 1,92 Meter groß mit 1,91 Meter langen Armen ist – ein echter Tyrannosaurus Rex in der NBA.[31] Der andere ist der inzwischen pensionierte Center der Rockets, Yao Ming. Aber mit seinen 2,25 Metern war Yao, dessen riesenhafte Eltern vom chinesischen Basketballverband zu Zuchtzwecken miteinander verkuppelt wurden, seinem Umfeld ganz gut angepasst.

Studien mit Familien und Zwillingen zeigen wiederholt, dass die Erblichkeit der Körpergröße bei etwa 80 Prozent liegt. Das bedeutet, dass 80 Prozent des Größenunterschieds zwischen den Personen in der untersuchten Gruppe auf die Gene und rund 20 Prozent auf die Umwelt zurückzuführen sind. (In nicht industrialisierten Gesellschaften ist die Erblichkeit der Körpergröße geringer, da viele Menschen durch Mangelernährung oder Infektionen wie eine Pflanze in kargem Boden daran gehindert werden, ihr genetisches Größenpotenzial zu erreichen.) Wenn also die größten 5 Prozent einer bestimmten Bevölkerungsgruppe 30 Zentimeter größer sind als die kleinsten 5 Prozent, sind von diesem Unterschied 24 Zentimeter genetisch bedingt.

Während langer Strecken des 20. Jahrhunderts wurden die Einwohner von Industrieländern um etwa einen Zentimeter pro Jahrzehnt größer. Im 17. Jahrhundert war der durchschnittliche Franzose 1,62 Meter groß, was dem heutigen Durchschnitt für eine amerikanische Frau entspricht. Die erste Generation von Japanern, die als Kinder von Einwanderereltern in Amerika geboren wurden, die sogenannten *Nisei*, haben ihre Eltern bekanntlich weit überragt.

In den 1960er-Jahren untersuchte der Wachstumsexperte J. M. Tanner ein Zwillingspaar, das Aufschlüsse über die durch die Umwelt verursachte Variabilität der Körpergröße versprach. Die eineiigen Zwillingsbrüder wurden bei der Geburt getrennt. Ein Bruder wuchs in einem fürsorglichen Haushalt auf, der andere wurde von einem sadistischen Verwandten aufgezogen, der ihn in einem verdunkelten Zimmer

31 Erfolgreiche Boxer haben oft auch lange Arme, aber diese Tendenz ist bei Weitem nicht so verbreitet wie in der NBA, selbst unter den größten Schwergewichtschampions. Rocky Marciano war der J. J. Redick seiner Box-Ära und maß 1,80 Meter bei einer Reichweite von 1,70 Meter. Der 1,83 Meter große Sonny Liston dagegen kam auf eine Reichweite von 2,14 Meter.

eingesperrt hielt und um jedes Schlückchen Wasser betteln ließ. Im Erwachsenenalter war der Bruder aus dem fürsorglichen Haus acht Zentimeter größer als sein eineiiger Zwilling, aber viele Körperproportionen waren ähnlich. »Die Körperform ist genetisch strenger festgelegt als die Größe«, schreibt Tanner in seinem Buch *Fetus into Man*. Der kleinere Bruder war eine durch Misshandlung geschrumpfte Version des größeren Bruders.

Darüber, welche Gene überhaupt die Körpergröße beeinflussen, ist jedoch wenig bekannt, da die Genetik selbst bei äußerlich einfachen Merkmalen sehr kompliziert ist. Eine Studie in *Nature Genetics* aus dem Jahr 2010 benötigte 3.925 Probanden und 294.831 Einzelnukleotid-Polymorphismen – DNA-Stellen, an denen ein einzelner Buchstabe von Mensch zu Mensch variiert –, um nur 45 Prozent der Größenunterschiede zwischen Erwachsenen zu erklären, und mehr hat keine andere Studie erreicht. Das Identifizieren aller Größengene wird viel weiter reichende und komplexere Forschungen erfordern, als Wissenschaftler vor einem Jahrzehnt angenommen haben.

Zwar sind die Gene schwer festzunageln, aber die genetische Bedingtheit der Körpergröße ist aus Studien an eineiigen Zwillingen ersichtlich. Aufgrund von einzigartigen Bedingungen im Mutterleib sind sich eineiige Zwillinge in ihrer Geburtsgröße oft weniger ähnlich als zweieiige. Dennoch holt der kleinere Zwilling eines eineiigen Paares nach der Geburt schnell den größeren Zwilling ein und als Erwachsene werden sie fast oder genau gleich groß. In ähnlicher Weise zögern Turnerinnen ihren Wachstumsschub durch knochenhartes Training heraus, aber das mindert nicht ihre endgültige, erwachsene Körpergröße. Das genetische Programm zeigt sich auch in der Wachstumsrate von Kindern. Im Ersten und Zweiten Weltkrieg waren europäische Kinder kurzen Hungerperioden ausgesetzt, in denen ihr Wachstum fast zum Stillstand kam. Als Nahrung wieder reichlich verfügbar wurde, traten die Körper der Kinder wachstumsmäßig dermaßen aufs Gaspedal, dass ihre Körpergröße im Erwachsenenalter nicht eingeschränkt war. »Das unterernährte Kind wird langsamer und wartet auf bessere Zeiten«, schrieb Tanner.

*»Alle jungen Tiere haben die Fähigkeit dazu … Der Mensch ist nicht in der heutigen Supermarktgesellschaft entstanden.«*

Die das Wachstum beeinflussenden Wechselwirkungen zwischen inneren und äußeren Ursachen haben unzählige Permutationen. Man bedenke nur, dass Kinder im Frühling und Sommer schneller wachsen als im Herbst und Winter, und dass dies anscheinend auf Sonnenlichtsignale zurückzuführen ist, die durchs Auge eintreten, denn das Wachstum völlig blinder Kinder ist ähnlichen Schwankungen unterworfen, aber nicht mit den Jahreszeiten synchron.

Die Körpergröße, die die Einwohner urbaner Gesellschaften im 20. Jahrhundert hinzugewannen, ist hauptsächlich auf die Zunahme der Beinlänge zurückzuführen. Die Beine wurden schneller länger als der Oberkörper. In Entwicklungsländern, wo zwischen der Mittelschicht und den Armen große Unterschiede in Bezug auf Ernährung und Infektionsprävention klaffen, liegt der ganze Größenunterschied zwischen den Wohlhabenden und den Geplagten in den Beinen.

Japan zeigte in den Wirtschaftswunderjahren nach dem Zweiten Weltkrieg einen erstaunlichen Wachstumstrend. Von 1957 bis 1977 stieg die durchschnittliche Größe eines japanischen Mannes um 4,3 Zentimeter, und die einer Frau um 2,5 Zentimeter. Bis 1980 hatte die Körpergröße der Japaner in Japan die Größe der in Amerika lebenden Japaner eingeholt. Erstaunlicherweise war der gesamte Zuwachs auf die längeren Beine zurückzuführen. Die modernen Japaner sind im Vergleich zu den Europäern immer noch klein, aber nicht mehr so klein wie früher. Und sie haben jetzt ähnlichere Proportionen.

Es gibt jedoch bestimmte Unterschiede im Körpertypus, die im Laufe der Zeit bestehen geblieben sind und das Interesse von Sportanthropometrikern geweckt haben. Alle Studien zu den ethnischen Unterschieden beim Körpertypus haben eine Ungleichheit zwischen schwarzen und weißen Menschen festgestellt, die unabhängig davon bestehen bleibt, ob sie in Afrika, Europa oder Amerika leben. Bei einer gegebenen Sitzgröße – dem Abstand zwischen Scheitel und Sitzfläche – haben Afrikaner oder Afroamerikaner längere Beine als Europäer. Bei einer Sitzgröße von 60 cm hat ein afroamerikanischer Junge wahrscheinlich 5 Zentimeter längere Beine als ein europäischer Junge. Die Beine machen bei einem Menschen neuerer afrikanischer Herkunft einen größeren Teil des Körpers aus.[32] Und das gilt auch für Spitzensportler.

Untersuchungen von olympischen Athleten zeigen einhellig, dass Afrikaner und Afroamerikaner ebenso wie Afrokanadier und Afrokaribianer verglichen mit ihren asiatisch- und europäischstämmigen Konkurrenten einen eher »linearen« Körperbau haben. Sie neigen also dazu, längere Beine und ein schmaleres Becken zu haben.

Die Vermessung von 1.265 Olympioniken bei den Olympischen Spielen 1968 in Mexiko-Stadt beschlossen die Wissenschaftler mit der Aussage, dass sich die erfolgreichen Körpertypen innerhalb einer Sportart viel stärker ähnelten als über Sportarten hinweg, und zwar unabhängig von der ethnischen Zugehörigkeit, aber dass »der hartnäckigste der Unterschiede« zwischen den Sportarten die schmalen Hüften und längeren Arme und Beine von Sportlern mit neuerer afrikanischer Abstammung seien. »Sie treten bei praktisch allen Disziplinen zutage«, schrieben die Forscher.

Moderne Wissenschaftler, die Sportler vermessen haben, erwähnen in ihren Arbeiten – manchmal widerstrebend –, dass sich diese Unterschiede im Körpertypus auf die sportliche Leistung auswirken. Die Wissenschaftler weisen oft ausdrücklich darauf hin, dass ein bestimmter Körpertypus nicht insgesamt besser *ist*, sondern besser in eine sportliche Nische passt als ein anderer.

*»Dieses Muster könnte ein Grund dafür sein, warum die linienförmigen und relativ langgliedrigen Ostafrikaner im Dauerlauf trumpfen, während die kurzgliedrigen Osteuropäer und Asiaten*

32 Da Menschen mit neuerer afrikanischer Abstammung tendenziell längere Gliedmaßen haben, wurden die traditionellen Diagnosekriterien für das Marfan-Syndrom so aktualisiert, dass sie sich für Afroamerikaner und weiße Amerikaner unterscheiden. Bei Afroamerikanern kann ein Rumpf-Bein-Verhältnis von weniger als 0,87 auf Marfan hinweisen, während das kritische Verhältnis bei weißen Amerikanern 0,92 beträgt.

> *eine lange Erfolgsgeschichte im Gewichtheben und Turnen hinter sich haben,«* schreiben Norton und Olds, die Urknall-Gurus, in ihrem Lehrbuch *Anthropometrica.*

Der Unterschied in der Länge der Gliedmaßen zeigt sich auch in den NBA-Daten.[33] Laut den Messungen des NBA-Drafts für aktive Spieler hatte ein durchschnittlicher weißer NBA-Spieler eine Größe von 2,01 Metern bei einer Spannweite von 2,08 Metern. Ein durchschnittlicher afroamerikanischer NBA-Spieler war 1,96 Meter groß und reichte 2,10 Meter weit; kleiner, und doch länger. Sowohl weiße als auch schwarze Spieler in der NBA liegen mit ihrem Spannweite-Größe-Verhältnis weit über dem Bevölkerungsdurchschnitt, aber es gibt auch eine beträchtliche Lücke zwischen weißen und schwarzen Spielern. Das durchschnittliche Spannweite-Größe-Verhältnis für einen weißen amerikanischen NBA-Spieler beträgt 1,035, und für einen afroamerikanischen NBA-Spieler 1,071. Allerdings gibt es innerhalb einer bestimmten Ethnie große individuelle Unterschiede. Zwei weiße Spieler, Coby Karl (Größe: 1,91 Meter, Spannweite: 2,10 Meter) und Cole Aldrich (Größe: 2,05 Meter, Spannweite: 2,25 Meter), liegen beispielsweise beim Spannweite-Größe-Verhältnis nahe an 1,10, aber sie sind eindeutig Ausreißer im Vergleich zu den anderen weißen Spielern in der NBA. Kein anderer weißer Spieler kommt ihnen auch nur nahe, während einige schwarze Spieler größere Verhältnisse haben. Als ich diese Daten einem Wissenschaftler vorlegte, der Sportlerkörper studiert, bemerkte er:

> *»Vielleicht stimmt es gar nicht, dass Weiße nicht springen können. Weiße kommen einfach mit der Hand nicht so hoch.«*[34]

33 Die Daten zur ethnischen Zugehörigkeit von NBA-Spielern wurden mit Daten verglichen, die der Wirtschaftswissenschaftler Joseph Price von der Brigham Young University zur Verfügung stellte. Price hat faszinierende Arbeit geleistet, um rassistische Vorurteile unter NBA-Schiedsrichtern im Zusammenhang mit gepfiffenen Fouls aufzudecken.

34 Die in diesem Kapitel verwendeten Messungen aus dem NBA-Aufnahmeverfahren gelten nur für eine sehr begrenzte Stichprobe von Sportlern. Basierend auf diesen Daten betrug die durchschnittliche vertikale Sprunghöhe aus dem Stand bei weißen NBA-Spielern 69,3 cm und bei schwarzen 75,3 cm.

In gewisser Weise ist dies für Wissenschaftler, die Körperformen untersuchen, ein ganz alter Hut. 1877 veröffentlichte der amerikanische Zoologe Joel Asaph Allen eine wegweisende Arbeit, in der er feststellte, dass die Extremitäten von Tieren länger und dünner werden, je mehr man sich dem Äquator nähert. Afrikanische Elefanten unterscheiden sich von asiatischen Elefanten durch ihre segelartigen Schlappohren. Dies liegt daran, dass die Ohren ebenso wie die Haut wie ein Kühlkörper fungieren, der Wärme abgibt. Je größer die Oberfläche des Kühlkörpers im Vergleich zu seinem Volumen ist, desto schneller wird Wärme freigesetzt. Den afrikanischen Elefanten, die sich näher am Äquator entwickelt haben, sind zu Kühlzwecken größere Ohren gewachsen. Die *Allen'sche Regel*, dass Tiere aus wärmeren Klimazonen tendenziell längere Gliedmaßen haben, wurde durch einen ganzen Aktenschrank voller Studien auf den Menschen ausgedehnt.

Eine Analyse von Hunderten von Studien über Eingeborene auf der ganzen Welt hat 1998 ergeben, dass die Beine der Menschen, deren Vorfahren schon früher in einer Gegend gelebt haben, proportional länger sind, je höher die durchschnittliche Jahrestemperatur dieser Gegend ist. Männer und Frauen aus Dutzenden von einheimischen Bevölkerungsgruppen auf allen bewohnten Kontinenten wurden einbezogen, und wenn es um die Beinlänge ging, gruppierten sie sich nach dem Breitengrad. Afrikaner in Äquatornähe und australische Aborigines hatten die proportional längsten Beine und kürzesten Oberkörper. Das Phänomen betrifft also nicht so sehr die Ethnizität, sondern vielmehr die Geografie. Oder den Breitengrad und das Klima, um genau zu sein. Afrikaner aus südlichen Gegenden des Kontinents, die weiter vom Äquator entfernt liegen, haben nicht unbedingt besonders lange Gliedmaßen. Aber egal ob ein afrikanischer Mensch in der Studie einer Bevölkerungsgruppe in Nigeria oder einer genetisch und körperlich verschiedenen Gruppe in Äthiopien angehörte – solange er aus einem niedrigen Breitengrad stammte, waren seine Beine wahrscheinlich länger als die eines gleich großen Europäers. Und gewiss länger als die eines Inuit aus Nordkanada, da Inuit in der Regel kurz und stämmig sind und kompakte Gliedmaßen und ein breites Becken haben.[35]

Im 19. Jahrhundert mutmaßte Allen, dass die langen Gliedmaßen bei Tieren aus niedrigen Breitengraden eine *direkte* Folge des warmen Klimas seien. Mit anderen Worten: Er vermutete, dass das Baby eines afrikanischen Elefanten, das von asiatischen Elefanteneltern adoptiert und in Asien auf einem höheren Breitengrad aufgezogen würde, die gleichen kleinen Ohren haben würde wie asiatische Elefanten. In diesem Punkt täuschte er sich. Vergleiche menschlicher Nachkommen von Äquatorialafrikanern mit Europäern, die inzwischen im selben Land leben, beispielsweise in England oder den Vereinigten Staaten, haben gezeigt, dass die Unterschiede bei den Proportionen bestehen bleiben. Die Auswirkung des Klimas auf die Extremitäten besteht daher hauptsächlich in der genetischen Selektion über Generationen hinweg. Urmenschen mit kürzeren Gliedmaßen hatten eine größere Chance, in den kalten nördlichen Breiten zu überleben und sich zu vermehren, weil sie mehr Körperwärme einbehielten.

Im Jahr 2010 setzte sich ein ethnisch diverses Forschungsteam der Universitäten Duke und Howard mit dem Thema Körpertypus in Bezug auf Abstammung und sportliche Leistung auseinander. Die Wissenschaftler taten alles, um rassistische Vorurteile zu vermeiden. »Unsere Studie gibt dem Begriff der Rasse keinen Vorschub«, schrieben sie. In einer Pressemitteilung zur Studie betonte Edward Jones, ein schwarzes Mitglied des Forschungsteams, dass der Zugang zu Sportanlagen für die sportliche Entwicklung von entscheidender Bedeutung ist, und dass er während seiner Kindheit in South Carolina vom Schwimmen abgehalten wurde. Trotzdem berichteten die Forscher, dass bei schwarzen Erwachsenen im Vergleich zu gleich großen weißen der Körperschwerpunkt – der ungefähr der Bauchnabelhöhe entspricht – etwa 3 Prozent höher liegt. Mithilfe von technischen Modellen von Körpern, die sich

35 Unbedingt zu bedenken ist, dass dies Aussagen über den Durchschnitt sind. Wir sind uns zum Beispiel alle einig, dass Männer im Durchschnitt größer sind als Frauen. Und doch gibt es genug individuelle Variationen, dass man ohne Weiteres eine Frau findet, die größer ist als viele Männer.

durch Flüssigkeiten – Luft oder Wasser – bewegen, stellten sie fest, dass der 3-prozentige Unterschied bei Sportlern mit höherem Bauchnabel (also schwarzen Sportlern) eine 1,5 Prozent höhere Laufgeschwindigkeit ergibt, während Sportler mit niedrigerem Bauchnabel (also weiße Sportler) beim Schwimmtempo einen Vorteil von 1,5 Prozent haben.

Wie Jones schon betonte, wäre es blind und albern, die Bedeutung des Zugangs zu Ausrüstung und Coaching zu ignorieren. Aber dies ist ein Buch über Genetik und Sport und genauso blind wäre es, wenn man die auffallend durchdringende Dominanz von Menschen mit besonderer geografischer Herkunft in Sportarten ignoriert, die weltweit umkämpft sind und nur wenige Eintrittsbarrieren aufweisen. Wenn man also ignoriert, dass die Sportler, die kurze wie lange Strecken am leichtfüßigsten laufen, allesamt schwarz sind.

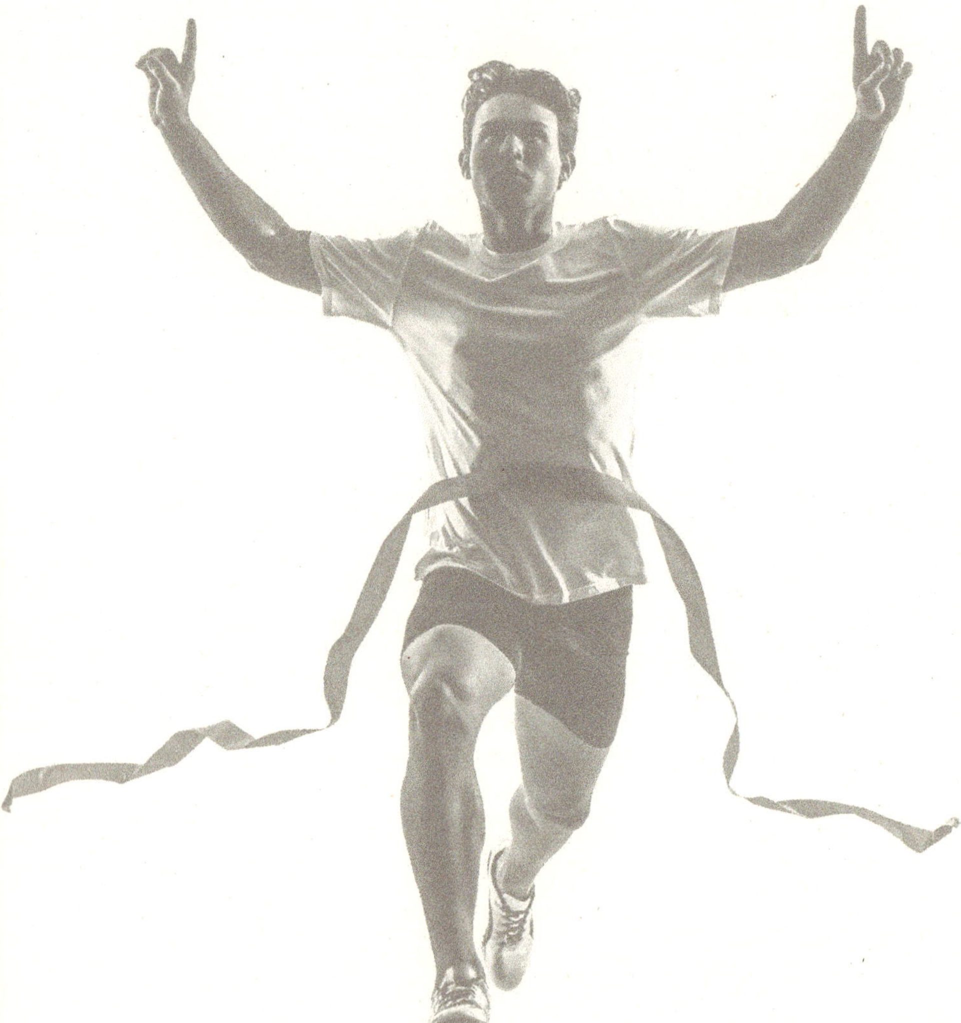

# 9

## Wir sind alle (irgendwie) schwarz

### Ethnische und genetische Diversität

1986 konnte man noch eine Tüte Blut im Bordgepäck mitführen. Also fand die Übergabe, die das wissenschaftliche Denken über Rasse und Abstammung ändern würde, am Flughafen »John F. Kennedy« in einer rauen Ecke von Queens statt. Da zwei Kollegen des Yale-Genetikers Kenneth Kidd auf der Rückreise aus Afrika in JFK umstiegen, passte er sie dort ab und erhielt Blutproben von den Biaka, einem Volk aus der Zentralafrikanischen Republik, und den Mbuti, einem Volk aus der Demokratischen Republik Kongo.

Kidd wuchs in der kalifornischen Stadt Taft als Sohn eines Tankstellenleiters auf. Die Genetik faszinierte ihn seit seinem zwölften Lebensjahr, als er im Garten verschiedenenfarbige Schwertlilien kreuzte und über die Ergebnisse staunte. Nach der Schule studierte er die menschliche DNA. Noch vor jener Übergabe bei JFK ahnte Kidd, was er finden würde.

Auf einem wissenschaftlichen Symposium in Italien, zum hundertsten Jahrestag von Darwins *Die Abstammung des Menschen*, hatte Kidd im Jahr 1971 Daten vorgelegt, denen zufolge einige afrikanische Populationen in ihrer DNA mehr Varianten aufwiesen – unterschiedliche mögliche Schreibweisen desselben Gens oder Genombereichs – als Populationen aus Ostasien oder Europa. Zu dieser Zeit behaupteten viele Wissenschaftler, dass Afrikaner, Ostasiaten und Europäer alle unabhängig voneinander das Stadium des Homo sapiens erreicht hätten; dass Homo erectus – der Vorläufer des modernen Menschen – sich auf jedem Kontinent separat entwickelt hätte, um zu den unterschiedlichen ethnischen Variationen zu werden, die gegenwärtig vorliegen.

In den nächsten zwei Jahrzehnten stockte Kidd sein Labor mit DNA-Proben von eingeborenen Bevölkerungsgruppen aus aller Welt auf. Von den Massai aus dem Norden Tansanias, den Drusen aus Israel, den Chanten aus Sibirien, den Cheyenne aus Oklahoma, den Dänen, Finnen, Japanern und Koreanern – alles in durchsichtigen Plastikbehältern, nach Kontinenten farblich gekennzeichnet. Einige der Proben sammelte Kidd selbst. Andere, wie die DNA der Hausa aus Nigeria, stammten von einem nigerianischen Arzt, der herausfinden wollte, warum Frauen bestimmter Ethnien im Südwesten Nigerias häufiger Zwillinge zur Welt bringen als Frauen sonst wo auf der Welt.

Unter anderem war es Kidds Ziel, genetische Varianten auf der ganzen Welt zu kategorisieren. Dazu verglich er die einander entsprechenden DNA-Abschnitte von vielen verschiedenen Populationen. Jedes Mal, wenn er einen Teil der Doppelhelix vergrößerte, stieß er auf ein bestimmtes Muster: mehr Variation bei den Bevölkerungsgruppen aus Afrika. Für jeden Satz im DNA-Rezeptbuch gab es bei afrikanischen Bevölkerungsgruppen fast immer mehr mögliche Schreibweisen und Formulierungen als irgendwo sonst auf der Welt. In vielen Bereichen des Genoms gab es bei einer einzigen afrikanischen Ureinwohnergruppe mehr genetische Unterschiede als zwischen Menschen aus verschiedenen Kontinenten außerhalb Afrikas. Auf einem bestimmten DNA-Abschnitt beobachtete Kidd bei einer Population afrikanischer Pygmäen mehr Varianten als im gesamten Rest der Welt zusammen.

Gemeinsam mit der Genetikerin Sarah Tishkoff zeichnete Kidd einen Stammbaum, der alle Erdenbewohner einbeziehen sollte. Während sich afrikanische Populationen zur Baumkrone verästelten, saßen alle europäischen Bevölkerungen auf den Zweigen am Rand zusammen. »Ich sage gerne«, so Kidd, »dass alle Europäer aus diesem genetischen Blickwinkel gleich aussehen.« Das liegt daran, dass sich vor nicht allzu langer Zeit fast die gesamte genetische Information des Menschen nur in Afrika befand.

Kidds Erkenntnisse stützen zusammen mit der Arbeit anderer Genetiker, Archäologen und Paläontologen das Modell des »neueren afrikanischen Ursprungs«, demzufolge praktisch jeder moderne Mensch außerhalb Afrikas seine Abstammung auf eine einzige Population zurückführen kann, die noch vor 90.000 Jahren in Ostafrika südlich der Sahara lebte. Anhand von mitochondrialer DNA – und der Geschwindigkeit, mit der Änderungen daran auftreten – schätzt man die Größe der unerschrockenen Urmenschentruppe, die sich aus Afrika hervorwagte und die Besiedlung der restlichen Welt anging, auf nur wenige Hundert Menschen.

Die Menschen sind vor etwa fünf Millionen Jahren vom letzten Vorfahren, den sie mit den Schimpansen teilen, abgezweigt. Im Verhältnis zu dieser Zeitspanne haben sich die Menschen kürzer – viel kürzer – außerhalb Afrikas aufgehalten, als ein Zwei-Minuten-Drill im Vergleich zu einem ganzen Fußballspiel dauert. Da jene Urmenschentruppe vor evolutionär nicht allzu langer Zeit aufgebrochen ist und nur einen winzigen Teil der Gesamtbevölkerung mitgenommen hat, hat sie die genetische Vielfalt der Menschheit zum größten Teil zurückgelassen. Seit Millionen von Jahren hatten sich DNA-Veränderungen – sowohl zufällig als auch durch natürliche Selektion – im Genom unserer afrikanischen Vorfahren angesammelt. Aber in den nur 90.000 Jahren, in denen einzigartige Veränderungen außerhalb Afrikas geschehen konnten, war in vielen Bereichen des Genoms einfach nicht so viel los. Menschen außerhalb Afrikas sind Nachkommen genetischer Untergruppen einer Gruppe, die in der jüngeren Vergangenheit selbst nur eine Untergruppe in Afrika war.[36] Jedes Mal, wenn moderne Menschen in eine neue Weltgegend vorstießen, war die Zahl der auswandernden Pioniere offenbar

36 Eine wichtige Ausnahme, die Wissenschaftler kürzlich herausgefunden haben, ist, dass sich die aus Afrika kommenden Menschen mit Neandertalern vermischt haben müssen, da die Gene der Menschen im heutigen Nordafrika und außerhalb Afrikas – aber nicht in Subsahara-Afrika – eine geringe Menge an Neandertaler-DNA enthalten. Das Bild der Menschheit außerhalb Afrikas als ausgewanderter Untergruppe einer einzigen afrikanischen Bevölkerung ist ein vereinfachtes Modell. Je mehr Proben die Genetiker nehmen, desto komplexer wird die Geschichte der genetischen Vermischung, die sowohl vor als auch nach dem Aufbruch der Menschen aus Afrika stattfand.

gering und nahm nur einen Bruchteil der heimatlichen genetischen Diversität auf den Weg zur Gründung neuer Populationen mit. Daten aus aller Welt zeigen, dass die genetische Vielfalt eingeborener Populationen generell abnimmt, je weiter man sich auf dem menschlichen Migrationspfad weg von Ostafrika befindet, wobei in Amerika beheimatete Populationen tendenziell die geringste genetische Vielfalt aufweisen.

Dies hat bedeutende Auswirkungen auf die Klassifizierung von Menschen nach Hautfarbe. In manchen Fällen gibt die schwarze Haut eines Individuums sehr wenig Aufschluss über sein Genom, außer dass er Gene besitzt, die für dunkle Haut zum Schutz vor äquatorialem Sonnenschein kodieren. Zwischen dem Genom eines Afrikaners und dem seines afrikanischen Nachbarn gibt es möglicherweise mehr Unterschiede als zwischen den Genomen von Jeremy Lin und Lionel Messi.

Das könnte auch Auswirkungen auf den Sport haben. Kidd behauptet, dass sowohl die Menschen, die weltweit am meisten für eine genetisch bedingte sportliche Fähigkeit begabt sind, als auch die mit dem wenigsten Talent theoretisch Afrikaner oder Afrikanischstämmige sein müssten, also Afroamerikaner oder Afrokaribianer. Nicht nur der schnellste, sondern auch der langsamste Mensch wäre demnach Afrikaner. Sowohl der am höchsten als auch der am niedrigsten Springende wären Afrikaner. Im sportlichen Wettkampf geht es natürlich nur darum, die schnellsten Läufer und höchsten Springer zu identifizieren.

> *»Man kann sicherlich einzelne Gene finden, bei denen es außerhalb Afrikas mehr Varianten gibt«,* sagt Kidd. *»Aber allgemein gilt, dass es in Afrika mehr Variation gibt … Man kann also damit rechnen, dass es bei den Extremwerten anteilig mehr Menschen gibt.«*

Allerdings gibt es eindeutig auch Unterschiede zwischen Durchschnittswerten verschiedener Populationen, weshalb Kidd nicht empfiehlt, in der erstaunlichen genetischen Vielfalt der afrikanischen Pygmäen nach dem nächsten olympischen Sprinter oder NBA-Star zu suchen. »Es gibt gewisse anatomische Merkmale der Pygmäen, die das vereiteln würden«, sagt Kidd mit Verweis auf deren extrem kleinen Wuchs. »Aber die besten Basketballspieler findet man vielleicht bei Bevölkerungsgruppen in Afrika, in denen Körpergröße und Koordination im Durchschnitt sehr hoch sind, und in denen es viele andere genetische Varianten innerhalb der Gruppe gibt.«

Kidd meint, dass einzelne Afrikaner oder Menschen neuerer afrikanischer Abstammung einen genetischen Vorteil bei sportlichen Leistungen auf höchstem Niveau haben. Dass er dabei im Durchschnitt keinen genetischen Vorteil sieht, macht Kidds These intellektuell tragbar und hat ihm Lob von Wissenschaftlern wie von Journalisten eingebracht. In seinem Labor in New Haven, Connecticut, das Kidd mit seiner Frau, der Yale-Genetikerin Judith Kidd, teilt, stehen Edelstahlkühlschränke und mülltonnengroße Behälter mit Flüssigstickstoff, in denen die Gene der Welt aufbewahrt werden, allesamt sauber farbcodiert. Die Yoruba aus Nigeria haben ihre eigene transparentgelbe Plastikbox, die Han-Chinesen eine grüne, und eine lila Box gehört den aschkenasischen Juden. Hätte Kidd meine DNA, sie läge in der lila Box.

Im Jahr 2010 ließ ich einen Teil meines Genoms von einer privaten Firma analysieren. Sie verfolgte meine jüngste Herkunft akkurat nach Osteuropa zurück und teilte mir mit, dass ich auf einer Kopie meines HEXA-Gens eine Mutation habe. Wenn ich mich mit einer Frau fortpflanzen würde, die auch die gleiche Mutation auf einem ihrer HEXA-Gene trägt, bekäme jedes unserer Kinder mit einer Chance von 1:4 zwei mutierte Versionen des HEXA-Gens und damit die Tay-Sachs-Krankheit, eine Störung des Nervensystems, die im Alter von vier Jahren zum Tod führt. Die HEXA-Mutation ist in den meisten Teilen der Welt selten, aber etwa jeder dritte Jude mit polnischen oder russischen Vorfahren (wie ich) ist ein Träger. Die HEXA-Mutation gehört zu einer Reihe von DNA-Signaturen, die die Individuen in Kidds lila Plastikbox anhand ihrer Gene identifizierbar machen. Jede der bunten Kisten enthält die Gene von Populationen mit ihren jeweiligen genetischen Profilen.

»Das hier ist ein Genlocus [eine Stelle im Genom], der sich darauf auswirkt, wie gut man Paracetamol abbaut«, sagt Kidd durch seinen

Schnauzbart, während er eine Datei auf dem Desktop anklickt, um eine von ihm mitautorisierte Studie zu öffnen. »Manche Mutationen an diesem Gen [CYP2E1] führen beim Träger zu einer Paracetamolvergiftung.« Auf Kidds Monitor erscheint ein regenbogenfarbenes Diagramm.

In dieser Studie hat Kidd wie in zahlreichen anderen dargelegt, wie häufig bestimmte DNA-Schreibweisen von Abschnitten eines Gens in 50 eingeborenen Populationen aus aller Welt vorkommen. Wie erwartet finden sich alle 16 von Kidd untersuchten Schreibvarianten von CYP2E1 – jeweils durch eine andere Farbe gekennzeichnet – bei Menschen in Afrika, ebenso wie eine Reihe anderer DNA-Schreibweisen, die nirgendwo sonst auf der Welt vorkommen. Je weiter sich eine Bevölkerungsgruppe von Ostafrika entfernt hat, über Südwestasien, Europa, Nordostsibirien, die Pazifikinseln, Ostasien und Amerika, desto mehr Farben fallen weg.

> *»Wie Sie sehen, gibt es in Afrika Lila, Magenta, Gelb, Schwarz und alles andere«,* erklärt Kidd. *»Aber wenn man nach Europa kommt, hat fast jeder Mensch mindestens eine Kopie der grünen Art.«*

Bei den Nasioi, die nur auf der Insel Bougainville im Pazifik in der Nähe von Papua-Neuguinea leben, hat jeder und jede die »grüne« DNA-Sequenz im CYP2E1-Gen.

> *»Es gibt auch Afrikaner, die zwei Kopien vom grünen Gen haben, also gleicht an dieser konkreten Stelle [im Genom] jeder hundertste Afrikaner eher einem Europäer als einem anderen Afrikaner«,* sagt Kidd. *»Aber insgesamt unterscheiden sie sich sehr von einem Europäer.«*

Nicht nur, weil sie eine einzigartige Schreibweise in ihrem genetischen Code haben, sondern auch, weil die Häufigkeit von Genvarianten in verschiedenen Populationen unterschiedlich ist. Indem Kidd nur ein

Segment eines einzelnen Gens betrachtet, ermittelt er nach und nach die geografische und ethnische Herkunft einer Person.

Nachdem sich die Urmenschen auf der ganzen Welt ausgebreitet hatten und durch alle möglichen Hindernisse getrennt waren – Gebirge, Wüsten, Ozeane, soziale Zugehörigkeiten und später nationale Grenzen –, entwickelten einzelne Populationen ihre eigenen DNA-Signaturen. In fast ihrer ganzen Geschichte lebten, heirateten und zeugten die Menschen vorwiegend dort, wo sie geboren wurden. Als Pioniere an neuen Orten Zivilisationen aufbauten, wurden Genvarianten in Populationen mehr oder weniger geläufig, sowohl durch Zufall oder »Gendrift« als auch durch natürliche Selektion, wenn eine Version eines Gens dem Menschen in einer neuen Umgebung beim Überleben oder bei der Fortpflanzung half.

Ein Beispiel ist die Genvariante, dank der einige Erwachsene Laktose, auch Milchzucker genannt, verdauen können. Generell gilt für Säugetiere, dass das Laktaseenzym nach dem Abstillen nicht mehr produziert wird, sodass Milch nicht mehr vollständig verdaut werden kann. Das war vor 9.000 Jahren, vor der Domestizierung des Milchviehs, bei praktisch allen Menschen so. Als dann aber die Menschen Milchkühe hielten, hatte jeder Erwachsene, der Laktose verdauen konnte, einen reproduktiven Vorteil. Daher verbreiteten sich Genvarianten für Laktosetoleranz wie ein Buschfeuer in Gesellschaften, die im Winter auf die Milchviehhaltung angewiesen waren, wie es in Nordeuropa der Fall war. Fast alle heutigen Dänen und Schweden können Laktose verdauen, aber in Populationen in Ostasien und Westafrika, wo die Domestizierung von Rindern später oder gar nicht geschah, ist eine Laktoseintoleranz bei Erwachsenen immer noch die Norm. Der Komiker Chris Rock hat bekanntlich gescherzt, dass Laktoseintoleranz ein Luxus wohlhabender Gesellschaften sei: »Glaubt ihr, irgendjemand in Ruanda hat eine Scheiß-Laktoseintoleranz?!«, fragt Rock in einer seiner Nummern. In Wirklichkeit sind die meisten Menschen in Ruanda laktoseintolerant.

Ein besonders sportrelevantes Beispiel ist, dass etwa 10 Prozent aller Menschen mit europäischer Abstammung zwei Kopien einer Genvariante haben, dank der sie ungestraft dopen können. Der gebräuchlichste Urintest zur Feststellung von illegalem Testosterondoping im Sport analysiert das Verhältnis von Testosteron zu einem anderen Hormon namens Epitestosteron: den *T/E-Quotienten*. Normal ist ein Verhältnis von 1:1. Eine Injektion von synthetischem Testosteron stört das Verhältnis, indem es das T über das E anhebt, und die Kontrolleure sehen ein Verhältnis über 4:1 als möglichen Hinweis auf einen Verstoß. Träger von zwei Kopien einer bestimmten Version des UGT2B17-Gens bestehen den Test jedoch in jedem Fall. Das Gen ist an der Testosteronausscheidung beteiligt, und eine bestimmte Version davon bewirkt, dass das T/E-Verhältnis normal bleibt, unabhängig davon, wie viel Testosteron man injiziert. 10 Prozent aller europäischen Sportler können also schummeln und riskieren dabei nicht, beim geläufigsten Dopingtest durchzufallen. Und in anderen Teilen der Welt, beispielsweise in Ostasien, ist das Anti-Dopingtest-Gen eher die Regel als die Ausnahme. Zwei Drittel aller Koreaner haben die Genvariante, die Immunität gegen den T/E-Test verleiht.

Aber weil alle Menschen gemeinsame, nicht weit zurückliegende Vorfahren haben, sind wir einander trotz aller Unterschiede außerordentlich ähnlich – im gesamten Genom ähnlicher als die Schimpansen untereinander. Auf der DNA-Ebene, also in den drei Milliarden Buchstaben des Kochrezepts, gleichen sich die Menschen im Allgemeinen zu 99 bis 99,5 Prozent. In gewissem Sinne weiß das wohl jeder intuitiv. Müsste man zwei Menschen von Grund auf neu zusammenbauen, egal von wo auf der Welt sie herkommen, wären die allermeisten Arbeitsschritte identisch: zwei Augen, zehn Finger und Zehen, eine Leber und zwei Nieren, alle dieselben Knochen und Gehirnchemikalien. Im Übrigen wäre fast jede Seite der Bauanleitung für einen Menschen und einen Schimpansen gleich, da wir den Schimpansen auf DNA-Ebene zu 95 Prozent ähnlich sind. Aber es wäre ein Fehler, daraus zu schließen, dass die Unterschiede unwichtig sind.

Mindestens 15 Millionen Buchstaben des genetischen Codes unterscheiden sich im Durchschnitt zwischen zwei Individuen, und auch die Gesamtlänge des genomischen Rezepts kann um Millionen von Buchstaben differieren. Das ist genug an Varianz, um all die Unterschiede zu verursachen, die in der Menschheit vorkommen. Im Jahr 2007, als Genomsequenzierung schneller und billiger wurde, sah *Science*, eine der beiden renommiertesten Wissenschaftszeitschriften der Welt den »Durchbruch des Jahres« in der Erkenntnis, »wie sehr wir uns in Wahrheit [auf genetischer Ebene] voneinander unterscheiden«. Da Genomsequenzierung seitdem noch billiger geworden ist, hat sich diese Erkenntnis nur noch verfestigt. Wo immer Menschen Zivilisationen gegründet haben, haben sie sich schnell differenziert.

Obwohl die Isländer ihre Insel erst ein Jahrtausend lang bewohnen, hat das Unternehmen deCODE Genetics es geschafft, nur anhand von 40 Stellen auf dem Genom festzustellen, aus welcher der elf Inselregionen die Großeltern eines bestimmten Isländers stammen. Im Jahr 2008 haben Wissenschaftler bei einer Gruppe von 3.000 Europäern durch Untersuchung viel größerer DNA-Bereiche die geografische Herkunft fast aller Teilnehmer auf wenige Hundert Kilometer genau bestimmen können. Und bis zu einem gewissen Grad lässt sich anhand der Gene auch das Konstrukt identifizieren, das wir *Rasse* nennen.

In einer 2002 von einem Forscherteam (dem auch Kidd angehörte) in *Science* veröffentlichten Studie ließ man einen Computer 377 Stellen im Genom von 1.056 Menschen aus aller Welt durchforsten und die Menschen dann basierend auf genetischen Unterschieden automatisch in Gruppen aufzuteilen. Die vom Computer eingeteilten Gruppen entsprachen den wichtigsten geografischen Regionen der Welt: Afrika, Europa, Asien, Ozeanien und Amerika. In einer anschließenden, von Stanford durchgeführten Studie wurden 3.636 Amerikaner gebeten, sich entweder als weiß, afroamerikanisch, ostasiatisch oder hispanisch zu identifizieren, und anschließend stellte man fest, dass die Selbstidentifikation in 3.631 Fällen mit einer blinden Gen-Identifikation übereinstimmte.

> *»Das zeigt, dass die selbst wahrgenommene Rasse/ethnische Zugehörigkeit der Menschen ein nahezu perfekter Indikator für ihren genetischen Hintergrund ist«,* kommentierte der Genetiker Neil Risch in einer Pressemitteilung der Stanford University School of Medicine.[37]

Die Hautfarbe, die hauptsächlich durch den Breitengrad bestimmt wird, kann ein ungenauer Hinweis auf die geografische Herkunft sein, da es auf jedem Kontinent ein Spektrum an Hautfarben gibt. Aber Geografie und ethnische Zugehörigkeit haben mit Sicherheit Spuren im Genom hinterlassen.

In Medizinbereichen wie der Pharmakogenetik – der Erforschung, wie und warum Menschen mit unterschiedlichen Genen unterschiedlich auf dieselben Medikamente reagieren – wird die Hautfarbe bereits als Indikator für die zugrunde liegenden genetischen Informationen verwendet, wenn auch häufig als grober. Die medizinische Forschung erkennt inzwischen an, wie wichtig es ist, die Wirksamkeit von Arzneimitteln bei verschiedenen ethnischen Gruppen getrennt zu testen.

Im Jahr 2004 schrieben Kidd und Tishkoff zwar, dass die wichtigsten genetischen und geografischen Menschengruppierungen »mit dem verbreiteten Begriff der ›Rassen‹ korrelieren«, fügten jedoch hinzu, dass die genetischen Unterschiede bei Einbeziehung jeder Population auf der Erde eher wie ein kontinuierliches Spektrum aussehen würden, und nicht wie ein Sortiment getrennter Gruppen.

2009 veröffentlichte Tishkoff gemeinsam mit einem internationalen Team eine wegweisende Studie, die den genetischen Hintergrund von Afroamerikanern erforschte. Sie fanden heraus, dass Erwachsene, die sich als Afroamerikaner identifizieren, insgesamt genetisch sehr verschieden sind und eine 1- bis 99-prozentige westafrikanische Abstammung aufweisen. Afroamerikaner unterscheiden sich besonders in der Menge ihres europäischen Genomanteils. Es wurde jedoch festgestellt,

37 Dazu muss man wissen, dass Afroamerikaner überwiegend aus einem bestimmten Teil Afrikas stammen.

dass fast alle Afroamerikaner afrikanische X-Chromosomen haben, was zu dem Umstand passt, dass die Mütter von Afroamerikanern bisher meist afrikanischer Abstammung waren, während ihre Väter teils Afrikaner, teils Europäer waren. Die untersuchten Afroamerikaner stammten aus Baltimore, Chicago, Pittsburgh und North Carolina, und die afrikanischen Komponenten ihrer genetischen Abstammung zeigten laut Tishkoff »geringe genetische Differenzierung«, ähnelten einander und entsprachen häufig den genetischen Profilen westafrikanischer Ethnien wie den Igbo und Yoruba aus Nigeria. Das ist kein Wunder, denn die Igbo und Yoruba tauchen häufig in Aufzeichnungen über den Sklavenhandel auf, als Afrikaner, die ihrer Heimat entrissen und in die Karibik und in die USA verschleppt wurden.[38]

Abstammung kann durch die Gene zurückverfolgt werden. Um jedoch Kidds Gedankenexperiment über afrikanische Sportler weiterzuspinnen, müssen wir nicht nur wissen, dass die *Genotypen* von afrikanischen Menschen die vielfältigsten sind, sondern auch ob ihre *Phänotypen* ebenfalls so unterschiedlich sind. Ein Phänotyp ist die körperliche Ausprägung der zugrunde liegenden Gene. Genetiker haben immer noch kaum eine Ahnung, was die meisten der Milliarden Basen (jeder »Buchstabe« ist eine Base) in unserer DNA bewirken. Manche bewirken vielleicht wenig oder gar nichts. Da sich laut Kidds These die größte Vielfalt an Genotypen in afrikanischen Populationen zeigt, müsste dort auch die größte Vielfalt an sportlichen Phänotypen – sowohl die langsamsten als auch die schnellsten Läufer – vorliegen. Bisher gibt es jedoch keine einfache, pauschale Schlussfolgerung aus Kidds Gedankenexperiment.

Im Jahr 2005 befasste sich das National Human Genome Research Institute der US-Regierung mit dem Thema »Rasse« und Genetik sowie mit der Frage, ob die meisten körperlichen Unterschiede zwischen einzelnen Menschen innerhalb ethnischer Gruppen oder zwischen den

38 Eine andere genetische Studie mit Afroamerikanern ergab, dass Einwohner von South Carolina eher von der »Pfefferküste« stammen, die von Senegal bis Sierra Leone reichte – wahrscheinlich weil Reisplantagenbesitzer in South Carolina Sklaven wollten, die sich mit einer bestimmten Art von Landarbeit auskannten, was in South Carolina wünschenswert war.

ganzen ethnischen Gruppen selbst auftreten. Das Institut ging unumwunden auf die Frage ein, ob der hohe Grad an genetischer Vielfalt in afrikanischen Populationen auch bedeutet, dass das weltgrößte Vorkommen an körperlicher Vielfalt ebenfalls dort zu verorten ist. Die Antwort: Es hängt von der jeweiligen körperlichen Eigenschaft ab.

Ungefähr 90 Prozent der Unterschiede in der menschlichen Schädelform treten innerhalb jeder größeren ethnischen Gruppe auf – nur 10 Prozent trennen die Ethnien –, wobei Afrikaner tatsächlich die größten Unterschiede aufweisen. Das genaue Gegenteil gilt jedoch für die Hautfarbe: Nur 10 Prozent der Unterschiede treten innerhalb ethnischer Gruppen auf, während 90 Prozent der Unterschiede zwischen Gruppen bestehen. Um also herauszufinden, ob Afrikaner oder Afroamerikaner bestimmte Gene haben, die in bestimmten Sportarten vorteilhaft sind, müssen Wissenschaftler zunächst bestimmte Gene und angeborene biologische Merkmale identifizieren, die für die sportliche Leistung wichtig sind, und dann untersuchen, ob sie in einigen Populationen häufiger auftreten als in anderen.

Genau damit haben sie begonnen.

Kathryn North hatte den Brief an *Nature Genetics* fertig und ihr Bericht würde einen Durchbruch bedeuten. Einige Jahre zuvor, im Sommer 1993, hatte North Australien verlassen, um eine Ausbildung zur pädiatrischen Neurologin und Genetikerin am Boston Children's Hospital zu absolvieren. Dort arbeitete sie in dem Labor, das eine genetische Mutation entdeckt hatte, die Duchenne-Muskeldystrophie verursacht, einen verheerenden erblichen Muskelschwund. Als North die Muskelfasern von Muskeldystrophie-Patienten untersuchte, stellte sie fest, dass sie einen normalen Anteil an Fast-twitch-Muskelfasern enthielten, aber dass etwa jedem fünften Patienten ein bestimmtes Strukturprotein namens Alpha-Aktinin-3 fehlte, das in diesen explosiven Muskelfasern hätte vorliegen müssen.

Ihr Brief an *Nature Genetics* sollte den Fall von zwei Brüdern aus Sri Lanka mit angeborener Muskeldystrophie dokumentieren, die North 1998 in ihrem Labor in Sydney untersucht hatte. Da die Eltern der

Brüder die Krankheit nicht hatten und Cousin und Cousine waren, schien es sich um eine rezessive genetische Vererbung zu handeln. Keiner der Jungen hatte Alpha-Aktinin-3, daher sequenzierten North und Kollegen bei jedem Jungen das Gen, das dafür kodiert, das ACTN3-Gen. Und tatsächlich, beide Jungen hatten auf beiden Kopien des ACTN3-Gens an derselben Stelle ein »Stopp-Codon«, ein genetisches Stoppschild. Das Stoppschild – nur ein einziger Buchstabenschalter in der DNA – verhinderte, dass in den Muskeln das Alpha-Actinin-3-Protein produziert wurde. North und ihr Team hatten offenbar eine neue Genmutation entdeckt, die Muskeldystrophie verursachte. »Ich war schon dabei, einen Brief an *Nature Genetics* zu verfassen, und saß buchstäblich an dem Bericht, um ein neues Krankheitsgen zu melden«, erzählt sie. »Aber als brave Genetikerin habe ich vorher die ganze Familie einbestellt.«

Also lud North die Eltern und die beiden anderen gesunden Kinder ein und untersuchte auch deren ACTN3-Gene. Die Version des Gens, das die kranken Brüder hatten und das die Alpha-Aktinin-3-Produktion stoppte, ist als X-Variante bekannt, und North rechnete damit, dass die Eltern jeweils eine X-Variante hatten, die sie an ihre Söhne weitergegeben hatten, und eine R-Variante, die normal funktionierte und die Produktion des Proteins ermöglichte. Zu ihrer Überraschung besaßen sowohl die Eltern als auch die beiden gesunden Geschwister jeweils zwei X-Varianten des ACTN3-Gens. Niemand in der Familie hatte Alpha-Aktinin-3 in den Muskeln, aber nur die beiden Brüder hatten Muskelschwund. North hatte nun doch kein neues Muskeldystrophie-Gen gefunden. »An einem Freitag haben wir es herausgefunden«, sagt sie, »und es war wirklich sehr, sehr deprimierend.«

Am folgenden Sonntag ging sie ins Kino und machte anschließend einen Spaziergang, um über die vergangene Woche nachzudenken. Noch nie, weder im Labor noch in der wissenschaftlichen Literatur, war ihr ein Beispiel für einen gesunden Menschen untergekommen, dessen Gene für keinerlei Strukturprotein sorgten. Strukturproteine sind lebenswichtig. Sie bilden Fingernägel, Haare, Haut, Sehnen und Muskeln. Funktionieren die Gene, die für diese Proteine kodieren, nicht, werden Menschen meist krank oder sterben. »Also habe ich angefangen, die Literatur über Evolution zu lesen«, sagt North, »und ich dachte, vielleicht ist Alpha-Aktinin-3 auch überflüssig. Vielleicht brauchen wir es gar nicht und es verschwindet nach und nach.«

North wandte sich an Simon Coldeal, einen australischen Forscher mit dem Spezialgebiet molekulare Evolution. Gemeinsam holten sie zweihundert Muskelgewebeproben mit allen möglichen Krankheitsbildern aus dem Lager – von Kontraktionsproblemen bis zu Nervenstörungen. Wie North bei ihren Muskeldystrophie-Patienten in Boston schon festgestellt hatte, hatte etwa jeder fünfte der erkrankten Muskeln zwei Kopien der X-Version des ACTN3-Gens und somit kein Alpha-Aktinin-3. Aber auch ungefähr jede fünfte Probe eines normalen, gesunden Muskels hatte zwei ebensolche X-Varianten, sodass das Gen nicht die Ursache der Krankheit sein konnte. Vielleicht erfüllte Alpha-Aktinin-3 einen anderen Zweck im Muskel. »Zu diesem Zeitpunkt haben wir begonnen, unterschiedliche Menschengruppen heranzuziehen«, sagt North. »Und da sind wir auf die ethnisch verschiedene Verteilung des Gens gestoßen.«

North stellte fest, dass ein Viertel der aus Ostasien stammenden Menschen zwei Kopien der X-Variante von ACTN3 hatte, während etwa 18 Prozent der weißen Australier zwei X-Varianten besaßen. Aber als sie Zulu aus Südafrika testete, verfügten weniger als 1 Prozent über beide X-Varianten. Fast alle hatten mindestens eine Kopie der R-Variante, die für Alpha-Aktinin-3 im Fast-twitch-Muskel kodiert. Und das bestätigte sich bei jeder afrikanischen Bevölkerungsgruppe. In Bezug auf diese spezielle Genvariante sind Afrikaner oder Menschen neuerer afrikanischer Abstammung außerordentlich einheitlich. Obwohl das Fehlen von Alpha-Aktinin-3 nicht zu einer Krankheit führte, glaubte North, dass es kein bedeutungsloses Protein war. Wie das Myostatin-Protein – bekannt von Superbaby – ist Alpha-Aktinin-3 evolutionär hoch konserviert. Es befindet sich unter anderem in den explosiven Muskelfasern von Hühnern, Mäusen, Fruchtfliegen und Pavianen, auch bei unseren engsten Verwandten unter den Primaten, den Schimpansen. Das Fehlen von Alpha-Aktinin-3 ist also ein sehr junges und sehr menschliches

Merkmal. North und Kollegen nahmen an, dass sich die X-Variante in den letzten 30.000 Jahren und nur außerhalb Afrikas in der Menschheit verbreitet hat. Offenbar wurde das Gen aus irgendeinem Grund nur in nicht-afrikanischen Umgebungen durch natürliche Selektion begünstigt. Fast-twitch-Fasern müssen es ja für irgendetwas brauchen, dachte North.

Also sammelten sie und ihre Kollegen DNA von Probanden mit reichlich Fast-twitch-Fasern: Elite-Sprintern. In Zusammenarbeit mit dem Australian Institute of Sport führten sie ACTN3-Tests an Weltklasse-Sportlern durch. Obwohl 18 Prozent aller Australier zwei X-Kopien des Gens haben, war dies bei fast keinem der australischen Sprinter der Fall. Nahezu jeder Sprinter produzierte Alpha-Aktinin-3 in seinen Fast-twitch-Fasern. »Ich habe jahrelang darauf gewartet, diese Studie zu veröffentlichen«, sagt North. »Das Ergebnis zeigte sich schon, als wir die Analyse zum ersten Mal durchgeführt haben, und dann haben wir sie intern immer wieder wiederholt.« Und es bestätigte sich. Bei Sprintern fand man nicht nur in den meisten Fällen keine zwei X-Kopien von ACTN3, das Doppel-X war auch umso weniger wahrscheinlich, je besser ein Sprinter war. Zwei X-Kopien hatten in einer Stichprobe nur fünf von 107 australischen Sprintern, und kein Einziger der 32 Olympiateilnehmer. Nachdem die Arbeit veröffentlicht worden war, beeilten sich Sportwissenschaftler auf der ganzen Welt, die Sprinter ihres Landes zu testen, und überall kam die Korrelation zutage. Fast ausnahmslos hatten Sprinter aus Jamaika und Nigeria Alpha-Aktinin-3 in ihren Fast-twitch-Muskeln, aber auch Langstreckenläufer aus Kenia – was nicht überraschte, denn in afrikanischen Populationen war dies auch in den Kontrollgruppen der Fall. Wissenschaftler in Finnland und Griechenland nahmen ihren olympischen Sprintern DNA ab und auch hier gab es kein einziges Doppel-X. In Japan waren einige Sprinter XX, aber kein Einziger, der die 100 Meter unter 10,4 Sekunden gelaufen war.

North schließt daraus, dass ACTN3 ein Gen für Geschwindigkeit ist. Der Grund dafür ist nicht ausreichend geklärt. Vielleicht hat Alpha-Aktinin-3 einen strukturellen Einfluss darauf, wie explosiv sich eine Muskelfaser zusammenziehen kann, vielleicht beeinflusst es auch die Konfiguration des Muskelsystems. Mäuse sowie – mehreren Studien zufolge – japanische und amerikanische Frauen, denen Alpha-Aktinin-3 fehlt, haben kleinere Fast-twitch-Muskeln und insgesamt weniger Muskelmasse. Von North gezüchtete Mäuse ohne Alpha-Actinin-3 hatten im Vergleich zu normalen Mäusen weitaus weniger aktive Glykogenphosphorylase, ein Enzym, das Blutzucker für explosive Aktionen wie Sprinten bereitstellt. Die Fast-twitch-Muskelfasern bei diesen Mäusen nahmen auch einige der Eigenschaften der ausdauernden Slow-twitch-Fasern an.

Da der Zeitpunkt, zu dem sich die X-Version von ACTN3 in der Menschheit verbreitet hat, schätzungsweise 15.000 bis 30.000 Jahre zurückliegt, hält North es für möglich, dass sich die Variante während der letzten Eiszeit vermehrt haben könnte. Das Fehlen von Alpha-Aktinin-3 kann dazu führen, dass Fast-twitch-Muskelfasern metabolisch effizienter werden, so wie ihre Slow-twitch-Nachbarn, was in den kalten, nahrungsarmen nördlichen Breiten jenseits von Afrika möglicherweise ein Segen ist. Zwei Anthropologen haben vermutet, dass sich die X-Version verbreitete, als Menschen außerhalb Afrikas vom Jäger-Sammler-Leben zu Ackerbau und Viehzucht übergingen. Diese Menschen mussten nun seltener im Krieg oder auf der Jagd sprinten, dafür jedoch metabolisch effizienter werden und stundenlang mit gleichmäßiger Geschwindigkeit arbeiten.

Aber North ist vorsichtig. Obwohl wir den größten Teil unserer DNA-Sequenz mit Mäusen teilen, sind genetisch manipulierte Nagetiere keine idealen Modelle für die genetische Varianz bei Menschen.

> *»Wir durchschauen noch nicht alles«*, sagt North. *»Im Moment sieht es so aus, als ob ACTN3 ein Gen ist, das ein wenig zum Sprinten beiträgt, aber es kann Hunderte andere geben, und natürlich spielen auch Faktoren wie Ernährung, Umwelteinflüsse und Glück hinein.«*

Private Gentestfirmen waren da weniger zaghaft. Sobald die Studie über ACTN3 und Olympia erschien, drängten Unternehmen mit Gentests für Endverbraucher auf den spärlich regulierten Markt. Genetic Technologies aus Fitzroy in Australien war dabei ganz vorne. Für 92,40 Dollar teilte das Unternehmen seinen Kunden mit, welche Versionen des ACTN3-Gens er trägt. (Ich selbst habe zwei R-Kopien.) 2005 gaben die Manly Sea Eagles, eine Mannschaft der australischen Rugby-Nationalliga, als erstes Team offen zu, Spieler auf ACTN3 zu testen und die Trainingsprogramme entsprechend anzupassen, damit die Jungs mit Sprinterausstattung explosiveres Krafttraining und weniger Cardio bekommen.

Die Firma Atlas Sports Genetics aus Boulder, Colorado, kam in die Schlagzeilen, weil sie Eltern einen ACTN3-Test für Kinder verkaufte. Laut Kevin Reilly, Vorstand von Atlas, ist der Test besonders brauchbar bei »denjenigen jüngeren Sportlern, die noch nicht über die motorischen Fähigkeiten verfügen«. Mit »jünger« meint Reilly: Nur weil Klein-Kobe noch nicht laufen kann, muss man nicht damit warten, seine sportliche Karriere mittels DNA zu planen. Falls Klein-Kobe keine R-Varianten des Gens hat, können seine Eltern ihren kleinen DNA-Schützen schon mal in Richtung Ausdauersport einstielen. Mit ihren Gentests für Windelträger hatte Atlas kaum Markterfolg, aber das Unternehmen konnte einen vorpubertären Kundenstamm gewinnen. Reilly sagt: »Bei den Athleten in der Altersgruppe von acht bis zehn Jahren haben wir durchaus Einfluss«, was die Wahl der Sportart betrifft.

Das ist schade für diese Acht- bis Zehnjährigen, denn Endverbraucher-Gentests auf Sportlichkeit sind nahezu wertlos.[39] Wissenschaftler haben zunehmend erkannt, dass die erbliche Komponente komplexer Merkmale wie Sportlichkeit meist das Ergebnis von Dutzenden oder

39 Zugegebenermaßen haben mehrere Studien, bei denen Ausdauer- und Sprint-/Kraftsportler auf eine Reihe von Genen getestet wurden, die mit Ausdauer oder Kraft in Verbindung stehen, im Großen und Ganzen ergeben, dass ein Gentest Ausdauersportler von Sprintsportlern unterscheiden kann. (Aber das schafft jede anständige Trainerin mit größerer Genauigkeit.) Eine Studie von 2009 über spanische Sprinter und Springer testete Sportler auf sechs Genvarianten, die mit Explosivität zu tun haben. Fünf von 53 Sportlern besaßen alle sechs »starken« Genvarianten, obwohl dies bei normalen spanischen Männern nur bei einem von 500 der Fall sein sollte. Das ist interessant für Forschungszwecke, aber immer noch nicht wirklich hilfreich, um vorherzusagen, ob ein Kind Sprinter, Springer oder Marathonläufer wird.

sogar Hunderten oder Tausenden interagierender Gene ist, ganz zu schweigen von Umweltfaktoren. Wer XX beim ACTN3-Gen hat, »wird wahrscheinlich nicht beim olympischen 100-Meter-Rennen starten«, sagt North. Aber das weiß man auch ohne Gentest. Auch wenn das ACTN3-Gen offenbar Einfluss auf die Sprintfähigkeit hat, ist eine darauf basierende Wahl der Sportart so, als würde man raten, was ein Puzzle darstellt, wenn man erst ein Teil gesehen hat. Man braucht das Teil, um das Puzzle zu vervollständigen, aber ohne weitere Teile bekommt man sicherlich kein sinnvolles Bild zusammen.

Carl Foster, Leiter des Human Performance Laboratory an der University of Wisconsin und Mitautor mehrerer ACTN3-Studien, drückt es so aus:

> *»Wenn Sie wissen wollen, ob Ihr Junge ein schneller Läufer wird, ist der beste Gentest heutzutage eine Stoppuhr. Gehen Sie mit ihm auf den Spielplatz und lassen Sie ihn gegen andere Kinder antreten.«*

Foster will damit sagen, dass es trotz des avantgardistischen Reizes von Gentests dumm und ungenau ist, Laufleistung indirekt zu prüfen, wenn man sie auch direkt messen kann. Es ist, als bestimme man die Größe eines Menschen, indem man sie anhand der Zeit ausrechnete, die ein vom Dach fallender Ball braucht, um auf den Kopf aufzuprallen. Warum nicht einfach ein Maßband verwenden?

Alles, was ACTN3 uns verrät, ist offenbar nur, wer 2020 nicht am 100-Meter-Finale in Tokio teilnehmen wird. Und diese Aufgabe erfüllt das Gen nicht einmal besonders akkurat, da es nur eine Milliarde der sieben Milliarden Menschen auf der Erde ausschließt. Berücksichtigt man nur dieses eine Gen, kommt man immerhin zu dem Schluss, dass es fast keine schwarzen Menschen auf der Welt gibt, die vom olympischen Finale ausgeschlossen sind.

# 10

## Krieger, Sklaven und jamaikanische Sprinter

*»Willkommen daheim!«,*

sagt der schwarze Wissenschaftler zum weißen Wissenschaftler und ein Grinsekatzen-Grinsen kräuselt sich um seine Mundwinkel. Der schwarze Wissenschaftler ist Errol Morrison, der renommierteste medizinische Forscher in Jamaika. Das *Morrison-Syndrom* ist eine Form von Diabetes, die er mit einheimischen Teegetränken in Verbindung brachte, die manche Jamaikaner in großen Mengen trinken. Morrison genießt auf der Insel große Wertschätzung. Als er eine Auszeichnung für seine Arbeit erhielt, scherzte die Ärztin, die ihn dem Publikum vorstellte, dass ihr bei Auslandsreisen immer »Bob Marley!« entgegenschalle, sobald man erfahre, dass sie aus Jamaica komme – nur auf Diabetes-Konferenzen nicht: Dort heiße es immer: »Errol Morrison!«

Morrison ist auch Präsident der 12.000 Studenten fassenden University of Technology in Kingston, die vor Ort als UTech bekannt ist. Und jetzt, Ende März 2011, witzelt er mit dem weißen Wissenschaftler Yannis Pitsiladis, einem Biologen und Adipositas-Experten der University of Glasgow, der regelmäßig auf der Insel zu Gast ist und erst kürzlich zum außerordentlichen Professor im aufstrebenden sportwissenschaftlichen Programm von UTech ernannt wurde.

Jetzt drücken sich die rechten Hände der Männer, während beide dem anderen die Linke um die Schultern legen. Zwischen ihnen herrscht

Sympathie. Sie werden sich beim Abendessen in Morrisons luftigem Haus hoch oben auf einem Hügel entspannen, mit Blick auf die glitzernden Lichter von Kingston unter ihnen.

Pitsiladis ist hergekommen, um zu arbeiten. Seit einem Jahrzehnt reist er immer wieder mit Wattestäbchen und Plastikbehältern an und bittet die schnellsten Männer und Frauen des Planeten um Wangenschleimhaut- und Speichelproben. Es gibt keinen anderen Ort auf der Welt, wo man beim Mittagessen zufällig ein halbes Dutzend Männer und Frauen treffen kann, die die olympischen 100 Meter gelaufen sind. Falls sie ihm über den Weg laufen, wird er sicher ihre DNA-Probe nehmen. (Einmal traf Pitsiladis zufällig auf einem Empfang einen Weltklasse-Läufer und sterilisierte hastig ein Weinglas für die Speichelprobe.) UTech selbst ist mit seiner bescheidenen 300-Meter-Grasbahn eine Brutstätte für Renntempo. Allein die Sprinter und Springer, die bei UTech trainierten, gewannen bei den Olympischen Spielen in Peking mehr Medaillen in Leichtathletik (nämlich acht) als viele ganze Nationen bei den gesamten Spielen.

Beim Abendessen werden Morrison und Pitsiladis über ihr gemeinsames wissenschaftliches Vorhaben sprechen: die genetischen und umgebungsbedingten Faktoren zu entwirren, die eine winzige Insel mit drei Millionen Einwohnern zur Sprintfabrik der Welt gemacht haben. Sie haben ihre famosen Gehirne zusammengeschaltet und gemeinsam Studien veröffentlicht. Sie haben auch einzeln zu diesem Thema in der wissenschaftlichen Literatur publiziert.

Und die Schlussfolgerungen ihrer Veröffentlichungen zu der Frage »Ererbt oder erlernt?« könnten kaum gegensätzlicher sein.

In Pitsiladis' Spesenabrechnung vermerkt ein Posten die Bezahlung eines Medizinmannes in Jamaika – für die Genehmigung zum Sammeln von DNA-Proben im Dorf des Mannes. Klar, dass es weltweit nur wenige Forscher wie Pitsiladis gibt.

Pitsiladis' Vorfahren verließen nach dem Zweiten Weltkrieg auf der Suche nach Arbeit Griechenland und zogen zuerst nach Australien und dann nach Südafrika. Von 1969 an, als er zwei Jahre alt war, lebte Pitsiladis im Land der Apartheid. 1980 kehrte seine Familie nach Griechenland auf die Insel Lesbos zurück, wo er wie besessen trainierte, um Volleyballprofi zu werden. Der zukünftige Biologe brach die Schule ab, um zu trainieren, aber als er nicht mehr größer wurde als 1,80 Meter, gab Pitsiladis seinen Volleyball-Traum auf. Seine früheren Leben in Südafrika wie in Griechenland haben sich in seiner Arbeit niedergeschlagen: in der Suche nach Genen, die die besten Athleten des Planeten prägen, und in der Frage, ob eine bestimmte Ethnizität ein Monopol auf diese wertvolle DNA hat. Für ein Jahrzehnt bedeutete dies, nach Äthiopien, Kenia und Jamaika zu reisen, zu den Trainingstrecken einiger der ausdauerndsten und explosivsten Athleten der Welt.

Die Arbeit war mühsam. Immer wieder wurde Pitsiladis die Finanzierung zur Erforschung von Sportlergenen verweigert, da Forschungsgelder für die Humangenetik im Allgemeinen den Untersuchungen zur menschlichen Abstammung oder zu Gesundheit und Krankheit vorbehalten sind. Also sichert sich Pitsiladis seine Forschungsstelle an der University of Glasgow durch das Studium der Genetik von Fettleibigkeit bei Kindern, eine Forschungsrichtung, die hohe Zuschüsse erhält. Pitsiladis Glasgower Dekan mahnt ihn hartnäckig, er solle die Sportforschung sein lassen und sich auf seine Adipositasarbeit konzentrieren. Aber Pitsiladis hält an seiner Forscherpassion fest und die gilt nicht der Genetik der Fettleibigkeit.

»Ich habe gerade einen Artikel über ein Fettgen veröffentlicht », sagt er, »aber [das Gen] hat eine sehr geringe Wirkung, und die kann durch körperliche Aktivität überwunden werden. Und wir werden noch viel mehr Gene finden, und ich kann Ihnen jetzt schon sagen, wie die Antwort lauten wird.« Er hält Daumen und Zeigefinger zwei Zentimeter auseinander. Damit deutet er an, dass Wissenschaftler zwar Dutzende, Hunderte oder Tausende von DNA-Varianten finden werden, die zu einer Veranlagung für Übergewicht beitragen, dass diese aber alle die Adipositas-Epidemie in der industrialisierten Welt nur zu einem kleinen Bruchteil werden erklären können.

Es scheint, als würde Pitsiladis eine griesgrämige Maske abziehen, wenn das Gespräch von der Genetik der Fettleibigkeit zu seinem anderen Arbeitsfeld wechselt: Einblick in die Gene der größten Sportler der Welt. Gelegentlich zieht er ein gelb-grünes Leichtathletiktrikot aus Äthiopien über, das Geschenk eines äthiopischen Goldmedaillengewinners, vor freudiger Erregung wippen die graumelierten Haarsträhnen an seinen Schläfen. Seine Augen weiten sich, und sein zarter Akzent, ein Amalgam der Länder, in denen er gelebt hat, springt in eine Tonlage höher. »Mein Gehirn schaltet dieses Thema nie aus«, sagt er. »Es hört nie damit auf. Nie. Ich habe einmal ein Jahr dafür geschuftet, eine DNA-Probe zu bekommen! Wer sonst würde das machen?« Die Antwort: niemand in der Sportwissenschaft, weil es dort kaum Mittel dafür gibt.

Also muss Pitsiladis seine Sportforschung weiterhin im Hobbykeller der Wissenschaft betreiben. Seit er 2005 erstmals nach Jamaika reiste, hat Pitsiladis einen Großteil der Arbeit aus eigener Tasche bezahlt (er musste sein Eigenheim zweimal refinanzieren); außerdem durch die Zusammenarbeit mit Medien (er verkaufte Filmmaterial aus Jamaika für einen Dokumentarfilm an die BBC); durch Partnerschaften mit ausländischen Wissenschaftlern (die japanische Regierung hat geringe Mittel für die Sportgenetik freigemacht); und durch die Unterstützung von Freunden – 2008 wurde eine Reise nach Jamaika vom Besitzer des indischen Restaurants in Pitsiladis' Glasgower Nachbarschaft finanziert, unter der Bedingung, dass der Sohn des Restaurantbesitzers mitkommen dürfe.

Dies ist Wissenschaft in ihrer erstaunlichsten, kühnsten und improvisiertesten Form. Und dennoch kann es für Pitsiladis genauso quälend sein, Geld zu bekommen, wie es nicht zu bekommen. Er hat eine Todesangst vor Flugreisen. Sein Assistent kann vor jeder Reise nach Afrika oder Jamaika mit einem Anruf rechnen. Der Mann am anderen Ende der Leitung fleht ihn dann an, die Reise zu stornieren. Aber mithilfe eines erlesenen Rotweins geht er dann doch an Bord.

Nicht alle seiner Reisen nach Jamaika drehten sich um DNA-Proben. Bei seinen ersten Besuchen trat Pitsiladis eher als Anthropologe auf und befragte die Jamaikaner selbst nach ihren eigenen Theorien über die Geheimnisse der Sprinterfabrik. Die Antworten reichten von den Süßkartoffeln, die man dort isst, über die Gewohnheit der Landjugend,

Tieren hinterherzujagen, bis hin zur historischen Notwendigkeit, vor den europäischen Sklavenhaltern wegzurennen. Letztere Idee mag albern klingen, hat aber Ursprünge, die so tief reichen wie die Höhlen im Nordwesten Jamaikas, aus denen sie stammt.

Schon zu Beginn seiner jamaikanischen Unternehmungen erfuhr Pitsiladis nicht nur, dass die Insel eine extravagante Menge an Weltklasse-Sprintern hervorbringt – in Kanada und Großbritannien sind die nationalen 100-Meter-Rekordhalter jamaikanische Einwanderer, und die besten amerikanischen Sprinter haben häufig jamaikanische Wurzeln –, sondern auch, dass viele von ihnen aus dem Örtchen Trelawny und seiner Umgebung im Nordwesten Jamaikas stammen. Die Olympischen Spiele 2008 in Peking waren die Krönung von 60 Jahren jamaikanischem Sprinterfolg. Und die Sieger von 2008 – Usain Bolt auf den 100 und 200 Metern der Männer und Veronica Campbell-Brown auf den 200 Metern der Frauen, die besten Sprinter ihrer Generation – stammen aus Trelawny. Im 18. Jahrhundert beherbergte dieser Ort einen kleinen Trupp unfreiwilliger Krieger, die aus dem dichten Regenwald von Jamaikas Cockpit Country über steile Kalksteinfelsen in die Täler hinabstiegen, um die tüchtigsten Soldaten der am meisten gefürchteten Armee der Welt in Angst und Schrecken zu versetzen.

Aus diesen jamaikanischen Kriegern, erfuhr Pitsiladis, gingen die führenden Leichtathleten der heutigen Zeit hervor.

Am 3. April 2011, eine Woche nach seinem Gourmet-Abendessen mit Morrison, sitzt Pitsiladis in einem alten Plastikstuhl in einem schummrigen Betonraum in der Regenwaldregion Jamaikas, den die meisten Inselbewohner noch nie gesehen haben. Und er kämpft für seine Wissenschaft. Auf der anderen Seite des Holztisches, der für das Treffen an diesen Platz gerückt wurde, sitzt Colonel Ferron Williams, der Vorsteher von Accompong Town. Williams trägt ein goldbraunes Kurzarmhemd, und sein makellos rasierter Kopf neigt sich beim Zuhören skeptisch zur Seite. Zu seiner Linken sitzt Norma Rowe-Edwards, seine Stellvertreterin und Stadtkrankenschwester.

Als Pitsiladis vor drei Jahren hier war, um DNA-Proben von den Bewohnern von Accompong zu nehmen, äußerte Rowe-Edwards Besorgnis darüber, dass bei seiner Sammelmethode ein Wattestäbchen durch den Mund gestrichen werden musste. Innerhalb weniger Tage ging in Accompong das Gerücht herum, dass Pitsiladis mit seinen Wangenabstrichen AIDS verbreite.

Rechts vom Oberst sitzt ein Einwohner, den Pitsiladis 2008 angeheuert hatte, um bei den Abstrichen zu helfen. Der Mann hatte zugesagt, DNA von 200 Einwohnern von Accompong zu sammeln. Als Pitsiladis jedoch nach Glasgow zurückkehrte, um die Daten zu analysieren, war die Reihenfolge der Gs, Ts, As und Cs in allen 200 Proben dieselbe. Der Mann behauptete, die Leute in der Gegend wären offenbar sehr nah miteinander verwandt. Aber die Sequenzen war nicht nah dran, sie waren identisch. Der Mann hatte 200 Abstriche von sich selbst gemacht.

Trotz dieser Anfangsschwierigkeiten, verkörpert von den Anwesenden, setzt sich Pitsiladis beim heutigen Treffen durch. Der DNA-Test erfordert kein Wattestäbchen mehr, sondern nur noch Speichel auf einer Plastikscheibe, sodass die Bedenken der Krankenschwester wegen der invasiven Tests bald ausgeräumt sind. Und der Ortsvorsteher möchte Aufmerksamkeit und Besucher die einsame, gewundene Bergstraße hinauf lenken, die zu seiner winzigen Bauerngemeinde mit ihren gedrungenen, pastellfarbenen Betongebäuden führt, die planlos zwischen windschiefen Blechhütten stehen. Deshalb hält er gerne seine Hand über die wissenschaftliche Arbeit, auf dass sie ungehindert weitergehen kann. Am Ende des Treffens greift der Colonel über den Tisch, um Pitsiladis' Hand zu schütteln. Er hat seine Genehmigung für die weitere Probensammlung erteilt.

Dieses Teilstück Jamaikas ist für Pitsiladis von größter Bedeutung. Aus der mündlichen Überlieferung im Nordwesten Jamaikas geht hervor, dass die wildesten Sklaven hierhergebracht wurden, erst von den Spaniern und schließlich von den Briten, weil man der von Klippen und Meer umgebenen Gegend nur schwer entfliehen kann. Der Teil der Geschichte, dessentwegen Pitsiladis hierherkam, beginnt 1655. Damals kam die britische Marine nach Jamaika, um den Spaniern die Herrschaft über die Insel zu entreißen. Unerschrockene Sklaven nutzten die Wirren, um nach Cockpit Country, das bergige Hochland im Nordwesten Jamaikas, zu fliehen. Die entflohenen Sklaven gründeten eigene Gemeinden und wurden als *Maroons* bekannt, vom spanischen Wort *Cimarron* für ausgewilderte Pferde.

Die Geografie von Cockpit Country ist auf Jamaika einzigartig und mit wenig Gegenden der Welt vergleichbar. Es handelt sich um ein Karstgebirge, wo abgelegene, feuchte Wälder den Kalkstein bedecken, der durch den Regen von Jahrmillionen ausgehöhlt wurde und sternförmige Täler – die sogenannten *Cockpits* – freigab, die von schwindelerregend steilen Klippen umschlossen sind. Im Gegensatz zu den meisten durch Wasser geformten Tälern führen die Cockpits keine Flüsse. Das Wasser dringt durch den porösen Kalkstein und verschwindet in einem Netz aus unterirdischen Höhlen. Für die Maroons, die sich im Gelände und im Grundriss der Kalksteindolinen auskannten, war Cockpit Country ein uneinnehmbares Bollwerk gegen britische Truppen.

Nachdem die Briten die Spanier abgelöst hatten, brachten sie den Sklavenimport auf Hochtouren und schifften Abertausende von Afrikanern aus Gegenden herbei, die dem heutigen Ghana und Nigeria entsprechen. Viele stammten aus kriegerischen Ethnien wie den Akan aus Ghana, auch Coromantee genannt, die manchmal von rivalisierenden Völkern gefangen genommen und in die Sklaverei verkauft wurden. Zeitgenössische Briefe britischer Beamter bezeugen tiefen Respekt vor den Coromantee, die ein britischer Gouverneur von Jamaika als »geborene Helden … nach Misshandlung von unerbittlicher Rachsucht« und »gefährliche Insassen einer westindischen Plantage« beschrieb. Ein anderer Brite schrieb im 18. Jahrhundert, dass sich die »Goldküstenneger« durch »Festigkeit von Körper und Geist; eine Wildheit des Gemüts … eine Erhabenheit der Seele, die sie zu Unternehmungen voller Schwierigkeit und Gefahr treibt« auszeichneten.

In den 1670er-Jahren, als immer mehr Sklaven nach Jamaika gebracht wurden und in immer größerer Zahl flohen, um sich den aufsprießenden Gemeinden in den Bergen anzuschließen, brannten die Maroons Zuckerrohrfelder nieder und färbten den Nachthimmel mit der Farbe ihrer Entschlossenheit. »Kein Brand ist beunruhigender« als ein Zuckerrohrfeuer, schrieb William Beckford, ein in Jamaika lebender Engländer. »Die Wut und Schnelligkeit, mit der es brennt und sich ausbreitet, ist unmöglich zu beschreiben.« Aus den Reihen der kühnen Coromantee kam das militärische Genie, das als Captain Cudjoe bekannt wurde.

Cudjoe schuf zusammen mit Nanny, der Anführerin der Maroons auf der Ostseite der Insel, ein ausgeklügeltes Spionagesystem, um mithilfe von Maroon-Soldaten und Plantagensklaven die Bewegungen britischer Truppen zu verfolgen.[40] Als die Briten nach Cockpit Country vorstießen, um entlaufene Sklaven einzufangen, überfielen Cudjoes Kämpfer sie und schlugen sie nicht nur trotz ihrer zahlenmäßigen Überlegenheit zurück, sondern bauten mit den erbeuteten Waffen eine Armee auf. Die Gefechte waren so ungleich, dass die Soldaten des ruhmreichen britischen Empire »es nicht wagen, [den Maroons] in gleicher Anzahl vor die Augen zu treten«, wie ein englischer Plantagenbesitzer schrieb. Die Furcht der Briten klingt immer noch in den Namen der Distrikte in Cockpit Country nach: *Don't Come Back* und *Land of Look Behind*.

Die Entscheidungsschlacht fand 1738 statt, nur einen kleinen Spaziergang von der Stelle entfernt, an der Pitsiladis den Colonel getroffen hat, um die DNA-Sammlung zu besprechen. Ein Trupp von Cudjoes Soldaten versteckte sich in einer Kalksteinhöhle, die heute *Peace Cave* – »Friedenshöhle« – heißt, nicht ohne vorher einen losen Stein auf den Weg vor dem Eingang zu platzieren. Die britischen Soldaten brachten im Vorbeimarsch den Stein zum Klappern, sodass die wartenden Maroons mitzählen konnten und die Truppenstärke erfuhren. Dann kam einer der Maroons hervor und gab seinen Kameraden auf den umliegenden Höhen ein Signal, indem er in ein *abeng* blies, ein durchdringendes, aus einem grün bemalten Kuhhorn geschnitztes Instrument. Aus allen Richtungen strömten Maroon-Krieger ins Tal und mas-

40 Nanny wird in Jamaika sehr verehrt. Laut einer Insellegende konnte sie britische Gewehrkugeln aus der Luft fangen.

sakrierten die britischen Soldaten. Der Legende nach wurde ein einziger britischer Soldat verschont und mit dem eigenen Ohr in der Hand heimgeschickt, um seinen Vorgesetzten von den Geschehnissen zu berichten. Kurz nach dem Gemetzel unterzeichneten die Briten einen Vertrag, der den Maroons ihr abgeschiedenes Territorium und ihre Freiheit zusprach – ein ganzes Jahrhundert vor der offiziellen Abschaffung der Sklaverei. Cudjoe wurde Oberbefehlshaber der nahe gelegenen Stadt Trelawny.

Heute bilden die rund 500 Maroons von Accompong Town ein Autonomiegebiet innerhalb Jamaikas. Von Pitsiladis' Treffpunkt mit dem Colonel aus befinden sich gleich hinter einem Hügel die Elternhäuser von Usain Bolt und Veronica Campbell-Brown.[41] Die Maroons von Accompong beanspruchen sie eindeutig als Mitglieder ihrer Abstammungslinie.

»Niemand kann abstreiten, dass es eine Auswahl der fittesten Sklaven gab«, sagt Pitsiladis. Er hat selbst in einige historische Aufzeichnungen geschaut, Experten auf der Insel interviewt und Studien über die Demografie des jamaikanischen Sklavenhandels mitverfasst.

> *»Die Leute, die die Sklaven verkauften, waren deren Nachbarn »,* sagt er. *»Es ging so: Ich weiß, dass du kräftig bist, und bevor du es merkst, hast du schon einen Sack über dem Kopf, und ich habe dich verkauft. So kam es, dass die Kräftigsten und Fittesten verschifft wurden.«*

Und von den Ankömmlingen sollen wiederum die Kräftigsten und Fittesten im Nordwestquadranten der Insel gelandet sein, als unbezwingbare Maroons. »Und das ist die Gegend, aus der die jamaikanischen Sportler kommen«, sagt Pitsiladis. »Das Ganze ergibt also eine wirklich schmeichelhafte Geschichte.«

41 Der vielleicht berüchtigtste Sprinter aller Zeiten, der Kanadier Ben Johnson, der bei den Olympischen Spielen 1988 Gold auf den 100 Metern gewann und seine Medaille wenige Tage später, nachdem er positiv auf Steroide getestet worden war, zurückgeben musste, stammt ebenfalls aus Trelawny.

Die Geschichte lautet: starke Menschen wurden aus Afrika verschleppt; die Stärksten der Starken überlebten die grausame Überfahrt nach Jamaika; die Stärksten dieser Starken bildeten die Maroon-Gesellschaft in der abgeschiedensten Ecke Jamaikas; und aus diesem isolierten Krieger-Genpool stammen die heutigen olympischen Sprinter. In einem Dokumentarfilm aus dem Jahr 2012 stimmt der Weltrekord-Sprinter Michael Johnson dieser Theorie zu:

> *»Man kann unmöglich glauben, dass eine Abstammung von Sklaven über Generationen hinweg keine Spuren hinterlässt. So schwierig es auch klingt, aber die Sklaverei ist Nachkommen wie mir zugutegekommen – ich glaube, wir haben ein überlegenes Sportlergen.«*

Seit 2005 sammelt Pitsiladis Genproben von Maroons und von 125 der besten jamaikanischen Sprinter der letzten 50 Jahre. (Er nennt die einzelnen Sportler, denen er genetisches Material entnommen hat, bewusst nicht. Als ich Pitsiladis' Labor in Glasgow besuchte, beugte er sich über einen Studenten, der gerade mit der Pipette die DNA von »jemandem wie Usain Bolt«, wie Pitsiladis es ausdrückte, auf eine Petrischale übertrug.)

Seine Daten sind zwar unvollständig, aber bisher stützen sie die Vorstellung, dass speziell die Kriegergesellschaft der Maroons die Sprintergesellschaft der Jamaikaner hervorgebracht hat, nicht besonders. Maroons in Accompong haben mir mehrfach versichert, sie könnten andere Maroons in einer Menschenmenge anhand der dunklen Hautfarbe erkennen. Aber auf Nachfrage gaben die meisten zu, dass dies nur eine beliebte Lokallegende sei, und dass sie dies in Wirklichkeit wohl eher nicht könnten. Pitsiladis kann das aus genetischer Sicht auch nicht. Zwar hat er nur einen Bruchteil ihres Genoms analysiert, aber bislang sind die Maroons nicht wirklich von anderen Jamaikanern zu unterscheiden. »Sie sehen [genetisch] nach Westafrikanern aus, genau wie alle anderen Jamaikaner«, sagt er. »Schauen Sie mal hin und versuchen Sie mir zu sagen, was ein Jamaikaner ist.«

Pitsiladis bezieht sich auf die Tatsache, dass die DNA der Jamaikaner ihrem Staatsmotto entspricht: *Out of Many, One People* – »Aus vielen ein Volk«. Sklaven kamen aus mehreren Ländern Afrikas und aus allerlei ethnischen Gruppen innerhalb dieser Länder nach Jamaika. Genetische Untersuchungen der Abstammung von Jamaikanern haben verschiedene westafrikanische Abstammungslinien zutage gefördert. Eine Studie über einen Abschnitt der Y-Chromosomen, die nur von Vater zu Sohn weitergegeben werden, hat Ähnlichkeiten mit Afrikanern aus der Bucht von Biafra ergeben, zu der die Küstengebiete von Nigeria, Kamerun, Äquatorialguinea und dem Gabun gehören. Eine Untersuchung der mitochondrialen DNA der Jamaikaner hat mehr Ähnlichkeit mit Afrikanern aus der Bucht von Benin und von der Goldküste ergeben, also aus Gebieten in Ghana, Togo, Benin und Nigeria. Wie bei Afroamerikanern stimmen alle Studien darin überein, dass das mütterliche genetische Erbe von Jamaikanern fast vollständig westafrikanisch ist, jedoch einer Reihe von Ländern entstammt.

Kurz gesagt: Wie es angesichts der Sklavereigeschichte der Insel zu erwarten ist, stammen die Bewohner zwar aus Westafrika, aber aus einer Vielzahl von ethnischen Gruppen. (Captain Cudjoe ist schließlich dafür berühmt, dass er Krieger der Stämme der Ashanti, Kongolesen und Akan vereinte.) Ganz zu schweigen davon, dass einige Jamaikaner genetischen Untersuchungen zufolge ein bisschen Genmaterial von amerikanischen Ureinwohnern in sich tragen, vermutlich weil sie sich mit den Taíno vermischt haben, eingeborenen Jamaikanern, von denen manche Historiker zuvor dachten, sie seien durch eingeschleppte Krankheiten und Verfolgung durch spanische Kolonisatoren ausgestorben, bevor westafrikanische Sklaven eintrafen.

Colin Jackson, der von 1993 bis 2006 den 110-Meter-Hürden-Weltrekord hielt, hat jamaikanische Eltern, ist aber in Wales geboren und aufgewachsen. Er unterzog sich 2006 einer Genanalyse für die BBC-Ahnenforschungssendung *Who Do You Think You Are?* Zu Jacksons Überraschung verriet seine DNA, dass er zu 7 Prozent Taíno ist. Historiker glauben jetzt, dass einige wenige Taíno die spanische Besatzungszeit überlebt haben müssen, indem sie in die Berge geflohen sind, um sich den Maroons anzuschließen. Der Brite Jackson ist also womöglich ein weiterer Sprint-Weltmeister mit Maroon-Erbgut. (2008, fünf Jahre nach dem Ende seiner Karriere, nahm Jackson an einer anderen BBC-Fernsehsendung teil, *The Making of Me*, bei der ein Labor der Ball State University eine Gewebeprobe aus seinem Bein entnahm und darin – zu Jacksons größter Freude – den höchsten Anteil an Typ-IIb-Muskelfasern oder »Superfast-twitch-Fasern« feststellte, der dem Labor je untergekommen war.)

Auf jeden Fall müssen noch Details in Bezug auf das genetische Erbgut der Jamaikaner und der führenden Sprinter der Insel erforscht werden. Aber zumindest hat die Arbeit von Pitsiladis und anderen gezeigt, dass weder die Maroons noch die Jamaikaner insgesamt irgendeine isolierte, monolithische genetische Einheit darstellen. Vielmehr sind Jamaikaner, wie es von einer Mischung aus Westafrikanern zu erwarten ist, genetisch sehr unterschiedlich. (Auch wenn die Jamaikaner, wie es ebenfalls zu erwarten ist, in Bezug auf das »Sprintergen« ACTN3 gewiss nicht sehr verschieden sind, denn fast alle Jamaikaner besitzen eine Kopie der für das Sprinten richtigen Version.)

Wenn das Geheimnis der Sprintfabrik eine Karibikinsel wäre, deren sprintfreudige Bevölkerung den höchsten Anteil an afrikanischen Genen besitzt, dann müssten wir mehr Top-Sprinter von Barbados erwarten, denn die 250.000 Einwohner dieser winzigen Insel haben die am wenigsten verwässerte westafrikanische Abstammung in der ganzen Karibik. (Wobei Barbados relativ zu seiner Einwohnerzahl durchaus überrepräsentiert ist, wenn auch nicht so sehr wie Jamaika: ein olympischer Medaillengewinner auf den 100 Metern im Jahr 2000 und ein olympischer Finalist auf den 110-Meter-Hürden im Jahr 2012. Die winzigen Bahamas mit ihren 350.000 Einwohnern gehören auch schon lange zu den besten Sprintländern der Welt. Die Bahamas siegten bei den Olympischen Spielen 2012 in der 4×400-Staffel der Männer gegen die USA und errangen die Goldmedaille. Mit 1,3 Millionen Einwohnern ist Trinidad und Tobago ein weiteres karibisches Kraftpaket im internationalen Sprintgeschäft.)

Als Pitsiladis bei jamaikanischen Sprintern und nichtsportlichen Versuchspersonen zwei Dutzend Genvarianten verglich, die – in einigen Fällen äußerst schwach – mit der Sprintleistung in Verbindung gebracht werden, gingen die Ergebnisse »in die richtige Richtung«, wie er sagt, »aber nicht dramatisch.« Sprinter hatten demnach eher die »richtigen« Genvarianten als Nichtsprinter, aber keineswegs immer. Einer von Pitsiladis' Studenten, der in der Kontrollgruppe beteiligt war, hatte mehr Sprintergene als »jemand wie Usain Bolt«. Das bedeutet nicht, dass Gene für das Sprinten unwichtig sind, sondern dass Wissenschaftler erst eine sehr kleine Anzahl der relevanten Gene gefunden haben.

Pitsiladis analysiert weiterhin die Gene der besten jamaikanischen Sprinter. Da die Untersuchung großer Teile des Genoms technisch leichter geworden ist, sind in seiner Arbeit einige Genvarianten zutage getreten, die sich bei Sprintern und Nichtsprintern unterscheiden und somit eventuell Einfluss auf den Sprinterfolg haben – aber das Bild ist noch verschwommen. Und weil es auf der ganzen Welt zu wenige Sprinter mit Chancen auf olympisches Metall gibt, um umfangreiche Studien zu erstellen, wird es wahrscheinlich verschwommen bleiben. Sportwissenschaftler haben noch einen schweren Weg vor sich, wenn sie weitere für sportliche Höchstleistungen nötige Körpereigenschaften identifizieren wollen, geschweige denn die ihnen zugrunde liegenden Gene.

Pitsiladis' Theorien über die Sprintfabrik der Welt wurden in dem Jahrzehnt seiner Reisen nach Jamaika weniger von den Daten beeinflusst, die er mit kostspieligen DNA-Sequenzierern und Chromatografen zusammengetragen hat, als vielmehr von den Daten, die er mit zwei anderen wichtigen Forschungsinstrumenten sammelte: mit seinen Augen.

Jamaikas inselweite Leichtathletik-Jugendmeisterschaften, die sogenannten *champs*, finden ungebrochen jedes Jahr seit 1910 statt, als Jamaika noch eine britische Kolonie war und die Schulleiter von sechs Knabenschulen die Wettrennen organisierten. Im Unterhaltungsbetrieb der Insel sind sie der Höhepunkt des Jahres.

Die Champs erstrecken sich über vier Tage und bei den Wettkämpfen für Jungen und Mädchen nehmen einhundert Highschools teil. Am letzten Tag scheint sich der Wettkampfort in einen riesigen Nachtclub zu verwandeln.

Im Nationalstadion in Kingston mit seinen 35.000 Plätzen steht man dichtgedrängt, während Tanzbegeisterte auf den Gängen den *whine* vorführen, einen ausgefeilten Hüftschwung, der Uneingeweihte zum Erröten bringt. Abends duften die Stadionhallen nach Jerk-Marinade, und die Blocks, in denen sich die Anhänger einer bestimmten Highschool aufhalten, sind mit bunten Bannern in Rahsegelgröße geschmückt. Sobald die Fans ein heiß umkämpftes Rennen – *cracker* im Lokaljargon – erspähen, wird der Lärm von Jubelrufen, Pfiffen und Fanfaren ohrenbetäubend, während sich die Athleten zielwärts noch einmal richtig reinhängen. Holt der Schlussläufer einer Sprint-Staffel gegen Ende des Rennens einen Konkurrenten ein, erinnert der Stadionsprecher die Zuschauer daran, ihre Erregung nicht dadurch zu zeigen, dass sie von der Tribüne auf die Bahn springen. Olympia-Sprinter erscheinen, um ihre alten Schulen anzufeuern oder sich im eigenen Ruhm zu sonnen. Bei den Champs 2011 schlenderte der ehemalige Weltrekordhalter Asafa Powell in Designerjeans, Goldkettchen und Sonnenbrille durch die Ränge, umgeben von einem Gefolge aus Mädchen in Paillettenshirts und Jungs in offenen Jacken und Sneakern.

Leichtathletik ist bei der Jugend Jamaikas der letzte Schrei. Vor Usain Bolt fanden die Leichtathletikturniere der Profis in Kingston vor leeren Tribünen statt, selbst zur nationalen Meisterschaft für Fünf- und Sechsjährige kamen mehr Zuschauer. Puma-Läden in Kingston und Umgebung verkaufen Sportartikel mit den Emblemen von Schulen, die auf eine ehrwürdige Champs-Historie zurückblicken, so wie die Calabar High, benannt nach einer Hafenstadt in Nigeria, die eine Zwischenstation für viele Sklaven war. Die jugendliche Begeisterung für die Leichtathletik bringt auch Enthusiasten hervor, die der Schule ihres Heimatorts zum Erfolg bei den Champs verhelfen möchten. Enthusiasten wie Charles Fuller.

Im Jahr 1997, als er Angestellter der Aluminiumfirma Alcan Jamaica war, hatte Fuller es satt, dass die schnellsten Kinder der Gegend Manchester verließen, um zur Highschool zu gehen. Es schmerzte ihn, dass Jungen und Mädchen aus der Nachbarschaft anderen Schulen dabei halfen, Manchester High bei den Champs zu besiegen. Um sein örtliches Team wieder für die Champs zu stärken, begann Fuller, Läufer aus der Umgebung zur Manchester High zu locken. Läufer wie Sherone Simpson.

1997 sah Fuller Simpson in einem 100-Meter-Rennen für Zwölfjährige laufen. Mit sanft grummelndem Bariton und geweiteten Augen erzählt er: »Sie lief 12,2 Sekunden, von Hand gestoppt. Und das war barfuß auf Gras!« Fuller staunte über Simpsons geschmeidigen Körperbau, der ihn an Grace Jackson, eine jamaikanische Olympiasiegerin der 1980er-Jahre, erinnerte.

Aber Simpson war eine ausgezeichnete Schülerin, und ihre Prüfungsergebnisse in der Grundschule hatten ihr einen Platz am Knox College verschafft, einer der besten weiterführenden Schulen in Jamaika, allerdings einer ohne Leichtathletikteam. Also intervenierte Fuller.

Er überzeugte Simpsons Eltern, Audley und Vivienne, vom läuferischen Potenzial. Sobald er ihre Zustimmung hatte, holte Fuller den Direktor von Manchester High, Branford Gayle, an Bord. Gayle kontaktierte das Knox College und nach beharrlichem Nachfragen gewährte Knox den Transfer von Simpson.

In den ersten Jahren lief Simpson gut bei den Champs, aber sie konzentrierte sich mehr auf die Schule. Highschool-Trainer in Jamaika trainieren im Allgemeinen sehr konservativ – die meisten Unterstufenschüler trainieren nicht jeden Tag und Krafttraining macht man erst mit 15 oder 16. Das Highschool-Training, sagt Simpson, »war nicht intensiv«. Aber im Jahr 2003, ihrem Abschlussjahr in Manchester, blühte Simpson auf. Bei den Champs belegte sie den zweiten Platz auf den 100 Metern, nur Zentimeter hinter der späteren Olympiasiegerin Kerron Stewart. Talentscouts von amerikanischen Colleges, erkennbar an den T-Shirts und Kappen mit entsprechenden Logos, streifen über die Tribünen der Champs. (Manche Scouts fallen zudem wegen der geringen Anzahl weißer Zuschauer im Stadion auf. Als ich die Champs besuchte, kam ein Teenager auf mich zu und rief mehrmals: »Entschuldigen Sie, Sir?«, bevor mir klar wurde, dass er mich meinte. »Haben Sie Stipendien zu vergeben?« Leider musste ich ihn enttäuschen.) Simpson war kurz davor, ein Vollstipendium an der University of Texas-El-Paso anzunehmen, als erneut einer ihrer Leichtathletik-Schutzengel eingriff.

An der nahe gelegenen UTech – wo Errol Morrison Präsident ist – baute der Trainer Stephen Francis gerade eifrig den MVP Track Club auf, um jamaikanischen Sportlern einen Ort zu bieten, an dem sie nach der Highschool weiter trainieren konnten, ohne in die USA und in das Leichtathletikprogramm der NCAA auszuwandern, das nach Meinung der jamaikanischen Trainer seine Sportler überfordert. Gayle, der Direktor von Manchester High, ließ Simpson in sein Büro kommen: »Du gehst ein Jahr lang zur Utech und probierst es da aus«, erinnert sich Gayle an seine Worte. »Dann habe ich sie weinen und ihre Tränen abwischen lassen. Und dann hat sie zugestimmt.«

2004 platzte Simpson als UTech-Erstsemester in die internationale Szene hinein und wurde Sechste im Finale der 100 Meter bei den Olympischen Spielen in Athen. Eine Woche später und nur zwei Wochen nach ihrem 20. Geburtstag lief Simpson als zweite Läuferin in der 4×100-Meter-Staffel gegen die US-Starsprinterin Marion Jones und wurde die jüngste Goldmedaillengewinnerin in der Geschichte Jamaikas. Vier Jahre später holte sich Simpson in Peking hinter ihrer UTech-Kommilitonin Shelly-Ann Fraser-Pryce die 100-Meter-Silbermedaille zusammen mit Kerron Stewart, die sie fünf Jahre zuvor bei den Champs geschlagen hatte, und mit der sie jetzt auf die Hundertstelsekunde gleichauf lag. Jamaika belegte damit drei Plätze auf der olympischen Siegertreppe.

Als Simpson an einem heißen Frühlingstag, auf einer Betonbank mit Blick auf die majestätischen Blue Mountains, die neben dem kleinen, grasbewachsenen Trainingsplatz des MVP Track Club steht, an ihren Weg zurückdenkt, kräuseln sich ihre Mundwinkel zu den unglaublich hohen Wangenknochen empor.

*»Ich erinnere mich lebhaft daran, wie Mr. Fuller mich das erste Mal rennen sah, und wie er zu mir kam und sagte, ich habe viel Potenzial«,* sagt sie. *»Da hat alles angefangen!«*

Simpsons Geschichte steht exemplarisch für die Vorteile des jamaikanischen Systems: Fast jedes Kind muss irgendwann in Jugendrennen sprinten (Simpsons feierte ihre ersten Siege als Fünfjährige im Staffellauf beim jährlichen Sportfest für jamaikanische Schulkinder), während erwachsene Leichtathletikfans wie Fuller und Gayle die Augen nach schnellen Heranwachsenden offenhalten und sie für gute Leichtathletikschulen rekrutieren. Dort werden sie sehr langsam weiterentwickelt, sammeln aber wichtige Turniererfahrung bei den Champs, wo sie durch gute Leistungen Anerkennung gewinnen und Stipendien verdienen. Die Besten der Besten erhalten sogar einen Schuhhersteller als Sponsor oder die Mitgliedschaft in einem Profiverein.

Das jamaikanische Sprint-System ähnelt dem Football in den USA und ist ebenso mit allerlei zwielichtigen Anreizen verbunden. (Bei Champs haben mir mehrere Highschool-Trainer berichtet, dass es ihnen jetzt verboten ist, Eltern Kühlschränke zu schenken, um im Gegenzug deren Kinder zu rekrutieren.) Dieses inselweite System zur Suche und Verwertung von Sprinttalent hat sich für Jamaika in olympischem Gold ausgezahlt. Usain Bolt höchstpersönlich wollte in seiner Jugend Cricket-Star werden (seine zweite Wahl wäre Fußball gewesen), bis er bei Sportfesten seinen Mitschülern im Sprint davonraste und als 14-Jähriger zur Leichtathletik gedrängt wurde – schon damals war er fürs Schwänzen des Trainings bekannt – und 2003 schließlich Champs-Rekorde auf den 200 und 400 Metern aufstellte. Yohan Blake, Bolts Trainingspartner, der bei den Olympischen Spielen 2012 in London auf den 100 und 200 Metern hinter ihm Zweiter wurde, wollte auch Cricketspieler werden, wurde aber im Alter von zwölf Jahren bei einem Sportfest als Sprinter entdeckt. Selbst amerikanische Top-Sprinter entstammen oft der systematischen jamaikanischen Talentförderung. Sanya Richards-Ross, eine Amerikanerin, die auf den 400 Metern in London Gold gewann, lebte bis zum zwölften Lebensjahr in Jamaika und wurde von einem Grundschulsportlehrer entdeckt, als sie mit sieben Jahren beim Sportfest ältere Mädchen überholte. »Der Trainer sagte: ›Okay, du kommst ins Leichtathletikteam‹«, erzählt Richards-Ross.

Physiologische Forschungen haben ergeben, dass sich die Widerstandskraft von Fast-twitch-Muskelfasern gegen Ermüdung durch Ausdauertraining erhöhen lässt, dass aber Sprinttraining die Schnelligkeit, mit der sich Slow-twitch-Fasern zusammenziehen, nicht steigert. Für einen Elite-Sprinter ist es daher unerlässlich, mit einem großen Anteil an Fast-twitch-Fasern ausgestattet zu sein. Oder dem Dogma der Footballtrainer folgend: »Schnelligkeit lässt sich nicht beibringen.« Das ist übertrieben, da Schnelligkeit – und sicherlich die Fähigkeit, Schnelligkeit aufrechtzuerhalten – verbessert werden kann. Aber man denke an die Groninger Fußballtalentstudien. Unabhängig vom Training holen die langsamen Kinder die schnellen Kinder im Sprint nie ein. Und auch an die Worte von Justin Durandt, Manager des Discovery High Performance Center am Sports Science Institute in Südafrika:

> *»Wir haben über zehntausend Jungen getestet*
> *und ich habe noch nie erlebt, dass ein Junge, der langsam war,*
> *schnell geworden ist.«*

Aus langsamen Kindern werden nie und nimmer schnelle Erwachsene. Daher ist es so wichtig, die flottesten Kinder in der Sprintförderung zu halten. Und in welchem anderen Land als Jamaika wäre ein rasend schneller Junge wie Bolt, der im Alter von 15 Jahren 1,93 Meter maß, irgendwo anders gelandet als auf dem Basketball-, Volleyball- oder Footballfeld? Wäre er in den USA geboren, hätte Bolt zweifellos den Weg hoch aufgeschossener Rennmaschinen wie Randy Moss (1,93) oder Calvin Johnson (1,96) eingeschlagen, beides große, schnelle Wide Receiver, die in der NFL viele Millionen Dollar verdient haben. (Johnsons Größe und Tempo haben ihm 2012 einen Vertrag über 132 Millionen Dollar eingebracht.)

Die Sprintergebnisse bei den Champs sind tatsächlich vergleichbar mit denen der Meisterschaften in sprintstarken Bundesstaaten wie Texas und die Atmosphäre der Champs ist ähnlich leidenschaftlich wie beim texanischen Highschool-Football. Aber viele der potenziellen olympischen Sprinter Amerikas landen stattdessen in Sportarten, die in den USA populärer sind, wie Basketball oder Football. (Ein jamaikanischer Sportjournalist, den ich bei den Champs kennengelernt habe, machte sich Sorgen, dass die zunehmende Basketballbegeisterung auf der Insel Leichtathletiktalente wegsaugen könnte.)

Trindon Holliday, Wide Receiver in der NFL, war ein so herausragender Sprinter an der Louisiana State University, dass er bei den US-Meisterschaften 2007 Walter Dix von der Florida State besiegte – der in Peking auf den 100 Metern hinter Usain Bolt Bronze holen würde. Aber Holliday verzichtete später auf seinen Platz im Weltmeisterschaftskader der USA, nur um bloß keinen Tag Vorsaison-Training für das Footballteam seiner Hochschule zu verpassen. Xavier Carter, der zur gleichen Zeit wie Holliday an der Louisiana State University war, entschied sich erst dann für eine Profikarriere als Sprinter, nachdem er in zwei Jahren als Wide Receiver im Footballteam keinen guten Eindruck gemacht hatte. Das Geheimnis der jamaikanischen Dominanz im internationalen Sprintsport liegt darin, dass die besten Sprinter auf der Bahn gehalten werden.

In der inselweiten, systematischen Talentsuche, bei der sich jedes Kind irgendwann einmal im Sprinten versucht, sieht Pitsiladis den Grund für den jamaikanischen Sprinterfolg. Was nicht heißen soll, dass Gene keine Rolle spielen.

> *»Um Weltrekordler zu werden, muss man zuallererst die richtigen Eltern haben«*, scherzt er. *»Aber Jamaika lässt Tausende und Abertausende sprinten und da kommen die Besten nach oben. Das ist der Grund für dieses Phänomen. Wenn es in irgendeinem anderen Land so wäre, käme genau das Gleiche dabei heraus.«*

Als eine schottische Zeitung Pitsiladis' Rat für britische Nachwuchssportler einholte, empfahl er: »Verlegt euch ruhig aufs Sprinten. Kümmert euch nicht drum, dass ihr weiß seid. Es hat nichts mit der Hautfarbe zu tun.«

Dem würde Pitsiladis' Freund und Kollege Errol Morrison von Herzen widersprechen.

# 11

## Malaria und Muskelfasern

Verglichen mit Europäern haben Jamaikaner im Verhältnis zur Körpergröße längere Beine und schmalere Hüften. Dies, sagt Morrison, ist unbestreitbar.

Dass Jamaikaner linearer gebaut sind als Europäer, ist weder überraschend, noch beschränkt es sich auf Jamaikaner. Gemäß der Allen'schen Regel der Körperproportionen haben Männer und Frauen mit neuerer Abstammung aus niedrigen Breitengraden und warmen Klimazonen im Allgemeinen proportional lange Gliedmaßen. Ein anderes ökogeografisches Prinzip, das als Bergmann'sche Regel bekannt ist und auf den Biologen Carl Bergmann aus dem 19. Jahrhundert zurückgeht, besagt, dass Menschen mit neuerer Abstammung aus niedrigen Breitengraden tendenziell auch schmaler gebaut sind und schlankere Beckenknochen aufweisen. Sowohl lange Beine als auch schmale Hüften sind zum Laufen und Springen vorteilhaft. Wenn alle anderen Faktoren gleich bleiben, wächst die maximale Laufgeschwindigkeit relativ zur Quadratwurzel der Beinlänge. Aber die Theorie der westafrikanischen Dominanz im Sprint, die Morrison mitautorisiert hat, hat mit diesen anatomischen Überlegungen gar nichts zu tun.

Im Jahr 2006 behauptete Morrison im West Indian Medical Journal zusammen mit Patrick Cooper, dass die Malaria, die an der Westküste Afrikas grassierte, von wo aus die Sklaven verschleppt wurden, zu spezifischen genetischen und metabolischen Veränderungen geführt hat, die für Sprint- und Kraftsportarten von Vorteil sind. Die Hypothese: Die Malaria hat in Westafrika die Verbreitung von Genen erzwungen, die gegen sie schützen. Eben jene Gene verringern die Fähigkeit zur aeroben Energiegewinnung, was zu einer Verlagerung zu Fast-twitch-Muskelfasern führt, die weniger abhängig von Sauerstoff für die Energieerzeugung sind. Morrison half bei den biologischen Details, aber die Grundidee stammte ursprünglich von dem Mitautor Cooper, einem Freund von Morrison aus Kindertagen.

Cooper war ein Tausendsassa, dessen berufliche Erfolge von Musikaufnahmen bis zum Redenschreiben für Norman Manley, einen Architekten der Unabhängigkeit Jamaikas, und dann für dessen Sohn, Premierminister Michael Manley, reichten. Zu Beginn seiner Karriere war Cooper Reporter bei *The Gleaner*, Jamaikas größter Zeitung. Als er in der Sportredaktion von *The Gleaner* arbeitete, glaubte er anfangs, dass weiße Sportler den Sprint- und Kraftsport bisher dominiert hatten, indem sie schwarze Athleten wie den Boxchampion Jack Johnson systematisch ausschlossen oder ihnen auswichen. In seinen späteren Schriften dokumentierte Cooper akribisch die Tatsache, dass Sportler mit westafrikanischem Erbe im Sprint- und Kraftsport fast sofort stark überrepräsentiert waren, sobald man ihnen ein Bruchteil des Zugangs zum Sport gewährte, den ihre weißen Konkurrenten genossen. Cooper beleuchtete Trends, die bis heute anhalten: Bei jeder Olympiade nach dem US-Boykott von 1980 hatte jeder einzelne Finalist im 100-Meter-Rennen der Männer, egal ob er aus Kanada, den Niederlanden, Portugal oder Nigeria kam, eine nicht lange zurückliegende Herkunft aus dem Westafrika südlich der Sahara. (Dasselbe galt für die Frauen bei den letzten beiden Olympischen Spielen: Alle bis auf eine Siegerin seit den von den USA boykottierten Spielen von 1980 waren neuerer westafrikanischer Abstammung.) Und auf der Cornerback-

Position, der schnellsten im American Football, hat es seit mehr als einem Jahrzehnt keinen weißen NFL-Spieler gegeben.[42]

Als Redenschreiber in Michael Manleys kämpferischer Wiederwahlkampagne 1976 waren Cooper und seine Familie einer ständigen Bedrohung ausgesetzt. Cooper setzte sich nicht mehr mit dem Rücken zum Fenster, und als seine Frau Juin mit vorgehaltener Waffe angehalten wurde, zog die Familie endgültig von Jamaika weg. Als Cooper Ende der 1980er-Jahre in Houston lebte, durchkämmte er die Bibliothek und suchte historische und biologische Erklärungen für die Dominanz schwarzer Leichtathleten im Sprintsport. Cooper verschlang wissenschaftliche Veröffentlichungen in Biologie, Medizin, Anthropologie und Geschichte in einer Weise, wie es nur wenige taten, als es noch keine elektronischen Datenbanken gab, mit deren Hilfe man Fachjournale per Tastendruck durchsuchen kann.

Cooper fand die berühmte Körpertypenstudie über die Olympioniken von 1968 und klammerte sich an eine merkwürdige Randnotiz, die die Forscher angefügt hatten. Die Forscher hatten mit Überraschung festgestellt, dass »bei einer beträchtlichen Anzahl negroider Olympioniken das Sichelzellenmerkmal auftritt«. Einige schwarze Olympioniken hatten demnach eine Mutation in einer von zwei Kopien des Gens, das für Hämoglobin – das sauerstofftragende Molekül in roten Blutkörperchen – kodiert. Die Mutation führt dazu, dass sich die runden roten Blutkörperchen in Abwesenheit von Sauerstoff sichelförmig zusammenrollen, was möglicherweise bei intensiver körperlicher Betätigung die

42 In der NFL gibt es Weiße auf der Safety-Position – der anderen Defensive-Back-Position –, und manche Autoren, vor allem William C. Rhoden von der *New York Times*, haben argumentiert, dass weiße potenzielle Cornerbacks als langsam abgestempelt und von engstirnigen Trainern lieber als Safety aufgestellt werden. Das Abstempeln mag ein Faktor sein, aber Daten aus dem NFL-Draft zeigen auch, dass Safetys unabhängig von ihrer ethnischen Zugehörigkeit bei Geschwindigkeits- und Schnelligkeitstests schlechter abschneiden als Cornerbacks. Wie der Heisman-Trophy-Gewinner und Redskins-Quarterback Robert Griffin II es auf ESPN formulierte: »Safetys spielen aus einem bestimmten Grund Safety, sie sind nämlich nicht schnell. Sie sind nicht so schnell wie Cornerbacks, würde ich sagen.« Eine Studie aus dem Jahr 2011 im *Journal of Strength and Conditioning Research* ist zu dem Schluss gekommen: »Insgesamt scheinen Cornerbacks von allen 15 untersuchten Positionen die athletischsten zu sein, während Offensive Guards offenbar die am wenigsten athletischen sind.«

Durchblutung des Körpers beeinträchtigt. Die Genvariante, die das Sichelzellenmerkmal verursacht, tritt am häufigsten bei Menschen mit neuerer Abstammung aus West- oder Zentralafrika südlich der Sahara auf. Wissenschaftler hatten zuvor geglaubt, dass der hoch gelegene Austragungsort der Spiele von 1968 in Mexiko-Stadt bei Sportlern mit Sichelzellenmerkmalen die Leistung mindern würde. »Die Sichelzellenkrankheit sollte eigentlich hinderlich sein«, sagt Morrison. Bei den Wettkämpfen zeigte sich jedoch bei Disziplinen von kurzer Dauer wie Sprints und Sprüngen kein Unterschied.

In den Jahrzehnten danach haben epidemiologische Studien herausgefunden, dass Sportler mit Sichelzellenmerkmal (die eine Kopie des mutierten Gens haben und als »Sichelzell-Träger« bezeichnet werden) bei Sportarten, die aerobe Ausdauer erfordern, tatsächlich unterrepräsentiert sind. Im Laufsport auf Leistungsebene kommen Sichelzell-Träger bei Strecken über 800 Meter so gut wie gar nicht mehr vor. Sie sind für den Langstreckenlauf genetisch benachteiligt. Bei einer kleinen Anzahl von Sichelzellenträgern wird der Blutfluss so stark gehemmt, dass zu langes und zu hartes Training für sie tödlich enden kann. Seit 2000 bringt man den plötzlichen Trainingstod von neun College-Football-Spielern – sie waren allesamt schwarz und spielten in der Division I – mit dem Sichelzellenmerkmal in Verbindung, und die NCAA hat einen Test auf die zugrunde liegende Genvariante verpflichtend gemacht. (Bei der Big East Conference Sports Medicine Society wurde im Jahr 2012 bekannt, dass viele weiße College-Sportler den Test auf Anraten des Mannschaftsarztes durch Unterzeichnen einer Verzichtserklärung umgehen, da es unwahrscheinlich ist, dass sie die Sichelzellen-Genvariante tragen.)

1975, ein Jahr nach Veröffentlichung der Daten zu den Olympischen Spielen in Mexiko-Stadt, erschien eine weitere Studie, die Cooper zwei Jahrzehnte später analysieren würde. Diese Studie belegt einen von Natur aus niedrigen Hämoglobinspiegel bei Afroamerikanern. Die Arbeit wurde im *Journal of the National Medical Association* veröffentlicht, das von der in Maryland ansässigen National Medical Association herausgegeben wird und die Interessen von Ärzten und Patienten neuerer afrikanischer Abstammung vertritt. Unter Verwendung von Daten von fast 30.000 Menschen, die aus zehn verschiedenen Bundesstaaten stammten und im ersten bis neunten Lebensjahrzehnt standen, fand man heraus, dass Afroamerikaner in jeder Lebensphase einen niedrigeren Hämoglobinspiegel aufweisen als weiße Amerikaner, selbst wenn sozioökonomischer Status und Ernährung übereinstimmen. (Errol Morrisons Frau Fay Whitbourne, ehemals Leiterin der National Public Health Laboratory Services in Jamaika, sagt, dass der Hämoglobinspiegel von Jamaikanern dem von Afroamerikanern entspricht.) Zahlreiche Studien sowie Bevölkerungsdaten aus dem U.S. National Center for Health Statistics haben diese Erkenntnis in den letzten Jahren bestätigt, auch bei Sportlern. In einer kolossalen Studie von 2010 mit 715.000 Blutspendern in ganz Amerika kommen Forscher zu dem Schluss, dass Afroamerikaner unabhängig von Umweltfaktoren wie Ernährung einen »niedrigeren genetischen Sollwert für Hämoglobin« aufweisen.[43] Wie das Sichelzellenmerkmal ist ein erblich niedriger Hämoglobinspiegel – unter ansonsten gleichen Bedingungen – in Ausdauersportarten ein genetischer Nachteil. Läufer mit neuerer westafrikanischer Abstammung sind bei Langstreckenläufen stark unterrepräsentiert. (Der jamaikanische Rekord im 10-km-Lauf hätte nicht einmal für die Qualifikation zu den Olympischen Spielen 2012 gereicht.)

Die Autoren der Studie im *Journal of the National Medical Association* schreiben, dass Afroamerikaner wegen ihres niedrigeren Hämoglobinspiegels möglicherweise eher alternative Energietransportwege einsetzen, um den relativen Mangel an sauerstofftragendem Hämoglobin auszugleichen. Zwei Jahre später beharrte in derselben Zeitschrift eine andere Gruppe von Wissenschaftlern:

43 Die Autoren halten fest, dass Blutspenden von Schwarzen manchmal zu Unrecht abgelehnt werden, weil man hinter dem niedrigen Hämoglobinspiegel eine Erkrankung vermutet.

> *»Es muss ein Ausgleichsmechanismus vorhanden sein, um dem relativen Hämoglobinmangel entgegenzuwirken, da sogar bei gesunden Sportlern ein signifikanter Unterschied nachgewiesen wurde.«*

Cooper nahm sich vor, diesen Ausgleichsmechanismus zu finden. Seine unermüdliche Durchsicht medizinischer Fachzeitschriften wurde 1996 noch dringender, da bei ihm Prostatakrebs im Endstadium diagnostiziert wurde. Cooper und Juin zogen im Jahr 2000 nach New York City, damit Cooper jeden Tag in der New Yorker Stadtbibliothek verbringen konnte. »Mein Büro«, nannte er sie. Wochenendausflüge zu seiner Tochter in Baltimore waren zugleich Besuche in der Bibliothek der University of Maryland.

Und dann fand Cooper genau den potenziellen »Ausgleichsmechanismus«, den er suchte – in einer Studie der Laval University in Quebec, veröffentlicht im *Journal of Applied Physiology* und mitverfasst von Claude Bouchard, der später zur einflussreichsten Forscherpersönlichkeit auf dem Gebiet der Trainingsgenetik werden und die HERITAGE-Studie leiten sollte, die Unterschiede in der aeroben Trainingsfähigkeit zwischen Familien belegte. Bouchard und seine Kollegen entnahmen Muskelgewebeproben aus den Oberschenkeln von zwei Dutzend bewegungsarmen Laval-Studenten, die hauptsächlich aus westafrikanischen Ländern stammten, sowie von zwei Dutzend bewegungsarmen weißen Studenten, die in Alter, Größe und Gewicht mit der afrikanischen Gruppe identisch waren. Die Forscher fanden heraus, dass bei den afrikanischen Studenten im Vergleich zu ihren weißen Kommilitonen ein höherer Anteil der Muskelmasse aus Fast-twitch-Muskelfasern bestand und ein geringerer Anteil aus Slow-twitch-Fasern. Die afrikanischen Studenten wiesen zudem eine signifikant höhere Aktivität in den Stoffwechselwegen auf, die zur Energieerzeugung weniger auf Sauerstoff angewiesen sind und für einen maximalen Spurt genutzt werden. Die Wissenschaftler kamen zu dem Schluss, dass die Studenten aus Westafrika im Vergleich zu den weißen Studenten »in Bezug auf ihre Skelettmuskulatur-Eigenschaften das Zeug für sportliche Disziplinen von kurzer Dauer haben.«

Die Studie war klein, wie es bei Biopsieforschungen üblich ist, bei denen ein Stück Muskelgewebe chirurgisch entfernt werden muss. Die wenigen ähnlichen im Laufe der Jahre nachfolgenden Studien haben im Wesentlichen die Ergebnisse von Laval bestätigt, aber jede von ihnen stützt sich auf eine kleine Anzahl von Versuchspersonen.[44]

In seinem 2003 erschienenen Buch *Black Superman* und nachfolgend in seiner Arbeit mit Morrison aus dem Jahr 2006 stellte Cooper erstmals die These auf, dass sich in Westafrika Merkmale wie die hohe Prävalenz der Sichelzellen-Genmutation und andere Genmutationen, die den Hämoglobinspiegel senken, zum Schutz vor Malaria entwickelt haben. Daraufhin kam es Cooper zufolge wegen der reduzierten Fähigkeit, *mit* Sauerstoff Energie zu erzeugen, zu einer Zunahme der Fast-twitch-Muskelfasern, sodass mehr Energie auf einem *nicht* in erster Linie von Sauerstoff abhängigen Weg beruht. Der erste Teil von Coopers Hypothese, dass nämlich Sichelzellenmerkmale und Hämoglobinmangel evolutionäre Anpassungen an die Malaria sind, scheint inzwischen unbestreitbar.

Im Jahr 1954, im selben Jahr, als Sir Roger Bannister die Vier-Minuten-Meile schaffte, wies der britische Arzt und Biochemiker Anthony C. Allison, der auf einer Farm in Kenia aufgewachsen war, nach, dass Subsahara-Afrikaner mit Sichelzellenmerkmal weitaus weniger Malaria-Parasiten im Blut haben als Einwohner derselben Region, die kein Sichelzellenmerkmal haben. Normalerweise scheint die Sichelzel-

44 Bouchard über die Erkenntnis, dass Probanden mit westafrikanischer Abstammung mehr Fast-twitch-Muskelfasern haben: »Sie hatten ein bisschen mehr Typ-II-Muskelfasern. Es war also kein Unterschied in der Muskelart, sondern ein Unterschied in der Häufigkeit von Ergebnissen, was bedeutet, dass es eventuell mehr Menschen mit der richtigen Physiologie gibt, die, wenn man sie findet und trainiert, leichter Erfolg haben könnten als ein Durchschnittsmensch europäischer Abstammung. Aber es gibt auch Menschen europäischer Herkunft mit dem gleichen Profil. Das war unsere Schlussfolgerung und ich habe keine Daten gesehen, die mich dazu bringen würden, meine Meinung zu ändern.« Bouchard merkt auch an, dass ein kleiner Unterschied im Durchschnitt einen großen Unterschied am Ende der Kurve bedeutet, bei den Individuen, die eine extreme Biologie haben.

len-Genvariante ein Nachteil zu sein. Wenn ein Mann und eine Frau, die jeweils eine Kopie haben, Kinder zeugen, hat jedes vierte ihrer Kinder zwei Kopien des Gens und damit die Sichelzellenkrankheit – auch Sichelzellenanämie genannt. Dabei entstehen sichelförmige Blutkörperchen auch ohne Anstrengung, was die Lebenserwartung reduziert. Und dennoch hat sich diese Genmutation in den Malaria-Gefahrenzonen Subsahara-Afrikas gehalten – ja sogar verbreitet.

Das liegt daran, dass Menschen, die eine Kopie der Sichelzellen-Genvariante besitzen, insgesamt gesund sind, aber rote Blutkörperchen besitzen, die bei einer Infektion mit dem Malariaparasiten Sichelform annehmen, was wiederum den Wirt vor den verheerenden Auswirkungen des Parasiten schützt. (Da Sichelzellerkrankungen das Leben verkürzen, breitet sich das Sichelzellgen niemals in der gesamten Bevölkerung aus. Unter Afroamerikanern, die seit Generationen in den malariafreien Vereinigten Staaten leben, schwindet die Sichelzell-Genvariante stetig.) Inzwischen ist die Beziehung zwischen Sichelzellen und Malaria in der Biologie zum Lehrbeispiel für einen evolutionären Kompromiss geworden, bei dem eine eigentlich schädliche Genvariante aufgrund einer damit verbundenen Schutzwirkung weitergegeben wird.

Selbst als sich die Anzeichen dafür mehrten, dass ein niedriger Hämoglobinspiegel bei Afrikanern aus Malariazonen zumindest teilweise genetisch bedingt ist, nahmen humanitäre Helfer in Afrika niedrige Hämoglobinwerte als Zeichen einer Ernährung mit zu wenig Eisengehalt. Im Jahr 2001 rief die Generalversammlung der Vereinten Nationen die Welt dazu auf, den Eisenmangel bei Kindern in Entwicklungsländern zu bekämpfen. Mit dem guten Vorsatz, die Ernährungslage zu verbessern, brachten Gesundheitsdienstleister daraufhin Eisenpräparate nach Afrika, die bei Einnahme den Hämoglobinspiegel erhöhen. (Hämoglobin ist ein eisenreiches Protein, daher sinken die Werte, wenn nicht genügend Eisen verzehrt wird. Oft prüfen Elite-Ausdauersportler, wenn die Leistung nachlässt, als Erstes den Eisengehalt im Blut.)

Das Problem war, dass die Ärzte, die Malaria-Regionen erforschten, überall dort, wo Eisenpräparate verteilt wurden, vermehrt schwere Malaria-Fälle bemerkten. Seit den 1980er-Jahren hatten Wissenschaftler in Afrika und Asien bei Menschen mit niedrigem Hämoglobinspiegel eine niedrigere Malaria-Sterblichkeit festgestellt. Im Jahr 2006, nach einer großen, randomisierten, placebokontrollierten Studie in Sansibar, die bei Kindern mit Eisensupplementation einen starken Anstieg der Malariaerkrankungen und -todesfälle belegte, rückte die Weltgesundheitsorganisation in einer Erklärung von der bisherigen Position der Vereinten Nationen ab und warnte die Gesundheitsdienstleister vor der Vergabe von Eisenpräparaten in Gebieten mit hohem Malariarisiko. Ein niedriger Hämoglobinspiegel schützt wie das Sichelzellenmerkmal offenbar vor Malaria. Und im Einklang mit der Hypothese von Cooper und Morrison stammen viele der Afrikaner, die gewaltsam in die Karibik und nach Nordamerika verschleppt wurden, aus eben den Küstenstrichen Subsahara-Westafrikas, die die höchste Rate an Malariaerkrankungen und -todesfällen der Welt sowie die größte Verbreitung des Sichelzellengens aufweisen.

Es ist der zweite Teil der Cooper'schen und Morrison'schen Hypothese – dass Fast-twitch-Muskelfasern dazukamen, als das Hämoglobin weniger wurde –, der höchst spekulativ ist. Patrick Cooper widmete sich bis zu seinem Lebensende seiner Forschung und seinen Schriften. Bis zu dem Tag im Jahr 2009, an dem ihn der Krebs endgültig überwältigte, diktierte Cooper vom Bett aus seiner Frau Juin. Ich hatte gehofft, Cooper auf meiner Reise nach Jamaika zu begegnen, bevor ich erfuhr, dass er gestorben war und ohnehin seit Jahren nicht mehr dort gelebt hatte. Stattdessen traf ich mich mit Morrison und legte die Studie, die er gemeinsam mit Cooper verfasst hatte, fünf Wissenschaftlern vor, die zuvor nicht damit vertraut waren, und fragte sie nach ihrer Meinung. Einer beharrte darauf, dass die Theorie zu spekulativ sei, um darüber zu sprechen. Die anderen vier fanden, es sei eine solide konstruierte Hypothese, räumten aber ein, dass sie nie direkt getestet und daher nicht bewiesen worden sei. (Im Jahr 2011 legten Wissenschaftler der Universität Kopenhagen jedoch nahe, dass ein hoher Anteil an Fast-twitch-Muskelfasern mehrere Körpereigenschaften erklären könnte, die man bei Afroamerikanern und Afrokaribianern vorfindet, einschließlich eines geringeren Ruhe- und Schlafstoffwechsels und im Vergleich zu Europäern geringeren Fett- und höheren Kohlenhydratverbrauchs zur Energiegewinnung.)

Der Genjäger Pitsiladis, der die DNA von Weltklasse-Sprintern sammelt, argumentiert, dass eine solche Theorie wegen des enorm vielfältigen genetischen Hintergrunds von Afroamerikanern und Jamaikanern, die eben kein genetisch monolithischer Block sind, nicht zutreffen kann. Aber sie haben die fraglichen Merkmale gemeinsam – eine signifikante Prävalenz des Sichelzellenmerkmals und des durchschnittlich niedrigen Hämoglobinspiegels –, weshalb der Einwand der allgemeinen genetischen Vielfalt hinfällig ist. Afrikaner sind im Durchschnitt genetisch weitaus vielfältiger als Europäer. In Bezug auf bestimmte Gene, wie die ACTN3-Sprint-Genvariante, sind sie jedoch mitunter homogener. Genetische Vielfalt an sich bedeutet also nicht, dass eine ethnische Gruppe kein gemeinsames Merkmal haben kann, denn das kommt sicherlich häufig vor. Wie der Yale-Genetiker Kenneth Kidd über afrikanische Pygmäengruppen sagte: Sie gehören zu den genetisch vielfältigsten Menschen der Welt und dennoch haben sie alle das Merkmal der geringen Statur gemeinsam, das sie daran hindert, die NBA zu dominieren.

Da ich bei Cooper selbst nicht mehr nachhaken konnte, beschloss ich, seiner Arbeit nachzuforschen und festzustellen, ob nach der Veröffentlichung seiner Theorie vielleicht Beweise aufgetaucht waren, die sie bestätigen oder widerlegen könnten. Erster Punkt: Bringen Sportler mit Sichelzellgenen bei explosiven Sportarten andere Leistungen? Der französische Physiologe Daniel Le Gallais, ehemaliger medizinischer Direktor des National Center for Sports Medicine in Abidjan hat diese Frage lange vor Cooper gestellt. Ungefähr 12 Prozent der ivorischen Einwohner sind Sichelzell-Träger, und in den frühen 1980er-Jahren bemerkte Le Gallais, dass die drei besten ivorischen Hochspringerinnen (von denen eine die Afrikameisterschaft gewann) während des Trainings ungewöhnlich erschöpft waren. Le Gallais testete die Sportlerinnen und stellte »überraschenderweise«, wie er in einer E-Mail schrieb, fest, dass »diese drei Athleten Träger des Sichelzellenmerkmals waren, obwohl sie aus unterschiedlichen ethnischen Gruppen im Land stammten.«

Le Gallais war später Mitautor von Studien, die das Sichelzellenmerkmal bei erstklassigen Sprintern und Springern untersuchten. 1998 berichtete er, dass fast 30 Prozent der 122 ivorischen Landesmeister in den explosiven Sprung- und Wurfdisziplinen Sichelzell-Träger waren, und dass sie zusammen 37 nationale Rekorde hielten. Die besten Männer und Frauen in der Gruppe waren beide Sichelzell-Träger. In einer Studie von 2005 über Sprinter aus Französisch-Westindien, die es in die französische Nationalmannschaft geschafft hatten, waren etwa 19 Prozent der getesteten Sportler Sichelzell-Träger, und sie hatten einen überproportionalen Anteil der Titel und Rekorde des Teams inne.

»Was mein aktueller Standpunkt ist?«, schreibt mir Le Gallais. »Studien haben eindeutig ergeben, dass Sportler mit [Sichelzellenmerkmal] bei Langstreckenläufen weniger zahlreich vertreten sind als Nicht-Sichelzellen-Sportler. Im Gegensatz dazu sind Sportler mit Sichelzellenmerkmal beim Springen und Werfen zahlreicher ... Die Beeinträchtigung des Sauerstofftransportsystems erklärt die schlechten Leistungen bei Langstreckenläufen. Die Ursache des Vorteils bei Sprung- und Wurfdisziplinen kennen wir dagegen nicht.«

Was die Frage angeht, ob ein niedriger Hämoglobinspiegel an sich zu einem Wechsel zu Fast-twitch-Fasern führen könnte, gibt es Hinweise darauf, dass dies bei Nagetieren möglich ist. In einer UCLA-Studie an Mäusen, denen eine eisenarme Ernährung verabreicht wurde, sank der Hämoglobinspiegel, während sich die Muskelfasern in den Unterschenkeln vom Fast-twitch-Typ IIa zum Superfast-twitch-Typ Ib verschoben. In einer anderen Studie in Spanien wurde bei Ratten durch regelmäßige Blutentnahmen ein niedriger Hämoglobinspiegel herbeigeführt und in ihren Unterschenkeln trat eine Verschiebung zu einem höheren Anteil an Fast-twitch-Fasern auf. Aber an Menschen hat noch niemand eine solche Studie durchgeführt und Mäuse tauschen Muskelfasertypen leichter als Menschen. Außerdem ist dies ein Entwicklungseffekt innerhalb der Lebensdauer einer Maus, kein evolutionärer Vorgang, der über Generationen durch genetische Veränderung stattfindet.

Und das ist alles, was es an Forschungen gibt. Eine einzige Studie an Mäusen und eine an Ratten haben ergeben, dass ein niedriger Hämoglobinspiegel bei Nagetieren einen Wechsel zu explosiveren Muskelfasern induzieren kann. Kein Wissenschaftler hat versucht, die Idee von Cooper und Morrison am Menschen zu überprüfen, daher gibt es einfach keinerlei Studien am Menschen.

Mehrere Wissenschaftler, mit denen ich über die Theorie gesprochen habe, lehnten es ab, sich näher damit zu befassen, weil man damit unvermeidlich auf das heikle Rassenthema zu sprechen käme. Einer von ihnen erzählte mir, er habe tatsächlich Daten zu ethnischen Unterschieden in Bezug auf ein bestimmtes physiologisches Merkmal, aber wegen der möglichen Kontroverse würde er die Daten niemals veröffentlichen. Ein anderer sagte mir, er habe Bedenken, dem Forschungsansatz von Cooper und Morrison zu folgen, weil jeder Hinweis auf einen körperlichen Vorteil einer Gruppe von Menschen mit einem entsprechenden Mangel an Intellekt gleichgesetzt werden könnte, als ob Sportlichkeit und Intelligenz irgendwie auf einer biologischer Wippe säßen. In Anbetracht dieser Vorurteile ist vielleicht das Wichtigste, was Cooper in *Black Superman* geschrieben hat, seine methodische Zerpflückung der Idee, es gäbe irgendeine reziproke Verbindung zwischen körperlicher und geistiger Tüchtigkeit. »Die Vorstellung, körperliche Überlegenheit könnte irgendwie ein Symptom intellektueller Minderwertigkeit sein, entwickelte sich erst, als körperliche Überlegenheit mit Afroamerikanern in Verbindung gebracht wurde«, schreibt Cooper. »Diese Assoziation begann erst um 1936.« Die Idee, dass sich Sportlichkeit plötzlich umgekehrt proportional zum Intellekt verhielt, war nie eine Ursache von Rassismus, sondern eine Folge davon. Und Cooper meint, dass der geeignete Weg bei heiklen Themen mehr seriöse Forschungsarbeit ist, nicht weniger.

Die Hypothese von Cooper und Morrison, dass eine verringerte Sauerstoffkapazität eine Verschiebung zu explosiveren Muskeleigenschaften herbeiführt, war nie nur als »schwarzes« Phänomen gedacht. Selbst wenn die Hypothese richtig ist, gibt es innerhalb jeder ethnischen Gruppe immer noch enorme physiologische Unterschiede, und Coopers und Morrisons Theorie betrifft eine Gruppe von schwarzen Sportlern mit sehr spezifischer geografischer Abstammung.

Am anderen Ende Afrikas, gegenüber der Küste, von der die Sprinter stammen, hat eine Laune der Geografie einer anderen Untergruppe der größten Leichtathleten der Welt die genetischen Anpassungen erspart, die der Ausdauer möglicherweise abträglich sind. Diese Menschen leben in Höhenlagen, in denen kaum Mücken vorkommen und daher auch kaum Malaria und kaum Sichelzellengene.

Diese schwarzen Leichtathleten haben einen ganz anderen Bereich für sich erobert.

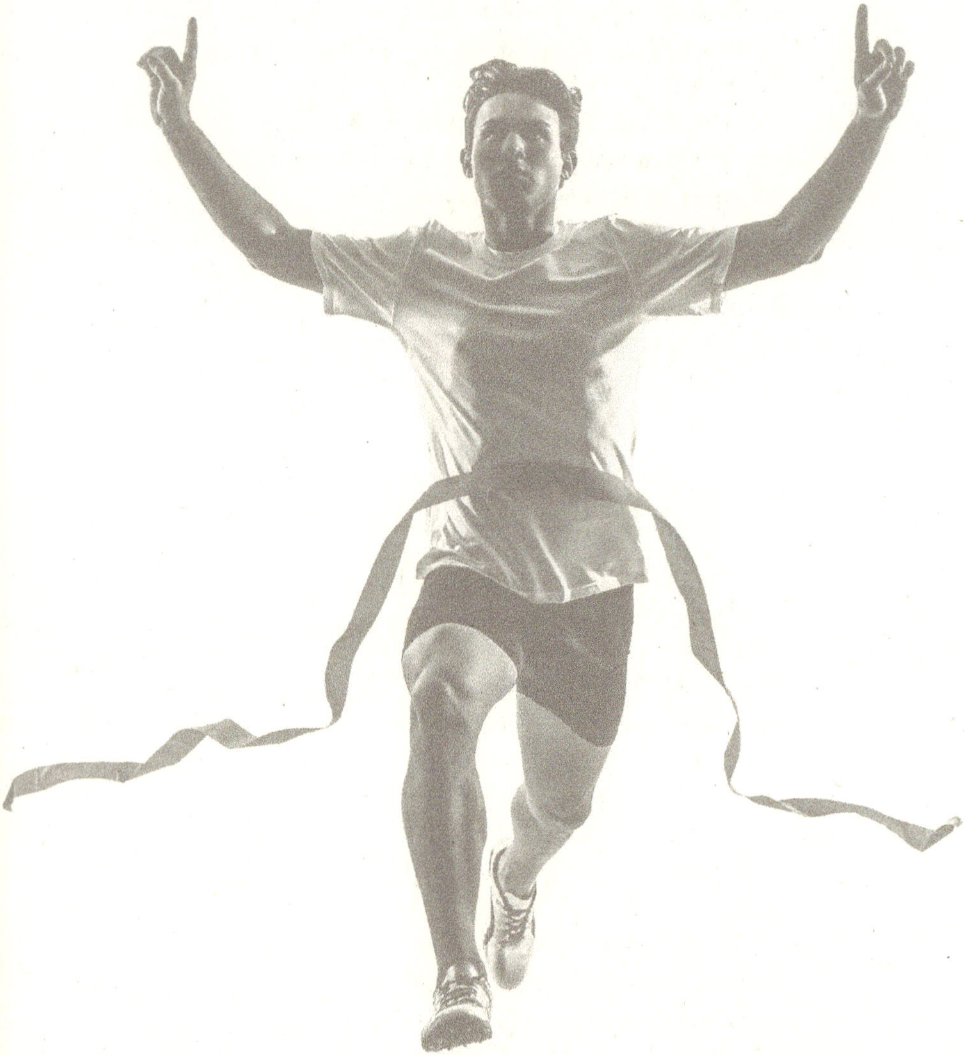

# 12

## Ist jeder Kalenjin ein Läufer?

Jeden Sommer kehrt John Manners nach Kenia zurück, und in jedem Juli – nach dem 1.500-Meter-Rennen – gibt es Tränen. Die meisten strömen über die Wangen der Kinder, die gerade gelaufen sind. Aber, so Manners, »einige der Tränen sind meine. Es ist eine ziemlich emotionale Angelegenheit«.

Dabei kann man sich Manners kaum traurig vorstellen. Seine Augen blitzen unter einer Schiebermütze hervor. Zusammen mit seinem weißen Spitzbart und seinem lebhaften Schritt bringen seine Augen einen koboldhaften Humor in unser Gespräch.

Das 1.500-Meter-Rennen, das Manners zum Weinen bringt, ist der Startschuss eines einzigartigen jährlichen Hochschulaufnahmeverfahrens für etwa 60 arme kenianische Kinder, aber bis auf ein Dutzend müssen Manners und sein KenSAP-Programm alle von ihnen ablehnen.

KenSAP – das *Kenya Scholar-Athlete Project* – wurde 2004 gegründet und fußt auf einer Idee von Manners, einem in New Jersey ansässigen Autor, und Dr. Mike Boit, dem Bronzemedaillengewinner für Kenia auf den 800 Metern bei den Olympischen Spielen 1972, der jetzt Professor für Sport- und Trainingswissenschaft an der Kenyatta University in Nairobi ist. Die Idee ist, hochbegabte kenianische Schüler aus der westlichen Provinz Rift Valley an erstklassige Colleges in den USA zu bringen.

Jedes Jahr durchstöbert Manners die in der Zeitung veröffentlichte Liste der besten KCSE-Absolventen (*Kenya Certificate of Secondary Education* – kenianisches Abitur, das 100 Prozent des College-Zulassungsverfahrens ausmacht), um die Schüler mit den besten Noten aus dem westlichen Rift Valley zu ermitteln. Er geht auch ins Lokalradio Kass FM und bittet um Bewerbungen von Studenten, die ein »glattes A« erreicht haben, die bestmögliche Note. Trotz allem ist die Rekrutierung jedoch mit Schwierigkeiten verbunden. »Weil das Programm kostenlos ist«, sagt Manners, »gehen manche Eltern [von Bewerbern] davon aus, dass es Betrug ist.«

Manners lädt ausgewählte Schüler ein und lässt sie eine Bewerbung für das High Altitude Training Center in der Stadt Iten im Rift Valley abgeben. Dort treten sie nach einem Vorstellungsgespräch zu einem 1.500-Meter-Rennen in rund 2.300 Meter Höhe an. Alle Schüler haben die Highschool erfolgreich abgeschlossen, obwohl sie aus mittellosen Familien vom Land stammen. Die Mehrheit sind Jungen – der patriarchale Charakter der kenianischen Kultur bietet Mädchen weniger Chancen, sich auf die KCSE-Prüfung vorzubereiten – und manche stammen von winzigen Subsistenzfarmen und sind in Klassenzimmern mit Lehm- oder Steinböden zur Schule gegangen. Alle von ihnen haben sowohl das Schulwissen als auch den richtigen Stoff für ihr Bewerbungs-Essay, um die Zulassungsbeamten der Ostküsten-Colleges aus ihren karierten Socken zu hauen. Nach dem Vorstellungsgespräch und den 1.500 Metern bespricht sich Manners mit Boit, einer Gruppe amerikanischer Ausbilder und kenianischer Dorfältester und liest wenige Stunden später die Namen der Kinder vor, die akzeptiert werden.

Dann sind die Tränen dran – bei denen, die es nicht geschafft haben.

Das Dutzend Kinder, die KenSAP akzeptiert, absolviert zwei Monate lang intensive Vorbereitungskurse für den SAT-Test und die College-Bewerbung. Bisher hat das KenSAP-Programm hervorragend funktioniert. Zwischen 2004 und 2011 erhielten 71 der 75 von KenSAP ausgewählten Schüler Zugang zu US-amerikanischen Colleges. Jede Ivy-League-Universität hat schon KenSAP-Studenten angenommen. Harvard führt die Liga mit zehn an, gefolgt von Yale mit sieben und Penn mit fünf. Andere haben renommierte Hochschulen wie Amherst, Wesleyan oder Williams besucht. »Ich liebe die NESCAC», sagt Manners und meint damit die *New England Small College Athletic Conference* – eine studentische Sportliga in Neuengland. »Wir sind sehr stark in der NESCAC.«

Als Teil eines College-Aufnahmeverfahrens ist dieses 1.500-Meter-Rennen gewiss etwas Einzigartiges. Die kenianischen Kinder mit Bestnote kommen normalerweise aus staatlich geförderten Internaten und die meisten haben überhaupt keine Lauferfahrung. In einem Brief, den die KenSAP-Bewerber Monate vor dem Vorstellungstermin erhalten, erklärt Manners, dass es einen Lauftest geben werde, und dass man sich dementsprechend kleiden sollte. Und trotzdem tauchen unweigerlich einige Jungen in langen Hosen und Mädchen in wadenlangen Röcken und feinen Schuhen auf.

Mit dem 1.500-Meter-Rennen hofft Manners unentdeckte Wunderkinder zu finden, die einen amerikanischen Lauftrainer dazu bringen, bei der Zulassungsstelle vorzusprechen. »Wir suchen nach allem Möglichen, was eine Bewerbung stärken könnte«, sagt Manners. Wenn ein Kind ohne Lauferfahrung Potenzial zeigt, meldet sich Manners bei den Trainern der Colleges und fragt nach, ob jemand Interesse hätte.

Es mag merkwürdig erscheinen, dass man die Musterschüler einer geografischen Nische Ostafrikas zu einem 1.500-Meter-Rennen über Feldwege in 2.300 Höhe zwingt, denn es ist auch merkwürdig. Man stelle sich einen College-Zulassungsbeamten vor, der amerikanische Kinder mit perfekten SAT-Ergebnissen zu einem Wettrennen einbestellt.

Andererseits ist es nicht irgendeine geografische Nische.

1957, als Manners zwölf Jahre alt war, zog er mit seinem Vater von Newton, Massachusetts, nach Afrika. Robert Manners, Professor für Anthropologie und Gründer des anthropologischen Fachbereichs an der Brandeis University, hatte vorgehabt, die Chaga in Tansania zu studieren. Aber da ein anderer Anthropologe schneller gewesen war, wagte sich Manners westwärts nach Kenia ins Rift Valley, um die Kipsigis zu erforschen, ein alteingesessenes Hirtenvolk, das eine Untergruppe eines größeren Stammes, der Kalenjin, darstellt. Die Kipsigis hielten trotz der britischen Kolonialisierung, die bis 1963 andauerte, an ihrer traditionellen Kultur fest.

Robert Manners fand ein Haus in Sotik im Westen Kenias, umgeben von Tee- und Rinderfarmen und 1.800 Meter über dem Meeresspiegel. Es lag an einer unbefestigten Straße, die von überdachten, erhöhten Bürgersteigen gesäumt war, wie in einer Wildwest-Stadt. Schon bald wurde John Manners zu einem ganz gewöhnlichen Kipsigis-Kind, das Suaheli sprach und mit seinen Freunden die drei bis fünf Kilometer zur Schule rannte, weil fürs Zuspätkommen der Stock drohte. Er nahm auch an seinem ersten Leichtathletikturnier teil, als Zuschauer.

Wie in Jamaika hatte der britische Kolonialismus die Leichtathletik importiert. 1951 wurde die Kenya Amateur Athletics Association gegründet, und als Familie Manners einwanderte, waren regionale Laufturniere – auf Lehm- oder Rasenbahnen – üblich. Bei einem der ersten Turniere, die Manners als Siebtklässler mitbekam, war er begeistert von den herausragenden Leistungen der Kipsigis-Läufer – *seinem Volk*.

Im Herbst 1958 kehrte Manners in die achte Klasse nach Massachusetts zurück, aber seine Begeisterung für Leichtathletik und für Kenia blieb erhalten. Bei den Olympischen Spielen 1964, der dritten Olympiade, an der Kenia überhaupt teilnahm, gewann ein Kipsigis-Läufer namens Wilson Kiprugut auf den 800 Metern Bronze. Vier Jahre später, in der Höhenluft von Mexiko-Stadt, war Kenia die dominierende Kraft beim Dauerlauf und gewann sieben Medaillen auf Mittel- und Langstreckendistanzen. Den Monat dieser Olympischen Spiele verbrachte Manners, der gerade seinen Abschluss in Harvard gemacht hatte, im Bundesstaat New York, wo er für das Peace Corps ausgebildet wurde. »Ich habe die Namen der kenianischen Läufer gelesen, die die Medaillen gewonnen hatten«, erzählt Manners, »und da merkte ich, dass fast alle von ihnen Kalenjin waren.«

Manners war vom Erfolg der kenianischen Läufer so begeistert, weil dieser die Vorurteile der britischen Kolonialisten widerlegte. »Laut herkömmlichem Wissensstand können Schwarze zwar sprinten, aber alles, was taktische Raffinesse, Disziplin oder Training erfordert«, sagt er, »das ist die Domäne des weißen Mannes.«

Mit dem Peace Corps kehrte Manners für weitere drei Jahre in das westliche Rift Valley in Kenia zurück, wo sich die Einheimischen noch an ihn und seinen Vater erinnerten. In den frühen 1970er-Jahren tauchten einige kenianische Mittel- und Langstreckenläufer an amerikanischen Colleges auf und Manners begann, über den kenianischen Laufsport zu schreiben. 1972 war er Mitautor eines Artikels für die *Track & Field News*:

> »*Tenor des Artikels war, dass sich die amerikanischen Trainer fragen, ob es in Kenia wohl noch mehr großartige Läufer gibt*«, sagt Manners. »*Und unsere Antwort war: Tausende! Besonders unter den Kalenjin.*«

Die 4,9 Millionen Kalenjin machen etwa 12 Prozent der kenianischen Bevölkerung aus, stellen aber mehr als drei Viertel der Top-Läufer des Landes. In einer Fußnote zu einem Kapitel, das er zu *The African Running Revolution* beitrug, einem vom *Runner's World Magazine* zusammengestellten Buch, stellte Manners 1975 eine Evolutionstheorie des kenianischen und speziell des Kalenjin-Lauferfolgs auf, die bis heute umstritten ist.

Manners schreibt darin, dass zur traditionellen Lebensweise der Kalenjin-Krieger auch der Raub von Vieh gehörte. Dies erforderte im Wesentlichen, heimlich ins Land benachbarter Stämme zu laufen und zu wandern, das Vieh zusammenzutreiben und es so schnell wie möglich zurück ins Gebiet der Kalenjin zu bringen. Viehraub galt nicht als Diebstahl, solange die Räuber die Rinder nicht von derselben Untergruppe innerhalb der Kalenjin stahlen. »Die Raubzüge wurden größtenteils nachts durchgeführt«, schreibt Manners, »und manchmal über Entfernungen von bis zu 160 Kilometer! Bei den meisten Raubzügen handelte es sich um Gruppenunternehmungen, aber von jedem *muren* [Krieger] wurde erwartet, dass er zumindest seinen Beitrag leistete.«

Ein *muren*, der von einem Überfall eine große Zahl von Rindern zurückbrachte, wurde als mutiger und starker Krieger gefeiert und konnte sein Vieh und sein Prestige nutzen, um Ehefrauen zu erringen.

In einer Fußnote schreibt Manners: Da erfolgreiche Viehräuber gute Läufer sein mussten, um fremde Herden sicher nach Hause zu bringen, und da die besten Viehräuber mehr Frauen und Kinder bekamen, bot die Praxis des Viehraubs möglicherweise einen Fortpflanzungsvorteil, der Männer mit überlegenen Dauerlaufgenen begünstigte. Im nächsten Satz desselben Kapitels scheint Manners jedoch an dem Vorschlag zu zweifeln, kaum dass er ihn angesprochen hat. »Die Idee kam mir gerade in den Sinn, also habe ich sie einfach dazugeschrieben«, sagt er im Rückblick.

Aber im Laufe der Jahre, mit weiteren Forschungen zum Kalenjin-Laufsport und nach Gesprächen mit Kalenjin-Läufern und Dorfältesten, hat die Idee in seinen Augen an Glanz verloren – auch weil in Ostafrika weitere »Hot Spots« mit Dauerlauftalenten zum Vorschein gekommen sind und die herausragenden Sportler auch aus traditionellen Hirtenkulturen stammen, die einst Viehraub praktizierten.

In Äthiopien, der zweiten Langstrecken-Supermacht auf der Welt, machen die Oromo etwa ein Drittel der Bevölkerung des Landes aus, stellen aber die überwiegende Mehrheit seiner international erfolgreichen Läufer. Den Sebei in Uganda, die nur der Mount Elgon von Kenia trennt, entstammen praktisch alle Top-Langstreckenläufer des Landes, darunter Stephen Kiprotich, der bei den Olympischen Spiele 2012 in London den Marathon gewann.

Die ugandischen Sebei sind übrigens eine Untergruppe der kenianischen Kalenjin.

Unter der Dachschräge des ausgebauten Dachbodens im dritten Stock seines Hauses in Montclair, New Jersey, hat Manners sein Büro. Es ist die Art von Papier- und Kartenwust, die man im Zimmer eines hochbegabten Zwölfjährigen vorfinden könnte, der geheime Pläne für eine Reise zum Mars ausgebrütet hat. Ordner, Bücherstapel, Bücherregale, Karten. Riesige Karten, die an der schrägen Decke hängen und mit sinnreich platzierten Heftzwecken übersät sind.

Die Karten zeigen die Bezirke im Westen Kenias, aus denen massenhaft Lauftalente hervorsprudeln. Neben den Karten sind sämtliche Jahresberichte der Association of Track and Field Statisticians seit 1955 aufgereiht. Der Leichtathletik-Statistikverband ATFS ist ein Zusammenschluss von ehrenamtlichen Sportstatistik-Junkies und viele seiner Jahresberichte sind längst vergriffen. »Einige musste ich Sammlern abkaufen«, sagt Manners. Er hat auch fast jeden jemals erschienenen Sammelband von *African Athletics* sowie eine vollständige Sammlung der *Track & Field News* bis zurück ins Jahr 1971.

Manners hat mehr als jeder andere lebende Mensch die genaue geografische Herkunft und Stammeszugehörigkeit kenianischer Läufer katalogisiert – oft durch persönliche Befragung der Läufer. Nebenbei hat er atemberaubende Anekdoten von begabten Kalenjin-Läufern gesammelt.

Wie die von Amos Korir, der erst im Stabhochsprung antreten sollte, als er im Jahr 1977 ans Community College von Allegheny County in Pennsylvania kam. Aber als er sah, wie viel besser die anderen Stabhochspringer waren, flunkerte er dem Trainer vor, er sei Läufer. Also wurde Korir in den 3.000-Meter-Hindernislauf gesteckt – und gewann schon bei seinem dritten Start in dieser Disziplin einen nationalen College-Meistertitel. Vier Jahre später war Korir der drittbeste Hindernisläufer der Welt.

Oder die von Julius Randich, der als starker Raucher ohne läuferische Wettkampferfahrung zur Lubbock Christian University in Texas kam. Am Ende seines ersten Jahres 1991–92 war Randich in der NAIA, einer Studentenliga, nationaler Champion im 10-Kilometer-Lauf. Im folgenden Jahr stellte Randich NAIA-Rekorde auf den 5 Kilometer und 10 Kilometer auf und wurde als Sportler des Jahres der NAIA ausgezeichnet. Kalenjin-Läufer wurden bei den NAIA-Trainern zum letzten Schrei und nach Randich gewannen noch einige andere den 10-Kilometer-Titel, darunter auch vier Mal in Folge sein jüngerer Bruder Aron Rono.

Und dann ist da noch die Geschichte von Paul Rotich, vielleicht die berühmteste in Manners' Anekdotenschatz. Rotich, Sohn eines wohlhabenden Kalenjin-Bauern, kam 1988 ans South Plains Junior College in Texas, nachdem er ein »angenehm bewegungsarmes« Leben geführt hatte, wie Manners es ausdrückt. Rotich, mit 1,73 Metern und 86 Kilo eher untersetzt, verprasste schnell den Großteil der 10.000 Dollar, die sein Vater ihm für zwei Jahre Unterhalt und Studiengebühren mitgegeben hatte. »Aber anstatt voller Schande heimzukehren«, schreibt Manners, »beschloss Paul … zu trainieren, um vielleicht ein Stipendium zu gewinnen.« Rotich trainierte nachts, weil es ihm peinlich gewesen wäre, dabei gesehen zu werden. Diese Sorge war aber nur von kurzer Dauer, da er es noch in seiner ersten Saison bis zur nationalen College-Meisterschaft im Geländelauf schaffte. In den Folgejahren kam er zehnmal in die Auswahl der *All-Americans* im Gelände- und Langstreckenlauf. Als Rotich nach Kenia zurückkehrte und einem Cousin von seinen Lauferfolgen erzählte, entgegnete der Cousin, wie Manners berichtet: »Also stimmt es. Wenn du Läufer werden kannst, kann jeder Kalenjin Läufer werden.«

Manners glaubt nicht, dass *jeder* Kalenjin ein großer Laufsportler werden kann, aber er glaubt, dass bei den Kalenjin der Anteil der Menschen, die durch Training extrem schnell zu extrem schnellen Mittel- und Langstreckenläufern werden, signifikant höher ist als bei anderen Stämmen in Kenia oder bei anderen Völkern auf der ganzen Welt.

Man muss nur Folgendes bedenken: Nur 17 amerikanische Männer sind jemals einen Marathon schneller als 2:10 gelaufen. 32 Kalenjin-Männer haben dies allein im Oktober 2011 geschafft.[45] Die Statistiken, die die Dominanz der Kalenjin im Langstreckenlauf belegen, sind bodenlos und oft so ausgeprägt, dass es fast schon komisch ist. Ein Beispiel: Fünf amerikanische Schüler sind die Meile im Laufe der Geschichte in weniger als vier Minuten gelaufen; die St. Patrick's Highschool in der Kalenjin-Trainingsstadt Iten hatte einmal vier Schüler gleichzeitig, die unter vier Minuten lagen. (Andererseits hätte der kenianische Rekord im 100-Meter-Sprint, 10,26 Sekunden, nicht einmal für die Teilnahme an den Olympischen Spielen in London gereicht.) Wilson Kipketer, ein ehemaliger Schüler von St. Patrick, der dänischer Staatsbürger wurde

45 17 Äthiopier und Kenianer unterboten 2012 in einem einzigen Marathonlauf in Dubai die 2:10 Stunden.

und von 1997 bis 2010 den 800-Meter-Weltrekord hielt, hält keineswegs den Rekord an seiner alten Schule. (Diese Auszeichnung gebührt Japhet Kimutai, der 1:43,64 lief.)

Manners setzte auf den Talentpool des westlichen Rift Valley, als er 2005 KenSAPs erstes *great tryout* abhielt, wie er es nennt. Während Wissenschaftler und Laufbegeisterte die kenianische Dominanz auf jede erdenkliche Weise untersucht haben, um festzustellen, ob kenianische Läufer genetisch für den Ausdauersport geeignet sind oder nicht, bringt Manners' Tryout – dessen Ziel es ist, armen kenianischen Kindern Studienplätze an Elitehochschulen zu verschaffen – eine wahrhaftigere Zufallsstichprobe von Kalenjin auf die Laufbahn, als es irgendeinem Wissenschaftler je gelungen ist. Die Kinder in seinem Wettrennen kommen in der Regel aus elitären, exklusiven, staatlich finanzierten Internaten und praktisch keines von ihnen hat Lauferfahrung. Hier werden also Ausdauer-Diamanten in ihrer rohesten Form geschürft.[46]

Jedes Jahr läuft etwa die Hälfte der Jungen das 1.500-Meter-Rennen auf einem holprigen Weg in 2.300 Meter Höhe schneller als 5 Minuten und 20 Sekunden. »Stellen Sie sich vor, Sie hätten eine vergleichbare Auswahl aus amerikanischen Eliteschülern«, sagt Manners. »Ich glaube, da hätte man nicht annähernd solche Zeiten.«

Beim Tryout im Jahr 2005 lief ein Junge namens Peter Kosgei 4:15, ohne je richtig trainiert zu haben. Kosgei wurde am Hamilton College in Clinton, New York, aufgenommen und wurde schnell zum besten Sportler in der Geschichte des Colleges. In seinem ersten Jahr gewann Kosgei den nationalen Meistertitel im 3.000-Meter-Hindernislauf der Studentenliga Division III. Bis zum Ende seines zweiten Studienjahres hatte er acht weitere nationale Titel im Gelände- und Langstreckenlauf zusammengestellt. Seine Fähigkeiten waren in der Division III so fehl am Platz, dass sein Teamkollege Scott Bickard fand, es sei »als ob man an der Uni Basketball spielt und auf einmal einen Typen im Team hat, der in der NBA spielen könnte.«

---

46 Manners betont, dass sein Auswahlverfahren eigentlich *gegen* die Entdeckung von Lauftalent spricht, weil er Kinder einlädt, »die ihre ganze Schulzeit mit Lernen verbracht haben.«

Leider konnte Kosgei in seinem Abschlussjahr nicht bei Wettkämpfen antreten. Auf einem Heimatbesuch in Kenia während der Semesterferien im März 2011 wurde Kosgei überfallen und kam mit zwei gebrochenen Beinen davon. Als ich ihn acht Monate später bei einer KenSAP-Veranstaltung traf, arbeitete Kosgei auf einen Abschluss in Chemie hin und sagte mir, dass er eines Tages wieder Turniere laufen wollte. An seiner Uni, berichtete er, hätte er nur dürftige 50 bis 55 Kilometer pro Woche trainiert. Daher hätte er das Gefühl, nur die Oberfläche seines Potenzials angekratzt zu haben.

Eine Reihe anderer KenSAP-Läufer hat schnelle Erfolge erzielt. Evans Kosgei – nicht verwandt mit Peter – hat einen glänzenden Abschluss in Informatik und Ingenieurwesen an der Lehigh University gemacht und sich erst im zweiten Studienjahr, nach einem Jahr Eingewöhnung in Amerika, dazu entschieden, Geländelauf auszuprobieren. Seinen fünf Meilen langen Probelauf beendete er nur mit Mühe. Aber schon bald lief Kosgei bei den nationalen Meisterschaften der Division I sowohl im Gelände als auch auf der Bahn. 2012 wurde er zum sportlichsten Lehigh-Absolventen des Jahres ernannt.

Laut Manners haben viele KenSAP-Studenten kein Interesse am Laufen. Manche werden zwar von den amerikanischen Trainern mit offenen Armen empfangen, lassen den Sport aber bald sein, um sich aufs Studium zu konzentrieren. Aber von den 71 KenSAP-Studenten bis 2011 – allesamt ohne richtige Trainingserfahrung – landeten 14 in Wettkampfteams der NCAA.

Natürlich stolpert man nicht nur in Kenia über verborgene Langstreckentalente. Genau wie beim Sprinten in Jamaika liegt es an der Systematisierung des Stolperprozesses, dass dieser weniger wie ein Stolpern aussieht, sondern eher wie ein geschicktes Filtern. Die Frage bleibt, ob es wahrscheinlicher ist, Ausdauertalente in Kenia oder speziell bei den Kalenjin zu finden, und ob dies größtenteils auf angeborene biologische Eigenschaften zurückzuführen ist. Bei bestimmten Sportarten ist es offensichtlich und unumstritten, dass manche Bevölkerungsgruppen mehr, manche weniger begabte Sporttalente haben. In Pygmäenpopulationen haben die erwachsenen Männer eine durchschnittliche Größe von rund 1,50 Meter. Womöglich entspringt daraus eines Tages doch noch ein NBA-Spieler, aber ein Basketball-Scout, der eine Zufallsstichprobe aus einer Pygmäenpopulation entnimmt, wird darin weniger Sportler entdecken, die es mit dem richtigen Training in die NBA schaffen könnten, als wenn er die Stichprobe in Litauen macht.

Derzeit lässt sich unmöglich sagen, wie das KenSAP-Wettrennen den Vergleich mit einer ähnlichen Übung bestehen würde, die man an einer anderen ethnischen Gruppe in Kenia oder sonst wo auf der Welt durchführt, und das KenSAP-Tryout ist auch nicht als wissenschaftliches Experiment gedacht. Es gab jedoch einmal eine Forschungsgruppe, die versucht hat, eine wissenschaftliche Antwort auf unsere Frage zu finden.

1998 machte sich ein Forscherteam des weltberühmten Copenhagen Muscle Research Centre der Universität Kopenhagen daran, die vielen Anekdoten und Diskussionen über die Dominanz der Kalenjin-Läufer mit Daten zu unterfüttern. Zu den Theorien, die man überprüfen wollte, zählten folgende: dass Mitglieder des Kalenjin-Stammes möglicherweise einen besonders hohen Anteil an Slow-twitch-Muskelfasern in den Beinen hätten; dass Kalenjin mit höherer aerober Kapazität ($VO_2max$) geboren werden; und dass Kalenjin rascher auf Ausdauertraining reagieren als Angehörige anderer ethnischer Gruppen.

Um Ererbtes und Erlerntes zumindest teilweise zu entwirren, untersuchten die Wissenschaftler nicht nur Spitzenläufer, sondern auch Kalenjin-Jungen aus Städten und solche aus Dörfern sowie dänische Jungen, die in Kopenhagen lebten. Insgesamt stützten die Ergebnisse keine der lange vermuteten, aber nie geprüften Theorien. Starke Läufer aus dem Stamm der Kalenjin und aus Europa unterschieden sich im Durchschnitt nicht in ihrem Anteil an Slow-twitch-Muskelfasern und dänische Jungen unterschieden sich auch nicht von Kalenjin-Jungen, die in der Stadt oder auf dem Land lebten. Die Kalenjin-Dorfjungen hatten höhere $VO_2max$-Werte als die Kalenjin-Stadtjungen, die viel weniger Bewegung bekamen, aber sie ähnelten denen der sportlich aktiven dänischen Jungen. Und Kalenjin-Jungen reagierten als Gruppe im

Durchschnitt auf ein dreitägiges Ausdauertraining nicht stärker – gemessen an der aeroben Kapazität – als dänische Jungen.

Wie es ihr Heimatbreitengrad erwarten ließ, wiesen die jungen Kalenjin und Dänen jedoch Unterschiede im Körpertypus auf. Ein größerer Teil der Körpergröße der Kalenjin-Jungen bestand aus Beinen. Die Kalenjin-Jungen waren im Durchschnitt fünf Zentimeter kleiner als die dänischen Jungen, hatten aber zwei Zentimeter längere Beine.

Das erstaunlichste Ergebnis der Untersuchung betraf jedoch nicht die Länge der Beine, sondern deren Umfang. Das Volumen und die durchschnittliche Dicke der Unterschenkel waren bei den Kalenjin-Jungen 15 bis 17 Prozent geringer als bei den dänischen Jungen. Dieser Befund ist bedeutend, da das Bein einem Pendel ähnelt. Je größer das Gewicht am Ende des Pendels, desto mehr Energie wird benötigt, um es zu schwingen.[47] Biologen haben dies beim Menschen unter Laborbedingungen nachgewiesen. In einer besonders gut kontrollierten Studie experimentierten Forscher mit Gewichten, die an verschiedenen Körperteilen von Läufern angebracht wurden: Taille, Oberschenkel, Unterschenkel und Knöchel.

Selbst bei gleichbleibendem Gewicht war der Energieaufwand für die Läufer umso höher, je tiefer am Bein der Ballast angebracht war. In einer Testphase musste jeder Läufer fünf Kilogramm um die Taille tragen, was bei einem bestimmten Lauftempo ungefähr 4 Prozent mehr Energie erforderte als ohne Last. Als die Läufer anschließend mit Gewichten von zweieinhalb Kilo an jedem Fuß ausgestattet wurden, verbrannten sie im gleichen Tempo 24 Prozent mehr Energie, obwohl sich die Gesamtlast gegenüber der vorherigen Phase nicht um ein Gramm verändert hatte.

Gewicht, das weit außen an den Gliedmaßen lastet, wird als »distales Gewicht« bezeichnet. Je weniger davon ein Langstreckenläufer hat, desto besser (wer dicke Waden und Fesseln hat, wird also kaum den

47 Oscar Pistorius, der zweifach beinamputierte Südafrikaner, der als *Blade Runner* bekannt ist und zum Zeitpunkt der Niederschrift auf den Prozess wegen Mordes an seiner Freundin wartete, sprintet auf Bögen aus Kohlefaser, die viel leichter als menschliche Beine sind. Er hat mit Abstand die schnellste Beinschwungzeit, die jemals bei einem Sprinter gemessen wurde.

New York City Marathon gewinnen). Ein anderes Forschungsteam hat berechnet, dass nur 50 Gramm zusätzliches Gewicht am Knöchel den Sauerstoffverbrauch während des Laufens um etwa ein Prozent erhöht. (Ingenieure haben bei der Konstruktion leichterer Laufschuhe für Adidas diesen Befund bestätigt.) Im Vergleich zu den dänischen Läufern hatten die von den dänischen Wissenschaftlern getesteten Kalenjin-Läufer gut 400 Gramm weniger Gewicht in ihren Unterschenkeln. Die Wissenschaftler berechneten die Energieeinsparung auf 8 Prozent pro Kilometer.

Die »Laufökonomie« ist das Maß dafür, wie viel Sauerstoff ein Läufer verbraucht, um in einem bestimmten Tempo zu laufen. Ähnlich wie beim Kraftstoffverbrauch eines Autos erhält man für eine bestimmte Menge Benzin eine bestimmte Menge an Wumms, die sich je nach Größe und Form des Autos unterscheidet. Eliteläufer haben sowohl eine hohe $VO_2max$, als auch eine gute Laufökonomie. Oder, um die Auto-Analogie weiterzuspinnen, eine selten gute Mischung aus großem Motor und niedrigem Kraftstoffverbrauch. Unter Spitzenläufern, die allesamt einen großen Motor haben, unterscheidet oft die Laufökonomie die wirklich großen von den nur sehr guten.

Und in dieser Hinsicht sind untrainierte Kalenjin-Jungen besser als untrainierte dänische Jungen. Proportional lange Beine und dünne Unterschenkel tragen jeweils alleine schon zu einer guten Laufökonomie bei und die Kalenjin haben beides.[48]

Selbst die Kalenjin-Jungen aus der Stadt, die weniger aktiv und aerob weniger fit waren als die dänischen Jungen, hatten von Beginn an eine bessere Laufökonomie. Sowohl innerhalb als auch zwischen den kenianischen und dänischen Gruppen war die Unterschenkeldicke ein wich-

48 Eine kleine Studie aus dem Jahr 2012 im *European Journal of Applied Physiology* an einer Gruppe kenianischer Läufer hat ergeben, dass deren Achillessehnen 7 Zentimeter länger waren als bei einer Kontrollgruppe aus weißen Nicht-Läufern gleicher Körpergröße. Angesichts der proportional längeren unteren Extremitäten der Kenianer ist dies zu erwarten. Längere Achillessehnen können mehr elastische Energie speichern. (Man denke an den Hochsprungweltmeister Donald Thomas.) Die nächste Aufgabe für die Wissenschaft: Wie stark beeinflussen die langen Sehnen die Lauffähigkeit?

tiger Indikator für die Laufökonomie. Bei den Dänen und Kenianern, die jede Woche ein ähnliches Streckenpensum – oder überhaupt nicht – trainierten, hatten die Kenianer eine überlegene Laufökonomie.

Wenn alle Gruppen allerdings den gleichen Anteil ihrer Sauerstoffkapazität einsetzten, also gleich viel Anstrengung, liefen die Kenianer schneller. Wie man es bei der im Hochleistungssport üblichen willkürlichen Auswahl nach Körpertypus erwarten kann, hatten kenianische Spitzenläufer noch schmalere Unterschenkel – und eine viel bessere Laufökonomie – als untrainierte kenianische Jungen. Einer der Wissenschaftler, Bengt Saltin, der zu den bekanntesten Trainingswissenschaftlern der Welt zählt, schrieb: »Dieser Zusammenhang scheint zu bestätigen, dass die Unterschenkeldicke rechnerisch ein entscheidender Faktor für die Laufökonomie ist.« Henrik Larsen, ein weiterer Forscher der Kopenhagener Gruppe, erklärte später: »Wir haben das Hauptproblem [der kenianischen Laufdominanz] gelöst.«

Feingliedrige Beine nützen der Laufökonomie, unabhängig von Nationalität oder ethnischer Zugehörigkeit. Eine der besten Laufökonomien, die jemals im Labor gemessen wurden, gehört zum eritreischen Läufer Zersenay Tadese, zum Zeitpunkt der Niederschrift Weltrekordhalter im Halbmarathon. Die in einem Labor in Spanien durchgeführten Messungen haben ergeben, dass Tadese keine besonders langen Beine hat – seine Beine sind proportional nur geringfügig länger als die der spanischen Laufchampions –, aber sie sind erheblich schmaler. Interessanterweise träumte Tadese von einer Karriere im Radsport – einer der ersten in Eritrea gegründeten nationalen Sportverbände war ein Radrennverband –, hatte dann aber weitaus mehr Erfolg, als er kurz vor seinem 20. Geburtstag zum Laufen wechselte und in seiner allerersten Saison im Jahr 2002 bei der Weltmeisterschaft im Geländelauf den 30. Platz schaffte, bevor er 2007 den Weltmeistertitel errang. Sicherlich hat Tadese seine aerobe Fitness vom Radfahren zum Laufen mitgebracht, aber seine dünnen Unterschenkel sind ein Vorteil, der auf der Laufbahn am meisten Nutzen bringt, nicht auf dem Fahrrad.

Wie Tadeses Beispiel beweist, sind schmale Unterschenkel keineswegs auf die Kalenjin beschränkt. Aber die Kalenjin haben im Allgemeinen einen besonders linearen Körperbau mit schmalen Hüften und langen, dünnen Gliedmaßen. Manche Anthropologen bezeichnen einen extrem schlanken Körperbau tatsächlich als nilotischen Typus, wobei sich das »nilotisch« auf eine Reihe verwandter ethnischer Gruppen bezieht, die im Niltal leben. Zufällig sind die Kalenjin ein nilotisches Volk.[49] Der nilotische Körpertypus entwickelte sich in Gegenden mit niedrigen Breitengraden, die gleichzeitig heiß und trocken sind, da sich die langen, dünnen Proportionen besser zur Kühlung eignen. (Umgekehrt wurde das Extrem eines kurzen, stämmigen Körperbaus früher »Eskimo-Typus« genannt. Allerdings wird der Begriff »Eskimo« in einigen Ländern nicht mehr verwendet, da er als abfällig empfunden wird.) Und die Kalenjin leben auf denkbar niedrigen Breitengraden. Als ich 2012 Kenia besuchte und von Trainingsort zu Trainingsort fuhr, überquerte ich mehrmals den Äquator. Aber die Kalenjin sind ursprünglich zunächst aus dem Südsudan nach Kenia eingewandert. Im Südsudan leben heute andere Niloten wie die Dinka, eine ethnische Gruppe, die für lange und schlanke Menschen bekannt ist. Einige sehr langgliedrige professionelle Basketballspieler waren Dinka – vor allem Manute Bol, der 2,30 Meter groß war und angeblich eine Spannweite von 2,59 Meter hatte.

Da ein linearer Körperbau für den Ausdauersport hilfreich ist, und da Niloten tendenziell einen linearen Aufbau haben, kam mir der Gedanke, dass es im Südsudan eine Fülle von Lauftalenten geben müsste. Aber Langstreckenläufer aus dem Sudan sind fast nie bei internationalen Wettkämpfen vertreten. Ich habe sowohl Wissenschaftler als auch Leichtathletik-Experten gefragt, ob ihres Wissens sudanesische Läufer auf Laufökonomie getestet würden, und warum wir keine nilotischen Dauerläufer aus dem Sudan haben. Leider gibt es keinerlei Daten über sudanesische Läufer und die Leichtathletik-Experten waren sich einig, dass sich der heutige Sudan in einem Dauerzustand von Auf-

49 Die Kikuyu, die größte ethnische Gruppe in Kenia, machen etwa 17 Prozent der Bevölkerung aus, sind jedoch etwas stämmiger – ein Hinweis auf ihre Abstammung aus einer feuchten Bergregion – und bringen weit weniger Laufprofis hervor als die Kalenjin, die nur 12 Prozent der Bevölkerung stellen. Die Kikuyu sind ein Bantu-Volk.

ruhr und Gewalt befindet, der die Möglichkeiten für Sportler einschränkt, wohingegen Kenia abgesehen von der Gewalt nach den Wahlen relativ stabil ist.

Im Dezember 2011 war ich bei den Arabischen Spielen in Katar und sprach dort mit sudanesischen Sportlern und Journalisten, die mir erzählten, dass, neben anderen Schwierigkeiten wie Reisebeschränkungen, die Sportler aus den südlichen Regionen des Sudan (die heute den Staat Südsudan bilden) in der Vergangenheit diskriminiert wurden, weswegen die staatlichen Sportfunktionäre bei bisherigen Olympiaden keine Athleten aus diesen Gegenden angemeldet hätten. Außerdem hat seit fast einem halben Jahrhundert ein Bürgerkrieg in dem Gebiet getobt, in dem die Niloten leben, sodass es im Südsudan keine intakte Sportkultur oder -infrastruktur mehr gibt. Also näherte ich mich der Frage von der einzigen mir möglich scheinenden Seite: indem ich außerhalb des Südsudans nach südsudanesischem Lauftalent suchte.

Mein Interesse an sudanesischen Sportlern erwachte zum ersten Mal, als ich eine Reportage über Macharia Yuot schrieb, einen Läufer an der Widener University in Pennsylvania, der mir auffiel, als er 2006 die Crosslaufmeisterschaft der Division II in Wilmington, Ohio, gewann, am selben Abend noch ein Flugzeug bestieg und am folgenden Tag beim Marathon in Philadelphia Sechster wurde – sein erstes Mal auf dieser Distanz. Yuot war einer der *Lost Boys of Sudan* gewesen, dem größten Flüchtlingskontingent der nilotischen Dinka, die der über ihre Heimat hereinbrechenden Gewalt entkommen waren. Als er neun Jahre alt war, wurde Yuots Heimatstadt von dem religiösen Bürgerkrieg heimgesucht, der zwischen 1983 und 2005 zwei Millionen Sudanesen das Leben kostete. Damit die Jungen nicht über Minenfelder gehen mussten, um den Soldaten den Weg freizumachen, befahlen ihre Eltern ihnen zu fliehen. Also wanderten die Jungen alleine durch die Wüste. Einige von ihnen, die wie Yuot der Verfolgung durch Soldaten entgingen – und den Löwen, die gelegentlich einen schlafenden Jungen wegschleppten –, schafften es 1991 in ein Flüchtlingslager in Kenia. Im Jahr 2000 flog die US-Regierung rund 3.600 Jungen nach Amerika aus und verteilte sie an Pflegefamilien im ganzen Land.

Kaum hatten die Lost Boys ihre Koffer ausgepackt, da sorgten ihre Heldentaten im Schulsport auch schon für Schlagzeilen in den Lokalblättern. »Schon Monate nach ihrer Ansiedlung in Michigan stellen zwei sudanesische Flüchtlinge fest, dass sie zu den schnellsten Highschool-Läufern des Bundesstaates gehören«, begann ein *AP*-Artikel. Ein anderer im *Lansing State Journal* vermeldete, dass Abraham Mach, ein Lost Boy, der vor seiner Einschulung an der East Lansing High keinerlei läuferische Wettkampferfahrung hatte, bei der AAU-Jugendolympiade 2001 in der Altersgruppe von 13 bis 14 Jahren die beeindruckendsten Leistungen erbrachte und in drei Disziplinen Medaillen gewann. Mach, der noch ein Jahr zuvor in einem kenianischen Flüchtlingslager gelebt hatte, wurde als 800-Meter-Läufer für die Central Michigan University zum All-American der NCAA gekürt.

Eine flüchtige Recherche in Zeitungsartikeln ergab 22 Erwähnungen von sudanesischen Lost Boys, die bei amerikanischen Highschool-, College- oder Straßenrennen gut abgeschnitten haben. Der prominenteste Lost-Boy-Läufer ist Lopez Lomong, der 2008 1.500-Meter-Läufer war und die Ehre hatte, bei der olympischen Eröffnungsfeier in Peking die US-Flagge zu tragen. 2012 gehörte Lomong erneut der US-Olympiamannschaft an, diesmal im 5.000-Meter-Lauf. Im März 2013 lief er den schnellsten Hallen-5.000-Meter-Lauf, den ein amerikanischer Staatsbürger je geschafft hat.

Gar nicht übel für eine Gruppe von der Größe einer großen Highschool. Und kaum war der Südsudan 2011 ein unabhängiges Land geworden, hatte er mit Guor Marial, der aus dem Sudan in die USA geflohen war und an der Iowa State University lief, auch schon einen Kandidaten für den olympischen Marathon. Da der Südsudan kein nationales olympisches Komitee eingerichtet hatte und Marial sich weigerte, für den Sudan anzutreten, wurde ihm – nach starkem öffentlichem Druck auf das Internationale Olympische Komitee – ein Sonderstatus eingeräumt, und er durfte in London unter olympischer Flagge antreten. Somit hatte der Südsudan zwar noch kein olympisches Komitee, aber schon einen olympischen Marathonläufer.

All dies ist natürlich kein bisschen wissenschaftlicher als John Manners Tryout-Erfahrungen. Nur geringfügig wissenschaftlicher ist die Art, in der einige Forscher und Laufbegeisterte Statistiken genutzt haben, um darauf zu kommen, dass die Dominanz ostafrikanischer Läufer wahrscheinlich eine genetische Grundlage hat. Der Anthropologe Vincent Sarich berechnete anhand der Ergebnisse der Crosslauf-Weltmeisterschaft, dass die kenianischen Läufer alle anderen Nationalitäten um das 1.700-fache übertrafen. Sarich stellte die statistische Prognose auf, dass von einer Million kenianischer Männer etwa 80 über ein erstklassiges Lauftalent verfügen, was im Rest der Welt bei einem von ungefähr 20 Millionen Männern der Fall ist. (Die Zahl wäre noch erstaunlicher, hätte sich Sarich nur auf die Kalenjin beschränkt.) In einem Artikel von *Runner's World* aus dem Jahr 1992 steht, dass die rein auf der Grundlage von Bevölkerungsquoten berechnete statistische Wahrscheinlichkeit, dass kenianische Männer die Medaillen gewinnen würden, die sie bei den Olympischen Spielen 1988 gewonnen hatten, eins zu 1.600.000.000 beträgt.

Das sind faszinierende Berechnungen, die aber aus dem Zusammenhang gerissen nicht viel Aufschluss darüber geben, ob die natürlichen Begabungen, die für das Laufen von Weltklasse erforderlich sind, bei Kenianern häufiger vorkommen. Von 1984 bis 2008 haben deutsche Mannschaften den Dressurwettbewerb jeder Olympiade gewonnen, was streng bevölkerungsstatistisch sehr unwahrscheinlich ist. Dennoch können wir uns wahrscheinlich darauf einigen, dass deutsche Reiter wohl kaum häufiger über Dressurgene verfügen als die Reiter in europäischen Nachbarländern.

Aber Dressur ist kein Breitensport, daher kann dort, offen gesagt, jedes Land mit genügend Aufwand – der deutsche Dressursport wurde teilweise von der Pferdezuchtindustrie finanziert – gut abschneiden. Kanada bringt die meisten NHL-Spieler hervor, weil Kanada das Eishockey erfunden hat. Welche anderen Länder haben denn überhaupt eine nennenswerte Massenbeteiligung am Eishockey? Die Antwort: nicht sehr viele. Oder man denke an die *World Series* im amerikanischen Baseball, die alles andere als weltweit ist.

Außerdem half der Rest der Welt Kenia jahrelang beim Siegen, indem er langsamer wurde. Noch bevor Kenia die internationale Laufszene eroberte, wurden die Länder, die den Langstreckenlauf dominiert hatten – Großbritannien, Finnland, die Vereinigten Staaten – immer reicher, immer fettleibiger und immer interessierter an anderen Sportarten, sodass dort immer seltener ernsthaft Langstreckenlauf trainiert wurde. Zwischen 1983 und 1998 ging die Zahl der US-Männer, die im jeweiligen Jahr einen Marathon unter 2:20 liefen, von 267 auf 35 zurück. Großbritannien rutschte im gleichen Zeitraum von 137 auf 17 ab. Der amerikanische Tiefpunkt war 2000 erreicht, als sich nur ein einziger Amerikaner für den olympischen Marathon in Sydney qualifizierte. Finnland, das zwischen den beiden Weltkriegen als arme ländliche Nation eine Weltmacht im Langstreckenlauf war, qualifizierte sich bei den Olympischen Spielen 2000 auf keiner einzigen Mittel- oder Langstrecke. Wie es Bruder Colm O'Connell, ein Angehöriger der katholischen Brüdergemeinschaft der Patrician Brothers, der 1976 aus Irland nach Kenia kam und in Schulen unterrichtete und Spitzenläufer trainierte – darunter der aktuelle 800-Meter-Weltrekordhalter David Rudisha –, mir erklärte:

*»Die Gene sind in Finnland nicht verschwunden, nur die Kultur.«*

Einige Länder hielten sich wacker von den 1980er-Jahren bis zum Jahrtausendwechsel, beispielsweise Japan, wo fast jedes Jahr zwischen 100 und 130 Männer beim Marathon die 2:20 unterbieten. In der Zwischenzeit aber ist Kenia von einem einzigen Mann unter 2:20 im Jahr 1980 auf 541 im Jahr 2006 emporgeschnellt. (Der kenianischen Marathonlauf ist Mitte der 1990er-Jahre erst richtig explodiert, als in Kenia die Vorstellung schwand, Marathontraining führe bei Männern zu Unfruchtbarkeit, und als Kenias Sportkommissar, Dr. Mike Boit von KenSAP, Talentsuchern die Einreise gestattete und die Reisebeschränkungen für Sportler lockerte.)

Das Schlusswort gebührt Peter Matthews, der Leichtathletik-Statistiker, der all die Zahlen zusammengestellt hat: »In diesem Zeitalter des

Spielens am Computer, des Zeitvertreibs im Sitzen und des Schulwegs im Auto sind es die ›hungrigen‹ Kämpfer oder armen Bauern mit Ausdauertalent und dem Willen, daran zu arbeiten, die zu den großen Langstreckenläufern werden.«

# 13

## Das größte (höchstgelegene) Talentsieb der Welt

*»Zucker, etwas Zucker »,* sagt er. Ich gucke offenbar perplex.
*»Weißt du, Zucker? Würde mich freuen.«*

Wir, der Läufer und ich, stehen auf der Sandbahn des Kamariny-Stadions in Iten, Kenia. Aber Kamariny als Stadion zu bezeichnen, ist so, als nenne man eine Sandgrube eine Kathedrale. Auf der einen Seite steht eine himmelblau gestrichene Holztribüne, schief wie ein fauler Zahn. Auf der anderen Seite befindet sich eine steile Klippe, die 1.200 Meter über der Talsohle des Rift Valley aufragt und 2.400 Meter über dem Meeresspiegel liegt.

Dutzende Läufer umrunden die Strecke in Intervallen, während ein Schaf über den Steilhang gewandert kommt, um auf dem Sportplatz zu grasen.

Der Läufer, mit dem ich spreche, ist der 24-jährige Evans Kiplagat, und er möchte, dass ich ihm Zucker kaufe. An diesem Donnerstagmorgen ist Kiplagat die zehn Kilometer zum Sportplatz gelaufen und hat dann ein hartes Training absolviert. In wenigen Minuten wird er sich auf den zehn Kilometer langen Heimweg begeben. Wenn ich ihm nichts zu essen kaufe, kehrt er hungrig in den Holzschuppen zurück, den er auf der *shamba* – einem Subsistenzhof – eines Einheimischen benutzen darf.

Die Shamba, auf der Kiplagats Eltern lebten, war nicht ihre eigene. Als sie 2001 beide an Krankheiten starben, durfte Evans nicht auf dem Land bleiben. Er ist dankbar für seine derzeitige Bleibe, »aber Essen ist ein Problem«, sagt er. An den meisten Dienstagen und Donnerstagen läuft Kiplagat zum Sportplatz und schließt sich einer Trainingsgruppe an, zu der Sportler wie Geoffrey Mutai gehören, der schon in Boston und New York Marathons gewonnen hat, oder Saif Saaeed Shaheen (ehemals Stephen Cherono), Weltrekordhalter im 3.000-Meter-Hindernisrennen, der in Kenia aufgewachsen ist und dort trainiert, aber gegen Bezahlung die Staatsbürgerschaft von Katar angenommen hat. Nach dem Training legt Kiplagat noch mehr Kilometer zurück, indem er von Freund zu Freund wandert, um zu sehen, ob noch jemand Ugali übrig hat, den teigigen Maisbrei, den kenianische Landbewohner an jedem Wochentag essen. Wenn er genug zu essen zusammenkratzen kann, läuft er abends noch zehn Kilometer weiter. Kiplagat trainiert jeden Tag doppelt, wenn nicht dreifach, und da sind die zehn Kilometer zum Sportplatz und zurück nicht einmal mitgezählt, die er dienstags und donnerstags läuft.

Es ist das Trainingsprogramm eines Mannes, der für den Laufsport brennt, der sich danach sehnt, in der Weltklasse anzutreten, auf dem Siegertreppchen zu stehen und beim Klang der Nationalhymne zu weinen. Nur, dass Kiplagat nicht solch ein Mann ist.

»Wenn du eine Anstellung beim Militär bekommen könnest, würdest du dann mit dem Training aufhören?«, frage ich.

»Ja.«

»Wie wäre es mit einem Job bei der Polizei?«

»Ja. Irgendeinen Job«, sagt er.

Kiplagat hätte lieber einen Job, bei dem er weiterhin trainieren könnte, aber er würde auch *sofort* mit dem Laufen aufhören, wenn ihm jemand eine anständige Verdienstmöglichkeit anböte. Er hat 2007 mit dem Training begonnen, nachdem er seine Schulkameraden bei einem kleinen Rennen überflügelt hatte. Letztes Jahr ist Kiplagat bei einem hügeligen 10.000-Meter-Straßenrennen in Kenia 29:30 Minuten gelaufen, was fast überall auf der Welt eine herausragende Zeit ist, aber keine, die ihn im Kamariny-Stadion von der Masse abhebt. Also wird er sich weiterhin genug Geld zusammenborgen, um zu Wettkämpfen in kenianischen Städten zu reisen, damit er irgendwann eine Zeit erzielt, die einen Agenten aufmerksam macht.

In Kamariny gibt es lauter Evans Kiplagats – ungefähr 100 Läufer trainierten an dem Tag, an dem ich dort war, auf der Bahn, Seite an Seite mit Weltmeistern. Hin und wieder kommt ein Unbekannter auf den Sportplatz spaziert und versucht sogleich, mit den Olympioniken Schritt zu halten. Wenn er es schafft, kommt er vielleicht wieder. Wenn nicht, schleicht er sich zurück zur *shamba.* Der Mikrokosmos von Kamariny ist wie die gesamte kenianische Laufszene: Es gibt kaum Trainingsgeheimnisse – manche Spitzenläufer haben nicht einmal einen Trainer –, aber es gibt Horden von Läufern, die bereit sind, wie ein Profi mehrmals am Tag zu trainieren. In den Vereinigten Staaten muss ein guter College-Langstreckenläufer das Geldverdienen normalerweise um einige Jahre verschieben, um seinem Traum hinterherzujagen. »In Kenia ist es genau umgekehrt«, sagt Ibrahim Kinuthia, einst internationaler Läufer und jetzt Trainer in Kenia. Die meisten Kenianer vom Land haben keine Berufs- oder Hochschulkarriere, die sich verzögern könnte, und somit auch keine Opportunitätskosten, die sie vom gemeinsamen Lauftraining mit der Elite abhalten würden.[50] Da das Jahreseinkommen pro Kopf in Kenia nach Angaben der Weltbank bei 800 US-Dollar liegt, lohnt sich dort ein potenzieller Lauferfolg relativ gesehen mehr als ein NBA-Vertrag für einen amerikanischen Jungen aus der Innenstadt. Ein einziger Sieg bei einem großen Marathon bringt eine sechsstellige Summe ein. Selbst die paar Tausend Dollar, die es bei kleineren Straßenrennen in Amerika und Europa zu verdienen gibt, sind für die meisten

50 Bis vor Kurzem waren verheiratete kenianische Frauen vom Training ausgeschlossen. Da kenianische Frauen im internationalen Laufsport große Summen gewonnen haben, »hat sich die Art und Weise, wie Frauen in Kenia trainieren können, grundlegend geändert«, sagt Gabriele Nicola, eine Italienerin, die führende kenianische Läuferinnen trainiert. »Bisher galt in Afrika die Vorstellung, dass Frauen schwächer sind als Männer.« Aber das ändert sich schnell. Nicola glaubt, dass es noch etwa ein Jahrzehnt dauern wird, bis kenianische Frauen den Glauben, dass sie für hartes Training nicht geeignet sind, vollständig ausgeräumt haben.

kenianischen Landbewohner ein Geldsegen. Erfolgreiche Läufer oder Läuferinnen werden schnell zu Selfmade-Männern oder -Frauen. In Eldoret, der Großstadt in der Nähe von Iten und dem Kamariny-Stadion, besitzt Moses Kiptanui, der ehemalige Weltrekordhalter im Hindernisrennen, einen Milchvieh- und Molkereibetrieb. Er besitzt auch die Lastwagen, die die Milch transportieren, und das Gebäude in der Stadt mit dem Supermarkt, der die Milch verkauft. Das Ergebnis solcher wirtschaftlichen Anreize ist, dass sich eine Armee von aufstrebenden Läufern olympiareifen Trainingsprogrammen unterzieht. Viele von ihnen bleiben auf der Strecke, und diejenigen, die dranbleiben, werden Profis.

Interessanterweise wird dieses System, das von den Mühen vieler profitiert, von einem beständigen Glauben an naturgegebenes Talent angetrieben. Die kenianischen Trainer und Läufer, mit denen ich gesprochen habe, waren fast einstimmig der Meinung, dass es nie zu spät sei, mit dem Training zu beginnen. Wenn man Talent hat, glauben sie, muss man nur hart trainieren, dann gehört man bald zur Elite.

Einige der strahlendsten Sterne an Kenias Laufhimmel haben es gerade deshalb geschafft, weil sie nicht davon ausgegangen sind, dass es zu spät ist. In einem Hotel in Nairobi habe ich Paul Tergat getroffen, den ehemaligen Marathon-Weltrekordhalter und größten Crossläufer der Geschichte. Er erzählte mir, dass er in der Schule Volleyball gespielt hat und erst »zwischen 19 und 20 mit dem Laufen angefangen habe, als ich beim Militär anfing. Dort habe ich einige großartiger Läufer kennengelernt, von denen ich schon gelesen hatte, wie Moses Tanui und Richard Chelimo. Also habe ich trainiert und mit 21 habe ich gemerkt, dass ich das Talent habe«. Und mit 25 hatte er die erste von fünf aufeinanderfolgenden Crosslauf-Weltmeisterschaften gewonnen.

Die Ähnlichkeit mit dem jamaikanischen Sprint – oder dem kanadischen Eishockey oder dem brasilianischen Fußball – besteht darin, dass oben eine große Menge von Sportlern in den Trichter gesteckt wird und unten eine kleinere Menge an Champions herauskommt, die Talent gezeigt und die das harte Training überlebt hat.

Auch wenn einige der besten Läufer Kenias sehr spät in den Sport eingestiegen sind, beginnt das Training für viele andere sehr früh im Leben, noch bevor sie es überhaupt merken.

Kenia ist für Yannis Pitsiladis, den Glasgower Biologen, dessen Leidenschaft es ist, die DNA von Spitzensportlern zu sammeln, besonders strapaziös. Wegen seiner Flugangst reist er über Land durch ganz Kenia. Auf den überfüllten Straßen des ländlichen Kenias zum Ziel zu finden, ist, als wenn man ein Stahlkügelchen durch ein Kipplabyrinth steuert. (Irgendwann verliert man es.) Und dennoch ist Pitsiladis seit einem Jahrzehnt immer wieder nach Kenia zurückgekehrt. Wie es von der Brutstätte der Kalenjin-Läufer zu erwarten war, haben er und seine Kollegen festgestellt, dass Menschen, deren Gene auf eine nilotische Abstammung hinweisen, unter Spitzensportlern stark überrepräsentiert sind. Aber wie in Jamaika sind die Erkenntnisse, die ihn am meisten beeindruckt haben, kultureller und nicht genetischer Natur.

Pitsiladis' Forschungsarbeit hat ergeben, dass die kenianischen Läufer auf internationalem Niveau meistens zur Volksgruppe der Kalenjin gehören, meistens aus armen, ländlichen Gegenden kommen, und als Kinder in den allermeisten Fällen zur Schule laufen mussten. Laut einer Studie, die Pitsiladis mit Kollegen durchgeführt hat, mussten 81 Prozent von 404 kenianischen Laufprofis in der Kindheit beträchtliche Strecken zur Grundschule und zurück laufen oder gehen. Kenianische Kinder, die zu Fuß zur Schule und zurück gelangen, haben im Durchschnitt eine um 30 Prozent höhere aerobe Kapazität als ihre Altersgenossen. Im Vergleich zu weniger erfolgreichen Sportlern war es bei Weltklasse-Läufern auch häufiger der Fall, dass sie zehn Kilometer oder mehr zur Schule laufen mussten. Pitsiladis erzählt gerührt von einem zehnjährigen Jungen, der als Läufer so erfahren war, dass er bei einem Test seiner aeroben Kapazität auf einem Feldweg mit einem Tempo losrannte, das eine Sechs-Minuten-Meile ergeben hätte.

Als ich in Kenia war und über die staubigen roten Hügel von Iten, dem Epizentrum des Kalenjin-Trainings, lief, gesellten sich gelegentlich Kinder zu mir und zwitscherten aufgeregt ihren englischen Lieblingssatz: »Wie geht es dir? Wie geht es dir?« Bei meinem letzten Lauf in Iten trabte ein ungefähr fünfjähriger Junge neben mir her, als ich mich einen langen Hang hinaufschleppte. Der Junge hatte zerlumpte Sandalen an und trug einen Laib Brot unter einem Arm. Er folgte mir ein paar Minuten und schlüpfte dann unter einem Holzzaun hindurch, wobei er seinen Brotlaib hinter sich herzog, und war verschwunden. Da begriff ich, dass es in ganz Kenia niemanden gibt, der einfach nur joggt. Es gibt nur solche, die von A nach B laufen, solche, die sich beim Training schinden, und solche, die überhaupt nicht laufen.

Nach diesem Lauf erwähnte ich den Jungen mit dem Brot im Gespräch mit Harun Negatia, einem Physiotherapeuten, der kenianische Profis behandelt. »Wenn der Junge erwachsen wird«, sagte er, »wird Laufen das Einzige sein, was er kann.« Seine Worte erinnerten mich an einen Witz, der in Form eines Spendenaufrufs Ende der 1990er-Jahre in einem inzwischen nicht mehr existierenden Internetforum für Leichtathleten erschien:

> *»Gebt Amerikanern eine Chance im Langstreckenlauf, spendet Schulbusse für kenianische Kinder!«*

Und es ist nicht nur Kenia. Pitsiladis und ein Forschungsteam fanden ein ähnliches Muster bei der zweiten Supermacht des internationalen Langstreckenlaufs vor, in Äthiopien. Wie in Kenia stammen äthiopische Läufer in der Regel aus einer traditionellen Hirtenkultur – den Oromo – und mussten ebenfalls viel häufiger zu Fuß zur Schule als Nichtlaufsportler. Und äthiopische Marathonprofis hatten eher einen langen Schulweg als äthiopische 5-Kilometer- und 10-Kilometer-Profis. Analysen der mitochondrialen DNA von äthiopischen und kenianischen Läufern zeigen, dass sie matrilinear nicht besonders eng miteinander verbunden sind. Es gibt also nicht den einen genetischen Stamm von Superläufern, der von Äthiopien bis Kenia reicht. (Äthiopier haben allgemein mehr mitochondriale DNA mit Europäern gemein, was möglicherweise daran liegt, dass Äthiopien der ursprüngliche Ausgangspunkt aller Menschen außerhalb Afrikas war.)

Niemand hat je eine Studie über die Laufökonomie untrainierter äthiopischer Kinder durchgeführt, wie es die dänischen Wissenschaftler in Kenia getan haben. Es ist daher nicht bekannt, wie die Oromo in dieser Hinsicht im Vergleich mit den Kalenjin abschneiden, aber es ist klar, dass beide Gruppen das Laufen als Teil des Lebens begreifen. »Da rennen einfach alle Kinder«, sagt Pitsiladis, »und dann merkt ein Junge oder ein Mädchen, dass er oder sie schneller rennen kann als die anderen. Man muss unbedingt die richtigen Gene haben. Man muss sich die richtigen Eltern aussuchen, aber wenn Tausende von Kindern laufen, kommen die besten nach oben. Nach zehn Jahren Arbeit muss ich zugeben, dass es ein sozioökonomisches Phänomen ist.«

Als ich die äthiopische Legende Derartu Tulu – olympische Goldmedaillengewinnerin im 10-Kilometer-Lauf in den Jahren 1992 und 2000 – fragte, ob eines ihrer zwei biologischen oder vier adoptierten Kinder gerne mit ihr laufen würde, antwortete sie: »Nein, sie finden es anstrengend, wenn ich sie mit zum Training nehme. Sie laufen nicht gern ... Ich glaube, das liegt daran, dass sie zur Schule gefahren werden.« Moses Kiptanui, der ehemalige kenianische Weltrekordhalter im Hindernisrennen, sagt über seine Kinder: »Ein Wagen kam und brachte sie zur Schule ... Sie treiben lieber leichtere Sportarten.«

»Wie viele der besten kenianischen Läufer haben Söhne oder Töchter, die sich beim Laufen auszeichnen?«, fragt Pitsiladis rhetorisch, nachdem er festgestellt hat, dass es in Kenia viele erfolgreiche Geschwister und Cousins gibt. »Kaum welche. Warum? Weil der Vater oder die Mutter Weltmeister werden und unglaubliche Geldmittel haben, da muss das Kind nie wieder zur Schule laufen.«

Dennoch ist es ein Vorurteil, dass alle großen kenianischen Sportler zur Schule gelaufen sind. Schließlich gibt es bedeutende Ausnahmen wie Paul Tergat, der größte Crossläufer der Geschichte. »Ich glaube, die meisten von uns laufen barfuß zur Schule«, sagt Tergat. »Aber meine Schule war ganz nah. Ich konnte zur Schule gehen.« Gleiches gilt für Wilson Kipketer, einen der größten Mittelstreckenläufer aller Zeiten, dessen Schule gleich neben seinem Zuhause lag. Beide Männer waren Weltrekordhalter, also ist es nicht notwendig für einen Weltrekordhalter, zur Schule gelaufen zu sein. Und hinreichend ist es auch nicht. Einige der von Pitsiladis getesteten kenianischen Kinder, die kilometerweit zur Schule laufen, verfügen trotzdem nur über bescheidene aerobe Kapazität, was an die schlecht Trainierbaren in der HERITAGE-Familienstudie erinnert. »Es sind nur wenige«, sagt er, »Aber es gibt welche.« Ganz zu schweigen davon, dass Millionen kenianischer Kinder im ganzen Land zu Fuß zur Schule gehen, und die Kalenjin dennoch einzigartig sind mit ihrem Lauferfolg.

Pitsiladis ist fest davon überzeugt, dass der Lauferfolg Kenias neben der großen Menge an laufenden Kindern noch eine weitere wichtige Komponente hat. Denn eines haben die Berge, auf denen sowohl der Kalenjin in Kenia als auch der Oromo in Äthiopien beheimatet sind, gemeinsam: Höhe. »Man muss auf großer Höhe leben«, sagt Pitsiladis. »Manche meinen, am besten müsse man hoch gelegen leben und tiefer gelegen trainieren. Die Kenianer leben hoch gelegen und trainieren noch höher gelegen.«

Wenn es nur an der Höhe liegt, wo bleiben dann die Läufer aus Nepal?«, fragte Bruder Colm O'Connell. Er sitzt in seinem Haus in Iten, während David Rudisha, der Weltrekordhalter im 800-Meter-Lauf aufs Sofa niedersinkt.[51] Im Hinterhof liegt das »Fitnessstudio«, eine einzelne Eisenstange, die an beiden Enden in Zement getaucht ist, sodass sie einer Langhantel ähnelt.

Zumindest ist die Höhenlage am Rand des Rift Valley – wo es nur wenige Mücken gibt – wahrscheinlich der Grund dafür, dass die dort lebenden kenianischen Läufer nicht den erblich niedrigen Hämoglobinspiegel haben, der bei Menschen mit Vorfahren in Malaria-Gefahrenzonen auftritt und für den Langstreckenlauf ein *Nachteil* wäre.

Aber O'Connells Frage ist spannend und taucht immer wieder rhetorisch im Zusammenhalt mit dem kenianischen Laufwunder auf. Es ist bekannt, dass bei Sportlern, die vom Tiefland in die Berge ziehen, auf-

51 Rudisha gehört der Volksgruppe der Massai an. (Seine Mutter ist allerdings Kalenjin, sein Vater ist Olympiasieger und teilweise Massai.) Die Massai sind ebenfalls ein nilotisches Volk und relativ eng mit den Kalenjin verwandt. Nach Angaben in Jean Hiernaux' *The People of Africa* haben die Massai im Verhältnis zu ihrer Größe extrem lange Beine.

grund der Höhe die roten Blutkörperchen zunehmen. Warum also kommen keine Läufer aus den Anden und dem Himalaya herabgestiegen und rennen dem Rest der Welt davon, wie es Äthiopier und Kenianer tun?

Die Frage nach den »nepalesischen Läufern« ist jedoch für das kenianische beziehungsweise äthiopische Laufwunder eigentlich irrelevant, und zwar nicht nur, weil das Himalaya-Klima nicht den schmalen Körpertypus begünstigt. Es ist wissenschaftlich erwiesen, dass sich die Menschen in den verschiedenen Bergregionen der Welt mit völlig unterschiedlichen genetischen Mitteln an das Leben bei niedrigem Sauerstoffgehalt angepasst haben. In jeder der drei großen Zivilisationen auf dem Planeten, die seit Tausenden von Jahren in großen Höhen leben, ist das gleiche Überlebensproblem auf unterschiedlichen biologischen Wegen gelöst worden.

Gegen Ende des 19. Jahrhunderts glaubten Wissenschaftler, sie hätten die Höhenanpassung verstanden. Sie hatten bolivianische Eingeborene studiert, die in den Anden in Höhenlagen von über 4.000 Metern lebten. In dieser Höhe befinden sich in jedem Atemzug nur etwa 60 Prozent so viele Sauerstoffmoleküle wie auf Meereshöhe. Um den Sauerstoffmangel auszugleichen, haben die Andenbewohner reichlich rote Blutkörperchen mit dem Sauerstoffträger Hämoglobin.

Die Menge an Sauerstoff im Blut wird von zwei Faktoren bestimmt: der Menge an Hämoglobin im Blut und der Menge an Sauerstoff im Hämoglobin, also der »Sauerstoffsättigung«. Weil so wenig Sauerstoff in der Luft ist, rauschen viele der Hämoglobinmoleküle im Blut der Andenbewohner ohne volle Sauerstofflast durch den Körper – wie Achterbahnwagen mit wenigen Passagieren. Aber die Menschen der Anden machen das wieder wett, indem sie viel mehr Wagen haben. Aus sportlicher Sicht ist dies nicht unbedingt gut. Andenbewohner haben so viel Hämoglobin, dass ihr Blut unter Umständen zähflüssig wird und nicht mehr gut zirkuliert, und bei manchen entsteht eine chronische Höhenkrankheit.

Wissenschaftler des 19. Jahrhunderts stellten auch fest, dass Europäer, die aus dem Tiefland in die Berge reisten, auf die gleiche Weise reagierten und mehr Hämoglobin produzierten. Also hielt man die Höhenanpassung fast ein Jahrhundert lang für geklärt – bis in die 1970er-Jahre, als sich Nepal und Tibet erstmals Fremden öffneten.

Cynthia Beall, Anthropologieprofessorin an der Case Western Reserve University in Cleveland, reiste zu den tibetischen und nepalesischen Sherpas, die in bis zu 5.500 Meter Höhe leben können. Zu ihrer Überraschung stellte Beall fest, dass die Tibeter beim Hämoglobin normale Flachlandwerte hatten und sogar eine niedrigere Sauerstoffsättigung aufwiesen, als auf Meereshöhe üblich. *Sie hatten also nur wenige Achterbahnwagen, von denen viele gar nicht voll besetzt waren.*

Die meisten Tibeter haben eine spezielle Version eines Gens namens EPAS1, das als Messgerät dient, den verfügbaren Sauerstoff erfasst und die Produktion der roten Blutkörperchen reguliert, damit das Blut nicht gefährlich dick wird. Es bedeutet aber auch, dass Tibeter nicht das Übermaß an sauerstofftragendem Hämoglobin haben, über das Andenbewohner verfügen.

> »*Wie überleben sie hier überhaupt?*«, fragte sich Beall.
> »*Der Sauerstoffgehalt in ihrem Blut scheint sehr niedrig zu sein, aber irgendwie bekommen sie genug davon, um normal zu funktionieren.*«

Schließlich stellte Beall fest, dass Tibeter mithilfe eines extrem hohen Stickoxidspiegels im Blut überleben. Stickoxid veranlasst die Blutgefäße in der Lunge, sich zu entspannen und sich für den Blutfluss zu weiten. »Tibeter haben 240-mal so viel Stickoxid im Blut wie wir«, so Beall. »Das ist mehr, als es Menschen auf Meereshöhe bei Sepsis haben«, einer lebensbedrohlichen Erkrankung. Die Tibeter haben sich also angepasst, indem sie eine sehr starke Durchblutung der Lunge haben, und sie atmen auch tiefer und schneller als Tieflandbewohner, als befänden sie sich in ständiger Hyperventilation. »So verbrauchen sie mehr Energie«, sagt Beall.

1995 wandten sich Beall und ihr Team noch einer anderen Bevölkerungsgruppe zu, die seit Jahrtausenden in großer Höhe lebt: den Äthiopiern und insbesondere der ethnischen Gruppe der Amhara, die in 3.500 Metern Höhe am Rande des Rift Valley leben. Erneut entdeckte sie eine weltweit einzigartige Höhenbiologie. Die Amhara hatten normale, tieflandtypische Hämoglobin-Werte und eine normale, tieflandtypische Sauerstoffsättigung. *Die gleiche Anzahl von Achterbahnwägelchen wie Tieflandbewohner und fast alle von ihnen voll besetzt, genau wie bei Tieflandbewohnern.* »Hätten wir nicht gewusst, dass wir uns auf großer Höhe befinden, hätte ich sie für Küstenbewohner gehalten«, sagt Beall. Es ist nicht ganz klar, wie die Amhara dieses Kunststück hinbekommen. Aber Beall liegen vorläufige Daten über Amhara-Äthiopier vor, denen zufolge der Sauerstoff ungewöhnlich schnell aus den winzigen Luftbläschen der Lunge ins Blut wandert.

Der Neuseeländer Peter Snell, ein ehemaliger Meilenweltrekordler, der zum medizinischen Forscher wurde, hat die These aufgestellt, dass der verbesserte Sauerstofftransfer von der Lunge ins Blut für Menschen mit Abstammung aus Bergregionen einen Vorteil darstellen kann, wenn sie auf Meereshöhe Rennen laufen. »Es ist möglich«, sagt Beall über diese Spekulation. Sie hat die These einmal in einem Artikel erwähnt, betont aber, dass niemand es wirklich weiß. Außerdem sah sie die verbesserte Sauerstoffdiffusion in den Daten der Amhara entdeckt, und die meisten der besten äthiopischen Läufer sind Oromo. Ein Oromo hält die Weltrekorde im 5.000- und 10.000-Meter-Lauf und eine Oromo-Frau hält den 5.000-Meter-Rekord der Frauen. (Wissenschaftler haben zwei Läufe des Oromo Kenenisa Bekele vermessen, während er mit einer Geschwindigkeit von 15 km/h einmal auf 1.500 Meter und einmal bei über 3.000 Meter Höhe lief. Erstaunlicherweise stieg seine durchschnittliche Herzfrequenz in der höheren Lage nur von 139 Schlägen pro Minute auf 141.)

Im Gegensatz zu den Amhara, die seit Tausenden von Jahren in großer Höhe leben, sagt Beall, ist das Hirtenvolk der Oromo erst vor 500 Jahren aus Meeresspiegelhöhe emporgestiegen. Ein Fremder könnte Amhara- und Oromo-Menschen anhand ihres Aussehens nicht unterscheiden, aber in Bezug auf ihre Reaktion auf Höhenluft würde Beall sie niemals verwechseln.

Beall hat Oromo getestet, die ungefähr in der Höhenlage von Denver leben. »Da wäre also nicht viel zu erwarten«, sagt sie in Bezug auf erhöhte Hämoglobinwerte. »Aber sie hatten bereits über ein Gramm mehr Hämoglobin als Amhara in vergleichbarer Höhe.« Und das Hämoglobin war mit Sauerstoff geladen. »Ihr Hämoglobinspiegel war definitiv höher, als man es von zufällig ausgewählten Tieflandbewohnern erwarten würde», sagt sie. Während die Amhara selbst in großen Höhen einen niedrigen Hämoglobinspiegel aufwiesen, hatten die Oromo bereits in mäßigen Höhen viel Hämoglobin.

Zum einen unterstreichen diese Diskrepanzen die physiologischen Unterschiede zwischen Völkern, die unterschiedlich lang in Bergregionen gelebt haben und für die die Evolution jeweils neuartige genetische Lösungen gefunden hat. Man nimmt an, dass die Himalaya-Bewohner und Amhara-Äthiopier seit Tausenden und vielleicht Zehntausenden von Jahren in großer Höhe gelebt haben, die Andenbewohner aber während einer kürzeren Zeitspanne. Das erklärt möglicherweise, warum die Andenbewohner noch nicht vollständig an ihre außerordentlich hoch gelegene Heimatgegend angepasst sind – und warum bei ihnen das Hämoglobin so emporschießt wie bei Tieflandbewohnern, die große Höhen erklimmen. (Wie die Oromo sind auch Kenias Kalenjin relativ neue Bergbewohner, die sich vor nicht mehr als 2.000 Jahren im Bergland niedergelassen haben.)

In Bealls Daten von den Oromo – der ethnischen Gruppe, die die Mehrheit der besten äthiopischen Läufer stellt – zeigt sich eine deutliche Höhenreaktion. Bei den von ihr getesteten Oromo stieg das Hämoglobin sogar schon in Höhenlagen unter 1.600 Meter deutlich an. Aber nicht nur reagieren verschiedene ethnische Gruppen auf einzigartige Weise biologisch auf Höhe, auch zwischen Individuen derselben ethnischen Gruppe gibt es enorme Unterschiede.

Ein Team von Wissenschaftlern aus Norwegen und Texas brachte im Jahr 2003 Sportler einen Tag lang auf 2.800 Meter Höhe und untersuchte danach Veränderungen beim Hormon EPO, das den Körper zur Bildung roter Blutkörperchen anspornt. (Schummelnde Ausdauersportler injizieren sich EPO, um den Körper dazu zu bringen, mehr rote Blutkörperchen zu produzieren.) Die Bandbreite reichte von einem Sportler, dessen EPO-Spiegel abnahm, bis zu einem anderen, dessen Spiegel um mehr als 400 Prozent anstieg.

In einer anderen Studie an Läufern, die einen Monat lang in großer Höhe trainiert hatten, verbesserten diejenigen, deren Versorgung mit roten Blutkörperchen um durchschnittlich 8 Prozent zunahm, ihre 5.000-Meter-Zeit nach Rückkehr auf Meereshöhe um 37 Sekunden, während diejenigen, bei denen keine Zunahme an roten Blutkörperchen stattgefunden hatte, nach der Rückkehr aus den Bergen etwas schlechter liefen als zuvor. Wie andere Trainingsformen auch, ist das Höhentraining am effektivsten, wenn es auf die einzigartige Physiologie des individuellen Sportlers zugeschnitten ist – was ja für alle Arten von Medizin gilt.

Die Idee der individuellen Höhenanpassung trifft auf Bob Larsen zu, der als Trainer Deena Kastor und Meb Keflezighi 2004 für die USA zu olympischem Bronze- und Silbererfolg im Marathon begleitete. »Wir haben Beweise dafür, dass manche Leute lange oben sein müssen«, sagt Larsen. »Deena hat wirklich zwei Jahre in großer Höhenlage gebraucht. Meb war schnell. In seiner zweiten Woche in den Bergen war er ein wenig aus der Puste, aber nach ungefähr sechs Wochen stellte er den US-Rekord [bei den 10.000 Metern] auf.«

Selbst bei individuellen Schwankungen der Höhenreaktion scheint es eine ungefähre Optimalhöhe für das Bergtraining zu geben – eine Höhe, in der die Produktion roter Blutkörperchen zunimmt, aber nicht zu sehr. Wo die Luft dünn ist, aber nicht zu dünn. Die Anden und der Himalaya liegen weit darüber. Es heißt, die Optimalhöhe liege zwischen 1.800 und 2.700 Metern, hoch genug, um physiologische Veränderungen zu bewirken, aber nicht so hoch, dass die Luft zu dünn für hartes Training wäre. Zufällig liegen die Kämme des Rift Valley in Äthiopien und Kenia mitten im Optimalbereich. Die wichtigsten Trainingszentren in Kenia: Eldoret, 2.100 Meter. Iten: 2.300 Meter. Kapsabet: 1.950

Meter. Kaptagat: 2.400 Meter. Nyahururu: 2.200 Meter. Die wichtigsten Trainingsstädte in Äthiopien, Addis Abeba und Bekoji, haben beide Laufstandorte zwischen 2.400 und 2.700 Meter. In den USA trainieren Ausdauersportler auf der Suche nach der Optimalhöhe in Mammoth Lakes, Kalifornien: 2.400 Meter. Oder in Flagstaff, Arizona: 2.150 Meter.

Besser als ein trainingsbedingter Umzug in eine Bergregion ist, dort geboren zu sein. Wer in großer Höhe zur Welt kommt und seine Kindheit verlebt, hat tendenziell eine proportional größere Lunge als Kinder der Ebene, und große Lungen haben große Oberflächen, die mehr Sauerstoff von den Lungen ins Blut gelangen lassen. Dieses Phänomen kann nicht das Erbe von Vorfahren sein, die ihre Gene über Generationen hinweg verändert haben, denn es tritt nicht nur bei Eingeborenen des Himalaya auf, sondern auch bei amerikanischen Kindern, die nicht von Bergvölkern abstammen, aber hoch in den Rocky Mountains aufwachsen. Sobald die Kindheit vorbei ist, ist auch die Chance für diese Anpassung verpasst. Die Lungengröße ist nicht genetisch festgelegt, aber nach der Pubertät auch nicht mehr veränderbar.

Kein Wissenschaftler behauptet, dass allein die Höhenluft unermüdliche Läufer schmiedet, oder dass es ohne Höhentraining unmöglich ist, ein großer Langstreckenläufer zu werden. Aber Forscher wie Pitsiladis meinen, dass es einfach viel weniger wahrscheinlich wäre. Eine hilfreiche Kombination ist vielleicht, wenn die Vorfahren aus der Tiefebene stammen, sodass das Hämoglobin beim Training in der Höhe schnell steigen kann – man selbst aber im Bergland geboren wurde, sodass man eine größere Lungenoberfläche entwickelt. Dann muss man nur noch im optimalen Höhenbereich leben und trainieren. Genau dies ist der Hintergrund von Legionen von Kalenjin-Kenianern und Oromo-Äthiopiern.

Ob es Zufall ist oder nicht, Shalane Flanagan, derzeit schnellste amerikanische Marathonläuferin und Tochter einer ehemaligen Marathon-Weltrekordhalterin, wurde in den Ausläufern der Rocky Mountains in Boulder, Colorado, geboren und verbrachte einen Teil ihrer Kindheit in über 1.600 Meter Höhe. Ryan Hall, der derzeit schnellste amerikanische Marathonläufer, wuchs in Big Bear Lake, Kalifornien, auf: über 2.100 Meter hoch.

Fährt man nordwärts in Richtung der Sangre-de-Cristo-Berge, bis dorthin, wo der schwarze Asphalt unter einer Schwemme aus braunem Felsen und Staub verschwindet, kommt man in Truchas, New Mexico, an, in 2.400 Metern Höhe.

Kurz bevor die Straße verschwindet, befindet sich links gleich hinter einem Viehgatter ein niedriges Lehmhaus mit einem gelben Schulbus im Hof. Der Bus ist seit Jahrzehnten nicht mehr gefahren. Auf dem Alfalfa-Feld im Hintergrund arbeitet der 85-jährige Presiliano Sandoval in der Hitze. Seine Finger, die schon nicht mehr gerade waren, als der Schulbus noch fuhr, sind um den Holzgriff einer Schaufel gekrümmt.

In dem Lehmhaus hat Presiliano den größten amerikanischen Sportler aufgezogen, an den sich niemand erinnert. Anthony Sandoval lebt immer noch nur eine Autostunde südwestlich von hier, in Los Alamos. Anthony war eines von sechs Kindern, aber Presiliano merkte, dass er anders war. Presiliano weiß noch, wie der acht Jahre alte Anthony im Winter ohne Murren allein in die Berge ging, um mit Hammer und Keil hartgefrorene Pinon-Bäume zu spalten.

In den Sommerferien nach der sechsten Klasse führte Anthony dreimal in der Woche die Kühe seines Vaters kilometerweit in die Berge, damit sie dort grasen konnten. »Es waren nie weniger als zwei Stunden Fußweg«, sagt Anthony, und zwischendurch sei er auch gelaufen. Er war immer ein guter Läufer gewesen, aber als er aus den Ferien zurückkam, war er mit Abstand der schnellste Junge in der Schule.

Presiliano wünschte sich sehr, dass sein Sohn eine bessere Schulbildung erhielt als die in Truchas angebotene, also schrieb er ihn an der eine Stunde entfernten Los Alamos Highschool ein. Dort war Anthony von den Söhnen und Töchtern der Physiker und Nuklearingenieure umgeben, die im Los Alamos National Lab arbeiteten, dem Geburtsort der Atombombe. Die Ortschaft war während des Zweiten Weltkriegs so geheim, dass bei in Los Alamos geborenen Babys nur eine Postfachadresse in die Geburtsurkunde eingetragen wurde. Zu Beginn von Sandovals neuntem Schuljahr schlug ihm ein Freund vor, er solle mal Crosslauf ausprobieren. »Ich sagte: ›Was ist Crosslauf?‹«, erinnert sich Sandoval. »Aber ich bin hingegangen und in dem Jahr noch Zweiter im Bundesstaat geworden. Und danach habe ich in der Schulzeit kein Rennen mehr verloren.« Im vorletzten Jahr lief Sandoval in 60 Minuten mehr als 20 Kilometer und stellte damit den Weltrekord der Unter-20-jährigen im Einstundenlauf auf. Im Jahr 1972, seinem Abschlussjahr, mit 1,68 Meter und 44 Kilo, gewann Sandoval die US-Juniorenmeisterschaft im Crosslauf.

Das Lehmhaus der Sandovals in Truchas hatte kein Telefon, daher schickten die Talentscouts ihre Einladungen direkt an die Los Alamos Highschool. Der Junge, dessen Tanten und Onkel Hirten und Uranbergleute gewesen waren, sollte nach Stanford gehen. In Palo Alto war Sandoval ein Musterschüler und wurde zum Medizinstudium zugelassen, während er 100 bis 110 Kilometer pro Woche trainierte.

Bei den Pac-8-Meisterschaften 1976, seinem College-Abschlussjahr, gewann Sandoval das 10.000-Meter-Rennen knapp vor drei Kenianern, die für die Washington State antraten, und von denen einer später den Weltrekord brach. Und dann wagte sich Sandoval vom College-Lauftraining direkt in die Qualifikation für den olympischen Marathon 1976. Er wurde Vierter, nur eine Minute und eine Platzierung fehlten für die Olympiamannschaft. Also begann er sein Medizinstudium und überlegte sich, dass er bessere Chancen auf Olympia hätte, wenn er tatsächlich für die Marathondistanz trainieren könnte.

Aber da Sandovals unersättliches Interesse dem Dienst am Menschen und der Medizin galt, verlegte er sich auf Kardiologie, ein lernintensives Fachgebiet, das sich nicht mit Marathontraining verträgt. Trotzdem war Sandovals Talent offenkundig. Im Jahr 1979 schaffte Sandoval wegen des Medizinstudiums nur 55 Kilometer pro Trainingswoche. Das reichte bei ihm, um einen Marathon in 2:14 Stunden zu laufen, eine völlig absurde Zeit beim Trainingsplan eines Joggers. (Für Fußballfans wäre das, als ob jemand in einer Altherrenmannschaft mittrainiert und dann in der Bundesliga besteht.)

1980, als die Olympischen Spiele wieder näher rückten, steckte Sandoval noch tief im Medizinstudium, trainierte aber einige Monate lang intensiv. Das reichte. Ab Kilometer 37 des Olympia-Qualifikationslauf in Buffalo rannte er dem Feld einfach davon. Er beendete mit 2:10:19, einem Rekord in der US-amerikanischen Olympia-Qualifikation, der 27 Jahre lang bestehen blieb. »Tony war zu diesem Zeitpunkt wahrscheinlich der schnellste Läufer der Welt«, sagt Frank Shorter, der letzte Amerikaner, der beim olympischen Marathon Gold gewann.

Aber es war das Jahr der Olympischen Spiele in Moskau und Präsident Jimmy Carter verfügte, dass die USA aus Protest gegen die sowjetische Invasion in Afghanistan einen 64 Nationen starken Olympia-Boykott anführen würden. Sandoval war wie 465 andere amerikanische Olympioniken gezwungen, zu Hause zu bleiben.

Mit Aufnahme seiner Tätigkeit als Kardiologe geriet Sandoval in ein Muster, das mehr als ein Jahrzehnt durchzog: jedes Mal, wenn sich Olympische Spiele näherten, versuchte er, mehr zu trainieren. 1984 wurde er bei der Qualifikation Sechster. 1988, mitten in einem Forschungsprojekt, kam er auf den 27. Platz.

Als sich die Qualifikation für Olympia 1992 näherte, erkannte Sandoval, inzwischen 37 Jahre alt, dass dies seine letzte Chance war. Endlich nahm er sich zum Trainieren frei und war bald in phänomenaler Form. An einem warmen, windigen Tag in Columbus, Ohio, fühlten sich die ersten Kilometer des Rennens ganz mühelos an. »Ich war wie im Himmel«, sagt Sandoval. »Ich dachte: ›Das ist meine fünfte olympische Qualifikation und es wird ein guter Tag.‹« Und es war auch einer, bis er bei Kilometer 13 am Fuße eines Hügels den Fuß aufsetzte, um in die Kurve zu gehen, und ein Schmerz durch die Wade schoss. »Ich dachte, es wäre die Wade, also habe ich angehalten, um sie zu massieren«, sagt Sandoval. »Ich behielt die Zeit im Blick. Ich war so gut in Form, dass ich dachte, ich könnte den Führenden ungefähr zwei Minuten geben und es immer noch in die Nationalmannschaft schaffen.« Bei Kilometer 21 schwoll sein Bein an, bis er kaum noch gehen konnte. Er humpelte von der Strecke. »Da wusste ich schon, dass es vorbei war«, sagt Sandoval leise,

»dass ich es nie zu den Olympischen Spielen schaffen würde.« Er war acht Kilometer mit gerissener Achillessehne gelaufen.

Heute arbeitet Sandoval in einer Praxis gegenüber vom Sportplatz seiner Highschool. Er ist einer der wenigen Kardiologen im gesamten ländlichen Norden von New Mexico. Zu Hause hebt Sandoval immer noch den USA-Mannschaftsanzug aus blauem Velours auf, den er bei den Olympischen Spielen 1980 getragen hätte. »Es tut weh, wenn man daran denkt«, sagt Sandoval. »Ich bin nie so schnell gelaufen, wie ich hätte laufen können.« Seine Stimme stockt, als er sich ausmalt, wie stolz wohl seine sechs Kinder – allesamt College-Sportler – auf Papas Medaille gewesen wären. »Ich glaube, manchmal wünscht er sich, er hätte mehr Zeit von der Medizin abgezweigt, um zu trainieren«, sagt Sandovals Frau Mary.

Noch heute ist Sandoval so dürr, dass er sich hinter einer Parkuhr verstecken könnte. Morgens um halb sieben huscht er über Serpentinen durch den Wald der nahe gelegenen Jemez-Berge. Es gibt keine überflüssige Bewegung in seiner Gangart. Die Arme hält er hoch und eng am Körper. Er scheint kaum von der Erde abzuheben und so leicht über den Boden zu fegen wie eine Wasserwanze, die über einen Teich flitzt. Er nennt einige der Bäume und Felsnasen am Wegesrand »alte Freunde«.

David Martin, ehemaliger Leiter des physiologischen Testprogramms von USA Track and Field, hat Sandoval noch in dessen Wettkampfzeit untersucht. »Anthony war ein bemerkenswerter physiologischer Sonderfall«, sagt Martin.

> *»Er hatte lange Beine, ein riesiges Herz, eine riesige Lunge und einen kleinen Torso. Ich habe ihn in meinem Labor in Atlanta getestet, und meine Güte, was der an Sauerstoff umsetzen konnte! Ich will nicht sagen, dass Anthony ein genetischer Mutant ist, aber er ist ungewöhnlich, denn selbst als er älter wurde, blieb seine Körpergröße gering und seine Herzgröße nahm zu.«*

Martin macht eine Pause und denkt an Sandoval in seiner Gesamtheit. Seine stille Zähigkeit. Seinen geschmeidigen Körper. Seine enorme aerobe Kapazität. Seine Jugend auf einsamen 2.400 Metern Höhe und seine Kindheit voller zweckgebundenem Laufen und Gehen. Sicherlich hatte er physiologische Gaben, aber auch eine einzigartige Umgebung, in der er sie entdecken und entwickeln konnte.

»Weißt du, was er ist?«, fragt Martin plötzlich nach einigem Nachdenken. »Er ist ein Kenianer, nichts anderes! Er ist ein amerikanischer Kenianer.«

Eldoret ist eine geschäftige Stadt mit 250.000 Einwohnern im Herzen der Trainingsregion Kalenjin in Kenia. Hier streiten sich bisweilen Eselskarren mit Autos um die Vorfahrt auf den zerfurchten Straßen. In der Stadt herrscht hektischer Betrieb. Kunden drängen sich in den Geschäften im Erdgeschoss oder in den Restaurants darüber. In den engen Gassen reihen sich winzige Läden. Hier kann man Nike-Laufschuhe kaufen, die vor 15 Jahren brandneu waren, aber noch ungetragen sind, da kenianische Laufprofis die Schuhe, die sie von ihren Sponsoren geschenkt bekommen, sofort nach Erhalt an Wiederverkäufer verkaufen. In einer Ecke verhökert ein Mann klammheimlich Trikots der kenianischen Nationalmannschaft aus seinem Rucksack.

Als ich in Eldoret war, saß ich einmal in einem Garten hinter einer stählernen Schutzwand und trank kenianischen Tee – mit Milch und Zucker – mit Claudio Berardelli, einem jungen Italiener, der nach Kenia gezogen und einer der weltbesten Trainer für Langstreckenläufer geworden ist. Berardelli war Mitautor eines Forschungsberichts, der demnächst im *European Journal of Applied Physiology* erscheinen sollte. Der Bericht befasste sich explizit mit der Laufökonomie und verglich Europäer mit einer Marathonzeit von 2:08 Stunden mit Kalenjin mit der gleichen Zeit. Wie zu erwarten waren sich die Läufer in ihrer Physiologie – ihren aeroben Fähigkeiten und ihrer Laufökonomie – sehr ähnlich. Die Autoren kamen daher zu dem Schluss, dass überlegene Laufökonomie nicht der Grund für die Dominanz der Kalenjin-Marathonläufer gegenüber Europäern ist.

Eigentlich haben sie jedoch gar keine Frage gestellt, die eine solche Antwort liefern könnte. Es ist keine Überraschung, dass sich Läufer mit einer Marathonzeit von 2:08 unabhängig von Nationalität oder Herkunft physiologisch ähneln. Schließlich sind sie alle 2:08er-Marathonläufer. Die Frage ist, ob es an bestimmten Orten viel mehr Menschen gibt, die 2:08er-Marathonläufer werden können als an anderen Orten, oder warum 2:03er und 2:04er nur aus Kenia und Äthiopien kommen.

Berardellis persönliche Meinung unterscheidet sich sehr vom Fazit der Studie: »Ich glaube nicht, dass es nicht irgendwo in Italien einen zweiten [Stefano] Baldini gibt«, sagt er in Bezug auf den Italiener, der beim Olympischen Marathon 2004 Gold gewann. »Und die Italiener sagen wahrscheinlich: ›Wir brauchen nicht nach ihm zu suchen, weil immer die Kenianer gewinnen.‹ Also finden sie ihn nicht.« Aber glaubt er, dass es in Italien genauso viele potenzielle Baldinis gibt wie in Kenia? »Ich glaube, in Kenia findet man vielleicht zehn Baldinis, und in Italien vielleicht zwei Baldinis. Aber – *Mensch, Leute,* ihr müsst schon suchen, um sie zu finden!« Berardellis meint also, dass Marathon-Gold-Potenzial nicht auf Kenia beschränkt ist, sondern dort nur häufiger vorkommt. »Ich glaube, die kenianische Lebensweise hat wahrscheinlich einige genetische Eigenschaften festgelegt, die fürs Laufen günstig sind«, sagt er.

Und auch wenn ein von Natur aus schmaler Körpertyp für die Laufökonomie wichtig ist, lässt sich die Ökonomie immer noch verbessern. Es gibt dafür kein besseres Beispiel als die größte Marathonläuferin aller Zeiten, die Britin Paula Radcliffe. Radcliffe nahm mit neun an ihren ersten Rennen teil, obwohl sie noch kein richtiges Training bekommen hatte. Mit 17 Jahren war Radcliffe eine vielversprechende Nachwuchssportlerin, und Andrew M. Jones, ein britischer Physiologe, begann mit ihr zu arbeiten. Jones merkte sofort, dass Radcliffe begabt war. Es gab herausragende Sporttalente in ihrer Familie – ihre Großtante Charlotte war Schwimmerin mit olympischem Silber –, und sie hatte eine $VO_2max$, wie man sie als Spitzensportlerin nur haben kann, obwohl sie weniger als 50 Kilometer pro Woche trainierte. »Offensichtlich war sie außergewöhnlich talentiert«, schrieb Jones über Radcliffe. »Dieses sportliche Potenzial wurde jedoch erst nach zehn weiteren Jahren zunehmend anstrengenden Trainings erreicht.«

In diesen Jahren wurde Radcliffe größer, behielt aber das gleiche Gewicht bei, während sie wie besessen trainierte, oft in Höhenlagen. Ihre $VO_2$max steigerte sich überhaupt nicht – sie lag bereits am Maximum –, aber jedes Jahr wurde Radcliffes Laufökonomie schrittweise besser, was vermutlich zumindest teilweise daran lag, dass ihre Beine länger wurden, während ihr Gewicht nicht zunahm. Im Jahr 2003, elf Jahre nach der ersten Messung, war Radcliffes $VO_2$max nicht anders als mit 18 Jahren und leichtem Training, aber ihre Laufökonomie hatte sich drastisch verbessert. Schließlich brach sie mit 2:15:25 den Weltrekord der Frauen im Marathonlauf. Offensichtlich wurde Radcliffes außergewöhnliche Laufökonomie zumindest teilweise durch ihr Training geprägt.[52]

Es ist unwahrscheinlich, dass die Genetik trotz aller Fortschritte eine befriedigende Antwort auf die Fragen liefern wird, die der Lauferfolg Kenias aufwirft. So wie es schwierig ist, Gene für die Körpergröße zu finden – obwohl wir wissen, dass sie existieren –, ist es außerordentlich schwierig, Gene auch nur für einen der am Laufen beteiligten physiologischen Faktoren zu bestimmen, geschweige denn für alle. Sir Roger Bannister, ein weltbekannter Neurologe und der erste Mensch, der die Vier-Minuten-Meile schaffte, hat einmal gesagt:

> *»Der menschliche Körper ist dem Physiologen um Jahrhunderte voraus und schafft ein Zusammenspiel von Herz, Lunge und Muskeln, das für die wissenschaftliche Analyse zu komplex ist.«*

Darüber hinaus unterscheidet sich die Prävalenz von Genvarianten von Ethnie zu Ethnie so stark, dass Genetiker bei ihren Studien ethnisch identische Kontrollpersonen verwenden. Eine genetische Studie an Kalenjin verwendet also Kalenjin-Läufer und vergleicht sie mit Kalenjin-Kontrollpersonen. Daher befasst sich die Genforschung normaler-

52 Eine weitere Hypothese, die Physiologen mir gegenüber erwähnt haben, besagt, dass Radcliffes Achillessehne durch jahrelanges Training kräftiger wurde – wie beim Hochspringer Stefan Holm – und ihre Laufökonomie verbessert hat.

weise mit den Unterschieden zwischen Angehörigen einer ethnischen Gruppe und sagt meist wenig über die Unterschiede zwischen ethnischen Gruppen aus. Da die Physiologie des Laufens noch längst nicht vollständig erforscht ist, können wir von der Gentechnologie an sich nicht erwarten, dass sie das kenianische Rätsel löst, zumindest nicht in absehbarer Zeit. Wir müssen anderswo nach Hinweisen suchen, so wie es die dänischen Forscher taten, als sie die Laufwirtschaft bei Kalenjin-Jungen erforschten.

Als ich das letzte Mal mit Berardelli sprach, hatte er gerade angefangen, mit einer Gruppe indischer Sportler zu arbeiten, die zum Training nach Kenia gekommen waren. Auf den ersten Blick hatten sie in Bezug auf ihre Umwelt unglaubliche Ähnlichkeiten mit seinen kenianischen Läufern: armer familiärer Hintergrund, hohe Motivation und viel Laufen zur Fortbewegung in der Kindheit. Wenn zum Erfolg im Langstreckenlauf nur finanzieller Anreiz, Laufen in der Kindheit und erstklassiges Training gehören, kann man damit rechnen, dass bald einige von Berardellis indischen Schülern neben den Kenianern zu sehen sind.

»Na«, sagte Berardelli mit einem skeptischen Grinsen, »wir werden sehen.«

Berardelli glaubt, dass Kenianer generell eher laufbegabt sind. Er weiß aber auch, dass unabhängig von Talent, Körpertypus, Kindheitserfahrungen oder Herkunftsland Marathonläufer der 2:05er-Klasse nicht vom Himmel fallen. Ihre Begabung muss mit herkulischem Willen verbunden sein.

Wobei auch das nicht ganz von angeborenem Talent zu trennen ist.

# 14

## Schlittenhunde, Ultraläufer und Faulpelz-Gene

Nördlich von Fairbanks, Alaska, drei Kilometer auf einer unbefestigten Straße entfernt vom Elliott Highway kündigt ein an einen immergrünen Baum genageltes Aluminiumschild die Hundezucht *Comeback Kennel* an. Die Schotterauffahrt ist festgefroren und so steil, dass ein Befahren ohne SUV heikel wäre. Dieser einsame Ort kommt dem alaskischen Geschmack entgegen. Wenn man den Rauch aus dem Schornstein des Nachbarn sehen kann, wohnt er wahrscheinlich zu nah.

Die Adresse lässt keineswegs vermuten, dass hier die größten und willensstärksten Ausdauersportler der Welt versammelt sind. Aber dort drüben, auf einer abfallenden, von Schwarzfichten umrahmten Lichtung, befinden sich 120 der hervorragendsten alaskischen Huskys im Hundeschlittensport. Comeback Kennel ist eigentlich nur der Name des verschneiten Vorgartens von Lance Mackey.

Mackey ist eine Ikone in der Welt des Hundeschlittenrennens, weil er im Wesentlichen das *thousand-mile double* erfunden hat. Das heißt, dass er sowohl 2007 als auch 2008 erst den tausend Meilen langen Yukon Quest gewonnen hat und dann wenige Wochen später das andere Tausend-Meilen-Rennen auf der Welt: das Iditarod, das unter Gläubigen als »letztes großes Rennen auf Erden« gilt. Vor Mackeys Doppelsieg wurde dieses Kunststück für unmöglich gehalten. Ein Hundeschlittenführer – *musher* genannt – konnte froh sein, auch nur eines der beiden Rennen ohne Krankheit oder ernsthafte Verletzung seiner selbst oder seiner Hunde zu überstehen. Selbst wenn er es schaffte, blieb das Problem des Willens, sowohl für die Hunde als auch für ihren Herrn.

Bedeutende Musher mussten schon vom Iditarod zurücktreten, als sich ihre Hunde einfach in den Schnee legten und sich weigerten, auch nur einen weiteren Schritt zu tun. Und die klirrende Kälte und der Schlafmangel in den langen Nächten von Alaska sind berüchtigt dafür, Iditarod-Mushern das vernünftige Denken auszutreiben. Es kommt vor, dass ein Musher bei der Überquerung der zugefrorenen Beringsee nach einer tiefschwarzen Nacht ins grelle Sonnenlicht starrt und sich auf einmal Jacke und Handschuhe auszieht, was ihm die -50 Grad kalte Luft mit sofortigen Erfrierungen dankt. Mackey selbst hat schon Stimmen gehört. Einmal, nach einer langen, kalten Etappe ohne Schlaf, sah er zu seiner Freude eine Inuit-Frau neben der Spur stehen, die ihn anlächelte. Erst als er sich umdrehte und ihr winken wollte, merkte er, dass sie weg war. Oder vielmehr, dass sie nie da gewesen war.

Vor Mackeys Siegen galt schon der Versuch, den Yukon-Quest und das Iditarod hintereinander zu fahren, als tollkühn. Selbst wenn der Musher den Quest mit intakten Körperfunktionen überlebte, was wäre mit den Hunden? Angenommen, sie wären noch gesund, würden sie überhaupt weiterlaufen wollen? Schlittenhunde müssen wie ihre Herren den Willen haben, voranzukommen.

»Das sind keine Haushunde. Futter funktioniert bei Schlittenhunden nicht zum Abrichten«, sagt Eric Morris, ein Musher und Biochemiker, der die Hundefuttermarke Redpaw für Hundesportler entwickelt hat. »Negative Verstärkung funktioniert auch nicht beim Abrichten von Schlittenhunden. Um solche Strecken zu laufen, müssen sie sich wie ein Jagdhund fühlen, der einem Fasan hinterherschnüffelt. Es muss die eine Sache in ihrem Leben sein, die ihnen die größte Freude bereitet. Sie müssen von Geburt an den Wunsch haben, [den Schlitten] zu ziehen … und den findet man bei verschiedenen Hunden in unterschiedlichen Maßen.«

Jeder der alaskischen Huskys in Mackeys Hof ist an einen Metallring gekettet, der um eine Stange hängt, sodass der Bewegungsradius des

Hundes auf mehrere Meter einschließlich des Betretens der eigenen Hundehütte begrenzt ist. Jeder Husky, außer Zorro.

Zorros Zwinger befindet sich auf dem Hügel im Garten. Er hat mehr Platz und keine Kette. Es ist seine »Villa Hügel«, scherzt Mackey. Von hier aus schaut Zorro auf die Lichter des nächtlichen Fairbanks hinab, aber auch auf seine Nichten und Neffen, Schwestern und Brüder, Söhne und Töchter, alle hier auf diesem Hof.

Auf dem Weg zu Zorro zeigt Mackey auf eine Hündin. »Das da ist meine Leithündin«, sagt Mackey und deutet auf eine von Zorros Enkelinnen, eine Hündin namens Maple, deren goldbraunes Fell die Farbe von Zimtschnecken hat. Im Jahr 2010 führte Maple Mackeys Gespann an – was bedeutet, dass sie an der Spitze der Schlittenhunde lief – und gewann den Golden Harness Award für die beste Leistung im Iditarod. Wie Maple gehören alle von Mackeys Hunde-Champions zu Zorros Linie. »Es war ziemlich gewagt«, sagt Mackey, »die ganze Zucht auf einen Hund aufzubauen.« Er beugt sich vor und streichelt die blonden Ringe, die das Fell um Zorros Augen zieren und an die Maske seines Namensvetters erinnern.

Nachdem Mackey bei Zorro vorbeigeschaut hat, geht er zurück zu dem halbfertigen Haus, das er zusammen mit seiner Frau Tonya bewohnt. Überall freiliegende Kabel und teilweise noch mit Planen abgedeckt – aber es gehört ihnen, ebenso wie die Garage, in der sich das Spezialmodell eines Dodge Charger und drei Dodge-Pickup-Trucks reihen. Alles Preise für Siege beim Iditarod. »Das alles haben die Hunde gekauft«, sagt Mackey. Vor allem Zorro.

Zorro ist der genetische Grundstein von Mackeys Hundezucht, allerdings nicht deshalb, weil er ein besonders schneller Husky war. (Das war er nicht.) Mackey achtete bei der Züchtung vielmehr auf die Gene der Arbeitsmoral. Er hatte keine andere Wahl. Als er 1999 mit der Züchtung begann, konnte er sich die schnellsten und schnittigsten Hunde gar nicht leisten.

Lance Mackeys Vater Dick war einer der Mitbegründer des 1973 erstmals ausgetragenen Iditarod-Hundeschlittenrennens. Bei seinen ersten fünf Teilnahmen wurde Dick nie mehr als Sechster. Bei seinem sechsten Rennen im Jahr 1978 ereignete sich etwas so Unerwartetes, dass die frischgebackene Rennleitung keine Regel zur Hand hatte, um darüber zu entscheiden.

Lance war sieben Jahre alt und stand in der Nähe des knorrigen Torbogens, der das Ziel markierte, als sein Vater, der in seinem Parka fast erstickte, in einem Kopf-an-Kopf-Endspurt mit dem Titelverteidiger Rick Swenson die Front Street entlangsprintete, beide zu Fuß neben ihren Schlitten. Als Dick Mackeys Leithund als Erster mit der Nase die Ziellinie überquerte, brach Mackey zusammen und ließ sein Gespann quer über der Linie stehen, während Swensons Schlitten vorbeizog. Nach 14 Tagen, 18 Stunden, 52 Minuten und 24 Sekunden hing der Sieg beim Iditarod davon ab, wie Rennleiter Myron Gavin entscheiden würde: Sollte der Musher mit dem ersten Hund über der Ziellinie gewinnen, oder der erste Musher mit allen Hunden im Ziel? »Bei Pferderennen interessiert sich doch auch kein Arsch für den Hintern, oder?«, fragte Gavin rhetorisch. Also gewann Dick Mackey das Iditarod und wurde für seinen Sohn ein richtiger Held.

> *»Ich stand direkt am Ziel«,* sagt Lance, der in Wasilla, Alaska, aufgewachsen ist. *»Es war aufregend. Es war dramatisch. Es war emotional. Es prägte sich mir tief ein. Ich habe keinen Zweifel daran, dass in diesem Moment, in dieser einen Sekunde, irgendetwas meine Leidenschaft, meinen Antrieb, mein Engagement losgetreten hat. Es hat nicht nur das Leben meines Vaters verändert, es hat auch mein Leben verändert.«*

Von diesem Moment an sagte sich Lance Mackey immer wieder, dass er eines Tages auch das Iditarod gewinnen würde. Aber der Weg würde steinig sein.

Drei Jahre, nachdem sein Vater das Iditarod gewonnen hatte, ließen sich Mackeys Eltern scheiden. Er hatte nun wenig von seinem Vater, der als Stahlbauarbeiter die entlegenen Gebiete Alaskas mit aufbaute. Seine Mutter Kathie arbeitete als Buschpilotin und Geschirrspülerin, um

Geld zu verdienen. Daher hatte Lance alle unbeaufsichtigte Zeit der Welt, um sich in Schwierigkeiten zu bringen. Er war sehr gut darin.

Mit 15 war Mackey eine Ein-Junge-Verbrechenswelle: Prügeleien, Alkoholkonsum als Minderjähriger, mehr Prügeleien, grober Unfug, Urinieren in der Öffentlichkeit und noch mehr Prügeleien. Noch bevor er einen Führerschein hatte, klaute er Kathies Scheckheft, kaufte einen 68er Dodge Charger und fuhr damit nordwärts, um drei Schusswaffen zu verpfänden, die er aus dem heimischen Waffenschrank geklaut hatte.

Also schickte Kathie ihren Sohn hinter den Polarkreis, um Zeit mit seinem Vater zu verbringen, der inzwischen in einem umgebauten Schulbus Essen an Trucker verkaufte, die die Trans-Alaska-Pipeline entlangfuhren. Aus diesem Gewerbe wurde dann ein Restaurant mit Tankstelle und dann die Stadt Coldfoot, Alaska, mit einem Dutzend Einwohnern. Während Mackey an der Tankstelle seines Vaters arbeitete, lernte er, Lkw-Reparaturen gegen Drogen einzutauschen. »Lkw-Fahrer sind die größten Junkies überhaupt«, sagt er. »Deshalb hatte ich Zugang zu fast jeder Droge, die man sich nur wünschen kann.« Mackey kehrte kurz vor seinem 18. Geburtstag nach Wasilla zurück und nahm seine Karriere als Kleinkrimineller wieder da auf, wo er sie unterbrochen hatte – bis zu dem Samstag, als Kathie sich weigerte, ihren Sohn durch Zahlen einer Kaution aus dem Gefängnis zu holen.

Als Lance aus dem Knast kam, zog es ihn an die Beringsee, wo er das nächste Jahrzehnt in der Langleinenfischerei verbrachte. Aber selbst damals auf den Fangschiffen erzählte Mackey den Seeleuten – von denen viele aus Mexiko stammten und noch nie vom Iditarod gehört hatten, dass er eines Tages das Rennen gewinnen würde, das sein Vater mitgegründet hatte. »Als Musher bist du nichts, es sei denn, du gewinnst das Iditarod«, hatte sein Vater laut Mackey gesagt.

Bis 1997 lebte Mackey mit Tonya in Nenana, Alaska, und beide waren kokainabhängig. Manchmal musste Amanda, Tonyas Tochter aus einer früheren Ehe, als einzig Nüchterne am Steuer sitzen. »Sie hatte ein Kissen, damit sie übers Lenkrad gucken konnte«, sagt Mackey. »Sie fand es verdammt cool, mit neun Jahren schon über den Highway zu brettern.«

Am 2. Juni 1998 – es war Mackeys 28. Geburtstag und nicht lange her, dass er beinahe bei einer Kneipenschlägerei mit Schusswaffeneinsatz umgekommen wäre – beschlossen er und Tonya, auf kalten Entzug zu gehen. Sie packten ihre Sachen und zogen am nächsten Tag 465 Meilen südwärts auf die Kenai-Halbinsel in Alaska, um die Drogensucht hinter sich zu lassen. Dort lebten Lance und Tonya mit Amanda und Brittney – Tonyas anderer, damals achtjähriger Tochter – unter einer Plane am Strand. Als Elternschlafzimmer diente ein Biwakzelt. Zum Abendessen machte Tonya ein Lagerfeuer und briet Flundern, die die Mädchen vom Sand aufsammelten. Lance begann als Bauarbeiter und arbeitet im Sägewerk. Es reichte für die Anzahlung auf ein Grundstück, auf dem er und Tonya ein Blockhaus bauten und die Wände mit Lumpen aus der Kleidersammlung isolierten. Da er vom Kokain runter war, gab sich Mackey einer neuen Sucht hin: der Züchtung und Aufzucht von Schlittenhunden.

Da er kein Geld hatte, um schlanke und kräftige Huskys zu kaufen, die sich bereits in Rennen bewährt hatten, holte er sich Straßenköter oder adoptierte Hunde, die andere Musher weggaben. Mackey sah ein, dass sein bunter Haufen niemals das Sprintwunder der Hundewelt sein würde, also beschloss er, auf andere Qualitäten hin zu züchten. Und da traf er Rosie.

Rosie war eine winzige Hündin, die einst der Sprintschlittenfahrerin Patty Moran gehört hatte. Moran fand Rosie zu langsam und verkaufte sie für einen Cent an Rob Sparks, einen Musher, der längere Rennstrecken fuhr. Als Sparks mitbekam, dass Rosie sich weigerte, vom Trab in den Galopp zu wechseln, entschied auch er, dass Klein Rosie einfach zu langsam war, um Rennen zu fahren. Er bot sie Mackey an und der nahm Rosie zu einer Probefahrt mit. Schnell war sie sicherlich nicht, aber Mackey bemerkte noch etwas anderes: Man muss ihr nur ein Schlittengeschirr anlegen und schon trabt sie los. Er war froh, sie Sparks abzunehmen. Seinen »trabenden Tornado« nannte er sie.

Mackey kreuzte Rosie mit Doc Holliday, einem anderen Husky, der nie einen Sprint gewinnen würde, der sich aber nach nichts anderem sehnte als zu rennen, zu fressen, noch mehr zu rennen. Aus der Vereinigung von Rosie und Doc Holliday erhielt Mackey Zorro.

Sogar hochgezüchtete und trainierte Schlittenhunde gehen bei langen Rennen hin und wieder in den Leerlauf. Das heißt, dass sie geschickt Tempo wegnehmen, während andere Mitglieder des Gespanns kräftig ziehen. Dass sich ein Hund zurückhält, erkennt ein erfahrener Musher daran, dass die »Zugleine«, die den Hund mit der Mittelleine des Schlittens verbindet, nicht mehr straff ist. Aber Zorro zog immer. Vom ersten Rennen an musste Zorro an der Startlinie festgehalten werden und zog auch nach dem Ziel weiter. Obwohl Zorro für einen Rennhund eher schwer war, »habe ich meinem Bruder Rick gesagt, dass ich Zorro bei jedem meiner Hunde einkreuze«, so Mackey.

Im Jahr 2001 stellte Mackey aus Zorro – dem Hund, den er gezüchtet und aufgezogen hatte – und seiner Bande von Ausgestoßenen und Überlassenen ein Gespann zusammen, um am Iditarod teilzunehmen. Mackey schaffte das Rennen in 12 Tagen, 18 Stunden, 35 Minuten und 13 Sekunden, gut genug für den 36. Platz. Zorro war noch keine zwei Jahre alt und damit der jüngste Hund, der in diesem Rennen die 1.100 Meilen hinter sich brachte. Er tat es mit Bravour und riss den Schlitten bellend über die Ziellinie. Mackey selbst hatte weniger Grund zur Freude. Er hatte Schmerzen unterdrückt, die mehrere Ärzte fälschlich einem Dentalabszess zugeschrieben hatten. Während des Rennens litt er unter Sehstörungen, Kopfschmerzen und Ohnmachtsanfällen. Hinter der Ziellinie brach er zusammen. Tonya brachte ihn direkt ins Krankenhaus. Eine Woche später wurde Mackey wegen Kehlkopfkrebs notoperiert. Es war die Art von OP, vor der man vom Arzt gesagt bekommt, dass jetzt der richtige Zeitpunkt wäre, eventuell noch Ungesagtes gegenüber den Liebsten loszuwerden. Mackeys normalerweise gefasster Vater Dick war untröstlich.

Die Chirurgen entfernten einen grapefruitgroßen Tumor aus Mackeys Hals, zusammen mit der Haut, dem Muskelgewebe und den Speicheldrüsen, mit denen er verwachsen war. Von da an musste Mackey ständig Wasser oder Saft nippen, um seinen Hals feucht genug zu halten und atmen zu können. Die Bestrahlungen beschädigten Mackeys Nerven und bescherten ihm einen pulsierenden Schmerz im linken Zeigefinger. Er rannte von Arzt zu Arzt und überredete schließlich einen dazu, das Ding einfach abzuschneiden.

Während es bisweilen so aussah, als würde Mackey nicht überleben, hielt Tonya an seinem Zuchtprogramm fest. Auf Mackeys Anweisung hin kreuzte sie Zorro mit den Hündinnen am Hof. Im Winter nach seiner Operation ging es Mackey gut genug, um wieder mit der Arbeit zu beginnen. Ihn begrüßten 66 von Zorros hechelnden und schwanzwedelnden Welpen.

2002 kehrte Mackey – mit einer Sonde im Magen – zum Iditarod zurück, stieg aber nach 700 Kilometern aus. Er übersprang das nächste Iditarod und konzentrierte sich in den nächsten Jahren darauf, Zorros Kinder und Enkelkinder großzuziehen und auszubilden. Mackeys Abrichtungsprogramm richtete sich nach seiner Zuchtstrategie, die lauffreudigsten Hunde miteinander zu paaren – eine Strategie, die er unfreiwillig verfolgt hatte, weil er sich die schnellsten Hunde nicht leisten konnte. Weil Mackey wusste, dass er seine Iditarod-Konkurrenten auf den einzelnen Etappen niemals überholen würde, entwickelte er seinen »Marathon-Stil«, eine Technik, die den Langstrecken-Hundeschlittensport verändern würde. Statt wie viele erfolgreiche Musher mit einer Geschwindigkeit von bis zu 20, manchmal auch 25 km/h von Rast zu Rast zu spurten, setzte Mackey auf langsamere Hunde, die aber dafür endlos trabten. »11 km/h, das ist für Hunde ein Tempo zum Stöbern«, sagt Mackey. »Aber wenn sie 19 Stunden lang 11 km/h laufen, kommt man ganz schön weit.«

2007 trat Mackey mit einem Team von 16 Hunden, das fast ausschließlich aus Zorros Nachwuchs bestand, beim Iditarod an. Zu denen, die nicht direkt von Zorro abstammten, gehörten sein Halbbruder Larry, sein Neffe Battel und Zorro selbst. Nur gut neun Tage später fuhr Mackey mit Tränen im Gesicht als Erster unter dem knorrigen Zieltor hindurch. »Unser Leben ist ab jetzt anders«, sagte Mackey zu seinen Hunden. Und das galt auch für den Hundeschlittensport.

Plötzlich wollten Mackeys Konkurrenten den Marathonstil kopieren. Über Nacht verwandelte sich sein Zuchtbetrieb von einer Zuflucht für Minderwertige zu einem Hof voller begehrter Zuchtlinien, wo Hunde mindestens vierstellige Summen kosteten. (Laut Tonya Mackey wurde Zorros Sohn Hobo von einem anderen Musher gekauft und dann »in ganz Norwegen herumgereicht, für ein paar Riesen pro Deckung«.) 2008 gewann Mackey erneut das Iditarod, der zweite Sieg von vieren in Folge. Bei einem Rennen einige Wochen später rammte ein betrunkener Schneemobilfahrer sein Gespann. Zorro musste nach Seattle ausgeflogen werden, mit drei gebrochenen Rippen, einer Lungenquetschung, inneren Blutungen und derart schweren Wirbelsäulenschäden, dass er nicht mehr stehen konnte.

Zorro überlebte, aber der Tierarzt ordnete seinen Rückzug von der Hundezucht und vom Rennsport an. Mackey baute Zorro eine Hundehütte im Hinterhof, aber sein unerbittlicher Läufer zerrte jedes Mal jaulend an der Kette, wenn andere Hunde eine Ausfahrt machen durften und er übergangen wurde. Also baute Mackey ihm die »Villa Hügel«, seinen Zwinger vor dem Haus. »Er ist immer noch der Obermacker im Rudel«, sagt Mackey. »Er ist mein bester Mann, auch wenn er nicht mitläuft. Er hat einen ganz besonderen Platz in meinem Leben und meinem Herzen.« Und, was noch wichtiger ist, im Genpool seiner Zucht.

Die Idee, dass man Hunde auf Rennsieg züchten kann, ist nichts Neues. Darwin selbst bewunderte die Fähigkeit der Hundezüchter, fast jedes gewünschte Merkmal zu kultivieren. Renn-Whippets sind so intensiv auf Tempo gezüchtet worden, dass über 40 Prozent der Hunde in der obersten Liga eine normalerweise äußerst seltene Myostatin-Genmutation (die »Superbaby«-Mutation) aufweisen.

Wenn im späten 19. und frühen 20. Jahrhundert die Seehäfen und Flüsse Alaskas zugefroren waren, waren Hundeschlitten das Haupttransportmittel für alles, von der Post bis zum Golderz – vor allem während des Goldrausches am Klondike. Die Schlittenhundezüchtung hatte ein handfestes Interesse an Kraft, Ausdauer und Kälteresistenz, bis Schneemobile in Mode kamen. Als nach dem ersten Iditarod im Jahr 1973 Hundeschlittenrennen an Popularität gewannen und die Preisgelder stiegen, wurde die Zucht auf sportliche Leistung zum Geschäftsmodell. Pointer, Salukis und allerlei andere Rassen wurden zu einem genetischen Eintopf verrührt, in den traditionell nur Alaskan Malamutes und Siberian Huskys gehörten. Es funktionierte.

Die Sieger der ersten beiden Iditarod-Rennen brauchten mehr als 20 Tage für die Strecke. Zwei Jahrzehnte später waren die Musher in der Hälfte dieser Zeit am Ziel. Die Alaskan Huskys verwandelten sich in Sportler, wie es sonst keine auf der Welt gibt. Noch vor der Ausbildung kann ein erstklassiger Alaskan-Husky vier- bis fünfmal so viel Sauerstoff umsetzen wie ein gesunder, untrainierter erwachsener Mann. Mit Training erreichen die besten Schlittenhunde eine $VO_2max$, die achtmal so hoch ist wie die eines durchschnittlichen Mannes und mehr als viermal so hoch wie bei Paula Radcliffe, der Marathon-Weltrekordhalterin der Frauen, in Bestform.

Schlittenhunden wurde alles Mögliche angezüchtet, von unersättlichem Appetit – sie essen während des Iditarod 10.000 Kalorien am Tag – über »Schwimmhäute« zwischen den Zehen für die Trittsicherheit auf Schnee bis hin zu einem Puls, der bei Ruhepausen schnell sinkt. Das vielleicht bemerkenswerteste biologische Detail, das Alaskan Huskys angezüchtet wurde, ist ihre Fähigkeit, sich fast sofort an das Training anzupassen. Ebenso wie Menschen brauchen Schlittenhunde durch das Training die Energiereserven in ihren Muskeln auf, schütten Stresshormone aus und beschädigen die Zellen. Menschliche Sportler erleben dies als Erschöpfung und Muskelkater, Bevor sie das Training oder den Wettkampf wieder aufnehmen, müssen sie sich ausruhen, damit sich der Körper an den Trainingsreiz anpasst. Aber die besten Schlittenhunde passen sich *mittendrin* an. Während Menschen abwechselnd Sport treiben und sich ausruhen müssen, um fit zu werden, werden erstklassige alaskische Huskys fast ohne Erholungspausen fit. Sie sind die ultimativen High-Responder.

Im Jahr 2010 testete Heather Huson, eine Genetikerin, die damals an der University of Alaska in Fairbanks studierte und seit ihrem siebten Lebensjahr Hundeschlitten führt, Hunde aus acht verschiedenen Rennzuchtbetrieben. Zu Husons Überraschung sind Alaskan Huskys so gründlich auf bestimmte Merkmale gezüchtet, dass sie einer Analyse von Mikrosatelliten – Wiederholungen kleiner DNA-Sequenzen – zufolge mehr sind als nur eine Abart von Alaskan Malamutes oder Siberian Huskys, nämlich eine genetisch völlig eigenständige Rasse wie Pudel oder Labradore.

Neben der einzigartigen Alaskan-Husky-Signatur entdeckten Huson und Kollegen genetische Spuren von 21 Hunderassen. Das Forschungsteam stellte außerdem fest, dass die Arbeitsmoral der Hunde sehr unterschiedlich war (gemessen an der Spannung ihrer Zugleinen), und dass die Schlittenhunde mit besserer Arbeitsmoral mehr DNA von Anatolischen Hirtenhunden besaßen – einer muskulösen, oft blonden Hunderasse, die ursprünglich als Hütehunde geschätzt wurde, weil sie kampflustig auf Wölfe reagiert. Dass Gene von Anatolischen Hirtenhunden besonders zur Arbeitsmoral von Schlittenhunden beitragen, war eine neue Erkenntnis, aber die besten Musher wussten ohnehin, dass man Hunden gezielt Arbeitsmoral anzüchtet.

> *»Ja, genau, vor 38 Jahren gab es beim Iditarod Hunde, die gar keine Lust darauf hatten und dazu gezwungen wurden«,* sagt Mackey. *»Wenn's losgeht, will ich mich geehrt fühlen, dass ich mitfahren darf, weil sie rennen wollen, weil sie es lieben, nicht weil ich zu meinem Vergnügen quer durch den Bundesstaat Alaska kutschieren will, sondern weil sie das gerne machen. Und genau das ist in 40 Jahren Zucht passiert. Wir haben gezielt Hunde geschaffen, die den Wunsch zu laufen haben.«*

Im Gespräch mit mir haben mehrere Musher die Vermutung geäußert, dass Schlittenhunde ihre physiologische Kapazität voll ausgeschöpft hätten und nicht noch schneller oder widerstandsfähiger werden könnten, und dass Verbesserungen von Rennzeiten nun ganz darauf zurückzuführen seien, wie lange die Hunde ohne Pause ziehen wollen. »Die Hunde haben es in der Hand«, sagt Eric Morris, Biochemiker und Musher. »Deshalb züchten wir Hunde, die wollen ... Das habe ich durch Versuch und Irrtum und Zeit gelernt, und durch Gespräche mit anderen Mushern, bis ich endlich wusste, was die Großen wissen. Die großen

Musher wissen, wie man einen Hund züchtet, der den Antrieb und den Wunsch zu ziehen hat, und dann fördert und entwickelt man diesen Wunsch.«[53]

Wissenschaftler, die Nagetiere auf ihre Lauffreudigkeit hin züchten, haben bewiesen, dass Arbeitsmoral genetisch bedingt ist. Einer der führenden Vertreter auf diesem Gebiet war Theodore Garland, Physiologe an der UC Riverside. Seit mehr als einem Jahrzehnt bietet er Mäusen ein Laufrad an, das sie nach eigenem Ermessen bedienen oder meiden dürfen.

Normale Mäuse laufen jede Nacht fünf bis sechseinhalb Kilometer. Garland nahm eine Gruppe durchschnittlicher Mäuse und teilte sie in zwei Untergruppen ein: die, die jede Nacht unterdurchschnittlich viel liefen, und die, die überdurchschnittlich viel liefen. Garland kreuzte dann »Vielläufer« mit anderen Vielläufern und »Wenigläufer« mit anderen Wenigläufern. Nur eine Generation später liefen die Nachkommen der Vielläufer von sich aus im Durchschnitt sogar noch mehr als ihre Eltern. In der 16. Generation der Züchtung legten die Vielläufer jede Nacht freiwillig elf Kilometer zurück.

> *»Die normalen Mäuse machen einen gemütlichen Spaziergang »,* sagt Garland. *»Sie trödeln auf dem Laufrad herum, während die Vielläufer wirklich rennen.«*

Wenn Mäuse nicht auf freiwilliges Laufen gezüchtet werden, sondern auf Ausdauer, auf erzwungenes Laufen, so lange, wie sie physisch kön-

53 Die Lauflust eines Alaskan Huskys habe ich auf die harte Tour erlebt. Bei meiner ersten und einzigen Hundeschlittenfahrt im Jahr 2010 über die gefrorenen Boundary Waters von Minnesota war mein Leittier ein Rennhund im Ruhestand – ein Sohn von Zorro, wie ich später erfuhr. Ich musste ungefähr 100 Meter weit kräftig bremsen, um die Hunde auf einem zugefrorenen See zum Stehen zu bringen. Aber kaum, dass ich von der Bremse ging und zur Seite schaute, rannte das Gespann wieder los. Ich kippte vom Schlitten und musste 400 Meter hinterherhecheln, bis der Schlitten auf einer winzigen eingefrorenen Insel zwischen Bäumen steckenblieb. Ein Glück für mich, denn ich bin mir ziemlich sicher, dass ich lange vor Zorros Spross aufgegeben hätte.

nen, haben nachfolgende Generationen symmetrischere Knochen, weniger Körperfett und größere Herzen. Bei seiner Züchtung von willigen Läufern stellte Garland Veränderungen im Körper fest, »und gleichzeitig«, wie er sagt, »Unterschiede bei den Gehirnen.« Nicht nur die Herzen, auch die Gehirne der Vielläufer waren größer als die der durchschnittlichen Mäuse. »Vermutlich», sagt Garland, »sind die Hirnregionen, die sich mit Motivation und Belohnung befassen, größer geworden.«

Dann verabreichte er den Mäusen Ritalin, ein Stimulans, das den Dopaminspiegel verändert. Dopamin ist ein Neurotransmitter, also eine Chemikalie, die Botschaften zwischen Gehirnzellen vermittelt. Als die normalen Mäuse mit Ritalin gedopt waren, hatten sie anscheinend mehr Vergnügen beim Laufen, also taten sie es.

Aber die Vielläufer liefen, als sie gedopt waren, gar nicht mehr. Was auch immer Ritalin im Gehirn normaler Mäuse bewirkt, geschieht bereits im Gehirn der viel laufenden Mäuse. Sie sind buchstäblich laufsüchtig.[54]

»Motivation soll nicht genetisch sein?«, fragt Garland rhetorisch. »Bei diesen Mäusen ist die Motivation absolut evolutionär.«

Inzwischen studieren Forscher auf der ganzen Welt die Stellen im Genom, die sich bei Marathon- und Normalmäusen unterscheiden. Besonderes Interesse gilt dabei den Genen, die mit der Dopaminverarbeitung zusammenhängen, und die bei einer Maus während bestimmter Verhaltensweisen ein Gefühl von Freude oder Belohnung beeinflussen können.

Natürlich forscht man nicht nur, um zu verstehen, warum manche Nager gerne rennen. Ultimativ geht es darum, etwas über menschliche Vielläufer zu erfahren.

54 Alles, was hervorgezüchtet werden kann, muss eine genetische Komponente haben, sonst würde die Züchtung nicht funktionieren. Forschern ist es gelungen, Nagetieren einige bizarre Merkmale anzuzüchten, beispielsweise den Willen zum Knabbern an den eigenen Zehen. Analog zu den willigen Läufern bringen Mäuse, die an den Zehen kauen, über Generationen hinweg Nachkommen hervor, die sich die Zehen komplett abbeißen.

Mal wieder war Pam Reed auf dem Dach des Parkhauses am Flughafen LaGuardia in Queens. Ihr Flug aus New York City hatte Verspätung und sie konnte noch nie stillsitzen. Während verärgerte Passagiere mit dem Bordgepäck im Schlepptau um Steckdosen und Polstersitze rangelten, setzte die 51-jährige Reed die Earbuds ein und suchte das Parkhausdach auf.

Sie atmete die drückende Sommerluft ein. Reed stellte ihr Gepäck in einer Ecke ab und rannte los. Sofort durchfloss eine sanfte Ruhe ihren Körper. Eine gute Stunde lang lief sie in engen Kreisen, jede Runde nicht mehr als 200 Meter. Sie tat es sicherlich nicht deshalb, weil sie Fitness brauchte.

Noch am Vortag hatte Reed den Ironman-Triathlon der US-Meisterschaft in New York City in 11 Stunden, 20 Minuten und 49 Sekunden beendet, gut genug, um sich für die Weltmeisterschaft in Hawaii zu qualifizieren. Eine Woche zuvor hatte sie an einem Staffellauf teilgenommen, indem sie acht Stunden ununterbrochen eine Bahn umrundete. Zwei Wochen zuvor war sie 31 Stunden lang auf den Beinen gewesen, um den zweiten Platz der Frauen beim Badwater Ultramarathon 2012 zu belegen, einem 217-Kilometer-Rennen, das im Death Valley beginnt, und das Reed schon zweimal gewonnen hatte.

Reeds Flug von LaGuardia hob schließlich ab und am nächsten Wochenende absolvierte sie den Mont-Tremblant Ironman in Québec in 12 Stunden, 16 Minuten und 42 Sekunden. Am Wochenende danach lief sie »nur einen Marathon«, wie sie sagt, auch wenn dieser durch die majestätischen Teton-Berge bei ihrer Heimatstadt Jackson Hole, Wyoming, ging.

Dies ist kein masochistischer Laufrausch, sondern der Alltag einer Frau, die einmal 480 Kilometer ohne Schlaf gelaufen ist und 2009 sechs Tage damit verbracht hat, 491 Mal die öde Ein-Meilen-Schleife in einem Park in Queens zu umrunden.

Als sie mit elf Jahren in Michigan begeistert die Olympischen Spiele 1972 im Fernsehen sah, ereilte Reed ihre erste Sportliebe: das Turnen. »Ich war besessen davon«, schreibt Reed später in ihrer Autobiografie *The Extra Mile*. »Ich habe in jeder freien Minute geturnt, im Keller, auf dem Sofa, überall, wo ich gerade war.« In der Highschool-Zeit verlegte sich Reed auf Tennis und warf sich dabei so ins Zeug, wie sich ein Navy SEAL aus dem Flugzeug wirft – mit Schmackes. Zu ihrem Trainingsprogramm gehörten mindestens 1.000 Sit-ups pro Tag. Später spielte sie Tennis im Turnierteam der Michigan Tech. Als sie später nach Arizona zog, wo sie Inhaberin und Leiterin des Tucson Marathon wurde, arbeitete sie als Aerobic-Trainerin, um Zugang zum Pool des Fitnessstudios zu bekommen. Naturgemäß verliebte sie sich in ihren zweiten Ehemann, als die beiden zusammen für einen Ironman-Triathlon trainierten. Reed hat sich oft gefragt, woher sie den unerbittlichen Drang hat, in Bewegung zu sein.

Ihr Vater war unermüdlich. Er stand um 3:30 Uhr in der Frühe auf und ging in einem Erzbergwerk arbeiten. Wenn er am Nachmittag nach Hause kam, werkelte er sofort an einem Anbau oder bastelte am Auto. Laut einer Familienlegende (»absolut wahr«, sagt Reed) geriet ihr Großvater Leonard einmal bei einem Familientreffen in Merrill, Wisconsin, in einen Streit und stürmte verärgert hinaus. Er stürmte weiter. Die gesamten 500 Kilometer zurück nach Chicago. »Täglich drei Stunden zu laufen würde manche Menschen ins Krankenhaus bringen«, schreibt Reed in ihrem Buch und stellt fest, dass sie dagegen in extremen Aktivitäten Ruhe findet.

> *»Ich bin mir sicher, dass es mich sehr schnell krank machen würde, wenn ich nicht jeden Tag drei Stunden laufen würde . . . Obwohl mich niemand dazu zwingt, ist es auch nicht wirklich freiwillig. Etwas in meinem Wesen macht es mir wirklich schwer, stillzusitzen … Als jemand, der vom Temperament her auf ständige Bewegung eingestellt bin, fühle ich mich auf langen Autofahrten oder in bewegungsarmen Umfeldern ziemlich unwohl.«*

(Reeds Sohn Tim betont, dass er anders ist als seine Mutter: »Ich laufe lieber nur zwei oder drei Stunden.«) Eines der aktuellen Ziele von Reed ist es, den Weltrekord der Frauen für die Durchquerung von ganz Amerika zu brechen, was sie mit zwei Marathons pro Tag erreichen will.

»Wenn ich das nicht mache«, sagt Reed und meint damit ihre drei bis fünf täglichen Läufe, »fühle ich mich schrecklich. Ich hatte Kaiserschnitte und bin drei Tage danach gelaufen … So bin ich. Ich liebe es total. Mit zunehmendem Alter, das muss ich zugeben, kann ich ein bisschen länger sitzenbleiben, aber gemütlich ist es nicht.«

In ihrem Buch stellt sich Reed die scharfsinnige Frage, ob sie wohl eine menschliche Version der Mäuse aus einem Experiment der University of Wisconsin ist, bei dem bei Nagern mit angezüchtetem Laufwillen, die man vom Laufen abhielt, die Hirnaktivität gemessen wurde. Die Vielläufermäuse, die nicht laufen durften, zeigten eine ähnliche Hirnaktivität wie Menschen mit dem Verlangen nach Essen oder Sex oder wie Süchtige mit Bock auf Drogen, und sie wurden ganz aufgeregt. Die Forscher hatten vermutet, dass ihre Gehirnaktivität abnehmen würde, wenn man die Mäuse am Laufen hinderte. Stattdessen ging ihr Hirn auf Hochtouren, als ob die Mäuse Bewegung bräuchten, um sich normal zu fühlen. Je länger die Strecken waren, an die eine bestimmte Maus gewöhnt war, desto hektischer wurde die Gehirnaktivität, wenn sie stillhalten musste. Wie Garlands Mäuse waren diese Nagetiere genetische Sport-Junkies.

Pam Reed ist in jeder Hinsicht eine Ausnahmerscheinung. Aber unter herausragenden Sportlern ist ein scheinbar zwanghafter Bewegungsdrang kaum einzigartig. Man denke an den Äthiopier Haile Gebrselassie, der 27 Weltrekorde im Langstreckenlauf aufgestellt hat: »An Tagen, an denen ich nicht laufe, fühle ich mich nicht gut«, sagt er. Oder Floyd Mayweather Jr., der ungeschlagene Boxchampion, von dem bekannt ist, dass er mitten in der Nacht aus dem Schlaf hochfuhr und seine Entourage ins Studio beorderte, um zu trainieren. Oder Steve Mesler, Mitglied des olympischen Vierer-Bob-Teams 2010, das nach 62 Jahren erstmals wieder Gold für die USA gewann. Danach hörte er mit dem Sport auf, fühlt sich aber nach eigenen Angaben immer noch »beklommen«, wenn er eine Trainingspause macht. Oder die Ironman-Triathletin Chrissie Wellington oder der Hochspringer Stefan Holm, die beide von sich behaupten, ihre Neigung zum Suchtverhalten zu Trainingszwecken kanalisiert zu haben.

Oder Herschel Walker, bekannt als der Running Back, der 1982 nach zwölf Jahren in der NFL die Heisman Trophy gewann. Walker ist jetzt 51 und als professioneller MMA-Kämpfer in zwei Begegnungen unbesiegt. Walker hat Ballett gelernt, in Taekwondo den schwarzen Gürtel fünften Grades erreicht und war 1992 olympischer Bobfahrer. Am bezeichnendsten für Walkers Streben nach Bewegung ist jedoch das Trainingsprogramm, das er im Alter von zwölf Jahren begonnen hat, bevor er sich dem organisierten Sport widmete, und das er seitdem jeden Tag durchzieht.

»Ich fing abends um sieben Uhr mit Sit-ups und Liegestützen an«, sagt er, »und machte bis elf Uhr weiter. Jeden Abend auf dem Boden. Das waren ungefähr 5.000 Sit-ups und Liegestütze.« Heutzutage, gibt Walker zu, macht er »nur« 1.500 Liegestütze und 3.500 Sit-ups am Tag, in Sätzen von 50 bis 75 Liegestützen und 300 bis 500 Sit-ups oder Crunches – aber er trainiert ja auch noch Kampfsport.

Walker sagt, dass er seine gewohnten Liegestütze und Sit-ups auch dann beibehalten will, wenn er mit dem Wettkampfsport aufhört. »Es hat nichts mit dem Wettkampf zu tun«, sagt er. »Es wird zur Droge oder zur Medizin. Selbst wenn ich krank bin, mache ich es. Es ist, als ob mir irgendetwas befiehlt: ›Herschel, du musst aufstehen. Du musst es tun.‹«

Variationen im Dopaminsystem des Gehirns sorgen dafür, dass sich bestimmte Menschen beim Konsum bestimmter Drogen eher belohnt fühlen und eher abhängig werden. Ist es auch möglich, dass manche Menschen wie Schlittenhunde und Labormäuse durch biologische Veranlagung ein übergroßes Gefühl der Belohnung oder des Vergnügens empfinden, wenn sie ständig in Bewegung sind?[55] Alle 16 zum Zeitpunkt der Niederschrift diesbezüglich an Menschen durchgeführten

55 In ihrem packenden Buch *Hochbegabt: Mythen und Realitäten von außergewöhnlichen Kindern* hat die Psychologin Ellen Winner den Ausdruck »Lernwut« geprägt, um eine der Haupteigenschaften begabter Kinder zu beschreiben. Sie beschreibt Lernwut als intrinsische Motivation und »intensives und obsessives Interesse«. In einem Satz, der auf Tiger Woods wie auf Mozart zutreffen könnte, schreibt sie: »Die glückliche Mischung von obsessivem Interesse an einem Fachgebiet und der Fähigkeit, in diesem Bereich leicht zu lernen, führt zu Höchstleistungen.«

Studien haben beim Ausmaß der freiwillig unternommenen körperlichen Aktivität einen starken erblichen Anteil festgestellt.

Eine schwedische Studie aus dem Jahr 2006 mit 13.000 Paaren von ein- und zweieiigen Zwillingen – zweieiige Zwillinge haben im Durchschnitt die Hälfte ihrer Gene gemeinsam, während eineiige praktisch die gleichen Gene besitzen – hat ergeben, dass ähnliche körperliche Aktivität bei eineiigen Zwillingen doppelt so wahrscheinlich war wie bei zweieiigen. Allerdings maß diese Studie die körperliche Aktivität mittels Umfrage und Menschen überschätzen durchweg ihre eigene körperliche Aktivität. Aber eine andere, kleinere Studie mit Zwillingspaaren setzte Beschleunigungsmesser zur direkten Messung der körperlichen Aktivität ein und stellte den gleichen Unterschied zwischen eineiigen und zweieiigen Zwillingspaaren fest. Mit 37.051 Zwillingspaaren aus sechs europäischen Ländern und Australien kam die größte derartige Studie zu dem Schluss, dass etwa die Hälfte bis drei Viertel der Variationsbreite in der Menge der sportlichen Aktivität auf das genetische Erbgut zurückzuführen sind, während verschiedene Umwelteinflüsse wie der Zugang zu einem Fitnessstudio einen vergleichsweise mickrigen Einfluss haben.

Es ist völlig klar, dass das Dopaminsystem auf körperliche Betätigung reagiert. Dies ist einer der Gründe, warum Sport in der Behandlung von Depressionen eingesetzt wird und das Fortschreiten von Parkinson bremst, einer Krankheit, bei der Dopamin produzierende Gehirnzellen zerstört werden. Und auch die umgekehrte Wirkung ist erwiesen, dass nämlich die körperliche Aktivität vom Dopaminsystem abhängt. Mehrere Forschungsarbeiten weisen auf bestimmte Gene hin, die die Dopaminausschüttung steuern.

Bestimmte Versionen von Dopaminrezeptorgenen hat man mit höherer körperlicher Aktivität und niedrigerem Body-Mass-Index in Verbindung gebracht. Mehrere Studien – einschließlich einer Metaanalyse aller veröffentlichten Studien – haben auch die Erkenntnis bestätigt, dass eine dieser Varianten, die 7R-Version des DRD4-Gens, das Risiko einer Aufmerksamkeitsdefizit-Hyperaktivitätsstörung oder ADHS erhöht. Tim Lightfoot, Direktor des Sydney and J. L. Huffines

Institute for Sports Medicine and Human Performance in Texas, hat Arbeiten über freiwillige körperliche Aktivität bei Nagetieren und Menschen verfasst und sieht einen Zusammenhang zwischen ADHS, Bewegung und Dopamin-Genen. »Die hochaktiven Mäuse, die wir im Labor gezüchtet haben«, sagt Lightfoot, »ähneln ADHS-Kindern, zumindest was das Dopamin-System betrifft … Sie haben nur noch wenige Dopaminrezeptoren [einer bestimmten Art], und wenn man bei ihnen die Menge an Dopamin erhöht, nimmt ihre körperliche Aktivität ab.«

Ritalin lässt den Dopaminspiegel bei hyperaktiven Kindern ansteigen, sodass deren Aktivität abnimmt. Offensichtlich tut das Kindern gut, denen das Stillsitzen in der Schule schwerfällt. Lightfoot räumt jedoch ein, dass dies auch unbeabsichtigte Konsequenzen haben könnte.

> *»Vielleicht sind das Kinder, die einen sehr starken Bewegungsdrang haben, und vielleicht stumpfen wir diesen mit Medikamenten ab. Unsere Gesellschaft hat im Moment solche Angst davor, dass Kinder fett werden«*, fährt Lightfoot fort. *»Was aber, wenn die Medikamente, mit denen wir manche Kinder behandeln, dies verstärken, indem sie die körperliche Aktivität sinken lassen?«*

Jedenfalls ist genau das bei Lightfoots Mäusen passiert.

Eine Reihe von Wissenschaftlern hat die umstrittene Idee ins Spiel gebracht, Hyperaktivität und Impulsivität könnten im Naturzustand des Urmenschen Vorteile gehabt haben, sodass Gene erhalten blieben, die das ADHS-Risiko erhöhen. Interessanterweise findet sich die 7R-Variante des DRD4-Gens bei Bevölkerungsgruppen, die große Entfernungen gewandert sind, sowie bei Nomadenvölkern häufiger als bei sesshaften Populationen.

Im Jahr 2008 testete ein Team von Anthropologen Angehörige des Ariaal-Stammes im Norden Kenias, von denen einige Nomaden sind, während sich andere kürzlich niedergelassen haben. In der Nomadengruppe – und nur in der Nomadengruppe – waren diejenigen mit der 7R-Version des DRD4-Gens weniger wahrscheinlich unterernährt. Eine von mehreren Hypothesen, die die Forscher aufstellten: »Es könnte auch sein, dass sich die höhere Aktivität bei den [7R]-Nomaden in einer erhöhten Nahrungsmittelproduktion niederschlägt.« Mit anderen Worten, es könnte sein, dass Träger dieser Genvariante mehr machen und tun, wenn es um körperliche Arbeit geht.

»Eines der Probleme in unserem Fach ist, dass wir bei der Erforschung der körperlichen Aktivität und ihrer Hintergründe leider vergessen, was wir eigentlich sehr genau wissen: dass es nämlich biologische Mechanismen gibt, die Menschen aktiv werden lassen oder nicht«, sagt Lightfoot. »Man kann eine Veranlagung dazu haben, ein Stubenhocker zu sein.«

Ganz offensichtlich kann die Notwendigkeit der Fortbewegung zu Fuß und das Streben nach einem besseren Leben eine tiefe Prägung auf die körperliche Aktivität ausüben, wie es bei kenianischen Kindern der Fall ist. Diese Umweltfaktoren schließen jedoch nicht den signifikanten Beitrag der Gene aus, der sich in jeder jemals durchgeführten Studie zur Erblichkeit freiwilliger körperlicher Aktivität offenbart hat.

Diese konsistenten Ergebnisse erinnern an ein berühmtes Zitat von Wayne Gretzky, dem größten Eishockeyspieler der Geschichte:

> *»Vielleicht war es gar kein Talent, das der Herr mir geschenkt hat, vielleicht war es die Leidenschaft.«*

Oder vielleicht lässt sich das eine gar nicht vom anderen trennen.

Obwohl eine Studie nach der anderen nachgewiesen hat, dass das genetische Erbe die körperliche Aktivität beeinflusst, durchschauen Wissenschaftler erst nach und nach, welche spezifischen biologischen Prozesse dabei eine Rolle spielen. Außerdem weiß jeder Wissenschaftler genau, dass extreme Umwelteinflüsse den Trainingsumfang eines Individuums drastisch verändern können. Zwar spielt Dopamin eine Rolle beim Bewegungsdrang, aber es gibt auch gewisse, offensichtlichere Anreize.

Als Floyd Mayweather Jr., der für seine Trainingswut bekannt war, 2007 nach seinem Sieg über Oscar De La Hoya bei der Redaktion von *Sports Illustrated* vorbeischaute, erzählte er von einer unglücklichen Zeit in seiner Vergangenheit, in der er sich ständig Sorgen um Geld machte. »Aber jetzt bin ich glücklich«, sagte er mit meilenbreitem Lächeln und in Bezug auf die 25 Millionen Dollar, die er für den Kampf bekommen hatte.

Alles in allem ist das Gewirr von Ererbtem und Erlerntem so komplex, dass es die Frage aufwirft: Können Gentests derzeit irgendeinen praktischen Nutzen im Sport haben?

Die Antwort trotz aller Komplexität: absolut.

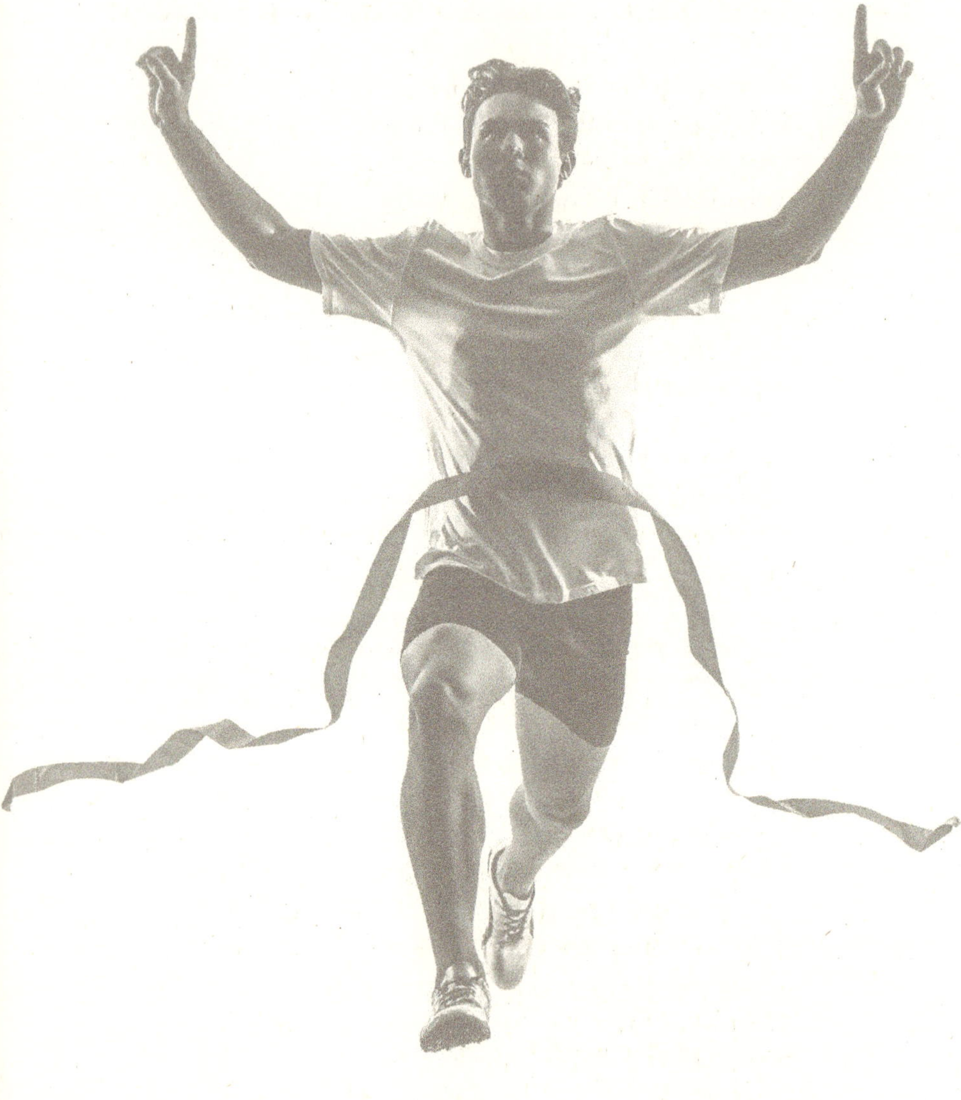

# 15

## Das Gen, das Herzen bricht

### Tod, Verletzung und Schmerz auf dem Sportplatz

Ich war an jenem Tag nicht dort, am 12. Februar 2000, in der Sporthalle der Evanston Township Highschool mit ihrer winterlich trockenen Luft. Ich hatte die Schule schon hinter mir und lief im College-Team. Aber mein Bruder war neu im Team und mein Vater war auch da und filmte. Um gute Sicht zu haben, stand er auf der Aluminium-Tribüne zwischen den anderen Zuschauern, als mein Freund und ehemaliger Trainingspartner Kevin Richards zu Boden ging.

Es war nicht ungewöhnlich, dass ein ausgelaugter Läufer nach einem scharfen Rennen zusammenbrach. Aber Kevin war es noch nie passiert. Seine Teamkollegen wussten, dass er seine Schmerzen still und immer aufrechtstehend wegsteckte. Er schätzte den Schmerz eines Rennens und hatte etwas dagegen, sich aus lauter Erschöpfung niederzulegen. »Ich mag es, wenn es weh tut«, sagte er einmal. »Man hat das Gefühl, etwas geschafft zu haben.«

Normalerweise erregt ein gefallener Läufer bei einem fachkundigen Publikum nur wenig Neugier. Aber Kevin war Bundesstaatschampion, und ein Bundesstaatschampion gehörte nicht zitternd und in Rückenlage auf den staubigen, grünen Gummiboden der Hallenbahn.

Kevins Mutter Gwendolyn hatte schon am Morgen gespürt, dass etwas mit ihm nicht stimmte, weil er verschlafen hatte. An einem Renntag hatte er noch nie verschlafen. Da sie dachte, er würde krank werden, bat sie ihn, nicht hinzugehen. Aber Dan Glaz von der Amos Alonzo

Stagg Highschool war gekommen, um die Meile zu rennen. Glaz war einer der besten Läufer in Illinois. Er würde Bundesstaatschampion werden und ein Stipendium für die Ohio State erhalten.

Kevin war im vorletzten Schuljahr und bekam auch schon Stipendien angeboten. Kevin war nicht nur einer der besten Meilenläufer in Illinois, sondern auch ein ausgezeichneter Schüler und der erste angehende College-Student in seiner jamaikanischen Einwandererfamilie. Bei gemeinsamen Läufen – während denen ich oft kaum Luft bekam – hatte er mir erzählt, dass er Videospieldesigner werden wollte, und auf seiner College-Wunschliste stand die Indiana University ganz oben. An diesem Tag würde er sich nicht die Chance entgehen lassen, gegen einen potenziellen zukünftigen Rivalen wie Glaz anzutreten.

Da sich Gwendolyn, die in einem Pflegeheim arbeitete, nicht auf Kevins Lauftempo hatte verlassen wollen, hatte sie sich schon nach Möglichkeiten erkundigt, wie sie das College bezahlen könnte, bis ihr Kevin gebot, damit aufzuhören. »Du bezahlst keinen Cent für mich«, hatte er gesagt, bevor er sich umdrehte und wegging.

Kurz bevor er zusammensackte, war Kevin im Endspurt Glaz hinterhergejagt. Zwar waren noch andere Läufer im Rennen, aber es lief auf ein Duell zwischen Kevin und Glaz hinaus. Das Duo hatte das Feld bereits überrundet. Zwei Runden vor Schluss setzte sich Glaz ab, aber als die Glocke mit hohlem Klang die letzte Runde einläutete, gab Kevin Gas. Er holte in der letzten Kurve mächtig auf, gewann an Land und säbelte mit jedem weiten Schritt ein Scheibchen von Glaz' Führung ab. Am Ende reichte es nicht ganz und er wurde in Glaz' Nacken Zweiter.

Hinter der Ziellinie ging Kevin erschöpft ein paar Schritte weiter. Als Trainer David Phillips kam, um ihn zu stützen, rutschte ihm Kevin aus dem Griff, fiel hin und begann zu zittern.

Der Cheftrainer Bruce Romain hatte in seiner Karriere fast hundert Anfälle gesehen. Er kniete sich neben Kevin und fühlte seinen Puls. Sein Herz raste. Er drückte Kevins Hand. Kevin erwiderte den Druck nicht, sondern japste nach wie vor wie ein angespülter Fisch nach Luft und zitterte. Mit jedem Atemzug schäumten Speicheltropfen an seiner Unterlippe auf.

Ein Feuerwehrmann im Publikum rief die Sanitäter. Innerhalb von Minuten nach Kevins Zusammenbruch kamen Rettungssanitäter in die Sporthalle gerannt, um Romain bei der Mund-zu-Mund-Beatmung zu helfen. Kevin holte einmal tief Luft und stieß dann einen langen, schlaffen Seufzer aus. Er hörte auf zu atmen.

Romain blickte über Kevins Körper hinweg einen der Sanitäter an. Die beiden professionellen Lebensretter sahen sich an. »Ach du Scheiße«, platzte es aus Romain heraus, als Kevins Puls verschwand. Ein Sanitäter hastete zurück zum Wagen, um den Defibrillator zu holen. Romain und der andere Sanitäter versuchten weiterhin mit aller Macht, Kevin wiederzubeleben. Einer von ihnen fungierte als Kevins Lunge und blies ihm sauerstoffreiche Luft in den Mund. Der andere war sein Herz und drückte ihm auf den Brustkorb, um das sauerstoffhaltige Blut durch den Körper fließen zu lassen. Aber mit der Herz-Lungen-Wiederbelebung konnten sie nur Zeit schinden. Sie konnten Kevins Herz nicht mehr zum Schlagen bringen. Wie bei einem Auto, das Starthilfe braucht, konnte jetzt nur noch eine Maschine helfen.

An irgendeinem Punkt in dieser letzten Runde hatte es bei dem elektrischen Signal, das Kevins Herz pumpen ließen, eine schreckliche Fehlzündung gegeben. Anstatt sich rhythmisch zusammenzuziehen und wieder zu entspannen, zitterte Kevins Herz wie Wackelpudding auf einem unvorsichtig getragenen Tablett. Sein linker Ventrikel, die Kammer, die sauerstoffhaltiges Blut aus der Lunge aufnimmt und es mit kräftigem Pressen durch den Körper schickt, hatte eine Fehlfunktion gehabt und einen Kreislaufstau verursacht. In den Kapillaren seiner Lunge – die so eng sind, dass die roten Blutkörperchen nur im Gänsemarsch hindurchpassen – sammelte sich Blut, während das Wasser aus Kevins Blutstrom durch die Kapillarwände drang und die winzigen Luftkammern seiner Lunge füllte. Dort, wo Sauerstoff hätte sein sollen, war nun immer mehr Wasser. Kevin begann im Wassergehalt seines eigenen Körpers zu ertrinken.

Der Sanitäter kehrte mit dem Defibrillator zurück. Jetzt würden sie Kevins Herz mit Stromstößen erschüttern, damit es wieder in einen normalen Rhythmus zurückfände. Sie wollten ihn wiederbeleben, und zwar hoffentlich früher als später. Kevin hatte sich in seinem Leben oft an der Stoppuhr messen lassen, aber die Sekunden, die nun auf der Laufbahn vergingen, waren die wichtigsten seines Lebens. In der Zeit, die er sonst brauchte, um eine Meile zu laufen, wurden nun seine Gehirnzellen scharenweise im giftigen, sauerstofffreien Milieu seines eigenen Schädels dahingerafft.

Einer von Kevins Teamkollegen tigerte in der Nähe der Ziellinie auf und ab und murmelte: »Kann nicht sein. Er ist zu stark.« Romain wich fassungslos zurück. Er wies einen der Co-Trainer an, Gwendolyn bei der Arbeit anzurufen. Als sie ankam, wurde ihr Sohn in den Krankenwagen geladen. Sie drängte sich auf den Beifahrersitz. Ein Sanitäter zog eine Jalousie herunter, damit sie nicht sehen konnte, wie ihr Sohn hinten im Wagen bearbeitet wurde.

Als sie im Evanston Hospital ankamen, saß Gwendolyn im Wartezimmer und verbrachte die längsten Minuten ihres Lebens. Dann kam ein Geistlicher auf sie zu. »Ich weiß, dass er tot ist! Sagen Sie doch einfach, dass er tot ist!«, schrie sie. Dann fiel sie in Ohnmacht.

Kevin war tot. Er war auf der Laufbahn gestorben.

Irgendwo inmitten der drei Milliarden Basenpaare – der chemischen Verbindungen, die die Sprossen der sich windenden DNA-Leiter bilden – hatte Kevin einen einzigen Rechtschreibfehler im genetischen Code. Das ist wie ein einzelner Tippfehler in einer Buchstabenfolge, die 13 komplette Ausgaben der *Encyclopaedia Britannica* füllen könnte.

Kevins genetische Mutation hätte sich an irgendeiner von Milliarden Stellen befinden können. Eine bestimmte Stelle hätte eine Muskeldystrophie herbeigeführt, ein andere hätte ihn farbenblind gemacht. Viele, viele andere Orte hätten überhaupt keine erkennbaren Auswirkungen gehabt, wie es bei den meisten Mutationen der Fall ist, die jeder von uns in jedem Augenblick mit sich herumträgt. Aber Kevins Mutation saß genau auf der Sprosse der DNA-Leiter, die als biologische Blaupause für ein gebrochenes Herz diente.

Kevin hatte hypertrophe Kardiomyopathie oder HCM (*hypertrophic cardiomyopathy*), eine Erbkrankheit, die zu einer Verdickung der Wände des linken Ventrikels führt, sodass diese sich zwischen den Schlägen nicht vollständig entspannen und den Blutzufluss ins Herz behindern können. Ungefähr jeder fünfte Amerikaner hat HCM, wobei bei vielen nie ernste Symptome auftreten. Laut Barry Maron, Direktor des Hypertrophic Cardiomyopathy Center der Minneapolis Heart Institute Foundation, ist HCM die häufigste Ursache für einen plötzlichen natürlichen Tod bei jungen Menschen. Und es ist gewiss die häufigste Ursache für plötzliche Todesfälle bei jungen Sportlern. Laut Statistiken, die Maron zusammengestellt hat, fällt alle 14 Tage irgendwo in den USA mindestens ein Highschool-, College- oder Profisportler mit HCM tot um. Einige davon sind berühmt, wie Jason Collier, Center bei den Atlanta Hawks, oder Thomas Herrion, Offensive Lineman bei den San Francisco 49ers oder der kamerunische Fußballprofi Marc-Vivien Foé. Die meisten sind jedoch wie Kevin Richards – Teenager kurz vor dem Durchbruch.

Bei diesen Menschen sind die Muskelzellen des linken Ventrikels nicht ordentlich aufgereiht wie Ziegel in einer Mauer, sondern allesamt schief wie Ziegel auf einem Haufen. Wenn das elektrische Signal, das das Herz zusammenzucken lässt, über die Zellen wandert, kann es ziellos umherspringen. Intensive sportliche Aktivitäten können einen solchen Kurzschluss auslösen, was besonders im Wettkampf gefährlich ist, wenn ein Sportler unter höchster Anstrengung nicht auf die ersten Gefahrenzeichen reagiert.

Sport ist ein Wundermittel gegen die dringendsten Gesundheitsprobleme unseres Landes – Diabetes, Bluthochdruck, Herzerkrankungen. Menschen mit HCM können jedoch, gerade *weil* sie Sport treiben, ein erhöhtes Risiko haben, tot umzufallen.

Eileen Kogut zum Beispiel wusste schon lange, dass bei ihr etwas Gefährliches in der Familie lag. 1978, als Kogut 21 Jahre alt war, und ihre Brüder Joe und Mark am Esstisch miteinander rangelten, fiel der 15-jährige Joe auf einmal tot um. Im Autopsiebericht wurde als Todesursache »idiopathische hypertrophe subaortale Stenose« aufgeführt – im Wesentlichen ein aus unbekannten Gründen vergrößertes Herz. »Joe war das jüngste von sieben Geschwistern«, sagt Eileen. »Sein Tod wirkte unglaublich verheerend auf unsere Familie.« Unter der Last der Erinnerung an seinen kleinen Bruder, der vor seinen Augen gestorben war, begann Mark jeden Tag zu trainieren, nur für den Fall, dass er wie Joe ein fehlerhaftes Herz hatte. 1998 joggte Mark gerade auf einem Laufband im YMCA in Lansdowne, Pennsylvania, als er zusammenbrach und starb. Die Todesursache: erneut ein aus unbekannter Ursache vergrößertes Herz. Mark war 37. Er hinterließ eine Frau und drei kleine Söhne.

HCM wird auf eine Art und Weise weitervererbt, die als »autosomal dominant« bezeichnet wird. Das bedeutet, dass ein Elternteil das verantwortliche Gen mit einer 50:50-Chance – einem Münzwurf – an ein Kind weitergibt.

Schließlich erfuhr Eileen Kogut, dass HCM ihre Brüder dahingerafft hatte, und 2008 beschloss sie, ihre eigene DNA zu untersuchen.

Gegenüber vom Baseballstadion Fenway Park in Boston steht am anderen Ufer des Charles River ein weiteres Gebäude aus Ziegel und Stahl. Aber an der Fassade dieses Gebäudes wehen keine Fahnen, die an Siege in der World Series erinnern, hier schlängeln sich zwei umeinander gewundene Metallbänder über drei Stockwerke hinab, eine künstlerische Darstellung der DNA-Doppelhelix.

Im Inneren des Gebäudes – dem mit Harvard verbundenen Partners HealthCare Center for Personalized Genetic Medicine – leitet die Genetikerin Heidi Rehm das Labor für Molekularmedizin. Rehm und ihre Labormitarbeiter identifizieren wöchentlich neue HCM-Mutationen. In den frühen 90er-Jahren wurde angenommen, dass HCM durch eine von sieben verschiedenen Mutationen eines einzelnen Gens bewirkt wird, des MYH7-Gens, das für ein im Herzmuskel vorhandenes Protein kodiert. Als ich 2012 Rehms Labor besuchte, gab es bereits eine Datenbank mit 18 verschiedenen Genen und (damals noch) 1.452 verschiedenen Mutationen, die allesamt HCM verursachen konnten. Die meisten der Mutationen befinden sich in Genen, die für Proteine im Herzmuskel kodieren, und rund 70 Prozent aller Menschen mit HCM haben eine Mutation in nur einem von zwei spezifischen Genen. (Um die

Sache extrem kompliziert zu machen, sind allerdings zwei Drittel der verschiedenen HCM-Mutationen »private Mutationen«. Das heißt, dass jede davon nur bei einer einzigen Familie vorgefunden wurde.) Die häufigste Ursache für HCM ist ein Rechtschreibfehler in der DNA, eine sogenannte »Missense-Mutation«. Eine Missense-Mutation tritt auf, wenn ein einzelner Buchstabe im DNA-Code ausgetauscht wird, jedoch an einer so wichtigen Stelle, dass sich die Aminosäure ändert, aus der das resultierende Protein hergestellt wird.

HCM-Mutationen können zufällig bei Menschen auftreten, bei denen die Krankheit keine familiäre Vorgeschichte hat, aber die meisten HCM-Genvarianten werden von Eltern an ihre Kinder weitergegeben. Manche liegen aber auch gar nicht in der Familie. Eine besonders gefährliche HCM-Genvariante tritt immer nur als spontane Mutation bei einem einzelnen Individuum in einer Familie auf. »Das liegt daran, dass es reproduktiv tödlich ist«, sagt Rehm. »Niemand damit erreicht das nötige Alter, um sich fortzupflanzen und den Fehler weiterzugeben.« Andere Mutationen können so mild sein, dass sie ein Leben lang völlig unbemerkt bleiben – wie die Mutation namens *Trp-792 frameshift*, die sich anhört wie eine ausgefuchste NFL-Taktik. Tatsächlich handelt es sich um eine Mutation, die vor allem bei Mennoniten vorkommt.

In den meisten Fällen lässt sich jedoch schwer sagen, ob eine bestimmte Mutation einen HCM-Patienten dem Risiko eines plötzlichen Todes aussetzt. In Kevins Fall wurde die Krankheit erst diagnostiziert, als sein Herz nach seinem Tod untersucht wurde. Kevins Autopsie offenbarte, dass sein Herz gigantische 554 Gramm wog. Ein durchschnittliches erwachsenes männliches Herz wiegt ungefähr 300 Gramm. Kevin hatte keine augenscheinlichen Krankheitszeichen, außer dass ihm einmal ein Herzgeräusch attestiert wurde. Aber das ist auch bei mir und bei Horden von anderen Sportlern festgestellt worden, die sich schon einmal am flachen Ende eines Stethoskops befanden. Wie jeder Muskel wird das Herz durch Training kräftiger, und Sportler haben oft ungefährliche Herzgeräusche, die verschwinden, sobald sie mit dem Training aufhören.[56]

Angesichts ihrer Familiengeschichte ließ Eileen Kogut die Herzen aller ihrer Kinder von klein auf regelmäßig überprüfen. Ihr Sohn Jimmy, der Basketball spielte und Krafttraining betrieb, hatte gelegentlich über Atemnot geklagt. Ihm wurde gesagt, er habe Asthma, eine häufige, aber gefährliche Fehldiagnose bei Patienten mit HCM, weil Asthma-Inhalatoren bei HCM-Patienten tödliche Herzrhythmusstörungen auslösen können. Als Jimmy 2007 an der University of Pittsburgh ins zweite Jahr kam, machte er einen Gentest und erfuhr, dass er an einem Gen, das zur Regulierung der Herzkontraktion beiträgt, eine der häufigsten HCM-Mutationen hat. Er hatte es wie seine haselnussbraunen Augen und Sommersprossen von Eileen geerbt. Da die familiäre Mutation nun feststand, beschloss Eileen, ihre anderen Kinder Kyle (damals 18), Connor (damals 16) und Kathleen (damals zwölf) testen zu lassen, obwohl sie keine Symptome aufwiesen. Im März 2008 brachte sie die Kinder zum Gen-Screening und betete darum, dass sie ihre Mutation nicht an noch mehr Kinder weitergegeben haben möge.

Aber es kamen schlechte Nachrichten. Connor und Kathleen waren beide positiv. »Ich war am Boden zerstört«, sagt Eileen. »Ich weiß nicht, was ich erwartet habe. Ich hatte gute Nachrichten erwartet. Es war schwer zu verdauen … Ich war wütend auf das Labor. Ich kam nicht damit zurecht. Ich dachte nur: ›Warum habe ich das überhaupt gemacht? Sie sind doch jung, was habe ich mir dabei gedacht? Es wird ihnen die Kindheit versauen.‹«

Kardiologen, die HCM erforschen, raten Patienten mit dieser Krankheit dazu, auf extreme Anstrengung zu verzichten, da der Adrena-

56 Ein besorgniserregender Trend im Schulsport ist, dass Gesundheitsdienstleister, die wenig oder gar keine Herz-Kreislauf-Fachkompetenz und daher keine Chance haben, ein gefährliches Herzgeräusch zu identifizieren, in immer mehr Bundestaaten die Vorsorgeuntersuchung bei Schulsportlern durchführen dürfen. 1997 durften in elf Staaten Chiropraktiker, Naturheilkundler oder andere Nicht-Ärzte die Prüfungen vornehmen. 2005 war diese Zahl auf 18 Bundesstaaten gestiegen, wobei die Entscheidung, wer die Prüfungen durchführt, in drei Bundesstaaten – Kalifornien, Hawaii und Vermont – den Schulen überlassen ist.

linschub eine tödliche Herzrhythmusstörung auslösen kann. Nach der Diagnose ließ sich Jimmy in einer OP einen Defibrillator in den Brustkorb implantieren. Das winzige Gerät hat die Größe einer Streichholzschachtel und Drähte, die ins Herz hineinreichen und es auf einen abnormalen Herzrhythmus hin überwachen. Wenn eine Störung erkannt wird, löst der Defibrillator automatisch einen elektrischen Schlag aus, um das Herz wieder in ein normales Muster zu versetzen. Jimmy kehrte ins gewohnte College-Leben zurück, abzüglich des Basketballs. Und beim Krafttraining durfte er nichts über den Kopf heben oder die linke Seite so belasten, dass es die Defibrillatorkabel beschädigen könnte.

Letztendlich erholte sich Eileen von ihrem Schrecken und ist nun froh, dass sie ihre Kinder hat testen lassen, auch wenn sich daraus gewisse Änderungen der Lebensweise ergaben. Wie sie auf grausamste Weise erfahren hatte, gibt es nur eines, was schlimmer ist, als einen Bruder zu verlieren, nämlich zwei zu verlieren. Und das einzige noch schlimmere Schicksal wäre, zwei Brüder und ein Kind zu verlieren. Rehm sagt: »Ich war total begeistert von diesem Gebiet der Genetik, weil es das Leben von Patienten verbessern kann, indem man die Ursache ihres HCM herausfinden und es bei anderen Familienmitgliedern vorhersagen kann. Manchmal bekommt man schlechte Ergebnisse, manchmal bekommt man gute Ergebnisse, aber wenigstens kann man es verstehen und vorhersagen.«

Eine eindeutige HCM-Bestimmung ist bei Sportlern besonders wichtig, da das auffälligste Anzeichen von HCM ein vergrößertes Herz ist, was bei Sportlern jedoch normal ist. Oft kann nur ein richtiger HCM-Experte – leider gibt es weltweit nur wenige – feststellen, ob die Vergrößerung vom Training des Sportlers herrührt oder ein Zeichen von HCM ist. Laut Barry Marons Sohn Martin, Kardiologe am Tufts Medical Center in Boston und Experte für den plötzlichen Tod bei Sportlern, hängt die Herzmuskelvergrößerung im Einzelfall von der Sportart ab, die der Sportler betreibt. Bei Radfahrern und Ruderern sind zum Beispiel die Herzkammern und -wände durch das Training vergrößert, während Gewichtheber dickere Wände haben, aber keine vergrößerten Kammern. Jede Sportart hat ihr charakteristisches Muster.

Bei einem normalen Herzen ist die Trennwand zwischen den Herzkammern meist dünner als 1,2 Zentimeter und die linke Kammer kleiner als 5,5 Zentimeter. Ist entweder die Wand oder die Kammer stark vergrößert, kann dies ein Krankheitszeichen sein. Aber wenn es nur eine gewisse Vergrößerung gibt – eine Wand zwischen 1,3 und 1,5 Zentimetern und eine Kammer zwischen 5,5 und 7 Zentimetern –, dann ist das bei Sportlern eine Grauzone, so Maron. Die Vergrößerung könnte also entweder trainingsbedingt oder krankhaft sein und manche Sportler, die sich in der Grauzone befinden, betreiben dann in dem Glauben Sport, dass ihr großes Herz eine Trainingsanpassung sei, nur um dann mitten im Spiel tot umzufallen. Wird der Sportler dagegen einem Gentest unterzogen, bei dem eine bekannte Mutation für HCM aufgedeckt wird, gibt es keine Grauzone mehr.

Dies ist ein Anwendungsgebiet für individuelle Gentests, aus denen Sportler heutzutage Nutzen ziehen können – auch wenn sie nicht immer erpicht darauf sind.

Im Jahr 2005 war Eddy Curry als Center bei den Chicago Bulls in der Punktwertung führend, als er wegen unregelmäßigen Herzschlags pausieren musste. Curry verpasste das Ende der Saison und die gesamten Playoffs, während er untersucht wurde.

Um die Situation zu vermeiden, dass Curry vor laufender Kamera starb, wie es dem amtierenden Korb- und Rebound-König der NCAA, Hank Gathers, während eines Spiels im Jahr 1990 zugestoßen war, fügten die Bulls auf Anregung von Barry Maron eine Gentestklausel in den Fünf-Millionen-Dollar-Vertrag ein, der Curry unterbreitet wurde. Sollte ein Test ergeben, dass Curry eine bekannte HCM-Genvariante hatte, würden die Bulls Curry nicht spielen lassen, ihm aber für die nächsten 50 Jahre 400.000 Dollar pro Jahr zahlen. Als Curry den Test verweigerte, gaben die Bulls ihn an die Knicks ab.

*»Bei DNA-Tests sind wir noch ganz am Anfang einer neuen Welt«,* sagte Currys Anwalt Alan Milstein gegenüber Associated Press. *»Aber bald wissen wir, ob jemand für Krebs, Alkoholismus, Fettleibigkeit, Haarausfall und wer weiß was noch prädisponiert ist … Stellen Sie sich die Konsequenzen vor, wenn diese Informationen beim Arbeitgeber landen!«*

Heute wäre die Lage anders. Nach 13 Jahren des Feilschens um die genetische Privatsphäre verabschiedete der US-Kongress 2008 den Genetic Information Nondiscrimination Act (GINA). Das Gesetz trat Ende 2009 in Kraft und untersagte Arbeitgebern das Einfordern von genetischen Informationen. Sowohl Arbeitgeber als auch Krankenkassen durften niemanden auf Grundlage genetischer Informationen diskriminieren. (GINA untersagt jedoch nicht die Diskriminierung durch Anbieter von Lebens-, Berufsunfähigkeits- und Autoversicherungen.)

Viele Sportler entscheiden sich dafür, weiterzuspielen, obwohl sie wissen, dass sie eine gefährliche Mutation in sich tragen. In einem auf YouTube verewigten Augenblick des Jahres 2009 purzelte Anthony Van Loo, damals mit 20 Jahren Verteidiger der belgischen Fußballmannschaft SV Roeselare, wie eine Marionette mit durchgeschnittenen Fäden aufs Spielfeld. Van Loo hatte einen Herzstillstand. Sekunden später zuckte er heftig zusammen und rappelte sich dann auf, als wäre nichts passiert. Van Loos implantierter Defibrillator hatte sich eingeschaltet und ihn von der Schwelle des Todes zurückgeholt. Er hatte Glück, denn implantierbare Defibrillatoren sind nicht dafür gebaut, der Belastung anstrengender Sportarten standzuhalten.

Die Frage, ob ein Sportler mit HCM Sport treiben darf, ist für die Ärzte ein Dilemma, da sie oft nur raten können, ob ihr spezieller HCM-Patient zu denen zählt, denen ein plötzlicher Tod droht, oder zu denen, die ohne ernste Symptome 90 Jahre alt werden.

Bestimmte HCM-Mutationen sind bekanntermaßen gefährlicher als andere, aber es ist eine wenig exakte Wissenschaft. »Bei einigen, die keine Todesfälle in der Familie und keine Symptome und kein sehr dickes Herz haben, glaube ich nicht, dass sie einem hohen Risiko ausgesetzt sind«, sagt Paul D. Thompson, Kardiologe am Hartford Hospital und Teilnehmer der US-Qualifikation für den olympischen Marathon 1972. »Normalerweise sage ich zu ihnen: ›Ich glaube nicht, dass bei Ihnen ein hohes Risiko besteht, aber ich muss nachts schlafen können und will bei Ihnen kein Risiko eingehen, also verbiete ich es Ihnen.‹ Einem pickligen 17-jährigen, der an einer Highschool angenommen wird, weil er ein guter Linebacker ist, sagt man nur sehr ungern, dass er das jetzt begraben kann.«

Das ist allerdings immer noch besser, als wenn der Linebacker selbst begraben wird. Als ich zur Beerdigung meines Freundes Kevin nach Hause kam, ging ich zu der Sporthalle, in der er starb. Eine der weißen Linien, die die Bahnen trennen, war mit Widmungen bekritzelt: »LUV YA 4 LIFE«; »WIR SEHEN UNS HOFFENTLICH DRÜBEN WIEDER«; »WENN DIE ZEIT KOMMT, WIRST DU UNS ALLE WISSEN LASSEN, WARUM DU GESTORBEN BIST.« Als ich ein Jahr später wieder zu Besuch war, befanden sich die Botschaften zusammen mit Kevins Schweiß und Träumen immer noch auf der Laufbahn, inzwischen allerdings verborgen unter einer frischen Farbschicht.

Kevin wusste nicht, dass eine Zeitbombe in seiner Brust tickte. Aber was, wenn er es gewusst hätte? Bei seiner Beerdigung betonten Freunde, dass er bei der Ausübung dessen starb, was er liebte. Kevin liebte Wettläufe. Aber er liebte auch andere Dinge, beispielsweise Computer. Auch wenn der Laufsport ihm ein Stipendium hätte sichern können, steht für mich außer Frage, dass er ohne Zögern mit dem Laufen aufgehört und seinen Ehrgeiz auf ein anderes Ziel gelenkt hätte. Für mich liegt kaum Trost in dem poetischen Umstand, dass er beim Laufen gestorben ist.

Die Frage, ob ein Athlet präventiv eingeschränkt werden soll, steckt voller emotionaler und rechtlicher Widerhaken, aber Kardiologen sind sich einig, dass man Sportlern, die eindeutig Gefahr laufen, auf dem Spielfeld tot umzukippen, unbedingt dazu raten muss, sich vom Spielfeld fernzuhalten. (Auch wenn manche Sportler den Rat ignorieren und trotzdem spielen.) Aber was ist mit Sportlern, die nur dem Risiko körperlichen Schadens ausgesetzt sind? Sport ist von Natur aus riskant. Wie beim Fliegen von Kampfjets kommt man nicht ewig ohne Verletzung davon. Aber was wäre, wenn Wissenschaftler feststellen könnten, dass manche Sportler einem höheren Verletzungsrisiko ausgesetzt sind als andere?

Genau das wird gerade immer machbarer, da Gene erforscht werden, die in Zusammenhang stehen mit einigen der bekanntesten medizinischen Risiken in allen möglichen Sportarten.

An einem kühlen Novembernachmittag in Manhattan lässt sich Ron Duguay auf einem Stuhl mit Blick auf die Park Avenue South nieder, nachdem er stundenlange kognitive Tests absolviert hat. Nun wartet er auf die Ergebnisse von Dr. Eric Braverman. Seit 1977 hat Duguay zwölf Spielzeiten in der NHL Eishockey gespielt, hauptsächlich als Center bei den New York Rangers. Duguay war ein guter Spieler – er war im All-Star-Spiel von 1982 –, aber bekannt war er vor allem als Rockstar des Eishockeys.

Duguay trug keinen Helm, und die braune Lockenpracht, die beim Gleiten über die Eisfläche hinter ihm her flatterte, machte ihn in den 1980er-Jahren zum Sexsymbol. Noch heute, da er über 50 und mit dem ehemaligen Supermodel Kim Alexis verheiratet ist, hat Duguay dichtes, lockiges Haar und er ist freundlich und umgänglich. In Bravermans Praxis wird er jedoch nervös. Er spielt mit dem glänzenden Rangers-Ring am kleinen Finger, als er erwähnt, dass ihm Freunde oft sagen, er solle ein Buch über seine Zeit beim Eishockey schreiben. »Dazu müsste ich meine Teamkollegen anrufen«, sagt er. »Es gibt eine Menge, an das ich mich nicht erinnern kann.« Deshalb ist Duguay hier. Er vermutet, während seiner Karriere einige nicht diagnostizierte Gehirnerschütterungen erlitten zu haben, ganz sicher aber massenweise kleinere Schläge gegen den Kopf – Schläger, Ellenbogen und manchmal auch den Puck.

Braverman erscheint und teilt Duguay rundweg mit, dass er drei der Tests zu Gedächtnisleistung und Denkschnelligkeit nicht bestanden habe. »Er ist ein Haufen Elend im Vergleich zu seinem alten Ich«, sagt Braverman. Im Rahmen der Untersuchung hat Braverman auch einen Gentest veranlasst, um festzustellen, welche Versionen Duguay von einem Gen namens Apolipoprotein E oder ApoE hat. Duguays Großmutter starb an Alzheimer und auch ein anderes Familienmitglied hat Gedächtnisprobleme. Studien an Alzheimer-Patienten haben ergeben, dass eine bestimmte Version des ApoE-Gens das Erkrankungsrisiko erheblich erhöht.

Das Gen gibt es in drei gängigen Varianten: ApoE2, ApoE3 und ApoE4. Jeder Mensch hat zwei Kopien des ApoE-Gens, eine von Mutti und eine von Vati, und eine einzige ApoE4-Kopie erhöht das Alzheimer-Risiko um das Dreifache; zwei Kopien ergeben ein achtfaches Risiko. Etwa die Hälfte aller Alzheimer-Patienten hat ein ApoE4-Gen – verglichen mit einem Viertel der Allgemeinbevölkerung. Die Träger des Gens neigen außerdem dazu, in jüngeren Jahren zu erkranken.

Die Bedeutung des ApoE-Gens geht über Alzheimer hinaus. Es bestimmt auch, wie gut sich ein Mensch von jeder Art von Hirnverletzung erholt. Träger der ApoE4-Genvariante, die sich beispielsweise bei Autounfällen den Kopf gestoßen haben, bleiben länger im Koma, erleiden mehr Blutungen und Quetschungen im Gehirn und mehr Schlaganfälle nach Verletzung, haben weniger Erfolg bei der Rehabilitation, tragen mit größerer Wahrscheinlichkeit bleibende Schäden davon und sterben eher.

Es ist nicht ganz klar, wie ApoE die Regeneration des Gehirns beeinflusst, aber das Gen ist an der Entzündungsreaktion des Gehirns nach Kopfverletzungen beteiligt, und Menschen mit ApoE4-Variante brauchen länger, um ihr Gehirn von einem Protein namens Amyloid zu befreien, das bei Hirnschädigung austritt. Mehrere Studien haben ergeben, dass Sportler mit ApoE4-Variante länger brauchen, um sich von Kopftreffern zu erholen, und ein höheres Risiko haben, später im Leben an Demenz zu erkranken.

Eine Studie aus dem Jahr 1997 hat ergeben, dass Boxer mit einer ApoE4-Kopie bei Hirnfunktionstests schlechter abschnitten als Boxer mit ähnlich langer Karriere, aber ohne ApoE4-Kopie. Drei in der Studie untersuchte Boxer wiesen eine schwere Beeinträchtigung der Gehirnfunktion auf und alle drei hatten eine ApoE4-Genvariante. Im Jahr 2000 kam eine Studie an 53 aktiven Profi-Footballern zu dem Schluss, dass drei Faktoren bestimmte Spieler bei Hirnfunktionstests weniger Punkte erzielen ließen als ihre Kollegen: 1) fortgeschrittenes Alter, 2) häufige Schläge gegen den Kopf 3) eine ApoE4-Variante.

Im Jahr 2002, im Alter von 40 Jahren, zeigte John Grimsley, ehemaliger Linebacker der Houston Oilers und der Miami Dolphins, Anzeichen von Demenz. Seiner Familie fiel auf, dass er dieselbe Frage mehrmals stellte, dass er sich ohne Liste nicht daran erinnerte, welche Lebensmittel einzukaufen waren, und dass er Videos ausleihen wollte, die er bereits gesehen hatte.

Obwohl Grimsley ein erfahrener Jäger war, erschoss er sich 2008 versehentlich selbst, als er eine seiner Büchsen reinigte. Grimsleys Frau Virginia hatte sich schon lange gefragt, ob die Gehirnerschütterungen ihres Mannes etwas mit seinem geistigen Abbau zu tun haben könnten. Also spendete sie sein Gehirn an das Forschungszentrum für Hirnverletzungen der Boston University.

Es war das erste von vielen Gehirnen ehemaliger NFL-Spieler, das die Bostoner Forscher untersuchten. Damit stießen sie einen Sensibilisierungsprozess für die Gefahr von Hirntraumata im Sport an. Die Forscher stellten in Grimsleys Gehirn eine erhebliche Proteinansammlung fest, wie sie für eine chronische traumatische Enzephalopathie (CTE) charakteristisch ist. Eine solche Erkrankung hat man inzwischen in Dutzenden von Gehirnen von College- und Profi-Footballspielern vorgefunden. Die Wissenschaftler fanden auch heraus, dass Grimsley – wie nur zwei Prozent der Bevölkerung – zwei Kopien der ApoE4-Genvariante besaß.

Im Jahr 2009 sorgten die Bostoner Forscher landesweit für Schlagzeilen (und für Kopfschmerzen in der NFL), als sie über Dutzende Fälle von Hirnschäden bei Boxern und Footballern berichteten. In der medialen Berichterstattung blieb jedoch völlig unerwähnt, dass fünf von neun hirngeschädigten Boxern und Footballspielern, deren genetische Daten in dem Bericht enthalten waren, eine ApoE4-Variante besaßen. Das sind 56 Prozent, also mehr als doppelt so hoch wie der Anteil in der Allgemeinbevölkerung. Brandon Colby, ein in Los Angeles ansässiger Arzt, der ehemalige NFL-Spieler behandelt, sagt über diese Patienten:

»Alle, die aufgrund von Kopfverletzungen erkennbare Probleme haben, haben eine ApoE4-Kopie.« Colby bietet jetzt ApoE-Tests für Kinder an, damit deren Eltern das Risiko des Footballspiels besser einschätzen können.

Der Neurologe Barry Jordan, Mitautor der Studie von 2000 mit 53 Footballspielern und ehemaliger medizinischer Beauftragter der New York State Athletic Commission, hat schon erwogen, für alle Boxer in New York einen Gentest auf die ApoE4-Variante verpflichtend zu machen. »Ich glaube nicht, dass man Sportler von ihrem Sport abhalten kann«, sagt Jordan. »Aber vielleicht hilft es ja, darauf aufzupassen. [Eine ApoE4-Genvariante] erhöht das Risiko einer Gehirnerschütterung offenbar nicht und das wäre auch nicht zu erwarten, aber es kann die Genesung nach einer Gehirnerschütterung beeinträchtigen.« Letztendlich beschloss Jordan, keine obligatorischen Gentests einzuführen, vor allem deshalb, weil ihm ein möglicher Missbrauch der Informationen Sorgen machte.

> *»Selbst mit [dem Gesetz gegen genetische Diskriminierung]«,* so Jordan, *»weiß man nie. Informationen kommen trotzdem raus. Ich glaube, über Gentests kann man Sportler durchaus aufklären. Aber ich weiß nicht, wie groß das Interesse daran ist. Manche Leute wollen es nicht wissen.«*

Oder, wie James P. Kelly, ein Neurologe der Colorado State Boxing Commission, es ausgedrückt hat:

> *»Bei ApoE4 sind einige der Meinung, dass Wissen keine Macht ist.«*

Es ist ein schwieriges Gebiet, aber die meisten aktiven oder ehemaligen Profis, denen ich erklärt habe, was ein ApoE4-Test ist, schienen bereit zu sein, einen zu absolvieren – vorausgesetzt, die Ergebnisse würden ihrer Mannschaft, ihren Versicherungen und potenziellen zukünftigen

Arbeitgebern vorenthalten.[57] Wochen nach seinem Besuch bei Dr. Braverman erfuhr Ron Duguay, dass er tatsächlich eine ApoE4-Variante hatte. Hätte er von diesem potenziellen zusätzlichen Risikofaktor für kognitive Beeinträchtigungen gewusst, sagt Duguay, hätte er »ernsthaft darüber nachgedacht, einen Helm zu tragen,« als er noch aktiv war.

Unter den anderen Sportlern, die ich nach ihrem Interesse an ApoE-Tests gefragt habe, war auch Glen Johnson, ein professioneller Boxer mit 71 Kämpfen, zu denen Siege 2004 gegen Roy Jones Jr. und Antonio Tarver gehören. Johnson weiß, dass Schläge gegen den Kopf – und nicht nur ein bestimmtes Gen – der Hauptfaktor für Hirnschäden sind, sagt aber: »Ich würde mich nie vor mehr Wissen verstecken.«

Der frühere Linebacker der New England Patriots, Ted Johnson, der eine Reihe von Gehirnerschütterungen erlitt, die dazu führten, dass er in den Ruhestand ging und später an Amphetaminsucht, Depressionen, Gedächtnisproblemen und chronischem Kopfschmerz litt, meint: »Ich wäre der Erste, der sich für so einen Test anmeldet. Ich würde nicht einmal zögern. Ich weiß, es ist keine Garantie, nur weil man dieses Gen hat, aber wenn es stimmt, dass man möglicherweise ein höheres Risiko hat als ein Durchschnittsmensch, würde ich es sofort tun. Als ich noch spielte, hatten wir keine Informationen ... Diese Art von Informationen wäre unheimlich wertvoll für jetzige Spieler.« Ein Alzheimer-Forscher am Mount Sinai Hospital in New York hat festgestellt, dass das Demenzrisiko, das eine einzige ApoE4-Kopie mit sich bringt, ähnlich groß ist wie das Risiko, das man als NFL-Spieler in Kauf nimmt, und dass beide Risiken zusammen noch höher sind.

Da der genaue Grad des zusätzlichen Risikos nicht quantifizierbar ist, waren die Ärzte, mit denen ich gesprochen habe, fast einhellig der Ansicht, dass Sportlern keine ApoE-Tests angeboten werden sollten. »Das ist ein sehr kontroverser Bereich«, sagt Robert C. Green, ein Neurologe von der Boston University, der an der REVEAL-Studie mitgearbeitet hat. Er hat untersucht, wie Menschen, die sich freiwillig zum

57 Bei meinen Gesprächen gab es auch Ausnahmen, wie zum Beispiel Ex-NFL-Quarterback Sean Salisbury: »Ich will gar nicht wissen, was ich bekomme, wenn ich 82 bin.«

ApoE-Screening melden, reagieren, wenn sie einen schlechten Befund erhalten. »Die gesamte Genforschung hat jahrzehntelang darauf hingewiesen, dass es keinen Grund gibt, Menschen über irgendein genetisches Risiko zu informieren, es sei denn, man kann nachweislich etwas dagegen tun.« REVEAL offenbarte jedoch, dass Menschen, die über ihre ApoE4-Variante unterrichtet wurden, keinen übermäßigen Schrecken erlitten. Vielmehr neigten Studienteilnehmer nach Erhalt der schlechten Nachricht dazu, vermehrt gesunde Lebensgewohnheiten wie Fitnesstraining aufzunehmen, die nach Aussage ihres Arztes hilfreich sein könnten, obwohl es kein bewährtes Mittel gibt, um das Einsetzen von Alzheimer hinauszuzögern.

Trotzdem ist die Zurückhaltung der Ärzte verständlich. »Wenn wir von einem Gen wüssten, dass es das Risiko von Knieproblemen erhöht, und wenn das dann in die falschen Hände geriete, könnte jemand deshalb einen Spieler lieber nicht verpflichten«, sagt Barry Jordan, der ehemalige New Yorker Sportmedizinbeauftragte. »Das wäre ein potenzielles Problem.« (Natürlich tun die Vereine bereits alles, um genau solche Informationen anhand von ärztlichen Untersuchungen und Krankenakten zu erraten.)

Tatsächlich hat man schon Gene gefunden, die das Risiko von Knieverletzungen zu verändern scheinen. Biologen an der südafrikanischen University of Cape Town waren führend bei der Identifizierung von Genen, die Sportverletzungen an Sehnen und Bändern begünstigen. Die Forscher nahmen Gene wie COL1A1 und COL5A1 unter die Lupe, die für die Proteine kodieren, aus denen Kollagenfibrillen bestehen, die Grundbausteine von Sehnen, Bändern und Haut. Kollagen wird manchmal als Körperklebstoff bezeichnet, der das Bindegewebe in der richtigen Form hält.

Menschen mit einer bestimmten Mutation im COL1A1-Gen haben Glasknochen und erleiden leicht Knochenbrüche. Eine bestimmte Mutation im COL5A1-Gen verursacht das Ehlers-Danlos-Syndrom, das Hyperflexibilität mit sich bringt. »Die Leute, die sich anno dazumal beim Zirkus zusammengefaltet in eine Kiste gequetscht haben, hatten sicherlich in den meisten Fällen das Ehlers-Danlos-Syndrom«, sagt Malcolm Collins, einer der Kapstädter Biologen, der bei der Untersuchung von Kollagengenen führend ist. »Die konnten ihren Körper in Positionen verdrehen, die Sie und ich nicht einnehmen können, weil sie sehr abnormale Kollagenfibrillen hatten.

Das Ehlers-Danlos-Syndrom kommt selten vor, aber Collins und Kollegen zufolge beeinflussen auch deutlich gängigere Varianten der Kollagengene sowohl die Flexibilität als auch das Risiko von Bindegewebsverletzungen wie zum Beispiel Achillessehnenrisse.[58] Das Unternehmen Gknowmix bietet Kollagen-Gentests an, die Ärzte für ihre Patienten bestellen können.

> *»Alles, was wir einem Sportler mit einem bestimmten genetischen Profil sagen können, ist, dass er nach unserem derzeitigen Kenntnisstand einem erhöhten Verletzungsrisiko ausgesetzt ist«*, sagt Collins. *»Das ist nicht anders als die Aussage, dass das Rauchen einer Zigarette die Wahrscheinlichkeit von Lungenkrebs erhöht. Der Unterschied besteht darin, dass man mit dem Rauchen aufhören, die DNA aber nicht ändern kann. Dafür gibt es andere Faktoren, die man ändern kann. Man kann eventuelle Trainingspläne ändern, um das Risiko zu verringern, oder man kann ein ›Präha-Training‹ durchführen, um die gefährdete Körperregion zu kräftigen.«*

Eine Schar von NFL-Spielern hat sich bereits auf »Verletzungsgene« testen lassen, die eine Neigung zu Achillessehnenverletzungen oder Kreuz-

58 Forschungen am COL5A1-Gen haben auch ergeben, dass Menschen mit einer bestimmten Variante weniger beweglich sind und daher möglicherweise einen Vorteil beim Laufen haben. Der Knackpunkt könnte die Stabilität der Achillessehne sein, dank derer mehr elastische Energie gespeichert werden kann, was die Laufökonomie verbessert. (Man denke an den Hochsprungchampion Stefan Holm und seine stabile Achillessehne.) In einer neueren Studie waren Sportler mit der »unflexiblen« Version des Gens bei der Laufetappe eines Ironman-Rennens schneller, aber nicht beim Schwimmen oder auf dem Fahrrad. Nur in dem Teil des Rennens, bei dem ihre Achillessehne richtig zum Einsatz kam, zeigten sie also eine bessere Leistung. Die unflexible Genvariante ist jedoch auch mit einem erhöhten Risiko für Verletzungen der Achillessehne verbunden.

bandrissen bedeuten könnten. Die Footballmannschaft der Duke University hat beispielsweise bei der Hochschulleitung angefragt, ob ein Forscher auf dem Campus in den Genen der Spieler nach Anzeichen einer Prädisposition für Sehnen- und Bandverletzungen suchen dürfe.

Bestimmte Gene hat man also bereits mit plötzlichen Todesfällen, Hirnschäden und Sportverletzungen in Zusammenhang gebracht. Und jetzt haben Forscher auch noch Gene gefunden, die hinter einem anderen unangenehmen und unvermeidbaren Aspekt des Sports liegen: dem Schmerz. Unsere Wahrnehmung davon ist offenbar genetisch geprägt.

Im Herbst seiner Karriere, die nicht nur 13 NFL-Spielzeiten und 3.479 Carrys umspannte, sondern auch reihenweise gebrochene Rippen, mehrfach ausgekugelte Schultern, ein paar Gehirnerschütterungen, einen gerissenen Leistenmuskel, eine Brustbeinprellung und unzählige OPs an Knie- und Sprunggelenken, führte der 115 Kilo schwere Jerome Bettis eine Tradition am Montagmorgen ein. Er setzte sich oben auf die Treppe und kam Stufe für Stufe auf dem Hintern zum Frühstück heruntergerutscht.

Am Sonntag erwarteten die Steelers von Bettis, dass er durch Menschen *hindurchrannte*. »Das war mein Handwerk«, sagt er. »Ich konnte ja nicht vor ihnen davonlaufen.« In einem Spiel gegen die Jacksonville Jaguars bohrte sich der Daumen eines Abwehrspielers durch Bettis' Visier und brach ihm die Nase. Die Mannschaftsärzte klebten ein Pflaster auf die Nase und stopften sie mit Watte. Das hielt so lange, bis später im Spiel ein frontaler Zusammenstoß die Watte durch den Nasengang, die Kehle hinab bis in den Magen schickte. »Da hieß es dann: ›Moment mal, Leute, die Watte ist weg‹«, sagt Bettis. »Es war der Horror.«

Kein Wunder, dass Bettis am Montagmorgen nicht die Treppe hinuntergehen konnte. Die Schmerzen waren manchmal so stark, dass er dachte, er müsste das nächste Spiel auslassen. Aber wenn er dann am Sonntag auf den Rasen trat, gab es kein Zurück mehr. »Wenn man auf den Platz kommt, wird nicht gefackelt«, sagt Bettis. »Man macht seinen Job mit allen Mitteln, die nötig sind.«

Bettis war für seine Zähigkeit bekannt, aber er kennt auch Sportler, sogar in der NFL, die mit den Schmerzen nicht so leicht fertig wurden. »Ich glaube, bei manchen Leuten schaltet der Körper vor lauter Schmerzen ab und kann dann keine Spitzenleistungen mehr erbringen«, sagt Bettis. »Das Problem habe ich ein paarmal gesehen.«

Schmerztoleranz und Schmerztherapie sind im Spitzensport oft ebenso wichtig wie Laufen und Springen. Warum manche Menschen Schmerzen besser ertragen als andere, ist am Pain Genetics Lab der McGill University in Montreal Forschungsthema. In einem Laborraum dort stapeln sich durchsichtige Kästen vom Boden bis zur Decke. Die darin untergebrachten Mäuse wurden sämtlich für die Erforschung von Genen gezüchtet, die die Schmerzempfindung von Mäusen und Menschen steuern, und dank denen man Schmerzen womöglich lindern kann.

In einem Kasten sind Mäuse, denen die Oxytocinrezeptoren fehlen. Das macht sie für die Schmerzforschung interessant, aber die Mäuse weisen auch Defizite beim Erkennen anderer auf. Setzt man sie mit Mäusen zusammen, mit denen sie aufgewachsen sind, erkennen sie sie nicht. In einer anderen Ecke steht ein Kasten mit rabenschwarzen Mäusen, denen ein Hang zu Kopfschmerzen, also eine Migräne angezüchtet wurde. Sie verbringen viel Zeit damit, sich zitternd die Stirn zu kratzen, und bei ihnen ist Kopfweh mehr als eine alte Ausrede, wenn sie keine Lust zur Paarung haben. »Dieses Experiment hat Jahre gedauert«, sagt der Laborleiter Jeffrey Mogil über seine Arbeit, die zur Entwicklung von Migränetherapien beitragen soll, »weil diese Mäuse sich wirklich sehr, sehr schlecht vermehren.«

In einem Kasten auf einem anderen Regal befinden sich Mäuse mit nicht funktionierenden Genvarianten für den Melanocortin-1-Rezeptor oder MC1R. Einfach ausgedrückt sind sie rothaarig. Es ist genau die Genmutation, die für die kupferne Haarpracht der meisten rothaarigen Menschen verantwortlich ist. Mogil hat herausgefunden, dass sowohl Menschen als auch Nagetiere mit der Rotschopf-Mutation eine höhere Toleranz für bestimmte Arten von Schmerzen haben und zur Linderung weniger Morphium benötigen.

MC1R gehörte zu den ersten bekannten Genen, die eine Wirkung auf das menschliche Schmerzempfinden haben. Ein anderes wurde von Wissenschaftlern entdeckt, die dem theatralischen Talent eines 10-jährigen pakistanischen Straßenkünstlers auf die Spur kamen.

Das Krankenhauspersonal in Lahore kannte den Jungen gut, denn nachdem er Messer durch seine Arme gesteckt und auf brennenden Kohlen gestanden hatte, kam er vorbei, um sich wieder zusammenflicken zu lassen. Aber man musste ihn nie wegen Schmerzen behandeln. Der Junge spürte keinen Schmerz.

Als britische Genetiker nach Pakistan reisten, um ihn zu untersuchen, war der Junge im Alter von 14 Jahren gestorben, nachdem er von einem Dach gesprungen war, um seine Freunde zu beeindrucken. Aber die Wissenschaftler fanden das gleiche Merkmal bei sechs weiteren Verwandten des Jungen vor. »keiner von ihnen wusste, wie sich Schmerz anfühlt«, schrieben die Wissenschaftler, »auch wenn die älteren Individuen wussten, welche Handlungen Schmerzen hervorrufen sollten (und Schmerz vortäuschten, wenn sie beim Fußball zu Boden gingen).

Die »älteren Individuen« waren nur zehn, zwölf und 14 Jahre alt. Menschen mit angeborener Schmerzunempfindlichkeit leben in der Regel nicht lange. Beim Sitzen, Schlafen oder Stehen verlagern sie nicht ihr Gewicht, wie der Rest von uns es instinktiv tut, und sterben an den daraus resultierenden Gelenkentzündungen.

Jeder der pakistanischen Verwandten mit Schmerzimmunität besaß eine sehr seltene Mutation im SCN9A-Gen. Die Mutation blockiert Schmerzsignale, die normalerweise von den Nerven zum Gehirn wandern. Eine andere Mutation in SCN9A führt dazu, dass ihre Träger überempfindlich gegen Schmerzen werden und so sehr von Wärme gestört werden, dass sie keine Schuhe tragen. Im Jahr 2010 haben sich die britischen Genetiker mit Forschern in den USA, Finnland und den Niederlanden zusammengetan und eine Studie erstellt, der zufolge viel gängigere Variationen von SCN9A eine Wirkung auf die Empfindlichkeit von Erwachsenen gegenüber häufigen Schmerzarten haben, wie sie bei Rückenproblemen auftreten. Offenbar liegt es an den genetischen

Unterschieden zwischen uns Menschen, dass keiner von uns den körperlichen Schmerz eines anderen wirklich *verstehen* kann.

Das Gen, das am meisten auf seine Beteiligung an der Schmerzregelung untersucht wurde, ist das COMT-Gen, das am im Gehirn stattfindenden Metabolismus von Neurotransmittern wie Dopamin beteiligt ist. Zwei gängige Versionen von COMT sind als *Val* und *Met* bekannt, je nachdem, ob ein bestimmter Teil der DNA-Sequenz des Gens für die Aminosäure Valin oder Methionin kodiert.

Sowohl bei Mäusen als auch beim Menschen ist die Met-Version weniger effektiv bei der Beseitigung von Dopamin, weswegen mehr davon im Frontallappen verbleibt. Kognitive Tests und Hirnscans haben sowohl bei Tieren als auch bei Menschen ergeben, dass Probanden mit zwei Met-Versionen tendenziell bessere Ergebnisse erzielen und weniger Stoffwechselaufwand für Denk- und Gedächtnisaufgaben brauchen, aber auch anfälliger sind für Angstzustände und Schmerzen. (Angstgefühle oder »Katastrophendenken« sind ein starker Indikator für hohe Schmerzempfindlichkeit.) Umgekehrt scheinen Val/Val-Träger bei kognitiven Tests, die eine hohe mentale Flexibilität erfordern, etwas schlechter abzuschneiden, halten aber möglicherweise Stress und Schmerzen besser aus. (Sie erhalten auch einen besseren Motivationsschub durch Ritalin, das den Dopaminspiegel im Frontallappen erhöht.) Außerdem ist COMT am Metabolismus von Noradrenalin beteiligt, das als Reaktion auf Stress freigesetzt wird und eine schützende Wirkung hat.

David Goldman, Chef des Labors für Neurogenetik am National Institute on Alcohol Abuse and Alcoholism, hat den Begriff *warrior/worrier gene* geprägt, um die Vor- und Nachteile der beiden COMT-Varianten zu beschreiben. Beide Versionen finden sich auf der Welt überall, wo danach geforscht wurde. In den Vereinigten Staaten sind nach Goldmans Angaben 16 Prozent der Menschen Met/Met; 48 Prozent Met/Val; und 36 Prozent sind Val/Val, woraus er den Schluss zieht, dass in jeder Gesellschaft sowohl »Krieger« als auch »Grübler« benötigt werden, sodass beide Formen des Gens weitgehend erhalten bleiben. »Wir haben es bisher noch nicht untersucht«, sagt Goldman, »aber wenn wir eine große Gruppe NFL-Linemen nähmen, wäre meine Prognose, dass sie eher dem Val-Genotyp entsprechen, weil sie jeden Tag an der Front sind und sich Schmerzen aussetzen. Da brauchen sie schon eine enorme Belastbarkeit und Zähigkeit.«[59]

Fairerweise haben Studien zum COMT-Gen oft widersprüchliche Ergebnisse und die Relevanz des Gens für die Schmerzempfindlichkeit ist unter Schmerzforschern heiß umstritten. Einigkeit herrscht jedoch darüber, dass Gene, die den Gefühlshaushalt regeln helfen, auch das Schmerzempfinden verändern könnten. Morphin verringert schließlich die Schmerzintensität nicht so sehr, sondern dämpft vielmehr das emotionale Unbehagen, das sich aus Schmerzen ergibt. »Die Schmerzschaltkreise decken sich sehr stark mit der Gefühlssteuerung«, sagt Goldman, »und viele der Neurotransmitter auch. Wenn man Emotionen modifiziert, modifiziert man auch sehr die Schmerzreaktion.«

Und Sport kann ein starker Modifikator sein.

Wendy Sternberg, Psychologin am Haverford College, hielt gerade eine Vorlesung über stressinduzierte Analgesie – die Fähigkeit des Gehirns, in Hochdrucksituationen Schmerz zu unterdrücken –, als ihr ein Student sagte, dass das genau wie das klinge, was mit Sportlern im Wettkampf passiert.

Ein schmerzhaftes Beispiel dafür ist der Titelkampf im Schwergewicht der Ultimate Fighting Championship 2004. Der Brasilian-Jiu-Jitsu-Schwarzgurt Frank Mir hielt den Zwei-Meter-Hünen Tim »The Maine-iac« Sylvia in einem sogenannten Armhebel gefangen. Dazu hatte Mir Sylvias ausgestreckten rechten Arm gepackt und seine Hüfte

59 Der Dopaminanstieg im Frontallappen könnte für Baseballschläger hilfreich sein, die »hochwachsam« und geistig flexibel sein müssen, sagt Goldman. Amphetamine erhöhen den Dopaminspiegel und gehörten jahrzehntelang fest zum Baseball, wo sie im Jargon als *greenies* bezeichnet wurden. Als die MLB 2006 Amphetamine verbot, sprang plötzlich die Zahl der Spieler, die ärztliche Rezepte für ADHS-Medikamente und amphetaminähnliche Aufputschmittel erhielten, innerhalb einer einzigen Saison von 28 auf 103. Ein von mir befragter Arzt, der mit Major-League-Spielern arbeitet, gibt an, er habe acht Profispielern, die an ADHS erkrankt waren, Adderall verschrieben. »Die Diagnose besteht aus einem Gespräch«, sagt der Arzt, »und da kann man sehr leicht etwas vortäuschen.« Alle acht Spieler hatten in der folgenden Saison eine höhere Trefferquote.

gegen das Ellbogengelenk gepresst. Nun zog er den Unterarm so heftig nach hinten, dass es aussah, als wollte er mit dem Bremshebel eine Lokomotive zum Stehen bringen.

Das Krachen von Sylvias brechendem Arm war im Fernsehen zu hören. Der Schiedsrichter Herb Dean eilte herbei, um die Kämpfer zu trennen, und rief, das Match sei vorbei. Sylvia begann zu fluchen und verlangte, dass der Kampf fortgesetzt werde. Erst später, auf der Trage auf dem Weg ins Krankenhaus, verspürte Sylvia Schmerzen und sah ein, dass es unüberlegt gewesen war, weiter kämpfen zu wollen. Drei Titanplatten waren nötig, um seinen Arm wieder zusammenzuschustern. »[Der Schiedsrichter] hat wohl meine Karriere gerettet«, sagt Sylvia, der selbst in der Hitze des Kampfes den Schmerz nicht spüren konnte.

Sternberg sagt: »Unter akutem Stress hemmt das Gehirn Schmerzen, damit man kämpfen oder fliehen kann, ohne sich um einen Knochenbruch zu sorgen.« Ein System zur Unterdrückung von Schmerz in extremen Situationen, das in den Genen aller Menschen steckt und sogar in alltäglichen Sportsituationen abgerufen wird.

Die Anregung ihres Studenten bewegte Sternberg 1998 dazu, die Empfindlichkeit von Haverford-Laufsportlern, Fechtern und Basketballspielern gegenüber Kälte- und Hitzeschmerz zu messen, und zwar zwei Tage vor einem Wettkampf, am Wettkampftag und zwei Tage später. Sie stellte fest, dass Basketballspieler und Läufer ohnehin weniger schmerzempfindlich waren als unsportliche Kommilitonen, und dass alle Sportler am Spieltag am wenigsten schmerzempfindlich waren.

> *»Sportliche Wettkämpfe können vermutlich die Kampf-oder-Flucht-Reaktion aktivieren«*, sagt Sternberg. *»Wenn man an einem Wettbewerb teilnimmt, der einem wichtig ist, aktiviert man den Kampf-oder-Flucht-Modus.«*

Schmerz kann durch eine Spielsituation oder durch die Emotionen eines Sportlers modifiziert werden, aber die genetische Blaupause für Schmerz im Körper ist dem Gehirn eingeprägt, unabhängig davon, ob der Körper überhaupt vollständig existiert oder nicht. (Menschen, die ohne Gliedmaßen geboren wurden, oder denen sie amputiert wurden, leiden häufig unter Schmerzen in diesen »Phantomgliedern«.) Dennoch muss Schmerz erst einmal *eingeübt* werden.

In den 1950er-Jahren promovierte der kanadische Psychologe Ronald Melzack an der McGill University bei D. O. Hebb, dessen Forschung dem Einfluss eines extremen Entzugs von Lebenserfahrung auf den Intellekt galt. Hebb experimentierte mit Scottish Terriern.

Die Hunde wurden gut versorgt, gepflegt und gefüttert, aber völlig von der Außenwelt abgeschottet. Hebb wollte wissen, wie dies ihre Fähigkeit beeinflussen würde, sich in einem Labyrinth zurechtzufinden. (Die Antwort: sehr negativ.) Aber die Beobachtung, die ihn zum einflussreichsten Schmerzforscher der Welt werden ließ, machte er im Wartebereich vor dem Labyrinth. »In dem Raum waren die Wasserrohre auf Kopfhöhe der Hunde«, sagt Melzack, »und diese wunderbaren Hunde rannten herum und stießen sich den Kopf an den Rohren, als merkten sie das gar nicht. Und sie rannten weiter und stießen sich wieder den Kopf an den Wasserrohren.«

Melzack war damals noch Raucher und zündete also ein Streichholz an. »Ich habe es ihnen hingehalten und sie haben die Nase reingesteckt«, sagt er. Sie wichen zurück, »und kamen dann wieder und schnüffelten noch mal. Ich habe es ausgemacht und ein neues angezündet und sie schnüffelten immer wieder daran.« Die Hunde hatten offensichtlich normale Hirn-Hardware, aber in ihrer Entwicklung hatten sie das Zeitfenster zum Herunterladen der Schmerzsoftware ins Gehirn verpasst. Sie lernten nie mehr, vor der Flamme zurückzuschrecken. Zwar wird jeder von uns mit der erforderlichen genetischen Hardware geboren, aber wie beim Sprechen oder Ballspielen ist die genetische Begabung von geringem Nutzen, wenn wir das Zeitfenster für den Erwerb der Software verpassen. Jeffrey Mogil vom Pain Genetics Lab der McGill University fügt hinzu:

> *»Dass so etwas wie Schmerz überhaupt gelernt werden muss, ist schon überraschend.«*

Schmerz ist angeboren, muss aber auch gelernt werden. Er ist unvermeidlich und dennoch wandelbar. Er ist allen Menschen und allen Sportlern gemeinsam, wird jedoch von zwei Personen oder sogar von derselben Person in zwei verschiedenen Situationen nie auf die gleiche Weise erlebt. Jeder von uns ist wie der Held einer griechischen Tragödie, von der Natur eingegrenzt, aber innerhalb der Grenzen frei, sein Schicksal zu ändern. »Wer vom Genotyp her ein ›Grübler‹ ist, sollte lieber von Beruf kein ›Krieger‹ werden«, sagt Goldman, der Neurogenetiker. »Andererseits ist so etwas schwer zu sagen, weil Menschen so viel überwinden.«

Wie bei den meisten in diesem Buch diskutierten Eigenschaften sind Ererbtes und Erlerntes auch bei der Fähigkeit eines Sportlers, mit Schmerzen umzugehen, so filigran und gründlich miteinander verwoben, dass sie kaum zu entwirren sind. Mir hat es einmal ein Wissenschaftler so erklärt: *Ohne Gene oder ohne Umwelt gibt es gar keine Ergebnisse.*

Dies bestärkt die Vermutung, dass die Idee, jemals ein »Sportlergen« zu finden, ein Hirngespinst aus der Ära des Wunschdenkens ist, die vor einem Jahrzehnt mit der ersten vollständigen Sequenzierung des menschlichen Genoms ihren Höhepunkt erreichte. Erst danach merkten die Wissenschaftler, wie wenig sie die Komplexität des genetischen Kochbuchs durchschauen. Was genau die meisten menschlichen Gene bewirken, ist immer noch ein Rätsel. Sicher, das ACTN3-Gen mag bei ungefähr einer Milliarde Menschen auf der Welt anzeigen, dass sie nicht im olympischen 100-Meter-Finale stehen werden, aber wahrscheinlich haben sie das alle ohnehin gewusst.

Wenn Tausende von DNA-Variationen erforderlich sind, um nur einen Teil der Größenunterschiede zwischen Menschen zu erklären, wie groß sind dann die Chancen, jemals ein einziges Gen zu finden, das einen Spitzensportler ausmacht? Winzig? Oder gleich null?

Und dennoch …

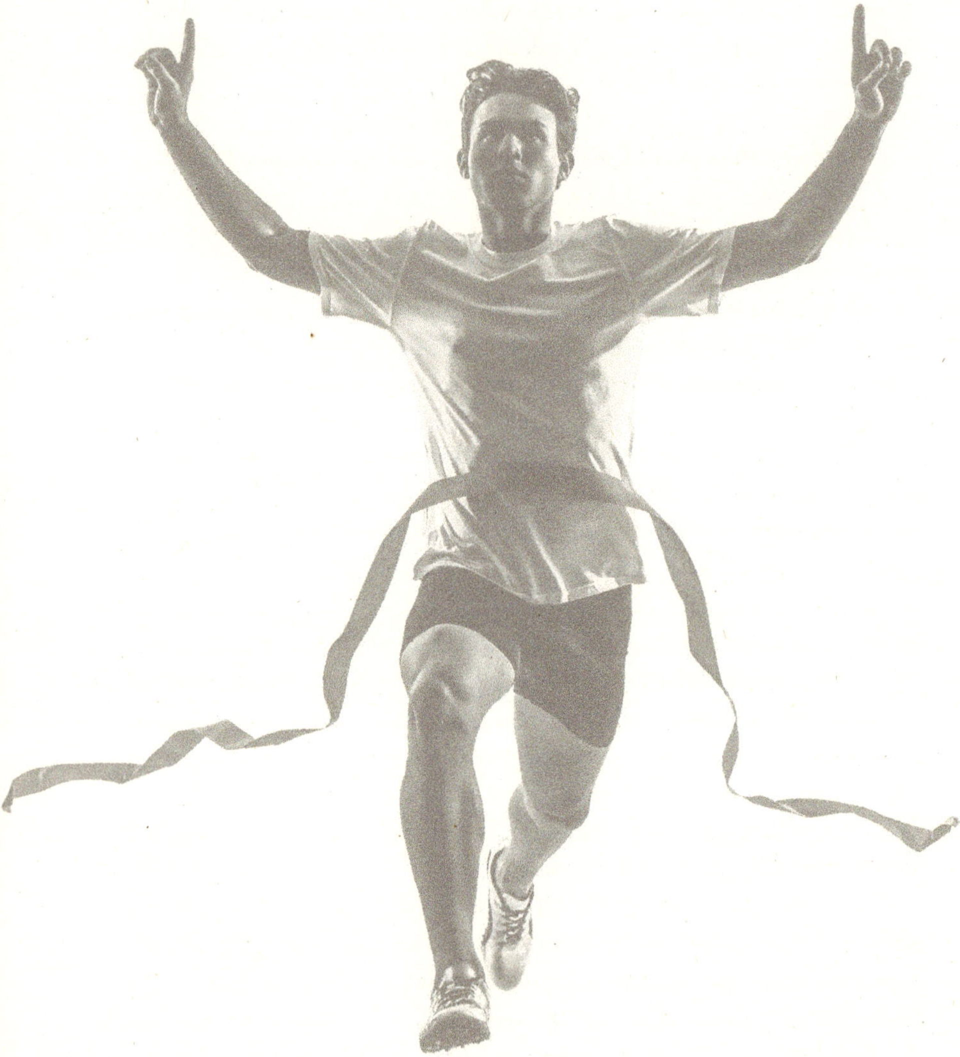

# 16

## Der Mutant mit der Goldmedaille

Es ist Dezember 2010 und in Nordskandinavien ist die menschliche Zivilisation zeitweilig nichts als eine Sedimentschicht unter dem Schnee. Die Ausgrabung wird erst mit dem Frühling beginnen. In den letzten Tagen gab es Rekordschnee und konstante 25 Grad Celsius am Polarkreis – am *Napapiiri*, wie er in Finnland genannt wird, wo ich gerade bin. Da kein Wind weht, ist am Morgen der erste knirschende Schritt nach draußen täuschend friedvoll, bevor sich die Nasenhaare in Eisdolche verwandeln.

Die Finnen nennen diesen Teil des Jahres »*Kaamos*-Zeit«. Ganz exakt lässt sich *Kaamos* nicht übersetzen, aber es bedeutet ungefähr »Polarnacht«. Gemeint ist die Zeit des Jahres, in der Nordfinnland so weit von der Sonne weg geneigt ist, dass das Tageslicht nur aus drei Stunden Dämmerung besteht, die gegen zwei Uhr nachmittags verglüht wie unter einer kosmischen Kerzenglocke.

Ich fahre auf der Autobahn E8 nordwärts, auf der Suche nach einem Gespenst. Und dies ist der perfekte Wohnort für ein solches – zwischen Kiefern und Fichten, hart vor Kälte und weiß vor Schnee; neben schwedischen Mehlbeeren und europäischen Weißulmen; inmitten der Birken mit ihrer silbernen Haut, gehüllt in ein Laken aus weißem Nebel. Rentiere tänzeln neben der Straße und verschwinden im aufwirbelnden Schnee. Eine dichte, weiße Masse, als wäre eine himmlische Milchflasche umgefallen, durch deren Lache ich fahre. Es ist ein Land von strenger Schönheit, mit einem Taghimmel von strahlendstem Schneeweiß und einer Nacht von vollkommen leerer Schwärze.

Aber Iiris Mäntyranta wurde nicht weit von hier geboren und sie sieht hier Farben. Für sie hat der Himmel einen bläulichen Schimmer, und die Wolkenwände lassen gelegentlich lila Lichtstrahlen durchblitzen. Bevor ich vor einigen Monaten Kontakt mit Iiris aufnahm, war ich mir nicht sicher, ob mein Gespenst – ihr Vater – überhaupt noch lebte. Kein Wort von ihm war in der mir zugänglichen englischsprachigen Presse erschienen, seit er in den 1960er-Jahren aus seinem winzigen arktischen Weiler gekommen war und sieben olympische Medaillen gewonnen hatte, drei davon in Gold. Jetzt reisen wir zusammen nordwärts, um ihn zu treffen.

Nach drei Stunden Fahrt von Luleå in Schweden, wo Iiris in der Bezirksregierung arbeitet, sind wir fast da. Kurz hinter dem Polarkreis fahren wir durch Pello, eine Stadt mit 4.000 Einwohnern und der letzte Anblick einer Ortschaft auf unserer Strecke. Am Ortsausgang kommen wir an einem Granitsockel vorbei, auf dem die überlebensgroße Bronzestatue eines Mannes auf Langlaufskiern steht. Der Mann ist Iiris' Vater.

Eine halbe Stunde später biegen wir von der asphaltierten Straße ab und fahren einen schmalen Weg zwischen Kiefern entlang. Wir halten vor einem cremefarbenen Haus am Westufer eines großen Sees. Als ich aus dem Auto steige, fühle ich mich beobachtet. Ich drehe mich um und schaue zurück auf den Weg, den wir gekommen sind. Ein sandfarbenes Rentier ist um die Ecke gebogen und hat seinen Blick auf mich gerichtet, als röchen meine Kleider nach Brooklyn. Es ist kalt und es schneit, also hasten wir ins Haus.

Kaum bin ich eingetreten und habe auf der Fußmatte unter dem Waffenregal das Eis von den Stiefeln geklopft, da erscheint ein seltsam mediterranes Gesicht im Eingangsbereich. Es ist der Mann von der Statue, der große Eero Mäntyranta. Ich bin überrascht. Auf Bildern von ihm aus den 1960er-Jahren ist seine Haut vielleicht etwas zu dunkel für die Arktis, aber keineswegs so, dass man zweimal hinschaut. Aber jetzt ist er dem Farbton der roten, eisenreichen Erde dieser Region näher als dem des Schnees. Iiris hat mir auf der Hinfahrt erzählt, dass die Haut ihres Vaters wegen seiner einzigartigen Genmutation mit zunehmendem Alter immer röter geworden sei, aber diesen Purpurton, der stellenweise violett gesprenkelt ist, habe ich nicht erwartet.

Ein krasser Kontrast entsteht, als Eeros Frau Rakel mit ihren gletscherblauen Augen und ihrer Alabasterhaut die Diele betritt. Eero spricht kein Englisch, aber er begrüßt mich mit einem breiten Lächeln. Alles an ihm hat eine gewisse Breite. Die Knollennase in der Mitte eines weich gerundeten Gesichts. Seine dicken Finger, sein breiter Kiefer und seine mächtige Brust, die ein roter Strickpullover mit streng dreinschauendem Rentier in der Mitte bedeckt. Sein Aussehen ist bemerkenswert. Sein dunkles Haar ist akribisch nach hinten gekämmt und seine markanten Wangenknochen scheinen die Winkel seiner dünnen Lippen emporzuziehen, sodass er stets zufrieden und neugierig wirkt. Man sieht ihm auch eine unverkennbare Kraft an, obwohl er 73 Jahre alt ist. Der Mittelfinger seiner rechten Hand ist am oberen Gelenk scharf abgeknickt, wie ein Periskop, das auf den Zeigefinger späht. Seine Hände sehen aus, als könnten sie einen Skistock in zwei Teile brechen, und sein Händedruck stützt diese Vermutung.

Eero führt mich in die Küche, in der Rakel mir, Iiris und Iiris' schwedischem Ehemann Tommy sowie Iiris' Sohn Viktor Tee und Kaffee serviert. Viktor wohnt in einer Hütte auf Eeros Grundstück, während er einen Dokumentarfilm über das Leben seines Großvaters dreht. Eigentlich ist er Musiker, seine Band Surunmaa spielt eine Mischung aus Folk, Blues und Tango.

Die breiten Küchenfenster blicken in den verschneiten Wald. Früher war dies eine extrem arme Gegend, aber inzwischen profitiert sogar der entlegene Norden Finnlands vom Handel mit Holz und Elektronik und die Wohnhäuser sind herausgeputzt wie Puppenhäuser. Ich sitze hier und trinke Tee aus einer winzigen Porzellantasse, grinse einen rotnasigen Mann mit Rentierpullover an und habe das Gefühl, in eine Weihnachtsschneekugel geraten zu sein.

Nach der Vorstellungsrunde beim Tee folge ich Eero nach draußen, wo er ein Dutzend Rentiere mit Büscheln hellgrüner Flechten füttert. Die Rentiere werden für Schlittenrennen, aber auch als Schlachttiere verwendet. Als ich mich einem der Tiere nähere, übersetzt Viktor Eeros

Warnung, dass sich Rentiere im Gegensatz zu Pferden nicht gerne von Menschenhand berühren lassen. Einige der Rentiere sind teddybärbraun, andere kreideweiß. Draußen, inmitten von Schneeflocken, sticht die Röte von Eeros Gesicht am meisten hervor.

Als das Tageslicht zu schwinden beginnt, kehren wir ins Haus zurück. In den nächsten Stunden frage ich Eero über seine bemerkenswerte sportliche Karriere aus. Iiris, Tommy und Viktor übersetzen abwechselnd seine Antworten, die für meine Ohren wie ein Strom tiefer *ESS*-Laute klingt, unterbrochen von knisterndem *K* und *KAX* und gespickt mit spanisch anmutendem gerolltem *R*. Als die Sonne verschwunden ist, unterbrechen wir unser Gespräch, um eine Mahlzeit aus Rentierfleisch und Kartoffeln einzunehmen. Und Eero lacht grollend auf, als ihn die Gabel in seiner Hand an eine Zeit vor mehr als 40 Jahren erinnert, als er einer der größten Sportler der Welt war.

Es war das Jahr 1964 und Eero Mäntyranta befand sich einmal mehr in der ungemütlichen Rolle des geehrten Gastes. Während um ihn herum Kristallglas klirrte, runzelte er die schweren Augenbrauen beim Anblick der drei Gabeln, die seinen Teller flankierten. Er hatte gerade bei den Olympischen Winterspielen in Innsbruck zweimal Gold und einmal Silber gewonnen und den Langlaufwettkampf dermaßen dominiert, dass die Presse ihn in Anspielung auf den Austragungsort als »Mr. Seefeld« titulierte. Im 15-Kilometer-Rennen lag Mäntyranta 40 Sekunden vor dem nächsten Teilnehmer – ein vorher wie nachher nie erreichter Vorsprung in dieser olympischen Disziplin. Die nächsten fünf Langläufer kamen innerhalb von 20 Sekunden ins Ziel. Im 30-Kilometer-Rennen gewann er mit mehr als einer Minute Vorsprung. Der schwierige Teil kam jetzt: das Festbankett. Wer zu einem der größten Sportler in der Geschichte seines Landes wird, muss reihenweise an Ehrenbanketten teilnehmen.

Nach seiner ersten Goldmedaille nach einem Staffellauf bei den Spielen 1960 im kalifornischen Squaw Valley nahm Mäntyranta an einem vom finnischen Olympischen Komitee organisierten Festmahl in Los Angeles teil. Damals wollte er gerade aus einem vor ihm stehenden

Pokal trinken, als einige weltgewandte Gäste zu Tisch kamen und sich die Hände darin wuschen. Nun gaben ihm die drei Gabeln ein neues Rätsel auf.

Als Mäntyranta in den 1940er-Jahren im Dorf Lankojärvi in Finnland aufwuchs, teilte man sich in seiner Familie eine einzige Gabel. Sie wurde in dem 15 Quadratmeter großen Zimmer herumgereicht, aus dem das Haus bestand. Immerhin bot es Ausblick auf den See, nach dem die Ortschaft benannt war. Anstelle von Besteck benutzten die Kinder angespitzte Stöckchen, um Kartoffelstücke und Brotscheiben aufzuspießen.

Die Mäntyranta-Brut wäre zwölfköpfig gewesen, wenn alle Kinder überlebt hätten. So waren sie nur zu sechst. Trotzdem konnte das eine Zimmer, das Eero mit seinen Eltern, seinen Brüdern und Schwestern und dem Mann seiner älteren Schwester bewohnte, behaglich eng werden. Kamen dann noch Nachbarn auf eine Zigarette und ein Pläuschchen vorbei, hockten dort schnell ein Dutzend Leute zusammen. In dieser Atmosphäre nutzte der junge Eero zum ersten Mal seine bewundernswerte Fähigkeit zur stillen Konzentration, die ihm später in den einsamen Trainingsstunden auf der Loipe unter dem schwarzen *Kaamos*-Himmel gute Dienste leistete. Er war nur deshalb ein ausgezeichneter Schüler, weil er die enge, betriebsame Umgebung ausblenden konnte und seine Schularbeiten unterhalb der Rauchschwaden kauernd im flackernden Licht einer Öllampe erledigte. Die Tage waren einförmig im Nachkriegsfinnland, das noch zwei Jahrzehnte lang Kriegsschulden an die Sowjetunion zahlte.

Eero war erst sechs Jahre alt, als im Winter 1943 Nazisoldaten nach Norden vorstießen und Lankojärvi evakuiert wurde. Er wurde mit allen Frauen und Kindern des Dorfes auf einen Lastwagen gesetzt und von einem finnischen Soldaten angewiesen, still zu bleiben, damit die deutschen Soldaten sie nicht hörten. Er schauderte, als eine alte Frau den Rat in den Wind schlug und kommunistische Arbeiterlieder schmetterte. Der Lastwagen erreichte schließlich eine Fähre, die sie über die Grenze nach Schweden brachte, nach Overtornea, wo sich Eero über die Patronenhülsen wunderte, die den Boden wie bleierner Neuschnee bedeckten. Er verbrachte den ganzen Winter mit seiner Familie im schwedischen Sundsvall, bis sie wieder ins schnee- und nazifreie Finnland zurückkehren durften.

Die beschwerliche Heimkehr im Frühjahr war eine Reise mit schwindender Hoffnung. Sie mussten mit der Pferdekutsche durch den Wald, weil die Straßen noch vermint waren. Das deutsche Heer brannte auf dem Rückzug aus Finnland alles nieder, und da dort die Siedlungen nur Lichtungen inmitten dichter Wälder waren, war reichlich Zunder vorhanden. Lappland brannte wie ein riesiger Ofen und seine einst aus Kiefernholz gefertigten Türpfosten, Treppen und Giebel vergingen in der Glut.

Aber bei ihrer Rückkehr sahen die Mäntyrantas, dass ihr Zuhause zu den wenigen noch stehenden Häusern zählte. Weil es ohne Zufahrt auf der abgelegenen Seite des Sees lag, hatten sich die Nazisoldaten nicht die Mühe einer Expedition über den See und durch den Wald gemacht, nur um die paar unscheinbaren Hütten am anderen Ufer zu zerstören. Der See hatte ihr Häuschen gerettet. Und derselbe See stieß auch Eeros Langlaufkarriere an.

Zwar hatten die Deutschen die Überquerung des Sees gescheut, aber viele Kinder aus Lankojärvi hatten gar keine Wahl. Die Schule lag am anderen Ufer. Mäntyranta hatte gerade laufen gelernt, da konnte er auch schon Langlaufski fahren, und schon ein Jahr nach seiner Rückkehr aus Schweden lief er mit anderen Kindern über den See zur Schule, auf Schlittschuhen – einmal brach er durchs Eis und ertrank fast – oder auf Skiern, die nichts weiter waren als zusammengenagelte Bretter. Die Überfahrt dauerte ungefähr eine Stunde, und da im Winter auf der ganzen Strecke pechschwarze Nacht herrschte, steuerten die Kinder einfach blind das ferne Ufer an und hofften auf das Beste.

Aus der Not heraus fuhr jedermann in Lappland Ski. Aber es dauerte nicht lange, bis Mäntyranta auffiel. Bereits mit sieben Jahren gewann er die Langlaufrennen in der Schule. Als er zehn Jahre alt war, gewann er die Rennen, die zwischen Kindern aus Nachbardörfern ausgetragen wurden. Mit elf Jahren hatte er die Jugendmeisterschaft der Gemeinde Pello in der Tasche.

Im Gegensatz zu finnischen Jugendlichen im Süden des Landes träumte Mäntyranta als Junge nie von sportlichem Ruhm. Sport war seit der Unabhängigkeitserklärung Finnlands von Russland im Jahr 1917 ein wichtiger Bestandteil der finnischen Identität. Nationale Sportverbände wurden gegründet und zahlten sich in Urkunden und Medaillen aus. Die »fliegenden Finnen« dominierten in den 1920er-Jahren den internationalen Langstreckenlauf. Nach dem Zweiten Weltkrieg, als Helsinki die Ausrichtung der Olympischen Spiele 1952 zugesprochen wurde, wurde der Sport wieder zu einem Leuchtfeuer der Einigkeit für das finnische Volk. Aber die finnische Sporttradition hatte keinen Einfluss auf den jungen Eero. Da es in Lankojärvi weder Radio noch Zeitungen gab, hatte er keine Ahnung von den großen finnischen Athleten. Ihn konnten nicht die Worte des verehrten finnischen Läufers Paavo Nurmi inspirieren, der der Welt gesagt hatte: »Geist ist alles. Muskeln – nur Gummi. Alles, was ich bin, bin ich wegen meines Geistes.« Das Einzige, was Mäntyranta von den Spielen in Helsinki von 1952 mitbekam, war das Foto eines brasilianischen Dreispringers, das er im Haus eines Nachbarn sah. Für Eero Mäntyranta war Langlaufski ein Transportmittel und eine Chance auf bessere Arbeit.

20 Jahre nach Kriegsende wurde das Wirtschaftswachstum Finnlands dadurch gehemmt, dass jeder Überschuss an Geld und Ressourcen nach Russland geschickt werden musste, um die Kriegsschulden zu begleichen. Daher bestand die einzige Arbeit für einen jungen Mann in Lappland darin, Holz zu fällen und aus dem Wald zu schleppen. Mit 15 Jahren lebte Mäntyranta im Wald unter erwachsenen Männern, unter denen auch viele Kriminelle waren, die sich hier im hohen Norden dem Gesetz zu entziehen suchten. Die Männer verbrachten ihre Freizeit mit Trinken, Kartenspielen und Prügeln. Mäntyranta schlief mit einem Holzscheit unter seinem Kopfkissen, um damit notfalls einen nächtlichen Angreifer zu prügeln. Für einen jungen Mann war es ein ebenso entsetzliches wie aufregenden Leben. Aber nach zwei Jahren hatte er genug.

Er wusste, dass die Regierung vielversprechenden jungen Langläufern gerne bequeme Jobs beim Grenzschutz gab, wo sie im Wesentlichen beim Patrouillieren der Grenze Training und Arbeit verbinden konnten. Also begann er neben der Waldarbeit in seiner Freizeit zu trainieren und seine Fortschritte waren atemberaubend. Mit 19 Jahren reiste er in die Schweiz, um an einer Reihe von Rennen teilzunehmen, die ihn bei guten Ergebnissen der finnischen Nationalmannschaft näherbringen sollten. Er gewann sie alle und bekam bald darauf eine Stelle als Grenzer.

Mäntyrantas Mutter ermahnte ihn, es sei an der Zeit, Geld zu sparen und nicht Schürzen zu jagen. Er befolgte ihren Rat gut zwei Wochen lang, bis er einen Abend in Pello verbrachte und mit seiner blonden, blauäugigen zukünftigen Frau tanzte. Als das Paar später Kinder hatte, ließ Mäntyranta Rakel und die Kinder im Sommer oft trainingshalber im Auto zu ihrer 30 Kilometer entfernten Hütte fahren. Er lief oder ging dann zu ihnen.

Trotz regelmäßiger Schmuggelei zwischen Schweden und Finnland war die Grenze nördlich des Polarkreises im Allgemeinen ruhig, besonders im Winter, sodass Mäntyranta genügend Zeit für hingebungsvolles Training hatte. Mit 1,70 Meter (in dicken Socken) war er für einen Langläufer sehr klein. Mit seinen schwarzen Augenbrauen über den dunkelbraunen Augen und seinem leicht gebräunten Teint sah er eher aus wie jemand, der an einem italienischen Strand geboren wurde, nicht im arktischen Kiefernwald. Aber eben dort stieß er seine Stöcke in die Schneedecke, die auf der Erde lag – oft an einem Tag 80 Kilometer weit. Er trainierte oft bei Mondschein. Wenn er bei Pello neben der Straße lief, existierte er für einen Augenblick im Scheinwerferkegel eines vorbeifahrenden Autos, bevor er wieder in die Dunkelheit tauchte. Wenn der Mond verdeckt war, fürchtete er, mit dem Kopf gegen einen Baum zu stoßen, aber er bleib von Unfällen verschont und machte mit bemerkenswerter Schnelligkeit Fortschritte.

Mit 22 Jahren war er eindeutig gut genug, um bei den Olympischen Spielen 1960 für Finnland Ski zu fahren, aber die meisten Top-Langläufer waren älter und die Funktionäre wollten einem unerfahrenen Läufer nur ungern gestatten, sein Können auf der größtmöglichen Bühne zu beweisen. Mäntyranta überredete die Funktionäre zu einem mannschaftsinternen Rennen. Er wurde Zweiter hinter dem 35-jährigen Langlaufhelden Veikko Hakulinen, der bereits zwei olympische Goldmedaillen hatte. Seine Leistung bescherte Mäntyranta einen Platz im olympischen Staffellauf über 4 × 10 Kilometer, bei dem die Finnen Gold mit nach Hause brachten.

Dieser olympische Titel war nur der Auftakt. 1964 folgten in Innsbruck zweimal Gold und einmal Silber. Dann ’68 in Grenoble eine Silbermedaille und zwei aus Bronze, außerdem eine Reihe von Weltmeistertiteln. Insgesamt platzierte er sich in 500 Rennen und sammelte genug Kristallpokale, Silberschalen und sonstiges Geschirr, um einen Porzellanladen auszustatten. Noch immer wacht er an manchen Tagen auf und teilt Rakel mit, seine Beine seien müde, weil er im Traum wieder Rennen gefahren sei.

Aber Mäntyrantas Weg in den Langlaufpantheon begann lange vor den Spielen von 1960. Er begann, noch bevor ihn die Plackerei im Wald nach einem besseren Leben streben ließ. Noch bevor er auf verzogenen Brettern über den See zur Schule fuhr. Noch bevor er mit drei Jahren zum ersten Mal auf Skiern stand. Der Weg begann, als sein Urgroßvater nach Finnland zog.

Die Anfänge der Familie Mäntyranta in Finnland sind in den Einzelheiten trübe, aber die ersten Vorfahren müssen in den 1850er-Jahren in Lappland gewesen sein. Wahrscheinlich war es Eeros Urgroßvater, der aus Belgien einwanderte, um als Schmied zu arbeiten und Münzen zu fälschen. Sein Sohn Isak heiratete eine Frau namens Johanna, deren Vater gerade so wohlhabend war, dass er nördlich von Lankojärvi ein Stück Land besaß. Isak und Johanna durften dort unter der Bedingung in einer Hütte leben, dass Isak den ansässigen Bauern bei ihrer Arbeit half. Aber Isak war für die körperliche Arbeit nicht geschaffen und strapazierte bald die Gunst des Schwiegervaters.

Eero sollte zwar nicht Isaks schwache Arbeitsmoral erben, aber dafür über seinen Vater Juho eine seltene Genvariante, das das Blut seines Körpers veränderte.

Das erste Anzeichen kam bei Eero während einer medizinischen Routineuntersuchung in Jugendjahren ans Licht. Eine Blutuntersuchung ergab außerordentlich hohe Messwerte an Hämoglobin, dem sauerstofftragenden Protein in den roten Blutkörperchen. Es ist das Eisen im Hämoglobin, das dem Blut seine rote Farbe verleiht. Da Eero vollkommen gesund war, gab es wenig Bedenken wegen seines hohen Hämoglobinspiegels.

Aber das änderte sich während seiner Wettkampfkarriere. Bei jeder Untersuchung wurde festgestellt, dass Eero einen hohen Hämoglobinspiegel und weit mehr rote Blutkörperchen als üblich hatte. Normalerweise sind dies bei Ausdauersportlern Anzeichen für Blutdoping, meistens mit einer synthetischen Version des Hormons Erythropoietin oder EPO. EPO signalisiert dem Körper, rote Blutkörperchen zu produzieren. Eine EPO-Injektion treibt den Körper eines Sportlers dazu an, die Blutmenge zu erhöhen.

Mitunter zog Eeros außergewöhnliche Menge roter Blutkörperchen, die bis zu 65 Prozent mehr als die eines durchschnittlichen Mannes maß, seine blendende Langlaufkarriere in Zweifel. Obwohl seine Blutwerte seit Kindertagen dokumentiert waren, gab es Spekulationen darüber, ob sein ungewöhnliches Blutbild nicht doch das Ergebnis von Doping war. Erst 20 Jahre nach seinem Rücktritt vom Langlauf stießen Wissenschaftler auf die Wahrheit.

Von Zeit zu Zeit stellten andere Mitglieder der Mäntyranta-Familie bei medizinischen Routineuntersuchungen fest, dass sie einen erhöhten Hämoglobinspiegel hatten. Da damit keine offensichtlichen gesundheitlichen Probleme verbunden waren, unternahmen die Ärzte nichts dagegen.

Es weckte allerdings die Neugier von Pekka Vuopio, dem Leiter der Hämatologie an der Universität von Helsinki, der als gebürtiger Lappländer die sportlichen Erfolge von Eero Mäntyranta gut kannte. 1990 luden Vuopio und seine Kollegen Eero zu einer Reihe von Tests nach Helsinki ein. Sie hofften, dass seine Untersuchung Aufschluss über eine Erkrankung namens Polyzythämie geben könnte, bei der ein Übermaß an roten Blutkörperchen eine gefährliche Verdickung des Blutes verursachen kann, und die manchmal in der Familie liegt.

Eine der ersten Theorien der Ärzte lautete, dass Eeros rote Blutkörperchen eine längere Lebensdauer als normal haben könnten, sodass neue Blutkörperchen erzeugt wurden, bevor die alten weg waren. Aber das stellte sich nicht als die Antwort heraus. Eine andere Möglichkeit war, dass Eero von Natur aus hohe EPO-Mengen ausschüttete, sodass sein Körper übermäßig viele rote Blutkörperchen produzierte. Aber das war es auch nicht. Der EPO-Spiegel in Eeros Blut war so niedrig, dass er fast unter der Untergrenze für gesunde erwachsene Männer lag.

Als die Hämatologin Keva Juvonen im Labor Eeros Knochenmarkzellen untersuchte, bemerkte sie etwas Erstaunliches. Um zu testen, ob seine Knochenmarkzellen, die die roten Blutkörperchen produzieren, besonders empfindlich auf EPO reagierten, sah der Versuchsaufbau vor, EPO zu einer Zellprobe hinzuzufügen und die Produktion roter Blutkörperchen zu messen. Eeros Knochenmarkzellen begannen mit der Bildung roter Blutkörperchen, bevor Juvonen sie überhaupt mit EPO stimulieren konnte. Das winzige bisschen EPO, das sich bereits in der Probe befand, reichte aus, um die Produktion der roten Blutkörperchen am Laufen zu halten. Damit war klar, dass Eeros Körper schon auf geringste Spuren von EPO mit außerordentlichem Eifer reagierte. Um den Grund dafür zu erfahren, mussten mehr Angehörige des Mäntyranta-Clans her.

Albert de la Chapelle sieht sich selbst als Genjäger. Er ist außerordentlich gut darin, seine Beute aufzuspüren. Er ist der Genetiker, der das Anliegen von María José Martínez-Patiño vertrat, als sie von den Frauen-Wettkämpfen ausgeschlossen werden sollte. Heute beschäftigt er sich an der Ohio State University mit der genetischen Anfälligkeit für die tödlichsten Krebsarten, die man kennt, darunter die akute myeloische Leukämie, die die Blutzellenproduktion stört und einen zuvor gesunden Patienten innerhalb von Wochen ins Grab bringen kann.

De la Chapelle hat den größten Teil seiner Karriere an der Universität von Helsinki verbracht, wo er Genmutationen aufspürte, die Krankheiten verursachen und in Finnland weitaus häufiger auftreten als im Rest der Welt. Diese Krankheiten stammen von sogenannten Gründermutationen, also Mutationen, die bei einem Mitglied einer kleinen Gruppe aufgetreten sind und sich in der wachsenden Population ausgebreitet haben. De la Chapelle war Teil eines Teams, das die genetischen Hintergründe von mehr als 20 in Finnland endemischen Krankheiten beleuchtete – darunter mehrere Formen von Epilepsie und Zwergwuchs. (Manche der Krankheiten kommen auch in Minnesota vor, einem Bundesstaat mit vielen Finnischstämmigen.)

Kurz nachdem Eero Mäntyrantas Blut im Labor untersucht worden war, reiste de la Chapelle nach Lankojärvi. Dort traf er sich mit einer Gruppe von 40 Mäntyrantas, die sich bei Eero versammelt hatten, um mit den Forschern zu sprechen, die jetzt ihr Blut untersuchten. Es war Winter und de la Chapelle weiß noch, wie er die Mittagssonne bestaunte, die die Oberfläche des Sees küsste.

Nach einem von Rakel zubereiteten Mittagessen aus frischem Rentierfleisch mischte sich de la Chapelle im Wohnzimmer unter die Mäntyrantas. »Ich saß mit drei älteren Damen auf dem Sofa«, erinnert sich de la Chapelle, »und wusste gleich, dass zwei den Gendefekt hatten, und eine nicht. Und sie haben mit mir über ihre Gesundheit gesprochen. Die ohne Gendefekt hatte alle möglichen Gesundheitsprobleme, aber die beiden mit waren ziemlich gesund und wussten überhaupt nicht, dass mit ihnen etwas anders war.«

Selbst ohne ihren etwas dunkleren Teint hätte de la Chapelle gewusst, dass die beiden gesunden Frauen eine Blutanomalie hatten. Er hatte bereits ihre Genome untersucht.

Insgesamt wurden 97 Mäntyrantas untersucht, von denen 29 auffällig hohe Hämoglobinwerte und einen etwas rötlicheren Teint als ein Durchschnittsfinne aufwiesen. Die Untersuchung hörte anders als die erste Studie an Eero nicht beim Blut auf. De la Chapelles Suche führte bis zu einem bestimmten Gen auf dem 19. Chromosom, dem EPOR- oder Erythropoietin-Rezeptor-Gen.

Dieses spezielle Gen enthält den Bauplan für den EPO-Rezeptor, ein Molekül, das auf Knochenmarkzellen sitzt und auf das EPO-Hormon wartet. Wenn der EPO-Rezeptor ein Schlüsselloch ist, ist er so gebaut, dass er als Schlüssel nur das EPO-Hormon zulässt. Sobald sich der

Schlüssel im Schloss befindet, werden rote Blutkörperchen gebildet. Der Rezeptor signalisiert einer Knochenmarkzelle, den Herstellungsprozess eines hämoglobinhaltigen roten Blutkörperchens anzuwerfen.

Von den 7.138 Basenpaaren, aus denen das EPO-Rezeptor-Gen besteht, war bei den 29 Familienmitgliedern mit ungewöhnlich erhöhtem Hämoglobinspiegel eine einzige Base anders. Jedes Familienmitglied hatte wie jeder Mensch zwei Kopien des EPOR-Gens. Aber auf Position 6.002 nur einer Kopie der beiden EPOR-Gene jedes betroffenen Familienmitglieds befand sich anstelle eines Guaninmoleküls ein Adeninmolekül. Eine winzige Veränderung, aber die Auswirkungen waren immens.

Anstelle von weiteren Informationen für den zellulären Bau des EPO-Rezeptors setzte der Schreibfehler ein »Stopp-Codon«, das genetische Äquivalent des Punktes am Ende des letzten Satzes eines Kapitels. Der RNA – der Ribonukleinsäure, jenem Molekül, das den DNA-Code liest, damit er in die Tat umgesetzt werden kann – teilt ein Stopp-Codon im Wesentlichen mit, dass die Anweisungen abgeschlossen sind. *Bitte weitergehen, hier gibt es nichts mehr zu lesen*, bedeutet es. Anstatt für die Aminosäure Tryptophan zu kodieren, wie dies normalerweise in diesem Abschnitt des EPOR-Gens der Fall wäre, führte das mutierte Mäntyranta-Gen dazu, dass der Rezeptor einfach nicht weiter aufgebaut wurde und zu mehr als 15 Prozent unvollendet blieb. Der unfertige Teil ist bei den betroffenen Mäntyranta-Angehörigen zufällig ein Segment des Rezeptors im Inneren der Knochenmarkzelle. Der Teil des Rezeptors an der Außenseite der Zelle wartet auf den EPO-Schlüssel, während der innere Teil die nachfolgende Reaktion moduliert und wie eine Bremse die Hämoglobinproduktion stoppt. Bei den betroffenen Mäntyrantas fehlt die Bremse und die Produktion roter Blutkörperchen läuft Amok.

Zum Glück für die Familie führte die Überproduktion roter Blutkörperchen nicht zu einer Krankheit. Abgesehen von dem leicht dunklen Teint hatten die Familienmitglieder keine äußerlichen Anzeichen einer Anomalie und entdeckten ihre Eigenheit meist zufällig bei Routineuntersuchungen.

Der EPOR-Befund bei den Mäntyrantas war Anfang der 90er-Jahre eine wichtige Entdeckung. Der hohe Hämoglobinspiegel der Mäntyrantas wurde autosomal-dominant in der Familie weitergegeben, es war also nur eine einzige Kopie des mutierten Gens erforderlich, damit ein Familienmitglied die Symptome zeigte. Vor dieser Studie waren schon andere dominant vererbte Genmutationen entdeckt worden, die jedoch im Allgemeinen mit schweren Erkrankungen einhergingen.

In den 1991 und 1993 veröffentlichten Ergebnissen stellten die Forscher fest, dass die Mäntyrantas mit der familiären EPOR-Mutation ein langes Leben hatten. Man war offenbar auf eine Mutation gestoßen, die für Sportler von Vorteil war und ansonsten nur geringe Auswirkungen hatte. De la Chapelle konnte allerdings, wie er selbst einräumt, Eero nie davon überzeugen, dass die EPOR-Mutation seine olympischen Ambitionen begünstigt hat. »Er beharrte darauf, dass es nicht an seiner körperlichen Stärke lag«, sagt de la Chapelle, »sondern an seiner psychischen Entschlossenheit.«

Da ich den weiten Weg aus Brooklyn gekommen bin, um ihn zu kennenzulernen, möchte Eero mir unbedingt von seinem Besuch in New York City nach den Winterspielen 1960 erzählen. »Gruselig« beschreibt seinen ersten Eindruck vom Morast aus Cadillacs, Straßenlaternen und Asphalt. Er hat mir auch einige seiner wertvollsten Medaillen herausgelegt, die sieben von den Olympischen Spielen, und die Ehrenmedaille, die die Regierung normalerweise nur Kriegshelden verleiht. Wie für die Polarnacht haben die Finnen auch für große Leidenschaftlichkeit oder die stille Entschlossenheit angesichts von Hindernissen ein unübersetzbares Wort: *sisu*. Die finnische Regierung hat bestimmt, dass Eero die Verkörperung von *sisu* ist.

Iiris, die schulterlanges blondes Haar und eine Brille mit schwarzem Gestell trägt, übersetzt eine Geschichte aus ihrer Kindheit, als das örtliche Elektrizitätswerk nach den Olympischen Spielen von 1964 Eero die Heimkehr per Hubschrauber bezahlte. Der Hubschrauber landete auf dem zugefrorenen See, inmitten von Hunderten von Menschen, die sich zur Feier ihres Helden versammelt hatten. Iiris war ein kleines Mädchen und weiß noch, wie er aufgeregt auf den Hubschrauber zu rannte.

Zuerst genoss Eero die öffentliche Aufmerksamkeit, die ihm auch eine staatliche Stelle als Sportlehrer verschaffte. Aber sie wurde ihm schnell zur Last.

Während der mittleren 1960er-Jahre standen immer wieder Reporter unangemeldet vor Eeros Tür und wollten eine Geschichte von ihm, aber keine, die er bereits anderen erzählt hatte, berichtet Eero in Iiris' Übersetzung. Vor Wettkämpfen kamen Touristen aus Südfinnland und wollten Medaillen sehen und Fotos machen. Eero und Rakel fühlten sich verpflichtet, den Bitten nachzukommen. Für Eero ging es beim Langlauf immer darum, zu siegen und einen besseren Job zu bekommen, weniger um die Liebe zum Sport an sich. So sorgte die unerwünschte Aufmerksamkeit dafür, dass er sich nach den Olympischen Spielen 1968 im Alter von 30 Jahren vom Skilanglauf zurückzog.

Auf Drängen eines finnischen Klatschmagazins feierte er vor den Olympischen Winterspielen 1972 in Japan ein kurzes Comeback. Er hatte seit drei Jahren nicht mehr auf Skiern gestanden und gar nicht trainiert, und er lag weit über seinem Renngewicht. Die Zeitschrift versprach, sein Training zu bezahlen, damit er sich dafür frei nehmen konnte. Dafür sollte er den Klatschreportern Zugang gewähren, sodass sie über sein Comeback berichten konnten. Eero kehrte nur sechs Monate vor den Olympischen Spielen auf die Loipe zurück, schaffte es jedoch ins Olympiateam und belegte beim 30-Kilometer-Rennen in Sapporo den 19. Platz, bevor er wieder in den Ruhestand ging, diesmal für immer.

Gegen Ende meines Besuchs nehmen wir alle auf Sofas und Stühlen im Wohnzimmer Platz, flankiert von Gemälden von Winterlandschaften. Eero deutet auf eine Reihe Fotografien im Sepiaton, die an der Wand hängen. Es sind Bilder seiner Vorfahren. Da ist der dunkelhäutige Isak in Weste und Schiebermütze, wie er auf dem Boden einer Waldlichtung liegt und mit Johanna eine Mahlzeit genießt. Ihr Kopf ist mit einem hellen Kopftuch umhüllt. Und darüber hängt ein Bild von Eeros Eltern Juho und Tynne, die mit mehreren ihrer Kinder auf Holzstühlen auf einer gerodeten Parzelle sitzen.

Isak und Juho waren schon gestorben, als de la Chapelle mit den Forschungen am Familiengenom begann, aber es wurden genug Mäntyrantas getestet, um einen genetischen Stammbaum zu erstellen und daraus zu schließen, dass die Eltern die EPOR-Mutation hatten. Juhos Brüder Leevi und Eemil trugen ebenfalls die Mutation.

Aber die Mutation wird in Eeros Linie bald ihr Ende finden. Sein Sohn Harri hatte es und war in seiner Jugend als Langläufer vielversprechend, aber Harri starb als junger Mann an einer Krankheit, die mit der EPOR-Mutation nichts zu tun hatte. Iiris besitzt sie nicht, und von Eeros zwei anderen Kindern, den zweieiigen Zwillingen Minna und Vesa, hat nur Minna sie, nicht aber ihr einziger Sohn.

Als ich Eero frage, ob es ihn erleichtert habe, dass die Ärzte der Universität von Helsinki seine Siege vom Verdacht auf Blutdoping befreit haben, sagt er ja, aber davon, dass ihm die Mutation einen Vorteil verschafft habe, will er nichts wissen. Eero meint, dass die erhöhte Viskosität seines mit roten Blutkörperchen vollgeladenen Blutes seine Durchblutung beeinträchtigte, was mögliche Wettbewerbsvorteile ausgeglichen habe. Dem widerspricht de la Chapelle vehement. »Es ist ein Vorteil, keine Frage«, hat er zu mir gesagt und dazu angemerkt, dass Eeros Hämoglobinwerte die höchsten waren, die er je gesehen hatte. »Wenn das Blut nicht gut zirkulieren würde, wäre das eine ziemlich ernste Sache, und das würde man merken.«

In den letzten Jahren hatte Eero mehrmals mit Lungenentzündungen zu kämpfen, die nach Meinung seiner Ärzte mit seinem dicken Blut zusammenhängen könnten. Deshalb nimmt er jetzt blutverdünnende Medikamente ein. Iiris fügt hinzu, dass seine Hautrötung ebenfalls eine jüngere Entwicklung ist. Während seiner aktiven Zeit machten sich bei Eero keine negativen Auswirkungen seiner EPOR-Mutation bemerkbar und andere Mäntyrantas mit der Mutation sind bis ins hohe Alter gesund geblieben.

Auch wenn die umfangreiche wissenschaftliche Erforschung der Mäntyranta-Mutation in der Sportwelt einzigartig ist, gab es durchaus auch andere erfolgreiche Sportler mit übernatürlich hohen Hämoglobinwerten. In Ausdauersportarten wie Langlauf oder Radfahren gelten inzwischen Regelwerke, nach denen Sportler mit ungewöhnlich viel Hämoglobin oder roten Blutkörperchen eine medizinische Ausnahmegenehmigung erhalten, solange sie nachweisen können, dass ihr Hämoglobinwert von Natur aus erhöht ist. Einer Reihe von Sportlern wurden solche Ausnahmen gestattet und sie haben große Erfolge erzielt.

Der italienische Radrennfahrer Damiano Cunego wurde von der International Cycling Union medizinisch freigestellt und war mit 23 Jahren der jüngste Radrennfahrer, der jemals den ersten Platz der Weltrangliste erklomm. Frode Estil, ein norwegischer Langläufer, der von der International Ski Federation eine Ausnahmegenehmigung erhielt, gewann bei den Olympischen Winterspielen 2002 in Salt Lake City zweimal Gold und einmal Silber. Bei keinem dieser Männer war der Hämoglobinspiegel so hoch wie bei Eero. Der Normalbereich für Männer liegt bei 14 bis 17 Gramm Hämoglobin pro Deziliter Blut, und Eeros Werte waren sogar im Vergleich zu seinen eigenen Verwandten hoch – sie lagen konstant über 20 und stiegen bis auf 23. Cunego und Estil hatten erhöhte, aber erwiesenermaßen natürliche Werte, höher als die ihrer Teamkollegen und auf ähnliche Weise trainierenden Konkurrenten.

Wie die naturfitten Sechs aus der Studie der York University waren sie eben von Natur aus ein bisschen anders.

Mit Blick auf die dreistündige Rückfahrt nach Luleå sagt Iiris Eero und Rakel, dass man sich bald zu Weihnachten wiedersehen werde, und drängt mich zum Aufbruch.

Als wir uns auf den Weg machen, ärgere ich mich plötzlich, weil ich fast vergessen hätte, eine naheliegende Frage zu stellen. Als ich erfuhr, dass sich die EPOR-Mutation in Eeros direkter Nachkommenschaft nicht fortsetzen wird, war ich enttäuscht, dass man gar nicht herausfinden wird, ob sie den Mäntyrantas der nächsten Generation zu sportlichem Erfolg verhelfen würde. Aber aus de la Chapelles Stammbaum weiß ich, dass es noch Verwandte mit Mutation gibt.

»Haben Eeros Geschwister die Mutation?«, frage ich Iiris.

Einer von ihnen habe sie, antwortet sie. Eeros Schwester Aune und zwei von Aunes Kindern haben die Mutation, ihr Sohn Pertti und ihre Tochter Elli.

Ob sie denn Ski gefahren sind, frage ich.

Sie bejaht.

Und ob sie wohl gut waren?

Elli war zweimal Junioren-Weltmeisterin in der 3×5-Kilometer-Staffel, 1970 und ’71. Und Pertti, der an dem Ort der berühmtesten Siege seines Onkels antrat, gewann 1976 bei den Innsbrucker Winterspielen eine olympische Goldmedaille in der 4×10-Kilometer-Staffel. 1980 kam noch Bronze bei den Spielen in Lake Placid hinzu.

Niemand sonst in der Familie macht Langlaufrennen.

EPILOG

# Der perfekte Sportler

Die Lebensgeschichte von Eero Mäntyranta ist ein Paradebeispiel für die 10.000-Stunden-Regel. Mäntyranta wuchs in Armut auf und musste jeden Tag auf Skiern über einen zugefrorenen See laufen, um zur Schule und zurück zu gelangen. Als junger Erwachsener begann er mit ernsthaftem Langlauf-Training, um seine Lebenssituation zu verbessern – um einen Job als Grenzpolizist zu bekommen und der gefährlichen und knochenharten Waldarbeit zu entkommen. Mäntyranta brauchte nur ein winziges bisschen Erfolg zu schnuppern, um sich in ein blindwütiges Training zu stürzen, das ihn zum größten olympischen Athleten seiner Generation machte. Wer könnte sein zähes Bemühen oder sein einsames Erdulden in stillen Winternächten leugnen? Man muss nur die Skier gegen Füße und den arktischen Wald gegen das Rift Valley tauschen, und schon würde Mäntyrantas Geschichte genau dem Klischee eines kenianischen Marathonläufers entsprechen.

Hätte ihn nicht eine Schar neugieriger Wissenschaftler, die mit Mäntyrantas Heldenstücken vertraut waren, 20 Jahre nach seinem Rückzug in ihr Labor eingeladen, wäre seine Geschichte möglicherweise ein reiner Triumph des Übens geblieben. Im Licht der Genetik sieht Mäntyrantas Lebensgeschichte jedoch nach etwas ganz anderem aus: 100 Prozent Ererbtes und 100 Prozent Erlerntes.

Offensichtlich hatte Mäntyranta eine seltene Begabung. Ebenso eindeutig musste er eifrig trainieren, um dieses Talent in olympisches Gold umzuwandeln. Der Psychologe Drew Bailey hat mir gesagt:

*»Ohne Gene oder ohne Umwelt gibt es gar keine Ergebnisse.«*

Fälle, in denen wie bei Mäntyranta ein einzelnes Gen eine drastische Wirkung hat, sind äußerst selten, und die Bestimmung von Sportlichkeits-Genen ist außerordentlich komplex und schwierig. Dass man die meisten Sportgene heute noch nicht lokalisieren kann, bedeutet jedoch nicht, dass es sie nicht gibt. Nach und nach werden Wissenschaftler mehr davon finden.

Yannis Pitsiladis, der Wissenschaftler, der Afrika und Jamaika bereist, um Sportler-DNA zu sammeln, hegt die Sorge, dass die Entdeckung von Genen, die die sportliche Leistung beeinflussen, von den Mühen der Sportler ablenken könnte, wenn sich herausstellt, dass diese Gene verstärkt in einer Region oder einer ethnischen Gruppe vorkommen. Dabei wissen wir bereits, dass bestimmte ethnische Gruppen Gene haben, die ihnen bei bestimmten Sportarten Vorteile oder Nachteile verschaffen. Um das Beispiel des Yale-Genetikers Kenneth Kidd aufzugreifen: Wir können uns darauf einigen, dass aus Pygmäenpopulationen eher keine NBA-Stars hervorsprudeln, weil Pygmäen im Vergleich zu anderen Populationen nur wenige Genvarianten aufweisen, die zu hohem Wuchs führen.

Körpergröße ist eindeutig ein angeborener Vorteil im Basketball. Aber mindert es Michael Jordans Errungenschaften, dass er glücklicherweise mit Genen ausgestattet war, die ihn größer als Pygmäen und als die meisten anderen Männer auf der Erde werden ließen? Sollte es irgendeinen Wissenschaftler oder Sportfan geben, der Jordans Engagement und Können nur wegen der offensichtlichen Gnade des hohen Wuchses geringschätzen würde, so ist er mir bei der Recherche für dieses Buch nicht begegnet. Tatsächlich ist das andere Extrem – Begabungen zu ignorieren, als ob sie gar nicht existierten – im Sportbereich viel häufiger.

Nehmen wir einmal Titel und Untertitel einer *Sports Illustrated*-Geschichte: »Das Feuer im Innern: Der Center der Bulls Joakim Noah hat nicht das gleißende Talent seiner NBA-Mitbrüder. Aber er bringt eine ebenso wirkmächtige Gabe mit aufs Spielfeld.« Die »Gabe« ist Noahs

Wunsch zu siegen. Was zählt da schon, dass er der 2,11 Meter große Sohn eines French-Open-Tennischampions ist, eine Spannweite von 2,17 hat und vertikal 95 Zentimeter hoch springt? Wenn das keine gleißenden sportlichen Begabungen sind, was dann? Der Mangel an Talent, auf den sich die Überschrift – und Noah selbst im Text – bezieht, scheint aus der Tatsache zu bestehen, dass er wenig Anmut in der Ballbehandlung zeigt und ein mittelmäßiger Korbwerfer ist. Was nach sportwissenschaftlicher Kenntnislage wahrscheinlich mehr mit dem konkreten Aufwand zusammenhängt, den er in den Ausbau von Dribbling- und Zielfähigkeiten gesteckt hat, als mit seinen ererbten Begabungen. Eine ehrlichere Überschrift könnte lauten: »Das Talent von außen: Joakim Noah hat nicht die gleichen basketballerischen Fähigkeiten wie seine Teamkollegen erworben, aber da seine körperliche Begabung am oberen Extrem der Menschheit liegt, kann er trotzdem ein guter NBA-Spieler sein.«

Indem man die Existenz von Talent und von Genen anerkennt, die das sportliche Potenzial beeinflussen, setzt man in keiner Weise die Arbeit herab, die erforderlich ist, um dieses Talent in Leistung umzuwandeln. K. Anders Ericsson – der sogenannte Vater der 10.000-Stunden-»Regel« – und ähnliche Forscher gehen in ihren Arbeiten meist nicht auf die Existenz genetisch bedingter Begabungen ein, da sie sich von vornherein mit Versuchspersonen befassen, die in Musik oder Sport Hochleistungen erbringen. Wenn der größte Teil der Menschheit noch vor Beginn einer Studie aussortiert wurde, sagt die Studie am Ende eher wenig oder gar nichts über die Existenz oder Nichtexistenz von angeborenem Talent aus.

In Wirklichkeit ist jede Erklärung von Sportkompetenz, die nur auf Ererbtes oder nur auf Erlerntes setzt, eine grobe Vereinfachung. Wenn jeder Sportler der Welt ein eineiiger Zwilling jedes anderen Sportlers wäre, würden nur Umwelt- und Trainingsbedingungen darüber bestimmen, wer es zu den Olympischen Spielen oder in den Profisport schafft. Umgekehrt würden, wenn alle Sportler auf der Welt auf die gleiche Weise trainieren würden, nur die Gene ihre Leistungen auf dem Spielfeld unterscheiden. Aber keines dieser Szenarien ist jemals der Fall.[60] (Im seltenen Fall gleicher Gene und gleichen Trainings spielt sich das Erwartbare ab. Ich stand bei den Olympischen Spielen in London neben der Ziellinie des 400-Meter-Finales, als die Belgier Kevin und Jonathan Borlée, eineiige Zwillinge und Trainingspartner trotz ihrer Aufstellung auf den gegenüberliegenden Seitenbahnen im Abstand von 0,02 Sekunden einliefen.) Sportler unterscheiden sich grundsätzlich immer sowohl durch ihre Trainingsbedingungen als auch durch ihre Gene.

In manchen Fällen, etwa bei der Reaktion von Baseball-Battern auf den Wurf des Pitchers, ist eine Fähigkeit, die auf übermenschlichen Reflexen zu beruhen scheint, größtenteils das Ergebnis einer eingeübten mentalen Datenbank. (Allerdings können Sportler mit hervorragender visueller Hardware die Datenbank, sofern sie vorhanden ist, besonders gut einsetzen.) Bei anderen Sportlern begünstigen die Gene eben die Fortschritte, die durch hartes Training erzielt werden – zum Beispiel dank der Fähigkeit, schnell auf Ausdauertraining zu reagieren. Höchstwahrscheinlich übertreiben wir entweder den Einfluss unseres Talents oder die Wirkung unseres Trainings auf unsere Fähigkeiten und Eigenschaften, je nachdem, was besser zu unserem Selbstbild passt.

Steve Jobs hat bekanntlich, wie er zugibt, lange gedacht, seine Persönlichkeit wäre das Ergebnis seiner Lebenserfahrungen, bis er im Erwachsenenalter zum ersten Mal seine Schwester traf, von deren Existenz er nichts gewusst hatte, die Schriftstellerin Mona Simpson. Jobs staunte darüber, wie sehr er Simpson glich, obwohl er in einer anderen Familie aufgewachsen war. »Früher habe ich alles dem Erlernten zugeschrieben, aber inzwischen bin ich weit in Richtung Ererbtes umgeschwenkt«, sagte Jobs 1997 der *New York Times*. »Und das liegt an Mona und daran, dass ich Kinder habe. Meine Tochter ist 14 Monate alt und es ist schon ziemlich deutlich, was sie für eine Persönlichkeit hat.«

---

60 Es gibt allerdings auch interessante Anekdoten. Die eineiigen Zwillingsschwestern und US-Elite-Sprinterinnen Me'Lisa und Mikele Barber trainieren getrennt. Ihre persönlichen Bestleistungen auf den 100 Metern trennen 0,07 Sekunden.

Je mehr die Genforschung heranreift, desto mehr genetische Inputs – einige große und viele triviale – werden wir hinter den Sportgeschichten finden, die wir uns erzählen. Es ist jedoch unwahrscheinlich, dass wir allein aus der Genforschung jemals endgültige Antworten erhalten werden, und nicht nur deshalb, weil Umfeld und Training immer entscheidende Faktoren bleiben. Man denke daran, dass Wissenschaftler selbst bei der Körpergröße, einem leicht messbaren Merkmal, mehrere Tausend Probanden und Hunderttausende von Stellen im Genom benötigten, um Größenunterschiede zwischen Erwachsenen auch nur zur Hälfte zu erklären. Es wird immer deutlicher, dass viele Merkmale durch das Zusammenspiel einer großen Anzahl von DNA-Varianten beeinflusst werden. Deshalb brauchen Studien Hunderte oder sogar Tausende von Teilnehmern, um zur genetischen Wurzel solcher Merkmale vorzudringen. Aber es gibt auf der Welt nicht Tausende von Sprintern der Spitzenklasse. Darüber hinaus können sich die Genvarianten, die die eine Sprinterin schnell machen, komplett von denen unterscheiden, die ihre Konkurrentin auf der benachbarten Bahn schnell machen. Man denke daran, dass bei HCM, der Krankheit, die bei Sportlern zum plötzlichen Tod führt, die meisten der bekannten zugrunde liegenden Genvarianten »private« Mutationen sind. Was bedeutet, dass sie bisher nur in einer einzigen Familie aufgetreten sind. Das gleiche körperliche Merkmal kann manchmal auf vielen verschiedenen genetischen Wegen zustande kommen.

Aber noch während ich dies schreibe, macht die Nachricht Furore, dass japanische Wissenschaftler bei Mäusen aus Stammzellen fruchtbare Eizellen hergestellt haben. Im Radio mutmaßt ein Wissenschaftler, dieser Durchbruch werde letztendlich dazu führen, dass man den Nachwuchs auf bestimmte Merkmale hin wird optimieren können, auch in Sachen Sportlichkeit. Wir können den perfekten Athleten bauen, deutet der Wissenschaftler an. »Das gibt Eltern weitreichende Möglichkeiten, die genetischen Merkmale ihrer Kinder zu bestimmen«, sagt der Stanford-Bioethiker Hank Greely gegenüber NPR.

Was die sportlichen Stärken angeht, wissen wir jedoch derzeit überhaupt nicht, welche Versionen der meisten Sportlergene überhaupt auszuwählen wären. Es gibt seltene Gene wie EPOR oder Myostatin, die für sich genommen einen erheblichen Einfluss auf die Sportlichkeit haben können, aber einzelne Gene mit großen Auswirkungen sind bisher die Ausnahme. Auf absehbare Zeit können wir keinen genetisch idealen Sportmenschen herstellen. Eine genetisch perfekte Sportlerin müsste einfach Glück mit den für ihre Sportart »richtigen« Genvarianten haben.

Wie wahrscheinlich ist das?

Diese Frage ließ Alun Williams, einem Genetiker an der Manchester Metropolitan University in England, keine Ruhe. Also durchkämmten er und sein Kollege Jonathan P. Folland die Fachliteratur und fanden die 23 Genvarianten, die (bisher) am stärksten mit Ausdauertalent in Verbindung gebracht wurden. Dann sammelten sie Informationen darüber, wie häufig diese Genvarianten beim Menschen auftreten.

Manche der Varianten kommen bei mehr als 80 Prozent der Menschen vor, andere bei weniger als 5 Prozent. Auf Grundlage der Genvariantenhäufigkeit fertigten Folland und Williams statistische Prognosen darüber an, wie viele »perfekte« Ausdauersportler (Menschen mit zwei »richtigen« Versionen aller 23 Gene) es auf der ganzen Welt gibt. Williams ging davon aus, dass Perfektion – und sei es nur in Bezug auf die wenigen bekannten Gene – etwas Seltenes wäre. Ein Greg LeMond oder eine Chrissie Wellington sind schließlich ein seltener Fund. Aber zu Williams Verblüffung ergab die Ausführung des statistischen Algorithmus auf seinem Rechner für den Fall, dass ein einzelner Mensch das perfekte Sortiment von Genvarianten besitzt, eine Wahrscheinlichkeit von weniger als eins zu einer Billiarde. Um das verstehbar zu machen: Wer zehn Lottoscheine pro Woche kaufen würde, hätte eine bessere Chance, *zweimal hintereinander* sechs Richtige mit Superzahl zu ziehen, als diesen genetischen Jackpot zu knacken. Stimmt so nicht: Die Wahrscheinlichkeit, einen Sechser mit Zusatzzahl zu gewinnen, ist doppelt so hoch wie bei Mega-Millions den Jackpot zu knacken.

Allein schon im Hinblick auf die wenigen Gene, die Folland und Williams in Betracht gezogen haben, gibt es keinen genetisch perfekten

Sportler auf dem ganzen Planeten. Nicht annähernd. Da nur schlappe sieben Milliarden Menschen auf der Erde leben, hat wahrscheinlich niemand das ideale Ausdauerprofil bei mehr als 16 der 23 Gene. Umgekehrt ist es auch unwahrscheinlich, dass ein Individuum nur sehr wenige dieser Ausdauergene besitzt. Im Wesentlichen liegt jeder von uns in oder nahe der breiten Mitte und hebt sich nur durch eine Handvoll Gene davon ab. Es ist, als hätten wir alle mehrmals genetisches Roulette gespielt, unsere Chips verschoben, mal gewonnen und mal verloren und uns dabei mehr und mehr dem Mittelmaß angenähert. »Wir sind uns alle relativ ähnlich, weil wir alle auf Zufall beruhen«, sagt Williams.

Es gibt allerdings eine Sorte von Spitzensportlern, die nicht auf Zufall beruhen: Vollblüter. Da sportliche Hochleistung eine komplexe Genmixtur voraussetzt, gehen Spitzen-Rennpferde in der Regel aus mehreren Generationen von miteinander gepaarten sportlichen Pferden hervor. Je mehr Gene an einer sportlichen Fähigkeit beteiligt sind, desto mehr sportliche Hengste müssen über Generationen mit sportlichen Stuten gekreuzt werden, um ein Fohlen zu erhalten, das genügend richtige Genvarianten angesammelt hat, um in die Riege der Sieger aufzurücken. Die einzig sichere Wette beim Pferderennen ist, dass jedes gute Pferd nicht nur Rennpferde als Eltern, sondern auch als Großeltern und Urgroßeltern hat.

Die Rennpferdezüchter haben hervorragende Arbeit geleistet; die besten Vollblüter laufen eine Meile in anderthalb Minuten. Trotzdem hat die Geschwindigkeit der Sieger bei vielen Pferderennen der Welt schon vor Jahrzehnten ein Plateau erreicht. Vollblüter haben offenbar entweder ihre physiologische Maximalgeschwindigkeit erreicht, oder es gehen ihnen einfach die neuen Sportgene innerhalb der Zuchtpopulation aus. (Da in der Rennpferdezucht ziemlich viel Inzucht betrieben wird, gehen mehr als die Hälfte der Gene heutiger Rennpferde auf nur vier Pferde zurück – Godolphin Arabian, Darley Arabian, Byerley Turk und Curwen Bay Barb –, die im späten 17. und frühen 18. Jahrhundert aus Nordafrika und dem Nahen Osten nach England kamen.)

In Pitsiladis Worten muss man sich, um ein Weltklasse-Batter zu sein, »unbedingt die richtigen Eltern aussuchen«. Was er natürlich scherzhaft meint, denn unsere Eltern suchen wir uns nicht aus. Menschen paaren sich wohl auch nicht im bewussten Hinblick auf die Genvarianten des Partners. Eher paaren wir uns wie eine Roulette-Kugel, die von einigen Stellen abprallt, bevor wir uns auf einer von vielen geeigneten Nummern niederlassen. Williams deutet hypothetisch an, dass ein Ansatz, um einen Sportler mit »richtigeren« Sportgenen hervorzubringen, darin bestünde, die genetische Roulette-Kugel mit mehr Abstammungslinien zu gewichten, in denen herausragende Sportler als Eltern und Großeltern vorkommen. So ließe sich wahrscheinlich eine große Anzahl guter Sportgene in einem Sportler vereinen. Yao Ming – mit 2,25 Metern einst der größte aktive Spieler in der NBA – ist aus Chinas größtem Paar entsprossen, aus zwei ehemaligen Basketballspielern, die der chinesische Basketballverband zusammenführte. Brook Larmer schreibt in *Operation Yao Ming*: »Zwei Generationen von Yao Mings Vorfahren hatten die Behörden wegen ihres hünenhaften Körperbaus ausgewählt und seine Mutter und sein Vater wurden beide gegen ihren Willen in das Sportsystem eingezogen.« Die bewusste Vereinigung von Sportler-Eltern zur Zeugung von Superstar-Kindern geschieht jedoch selten.

Und selbst das würde den einzelnen Nachkommen großer Sportler keinen sportlichen Erfolg garantieren. Je besser nämlich die Eltern sind, desto weniger wahrscheinlich ist das Kind genauso gut. Bei jedem Merkmal, das von vielen Genen beeinflusst wird, ist es statistisch einfach unwahrscheinlich, dass ein Kind ebenso viel Glück hat wie ein genetisch sehr beglückter Elternteil. Der Begriff »Regression zum Mittelwert« kommt teilweise aus der Körpergrößenforschung. Natürlich ist das Kind von zwei 2,20 Meter großen Menschen sehr wahrscheinlich größer als der Durchschnitt, aber wahrscheinlich nicht so ein Ausreißer wie seine Eltern. In ähnlicher Weise wird das Kind von zwei außerordentlich begabten Sportlern wahrscheinlich mehr Genkombinationen haben, die seine Sportlichkeit begünstigen, als eine zufällig ausgewählte Person, aber es wird schwerlich so viel Glück haben wie seine Mutter und sein Vater.

Zum großen Teil wird die Menschheit weiterhin auf den Zufall angewiesen sein und der Sport wird weiterhin eine großartige Bühne für die fantastische Menagerie bieten, die uns die biologische Vielfalt der Menschheit aufbietet. Achten Sie bei der Eröffnungsfeier der nächsten Olympischen Spiele auf die Extreme des menschlichen Körpers. Da steht ein 1,45 Meter großer Turner neben einer 140 Kilo schweren Kugelstoßerin und beide blicken zu dem 2,10 Meter hohen Basketballspieler auf, dessen Arme von Fingerspitze zu Fingerspitze 2,30 Meter weit spannen. Und ein 1,90 Meter großer Schwimmer betritt das Olympiastadion neben seinem Landsmann, einem 1,75 Meter großen Läufer, beide in gleich langen Hosen.

Unsere ethnischen, geografischen und individuellen Familiengeschichten haben die genetischen Informationen in jedem unserer Zellkerne geprägt und damit auch unseren Körper. Es ist ein atemberaubender Gedanke, dass wir alle im wahrsten Sinne des Wortes eine große Familie sind, und dass die Wege unserer Vorfahren uns so wunderbar verschieden gemacht haben. Über seine Erkenntnis, dass alle vorgefundenen biologischen Variationen von gemeinsamen Vorfahren abstammen, sagt Charles Darwin in der allerletzten Zeile seines welterschütternden Buches *Über den Ursprung der Arten* Folgendes: dass nämlich »aus so einfachem Anfange sich eine endlose Reihe der schönsten und wundervollsten Formen entwickelt hat und noch immer entwickelt«.

Da wir alle einzigartig sind, wird die Genforschung weiterhin nachweisen, dass es kein einheitliches Training gibt, so wie es keine einheitliche Medizin gibt. Wenn Sie in einer Sportart oder mit einer Trainingsmethode erfolglos bleiben, liegt dies möglicherweise nicht am Training. Womöglich liegt es an *Ihnen*, im allertiefsten Sinne.

Haben Sie keine Angst, etwas anderes auszuprobieren. Donald Thomas und Chrissie Wellington hatten diese Angst nicht und Usain Bolt hatte eigentlich auf Cricket-Ruhm gehofft. Zu Beginn des 20. Jahrhunderts, vor dem Urknall der Körpertypen, sahen Sportlehrer im »durchschnittlichen« Körpertypus die perfekte Figur für alle sportlichen Aktivitäten. Wie falsch lagen sie doch! Und inzwischen untermauern Genetiker und Physiologen die Erkenntnis, dass wirksame Trainingspläne so unterschiedlich sein dürfen wie die Menschen, die sie umsetzen.

Ende 2007 holte die renommierte Fachzeitschrift *Science* »die genetische Variationsbreite des Menschen« als wichtigsten wissenschaftlichen Durchbruch des Jahres auf ihr Cover. Da die DNA-Sequenzierung immer billiger und schneller werde, »finden Forscher heraus, wie sehr wir uns wirklich voneinander unterscheiden«, steht in der Titelgeschichte.

Um sportlich voranzukommen, müssen Sie sich die Mühe machen, einen zu Ihrer unnachahmlichen Biologie passenden Trainingsplan zu finden. Wie die HERITAGE-Familienstudie gezeigt hat, ergibt ein einheitliches Trainingsprogramm für eine bestimmte körperliche Fähigkeit eine breite und individualisierte Spanne an Trainingsfortschritten. Wunderbar ist, dass es sogar in der HERITAGE-Studie keine totalen Non-Responder gab, die auf keinerlei Training reagierten. Gewiss gab es Probanden, bei denen keine Verbesserung der aeroben Fitness festgestellt wurde, aber womöglich sank ihr Blutdruck oder ihr Cholesterinspiegel. Jeder profitiert auf seine eigene Weise von Fitness oder Sport. Teilnahme am Sport ist eine Selbstentdeckungsreise in Gebiete, die außerhalb der Reichweite der noch modernsten Wissenschaft liegen.

Wie J. M. Tanner, der renommierte Wachstumsexperte und Weltklasse-Hürdenläufer, es so elegant ausdrückte:

> *»Jeder hat einen anderen Genotyp. Um sich optimal zu entwickeln, sollte daher jeder auch ein anderes Umfeld haben.«*

Viel Spaß beim Training.

# NACHWORT

*The Sports Gene* wurde im August 2013 veröffentlicht und im Monat darauf fand der Berlin Marathon statt. Hier die Nationalitäten der fünf besten Läufer: Kenia, Kenia, Kenia, Kenia, Kenia. Bei den Frauen belegten Kenianerinnen die Plätze eins, zwei und vier. Im Oktober kamen kenianische Männer beim Chicago Marathon auf den ersten, zweiten, dritten, vierten, achten und elften Platz. Kenianische Frauen waren Erste und Zweite. Und einen Monat später gewannen ein Kenianer und eine Kenianerin ihre jeweiligen Rennen beim New York City Marathon.

Aber lassen Sie sich nicht vom Wort Kenia täuschen. Wie um ein Ausrufezeichen in den Kapiteln 12 und 13 dieses Buches zu setzen, entstammten diese Sportlerinnen und Sportler allesamt der Minderheit der Kalenjin – einem Stamm mit fünf Millionen Angehörigen. Das ist so groß wie Costa Rica. Können Sie sich vorstellen, dass costaricanische Läufer bei einem großen Marathon die Plätze eins bis fünf belegen? Bei den Kalenjin-Läufern zeigt sich die größte Überrepräsentation von sportlicher Weltklasse, die die Menschheit je gesehen hat. Um dies einzuordnen: Zum jetzigen Zeitpunkt sind 17 amerikanische Männer und 14 Briten in der Geschichte einen Marathon schneller als 2:10 gelaufen (was einer Meile in 4:58 Minuten entspricht). Allein dieses Jahr haben dies 72 Kalenjin geschafft. Es ist ein Nachweis sowohl für die einzigartige Physiologie als auch für die Trainingsbedingungen der Kalenjin. Und auch für eine bestimmte Einstellung, wie sie Dennis Kimetto zeigte, der in der Laufwelt keinen besonderen Namen hatte, bevor er den Chicago Marathon 2013 mit einem Streckenrekord gewann.

Nach dem Überqueren der Ziellinie gestand der 29-jährige Kimetto, dass er ein Laufneuling war. »Vor 2010«, sagte er, »hatte ich nur mit Landarbeit zu tun und war noch nie gelaufen. Ich bin buchstäblich noch nie gelaufen. Ich habe Mais angebaut und Kühe gehütet.«

Als ich für die Buchrecherche Kenia bereiste, staunte ich nicht nur über die schlanken Körper der Kalenjin-Läufer, sondern auch über ihre Es-ist-nie-zu-spät-Einstellung. Kimetto begann erst mit Mitte 20 ernsthaft zu laufen, nachdem ihn ein berühmter Marathonläufer in einem Einkaufszentrum getroffen und zum Training eingeladen hatte. Da frage ich mich unwillkürlich, wie eine solche Begegnung verlaufen wäre, wenn Kimetto in den USA oder in Europa gelebt hätte. Vielleicht hätte er einen Augenblick darüber nachgedacht und mit stillem Lächeln davon geträumt, sich vom Bauern zum Profisportler zu verwandeln; mit in die Höhe gereckten Armen das Zielband eines Großstadtmarathons zu zerreißen und als Held mit sechsstelligem Lohn ins verschlafene Rift Valley heimzukehren. Und dann wäre der Tagtraum geplatzt und er hätte erkannt, dass es zu spät war. Dass die Zeit dafür vergangen war. Zu viele andere hatten einen zu großen Vorsprung.

Denn das ist die oft unausgesprochene Kehrseite des strikten Glaubens an die 10.000 Stunden, demzufolge nur angesammelte Übezeit für die Leistung von Bedeutung ist. Wenn nur das Üben entscheidet, und alle Gegner weit mehr Übestunden als man selbst abgehakt haben, ist an Erfolg nicht zu denken. Da ist es ein Segen, dass diese »Regel« nicht bis in den Westen der Provinz Rift Valley vorgedrungen ist. Ein Grundmuster des Kalenjin-Laufwunders besteht aus Männern oder Frauen, die mit Mitte 20 zum ersten Mal ernsthaft trainieren, weil sie annehmen, dass sie mit genügend Talent, hoher Motivation, intensivem Training und Leidensbereitschaft diejenigen einholen können, die schon viele Stunden mehr trainiert haben.

Genau diese Es-ist-nie-zu-spät-Einstellung hat der Sportwelt (und diesem Buch) die wunderbaren Geschichten von Sportlern wie dem Hochspringer Donald Thomas und der Triathletin Chrissie Wellington beschert. Ich erwähne dies, weil *The Sports Gene* ein breiteres Publikum erreicht hat, als ich jemals für möglich gehalten hätte. (Präsident Barack

Obama wurde beim Kauf eines Exemplares fotografiert.) Der Erfolg des Buches hat mich in meiner Überzeugung bestärkt, dass die Leserschaft neueste wissenschaftliche Erkenntnisse verstehen will und keine Furcht vor Komplexität hat. Dies bedeutete auch, dass die Tinte der ersten Druckauflage kaum trocken war, als die Implikationen meiner Kritik an der 10.000-Stunden-Regel zu einem Thema in der breiten Öffentlichkeit wurden. Einer meiner schärfsten Kritiker war der britische Journalist Matthew Syed, Autor von *Bounce*, einem populären Buch über Hochleistung, das sich sehr auf die 10.000-Stunden-Regel (auch als Zehnjahresregel bekannt) festlegt und die Bedeutung der Gene zu minimieren sucht.

Als Syed und ich gemeinsam im Radioprogramm der BBC interviewt wurden, erhob er keine Bedenken gegen die in meinem Buch dargestellten wissenschaftlichen Erkenntnisse, sondern gegen das, was für die Gesellschaft in seinen Augen aus der Anerkennung angeborener Talente folgen könnte. Syed argumentierte, dass Aussagen, die irgendeine Idee von genetischem Talent transportieren, den Ehrgeiz der Menschen bremsen und sie am Ausschöpfen ihres Potenzials hindern würden. Was würden Champions wie Kimetto, Thomas und Wellington dazu sagen? Wellington, die erst im Alter von 30 Jahren in den Profibereich einstieg, und deren Karriere von Anfang bis Ende fünf Jahre dauerte, wurde nicht nur ein großartiger Champion, sondern auch eine großartige Philanthropin. Es ist ein Glück, dass wir sie haben, und dies ist die Botschaft, die sie in ihrem eigenen Erfolg sieht: »Wir alle haben Talente und diese Talente sind manchmal verborgen, und man muss den Mut haben, etwas Neues auszuprobieren, sonst weiß man möglicherweise gar nicht, worin man gut ist.«

Meine Hoffnung – und in der Tat meine Überzeugung – ist, dass die wissenschaftliche Forschung das in diesem Buch dargelegte genetische und physiologische Wissen erweitern und so weiterhin dazu beitragen wird, dass die glückliche Hand, die Thomas und Wellington beim Finden der richtigen Sportart hatten, zu einem wissenschaftlich fundierten System wird, das mehr Sportlern dabei hilft, das zu sein, was sie sein können. Das Problem, dass Journalisten die ursprüngliche 10.000-Stunden-Studie (die an einer kleinen Gruppe von Geigern durchgeführt wurde) falsch interpretierten, erreichte 2012 – zwei Jahrzehnte nach der ursprünglichen Veröffentlichung – eine solche Virulenz, dass sich der Psychologe K. Anders Ericsson, der die Studie geleitet hatte, zu einer Entgegnung durchrang. In einem auf seiner Fakultätswebsite verlinkten Brief mit dem Titel »Was droht, wenn man Wissenschaft an Journalisten delegiert« nannte er die 10.000-Stunden-Regel »erfunden«. In einem Artikel in einer Fachzeitschrift nannte er die Vermittlung seiner Erkenntnisse in der Öffentlichkeit immer wieder abschätzig »die populäre Internetversion«. In seinem Brief versuchte er, einige Fehlwahrnehmungen der ursprünglichen 10.000-Stunden-Studie aufzuklären. »Tatsächlich«, schrieb er, »waren 10.000 Übestunden der *Durchschnitt* der besten Gruppe [von Geigern bis zum Alter von 20 Jahren]; tatsächlich hatten die meisten der besten Geiger im Alter von 20 Jahren wesentlich weniger Übestunden angesammelt.«

Für den Fußballtrainer, dessen Trainingsplan ich durchgesehen habe, als ich letzten Monat anlässlich einer Konferenz das Australian Institute of Sport besuchte, wird dies eine böse Überraschung sein. Der Plan sah für Spieler im Alter von 18 Jahren *genau* 10.000 Stunden Training vor. Wie ich im 2. Kapitel erwähnt habe, verdeckt der Durchschnittswert aus der ursprünglichen Studie (durchgeführt an Geigern) naturgemäß die individuelle Variabilität, die sich in jeder Studie zum Erwerb von Fähigkeiten zeigt. (Außerdem sei daran erinnert, dass in der ursprünglichen Geigenstudie Studenten einer erstklassigen Musikhochschule untersucht wurden. Sie waren bereits vorab stark ausgesiebt worden. Auf den Sport übertragen würde dies bedeuten, eine Studie nur auf NBA-Trainingszentren zu beschränken, festzustellen, dass dort alle viel trainiert haben, und daher zu dem Schluss zu kommen, das Training sei der einzige Grund, warum sie die NBA erreicht haben – nicht das Training plus eine Körpergröße über 2,10 Meter.)

Was mir an Syeds Kritik noch mehr aufstößt, ist, dass er offenbar fordert, wir sollten wissenschaftliche Erkenntnisse ignorieren, die seiner bevorzugten Botschaft an die Gesellschaft zuwiderlaufen. Erkenntnisse hervorzuheben, die eine bestimmte Botschaft stützen, und gleichzeitig

Erkenntnisse zu unterdrücken, die ihr widersprechen, mag gut gemeint sein, ist aber im besten Fall irreführend und im schlimmsten Fall schädlich. (Ein Beispiel für Letzteres finden Sie im 11. Kapitel.) Es erscheint mir ohnehin vermessen, zu glauben, man könnte die beste gesellschaftliche Botschaft wählen, ohne die Breite der Forschungsergebnisse anzuerkennen. Anstatt eine magische Zahl oder einen einheitlichen Weg vorzuschreiben, kann ein Verständnis dafür, welche angeborenen Unterschiede zwischen Menschen sowohl real als auch wichtig sind, das Streben nach Höchstleistung für jeden Einzelnen erleichtern. (Das 2. Kapitel über die zwei Hochspringer zeigt, dass es keinen einheitlichen Weg zur Höchstleistung gibt, selbst bei zwei Männern mit ungefähr gleichem Leistungsniveau in einer eher unkomplizierten Sportart.) Wir sollten uns darum bemühen, mehr Daten über die Einzigartigkeit Einzelner zu sammeln, und nicht eine Mentalität annehmen, die uns die Augen davor verschließen lässt. Diese Mentalität wurde mir eines Tages während meiner Recherche deutlich, als mir der Leiter einer Abteilung für Kinesiologie an einer großen Forschungsuniversität gestand, dass er Daten über die Reaktion von Trainierenden auf ein Nahrungsergänzungsmittel zurückhielt, weil er bei schwarzen und weißen Probanden unterschiedliche Reaktionen festgestellt hatte. Er war besorgt darum, wie sich eine öffentliche Anerkennung von Unterschieden zwischen verschiedenen Ethnien auswirken würde. Bei aller guten Absicht bedeutet die Konsequenz daraus – das Zurückhalten von Daten –, dass sein Wissen für die Öffentlichkeit und für seine wissenschaftlichen Kollegen verloren geht.

Der 10.000-Stunden-Fimmel schadet auch möglicherweise unseren jüngsten Sportlerinnen und Sportlern, indem er sie zu einer unangemessenen oder unproduktiven Hyperspezialisierung bewegt. Eine der häufigsten Fragen, die mir nach der Veröffentlichung gestellt wurden, lautete: »Wann sollte sich mein Kind auf eine Sportart spezialisieren?« Wenn die Anhäufung von Trainingsstunden in einer bestimmten Sportart das Einzige ist, was den Erfolg ausmacht, dann müsste die Antwort offensichtlich immer lauten: »So früh wie möglich.« Und wenn man nur die durchschnittliche Gesamtdauer an konzentriertem Üben betrachtet, die erwachsene Spitzensportler hinter sich haben, und sie mit dem Trainingspensum zweitklassiger Sportler vergleicht, zeigt sich, dass Trainingseifer eindeutig wichtig ist:

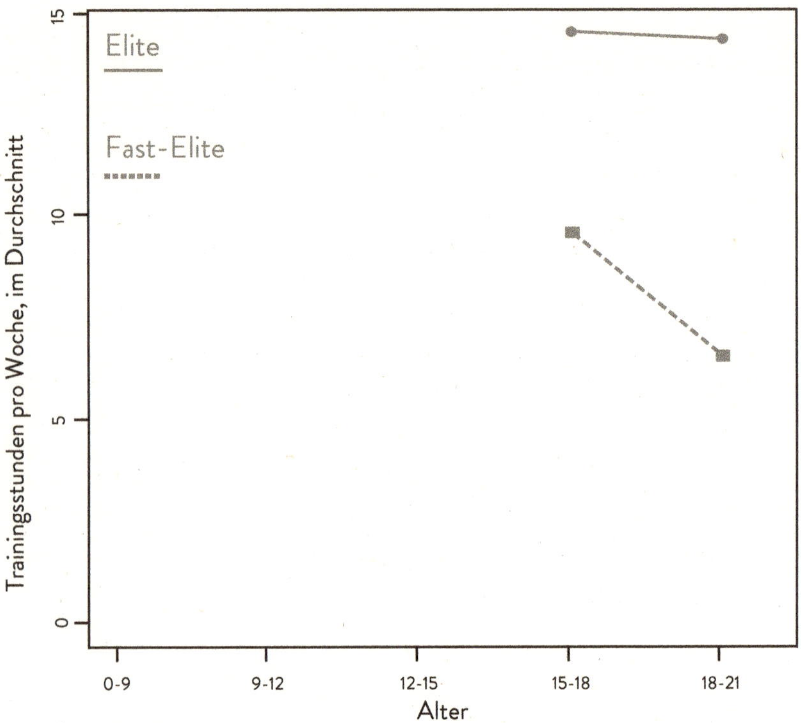

Betrachtet man dagegen den ganzen Lebenslauf mitsamt den Trainingsstunden in der Kindheit, zeigt sich ein anderes Bild:

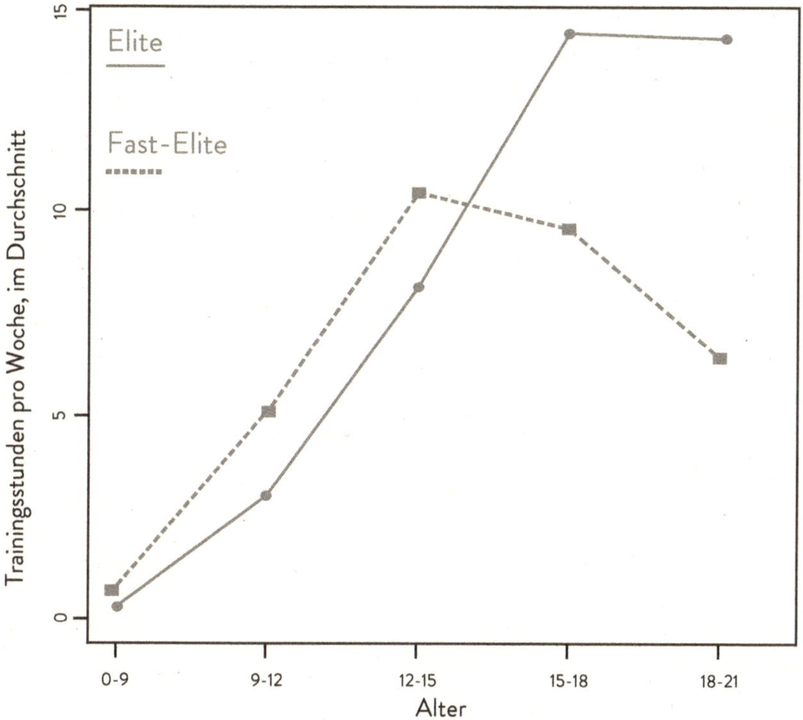


Die zukünftigen Spitzensportler haben während des größten Teils ihrer Kindheit ihren späteren Sport im Durchschnitt weniger trainiert als Fast-Spitzensportler. Erst in den mittleren Teenagerjahren haben sie sich auf eine Sportart festgelegt und ernsthaft Trainingserfahrung angehäuft.[61] Womöglich waren einige spätere Spitzensportler einfach begabter und mussten sich nicht so früh Mühe geben. Dass sich die beiden Linien in der obigen Tabelle zur Pubertätszeit kreuzen, könnte auch bedeuten, dass die zukünftig Zweitklassigen möglicherweise nur frühreif waren, dann aber nicht mehr glänzen konnten, als ihre Altersgenossen körperlich aufholten, und deshalb schließlich das metaphorische Handtuch warfen. Eine andere mögliche Erklärung für dieses Muster wäre, dass eine frühe Spezialisierung die Entwicklung in manchen Sportarten tatsächlich hemmt. Man denke an die Erkenntnis im 3. Kapitel, dass frühes, hartes und gezieltes Sprinttraining zu dem befürchteten »Geschwindigkeitsplateau« führen kann. Das Training, das ein Neuntklässler an einer Schule mit guter Laufabteilung in Jamaika absolviert– mehrere Wochentage frei, kein Krafttraining –, ist lächerlich leicht im Vergleich zu einem amerikanischen Altersgenossen in einem anspruchsvollen Laufprogramm.[62] Jamaikaner treiben Sport aus Spaß, suchen sich in Ruhe ihre Disziplin aus und trainieren erst in der Oberstufe ernsthaft. (Eine Studie an Footballspielern aus Oklahoma, die einen Monat nach *The Sports Gene* herauskam, attestierte den Sportlern, die vier Jahre im Kraftraum des Colleges verbracht hatten, einen starken Kraftzuwachs, jedoch keine Geschwindigkeitssteigerung. Die Forscher kommen zu dem Schluss, dass Talentscouts lieber Footballspieler aussuchen sollten, die bereits schnell sind.)

61 Diese Daten kommen aus »ZGS-Sportarten«, wo man Ergebnisse in Zentimetern, Gramm und Sekunden misst, also etwa Radfahren, Leichtathletik, Rudern, Schwimmen, Segeln, Triathlon oder Gewichtheben. Ein ähnliches Muster wurde bei anderen Sportarten festgestellt, beispielsweise beim Tennis und bei verschiedenen Mannschaftssportarten. Eine Befragung von 152 amerikanischen Baseballprofis hat ergeben, dass in den meisten Fällen auch Football und Basketball zur Schulsporterfahrung gehörten, bevor man sich auf Baseball spezialisierte. In bestimmten Sportarten wie dem Frauenturnen hat jedoch der Urknall der Körpertypen (siehe 7. Kapitel) die durchschnittliche Körpergröße der Elite von 1,60 auf 1,45 Meter gesenkt und damit das Zeitfenster für Höchstleistungen verkürzt – eine frühe Spezialisierung ist daher unerlässlich.

62 Jamaikas nationale Schulmeisterschaften sind nach Altersgruppen getrennt, sodass sich jüngere Läufer langsamer entwickeln können. In den USA muss ein schneller 14-Jähriger bei den Bundesstaatsmeisterschaften womöglich gegen 18-Jährige antreten.

Eine frühe Spezialisierung kann auch den Zeitraum vorzeitig beenden, in dem ein Sportler mehrere Sportarten ausprobiert, bis er die am besten passende findet. Stark auf ihr Feld fokussierte Wunderkinder mögen faszinieren und die Aufmerksamkeit der Medien auf sich ziehen, aber in Wahrheit sind später Spezialisierte eher die Norm als die Ausnahme. Nehmen wir den zweimaligen NBA-Spieler des Jahres Steve Nash. Nash wuchs in einer Fußballerfamilie in Kanada auf und wollte zunächst professionell Fußball spielen, wie es später sein Bruder Martin tat. (Eine YouTube-Suche nach »Steve Nash Soccer with Eli Freeze« offenbart Nashs beeindruckende Kicker-Fähigkeiten.)

»Ich habe mit Basketball angefangen, als ich zwölf oder 13 Jahre alt war«, hat Nash *NBA.com* gegenüber gesagt. »Also muss ich mit 13 meinen ersten Basketball bekommen haben.« *Mit 13 den ersten Basketball* bekommen. Das Geschenk des Balls war in Nashs Erinnerung so, als hätte er »einen neuen Freund« gefunden. Er lag damit wahrscheinlich fünf bis acht Jahre hinter Horden von amerikanischen Jungen zurück (einschließlich mir), die in Jugendligen gespielt oder seit dem Kindergarten eine Form von organisiertem Training erhalten hatten. Aber Nash, der zu einem der talentiertesten Spieler der Geschichte werden würde, fiel das Aufholen eindeutig nicht schwer. »Wenn man in anderen Sportarten gut ist, kann man das in diesem Alter leicht auf jede Sportart übertragen«, so Nash. »Als ich ungefähr 13 oder 14 war, wurde mir bewusst, dass ich die Chance hatte, ein wirklich guter [Basketball-]Spieler zu werden.«

Nash folgte einem Muster, das sich wiederholt in Studien über die Kindheit von Spitzensportlern zeigt: Er hatte bis zum Alter von etwa zwölf Jahren eine »Probierphase«, in der er verschiedene Sportarten ausprobierte und schließlich zu der fand, die – körperlich und psychologisch – am besten zu ihm passte. In den mittleren Jugendjahren fokussierte er sich dann darauf.

Das klingt sehr nach dem Tennis-Superstar Roger Federer, der als Kind Badminton, Basketball und Fußball gespielt hat und nach eigenem Bekunden dank dieser Erfahrungen ein besserer Allround-Sportler ist. (Zumindest haben sie seinem Fortkommen im Tennis eindeutig nicht geschadet.) In seinem Buch *Strokes of Genius* beschreibt L. Jon Wertheim Federers Eltern als »lockend«, nicht »antreibend«. »Wenn sie ihn überhaupt zu irgendetwas gedrängt haben«, schreibt Wertheim, »dann dazu, das Tennis nicht so ernst zu nehmen.« Eine schwedische Studie an zweit- und erstklassigen Tennisspielern – von denen fünf zu den Top 15 der Weltrangliste zählten – hat festgestellt, dass die späteren Fast-Spitzenspieler bis zum Alter von elf Jahren alle Sportarten außer Tennis sein ließen, während die späteren Spitzenspieler noch bis ins Alter von 14 Jahren mehrere Sportarten ausübten. Erst mit 15 begann die zukünftige Weltspitze mehr zu trainieren als die zukünftige Fast-Elite. Über die Kindheit der zukünftigen Spitzenspieler schreiben die Forscher: »Tennis war nur eine von mehreren Sportarten. Ihre Tenniserfahrungen sammelten sie in einem ungezwungenen und harmonischen Clubumfeld ohne größeren Leistungsdruck.« Die meisten zukünftigen Zweitklassigen verzeichneten nach der Kindheit weniger Erfolge. In der Regel gaben sie den Sport bereits im Teenageralter ganz auf.[63]

Eine Studie über die Kindheit von Musikern offenbart ein ähnliches Muster. In einem Artikel mit dem Titel »Biologische Frühzeichen musikalischer Höchstleistung« stellen die Psychologen John A. Sloboda und Michael J. A. Howe fest, dass die Schüler einer ambitionierten Musikschule, denen eine »außergewöhnliche Befähigung« zugeschrieben wurde, vor der Aufnahme an der Schule andere Instrumente ausprobiert, weniger geübt und weniger Unterricht gehabt hatten als Schüler mit »durchschnittlicher Befähigung«. Die durchschnittlich Befähigten hatten vor der Aufnahme an der Schule 1.382 Stunden auf ihrem Erstinstrument musiziert und geübt, während die außergewöhnlich Befähigten nur 615 Stunden vorwiesen, da sie sich erst später auf ein Instrument festgelegt und ihren Übungseifer verstärkt hatten. Die durchschnittlichen Schüler, so die Psychologen, »verbrachten mehr Zeit mit

63 Neeru Jayanthi, medizinischer Leiter für hausärztliche Sportmedizin an der Loyola University in Illinois, hat nachgewiesen, dass junge Sportler eine geringere Verletzungsrate haben, wenn sie mehrere Sportarten ausüben, anstatt sich auf eine zu spezialisieren. Aus seiner Arbeit geht nicht hervor, dass die Kinder notwendigerweise weniger Zeit mit Sport verbringen, sondern nur, dass sie ihre Aktivitäten diversifizieren. Wie Roger Federer.

Üben und Musizieren, richteten ihren Eifer jedoch größtenteils auf das zuerst gewählte Instrument«. Sie fuhren also streng eingleisig, ohne die Probierphase auszunutzen, in der Sportler wie Musiker offenbar häufig die Route finden, die ihrem unnachahmlichen Körper und Geist am besten entgegenkommt. Sicherlich gibt es Fälle – wie der von Tiger Woods –, in denen sich das erste Instrument, das ein Kind anfasst, als ideal herausstellt. Aber für jeden Tiger gibt es wohl unzählige Kinder, die sich – wie die zweitklassigen Tennisspieler oder die Musikschüler mit »durchschnittlicher Befähigung« – aufs Erstbeste spezialisieren müssen, anstatt – wie Steve Nash und die »außergewöhnlichen Schüler« – vieles spielerisch auszuprobieren und sich erst dann zu fokussieren, sobald das Passende gefunden ist. »In den Daten steckt die Mahnung«, schreiben Sloboda und Howe, »dass zu viel Unterricht in jungen Jahren möglicherweise nicht hilfreich ist.«

Der Wert des frühen Ausprobierens mindert nicht die Bedeutung des Übens. (Wenn ich an die Kalenjin-Läufer denke, wird mir klar, dass ein plötzlicher wirtschaftlicher Aufschwung im Westen der kenianischen Provinz Rift Valley mit zunehmendem Wohlstand und Verstädterung alle physiologischen Vorteile ziemlich bedeutungslos machen würde. Das Langstreckenlaufwunder würde *von heute auf morgen* weitgehend verschwinden.) Aber je mehr wir die Variationsbreite der Menschheit begreifen, desto mehr erkennen wir, dass Üben allein nicht reicht. Ein sportliches Ziel zu finden, das zu den eigenen Talenten passt, ist für Spitzenleistungen entscheidend.

Nachdem *The Sports Gene* herauskam, ging Malcolm Gladwell bei mehreren Gelegenheiten auf meine Kritik an der 10.000-Stunden-Regel ein, immer auf durchdachte Weise. So auch, als er (zu meiner Überraschung) während eines Radiointerviews, das ich mit KPCC Public Radio in Kalifornien führte, per Telefon zugeschaltet wurde. In der Sendung sagte Gladwell, dass man die 10.000-Stunden-Idee nicht auf den Sport anwenden dürfte, da sie nur für »kognitiv komplexe« Betätigungen gedacht sei.

Joe Baker, ein Sportpsychologe, der sich mit Lernprozessen befasst, hat darauf erwidert: »Die Wahrnehmung und das Handeln im Sport gehören zum Komplexesten, was Menschen ausführen können. Nicht nur ist die Ausführung an sich komplex, oft gibt auch noch jemanden, der einen daran hindern möchte.« In unserem KPCC-Gespräch präzisierte Gladwell seine Kernthese: Schwierige, mit großem Wissenserwerb verbundene Fähigkeiten wie Schach, Instrumentalspiel oder Computerprogrammierung erforderten viel Übung, oft viel mehr, als die meisten Menschen annähmen. Ich vermute, das hängt davon ab, was die meisten Menschen annehmen. Wenn ihre Annahme ist, dass jede Menge Üben – besonders aber hochwertiges Üben – von entscheidender Bedeutung ist, dann stimme ich dem voll und ganz zu. Ich fand es etwas seltsam, dass ausgerechnet ich nach dem Erscheinen von *The Sports Gene* zu einer Art Fürsprecher für bestimmte Arten von Begabung wurde. Schließlich wissen alle meine Freunde, dass ich mir einbilde, jeden Menschen, der zwei Beine oder Prothesen oder einen Rennrollstuhl und keine ernste Erkrankung hat, in sechs Monaten so weit trainieren zu können, dass er einen Marathon schafft. Wohlgemerkt nicht in 2:10, da dies bestimmte genetische Fähigkeiten erfordert, aber vom Start bis zum Ziel. Wer sich noch nie mit der biologischen Selbsterkundung befasst hat, die ein Trainingsplan ist, dem entgeht eine wundersame und herrlich faszinierende Verwandlung, egal ob es sich um ein Lauftraining oder eine motorisch anspruchsvolle Sportart wie Baseball, Cricket oder Tennis handelt.

Zum Thema motorische Fähigkeiten gibt es eine weitere häufig gestellte Leserfrage: Ob es Hinweise darauf gebe, dass bestimmte Gene für den Erwerb komplizierter motorischer Fähigkeiten wichtig seien. Wie ich in den ersten Kapiteln geschrieben habe, kennt man kaum spezifische Gene für motorische Fähigkeiten – so wie die Gene für Körpergröße weitgehend unbekannt sind. Studien zu Lernprozessen haben generell ergeben, dass die individuellen Unterschiede bei den Lernfortschritten umso größer sind, je komplexer die erlernte Aufgabe ist. Einige neuere Arbeiten haben auch spezifische Genvarianten gefunden, die individuelle Unterschiede beim Erwerb motorischer Fähigkeiten bestimmen könnten. Im ersten Entwurf von *The Sports* Gene habe ich einige dieser Arbeiten einbezogen. Aber da sich diese Forschungen in einem sehr frühen Stadium befinden, beschloss ich, sie aus dem Buch streichen, als ich den Text zurechtstutzen musste. Ich hatte auch Sorge, dass Leser die Ergebnisse überbewerten könnten. Wenn Sie jedoch so sehr an der Leistungsforschung interessiert sind, dass Sie es so weit durch *The Sports Gene* geschafft haben, kommen Sie durchaus mit Komplexität zurecht und wissen, dass erste wissenschaftliche Arbeiten an einem einzelnen Gen in naher Zukunft untermauert oder auch demontiert werden können. Also habe ich eine entsprechende Passage wieder hervorgeholt, die die erste Überarbeitung dieses Buches nicht überstanden hat. Es geht um das BDNF-Gen, das für das namensgebende Protein kodiert: den Wachstumsfaktor BDNF (*brain-derived neurotrophic factor*). Das Gen gibt es in zwei gängigen Varianten, die als *Val* und *Met* bekannt sind. Eine Studie des National Institute of Mental Health hat ergeben, dass Personen mit der Met-Version schlechter in Tests abschnitten, bei denen sie sich an Szenen erinnern sollten, die ihnen gezeigt worden waren. Folgestudien deuten darauf hin, dass BDNF auch die Art des »Muskelgedächtnisses« beeinflussen kann, die mit dem Erwerb sportlicher Fähigkeiten verbunden ist:

> **Im motorischen Kortex des Gehirns ist der BDNF-Spiegel erhöht, wenn Menschen eine motorische Fähigkeit erlernen, und BDNF ist eines der neuronalen Signale, die beim Erwerb neuer Fähigkeiten die Umstrukturierung des Gehirns koordinieren. Eine Studie aus dem Jahr 2006 hat ergeben, dass bei Menschen, die eine motorische Fähigkeit mit der rechten Hand üben – beispielsweise kleine Stifte so schnell wie möglich in Löcher zu stecken –, der Bereich im Gehirn, der die rechte Hand darstellt, also der neuronale »Schaltplan«, durch das Üben nur bei denen an Größe zunimmt, die keine Met-Version des BDNF-Gens haben. Alle Probanden begannen mit ähnlich großen Schaltplänen, aber nur die Nicht-Met-Träger erfuhren durch Übung eine Veränderung.**

**2010 prüfte ein Team von Wissenschaftlern unter der Leitung des Neurologen Steven C. Cramer gezielt, ob das BDNF-Gen die Art von Gedächtnis beeinflusst, die beim Erlernen motorischer Fähigkeiten beteiligt ist, und ihre Ergebnisse legen nahe, dass dies der Fall ist. In der Studie fuhren die Teilnehmer 15 Mal an einem Tag ein Auto über eine virtuelle Strecke. Alle Fahrer verbesserten sich, je mehr sie die Strecke kennenlernten, aber die Met-Träger nicht so sehr. Und als alle Fahrer nach vier Tagen wieder einbestellt wurden und die Strecke noch einmal fahren mussten, machten die Met-Träger mehr Fehler. Als die Wissenschaftler die Gehirne der Fahrer beim Einüben motorischer Fähigkeiten per fMRT beobachteten, fanden sie unterschiedliche Aktivitätsmuster bei denen vor, die eine Met-Version des BDNF-Gens hatten.**

Für solche Untersuchungen der Gehirnaktivität oder der genetischen Bedingtheit, die sich auf eine einzelne Genvariante konzentrieren, gilt generell, dass sie repliziert werden müssen, bevor man ihre Ergebnisse als Tatsache akzeptiert. Aber diese Arbeit ist vom Ansatz her faszinierend und es lohnt sich auf jeden Fall, abzuwarten, ob sie bestätigt werden kann. Sollten sich die festgestellten Unterschiede im motorischen Lernen zwischen Val- und Met-Trägern als stabil und signifikant erweisen, werden darauf aufbauende Forschungen hoffentlich nach neuartigen Übungsmethoden suchen, die den Met-Trägern zu besseren Fortschritten verhelfen. Das ist schließlich ein Hauptziel jeder Trainings- und Sportgenetik: ideale Trainingsbedingungen für jeden einzelnen Menschen zu finden.

Während Wissenschaftler immer mehr über unsere individuellen Unterschiede lernen, wird es für uns alle schwieriger, auf bestimmte Informationen über unsere eigenen Gene zuzugreifen. Im November 2013 ordnete die US-Aufsichtsbehörde FDA an, dass 23andMe, der größte Anbieter von Gentests für jedermann, einen Teil seines Angebots einstellen müsse. Insbesondere stellte die FDA fest, dass 23andMe – das seine Kunden für 99 US-Dollar auf Hunderte von Genvarianten testet –

Informationen über Gene bereitstellt, die mit Gesundheitsrisiken zusammenhängen, was einer medizinische Diagnose gleichkommt, die nur unter ärztlicher Aufsicht gestellt werden darf. Die Einwände gegen die Dienste von 23andMe beruhen auf einem ähnlichen Problem wie dem, das ich in Bezug auf das ACTN3-Geschwindigkeitsgen im 9. Kapitel beschrieben habe: Auch wenn ein Gen zwar Auswirkungen auf die Geschwindigkeit haben kann, wäre es möglicherweise töricht, deswegen eine Lebensentscheidung zu treffen, ohne etwas über die vielen anderen Gene und Umweltfaktoren zu wissen, die dabei eine Rolle spielen – als wolle man sagen, was ein Puzzle darstellt, wenn man erst ein Stück gesehen hat. (Im Fall von ACTN3 wäre es wirklich töricht.)

Liest man sich durchs Online-Forum von 23andMe, wird deutlich, dass einige Kunden zu viel in ihre Daten hineininterpretieren und sich über ein bestimmtes Gesundheitsrisiko Sorgen machen, obwohl sie sich gut fühlen, und obwohl die Genvariante, auf die sie positiv getestet wurden, möglicherweise nur einen winzigen Anteil an der Risikovarianz für die betreffende Krankheit hat. Aber ich habe im 23andMe-Forum unter den Teilnehmern – die sich alle aus freien Stücken haben testen lassen – auch viele Vernünftige gefunden, die verstehen, dass manche ihrer Daten auf ungefestigten Forschungsergebnissen beruhen, und dass einzelne Gene oft kein vollständiges Bild ergeben. (Bisher haben Studien ergeben, dass Menschen, die sich freiwillig zu einem Gentest melden und dann positiv auf ein Hochrisiko-Krankheitsgen getestet werden, in der Regel recht rational mit den Informationen umgehen.) 23andMe wird weiterhin Abstammungstests anbieten und – mit Erlaubnis der Kunden – genetische Rohdaten für die Forschung verwenden. Das Unternehmen gibt den Kunden keine Informationen mehr über Genvarianten wie ApoK4, die (wie im 15. Kapitel beschrieben) das Alzheimer-Risiko erhöht und bei Trägern die Genesung nach einer Gehirnerschütterung hemmt. (Solche Informationen sind weiterhin über einen Arzt erhältlich.)

Mir persönlich haben die Daten von kommerziellen Gentests viel gebracht, aber mir ist auch bewusst, dass ich wie kaum ein anderer Zugang zu Genlaboren und Experten von Weltruf gehabt habe, mit deren Hilfe ich die Informationen in einen Zusammenhang stellen konnte, der Normalverbrauchern meistens verwehrt ist. 23AndMe muss man zugutehalten, dass die Testergebnisse von wissenschaftlichen Zitaten, Grafiken und Erklärvideos von Genetikern begleitet werden. Vielen Kunden ist jedoch nicht klar genug, dass sich ihr genetisches Profil für ein bestimmtes Merkmal oder eine bestimmte Krankheit aufgrund wissenschaftlicher Fortschritte von Monat zu Monat ändern kann.

Ich weiß nicht, wie eine perfekte Balance zwischen Patientenschutz und uneingeschränktem Zugriff auf die eigenen genetischen Daten aussähe. 23andMe macht auch kein Geheimnis aus seinen Plänen, aggregierte Kundendaten (wiederum mit Erlaubnis) anderen Unternehmen zur Verfügung zu stellen, sodass beispielsweise Pharmaunternehmen anhand der bereitgestellten Daten ihre Werbung auf Kunden mit einem bestimmten genetischen Profil abzielen könnten.

Wenn Gentests für Endverbraucher von Nutzen sein sollen, müssen die Vorschriften zum Schutz der genetischen Privatsphäre über das im 15. Kapitel erwähnte Gesetz gegen genetische Diskriminierung hinaus verschärft werden. Aber da der Preis für die Genomsequenzierung schneller purzelt als die Schwimmrekorde, wenn Speedo einen neuen Schwimmanzug erfunden hat, müssen wir dringend ein breiteres Publikum in das Gespräch über genetische Informationen einbeziehen. Am besten gestern.

Aber auch wenn uns die Genforschung und die neueste Physiologie immer mehr über unsere sportlichen Vor- und Nachteile verraten, gibt es auf absehbare Zeit eine bessere Quelle für ganzheitliches Wissen: Wer ein Trainingsprogramm nach dem Prinzip von Versuch und Irrtum durchführt und die eigenen physischen und mentalen Fortschritte protokolliert, verschafft sich persönliche Forschungsergebnisse, die jedem zur Verfügung stehen, und die ihresgleichen suchen. Es ist nie zu spät zum sportlichen Datensammeln.

Aus diesem Grund möchte ich diese Ausgabe von *The Sports Gene* genauso beschließen wie die erste:

Viel Spaß beim Training!

*David Epstein*, Dezember 2013

## ÜBER DEN AUTOR

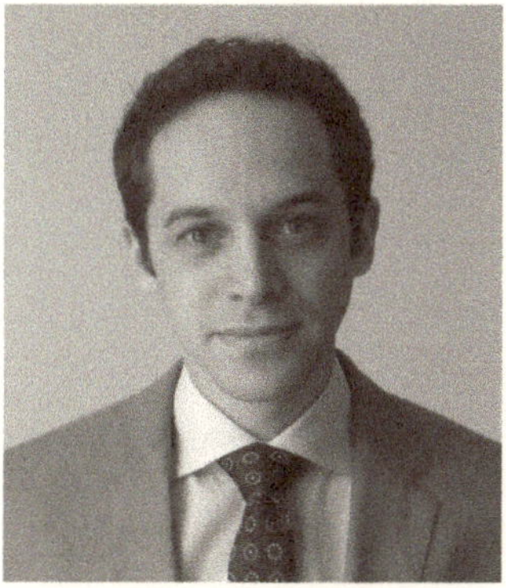

David Epstein verfügt über einen Master-Abschluss in Umweltwissenschaften und Journalismus. Er arbeitete als investigativer Reporter für *ProPublica* und als leitender Autor für *Sports Illustrated*. Darüber hinaus ist er Autor des *New-York-Times*-Bestsellers *Range*.

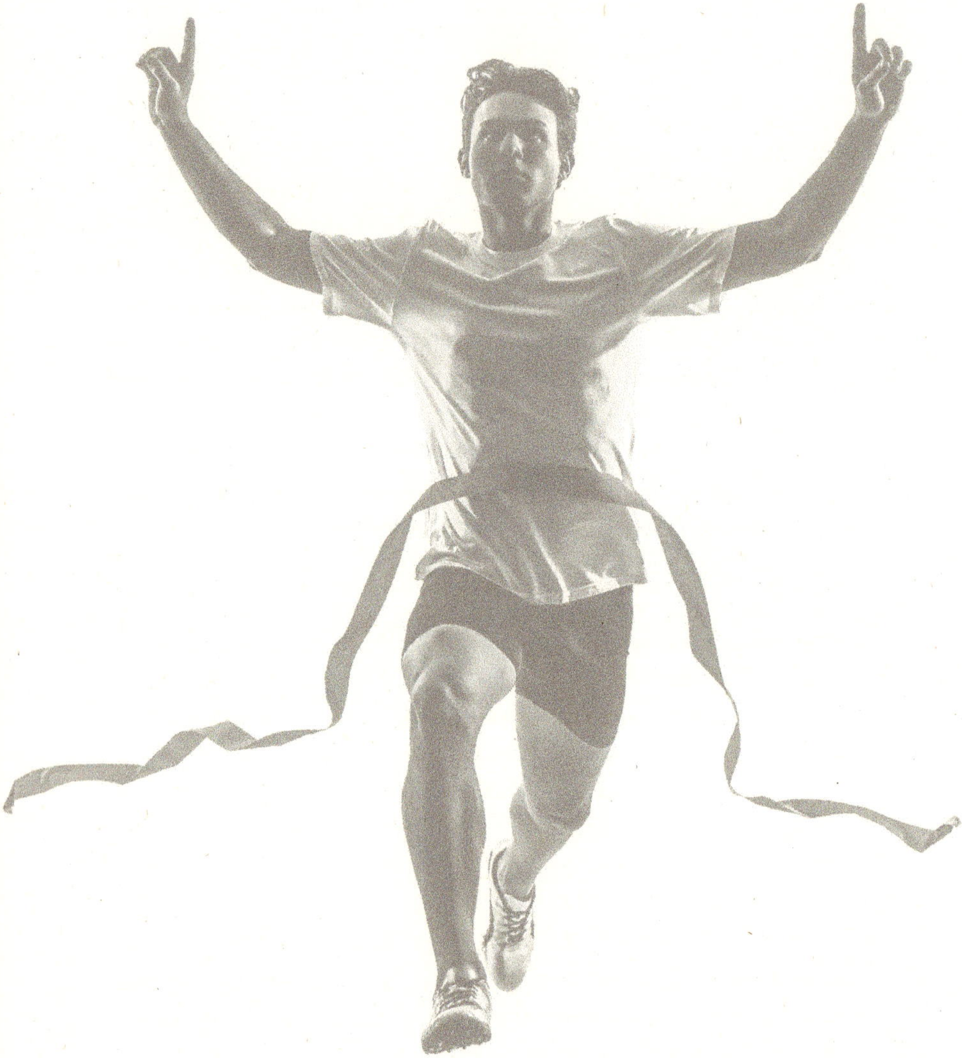

# DANKSAGUNGEN

Die Liste derer, die Dank verdienen, sprengt den hier verfügbaren Raum. Glücklicherweise sind viele von ihnen im Buch namentlich genannt. Im Folgenden nenne ich die Sportler, Wissenschaftler und sonstigen Experten, die ihr Wissen beigetragen haben.

Einige, wie Yannis Pitsiladis, nahmen sich Zeit für Dutzende von Interviews. Als ich ihm nach Jamaika folgte, sorgte Pitsiladis dafür, dass ich im Operationssaal dabei war, als er einen ehemaligen jamaikanischen Olympioniken biopsierte. Die Zeit, die ich mit ihm verbrachte, hat mich als Mensch bereichert.

Die Physiologen Stephen Roth und Tim Lightfoot haben die gesamten Ausführungen über Trainingsphysiologie auf Fehler oder Ungenauigkeiten überprüft. Wissenschaftliche Beschreibungen unter Wahrung der Genauigkeit zusammenzufassen, ist keine leichte Aufgabe, und wenn ich dazu in der Lage war, verdanke ich es der Geduld von Dutzenden von Wissenschaftlern. Dank schulde ich auch meiner Faktenprüferin Rebecca Sun, einer angehenden Drehbuchautorin. Sollten noch Fehler übrig sein, sind sie allein meine Schuld.

Von Zeit zu Zeit bin ich auf Bücher gestoßen, die mich mit der Gründlichkeit ihrer Recherche und der Originalität ihres Denkens demütig gemacht haben. In zwei solchen Fällen waren die Autoren – J. M. Tanner und Patrick D. Cooper – verstorben. Zu meinem Bedauern werde ich nie die Gelegenheit haben, sie zu interviewen, aber ihre Mühe und ihr freies Denken werden mir als Quellen der Motivation und der Ermutigung in Erinnerung bleiben.

Ein besonderer Dank gilt mehreren Kollegen von *Sports Illustrated.* Ich bezweifle, dass ich ohne Richard Demak beruflich über Sportwissenschaft schreiben würde. Ohne Chris Hunt und Craig Neff hätte ich in *Sports Illustrated* wohl kaum den Raum für die Story bekommen, die zum Keim dieses Buches wurde. Ohne Terry McDonell und Chris Stone hätte ich wahrscheinlich nicht die Freiheit gehabt, an diesem Buch zu arbeiten. Ohne die unermüdliche Ermutigung von L. Jon Wertheim und meinem Agenten Scott Waxman hätte ich mit dem Buch sicherlich aufgehört, bevor ich damit anfing. Vielen Dank, Scott, dass du meinen Rückzugsversuch vereitelt hast. (Dank an Farley Chase für die Arbeit mit internationalen Rechten.)

Ohne meine Freundschaft mit Kevin Richards hätte ich mich höchstwahrscheinlich nie aufs sportwissenschaftliche Schreiben verlegt. Kevin wurde in Jamaika geboren und starb bei einem Leichtathletikturnier in Evanston vor mehr als 13 Jahren. Für all diejenigen von uns, die mit ihm gelaufen sind, wird die Wunde wohl nie verheilen. Ich danke Kevins Eltern, Gwendolyn und Rupert, und dem Trainer David Phillips für ihre Kraft. Und Kevin Coyne, der mir beigebracht hat, wie man über den Tod und über einen Freund schreibt.

In Kenia hätte ich ohne Ibrahim Kinuthia, Godfrey Kiprotich, James Mwangi sowie Tom und Christopher Ratcliffe nie einen solchen Zugang zu den Orten und Menschen (und Sprachen) erhalten. Ohne Ibrahim und Harun Ngatia wäre ich vielleicht immer noch am Straßenrand zwischen Nyahururu und Nairobi und würde nach dem Reifen suchen, der sich gelöst hatte und über ein Schaf hinweg ins Gebüsch gehüpft war. (Dank an die kenianischen Kinder, die so nett waren, die Radmuttern im trockenen Gras zu suchen.)

In Jamaika danke ich den Mitarbeitern der University of Technology, besonders dem Sportdirektor Anthony Davis und dem Dekan der natur- und sportwissenschaftlichen Fakultät, Colin Gyles.

In Japan habe ich Noriyuki Fuku und Eri Mikami vom Tokyo Metropolitan Institute of Gerontology zu danken.

In Finnland danke ich der Familie Mäntyranta, besonders aber Iiris. Und ich danke Elizabeth Newman für ihre Hilfe beim Telefonieren auf

Finnisch, als ich beim Aufspüren von Eero Mäntyranta gerade anfing zu verzweifeln.

*Puss och kram* an meine schwedische »Familie«. Besonders danke ich Kajsa Heinemann für ihre Freundschaft auf meinen Reisen nach Schweden und auch für die Übersetzung schwedischer Presseartikel, die mich auf meine Zeit mit Stefan Holm vorbereiten sollten.

In diesem Sinne danke ich auch Shiho Takai (japanisch), Alex Von (von?) Thun (deutsch) und Veronika Belenkaya (russisch) für die Übersetzung von Gesprächen, Artikeln oder Videos.

Mein Name mag auf dem Cover stehen, aber wenn der Vorhang aufgezogen würde, würden viele Zauberer zum Vorschein kommen. Vielen Dank an die Mitarbeiter vom Imprint Current beim Verlag Penguin, vor allem an Marketingdirektor Will Weisser, Werbeleiterin Allison McLean, an die Publizistin Jacquelynn Burke, an Katie Coe, Jesse Maeshiro und Brittany Wienke. Mein besonderer Dank gilt den Herausgebern Adrian Zackheim und Emily Angell. Ihren Glauben an dieses Projekt und ihre Geduld mit mir lässt sich ganz einfach messen, nämlich in Wörtern: 40.000. Um so viele davon war meine erste Fassung zu lang. Ich danke auch Matthew Phillips und Louise Court von Yellow Jersey Press.

Der Beitrag des Psychologen Drew Bailey ist kaum zu überschätzen. Er umfasst ausschweifende Diskussionen zu jeder Tageszeit und Hilfe bei der Datenanalyse von NBA-Körpern. Außerdem fungierte Drew als persönliches Warnsystem für neue Erkenntnisse, die mein Buch beeinflussen könnten. Die Genetik ist ein bewegliches Ziel, das ich allein nicht hätte im Blick halten können. (Vielen Dank, Will Boylan-Pett, für die Hilfe beim Zugriff auf Zeitschriften.)

Soweit ich das beurteilen kann, hatte mein Vater Mark Epstein kaum Interesse an Genetik, bis ich damit anfing. Jetzt ist er ständig auf der Suche nach Artikeln über Genforschung und hat sogar Teile seines eigenen Genoms testen lassen. Wie kann ein Vater besser ein gutes Beispiel geben? Meine Schwester Charna und mein Bruder Daniel haben meinen Ausruf »Ich glaube, ich schaff's nicht« wohl öfter gehört, als mir jetzt lieb ist. Sie haben mir nie geglaubt. Meine Mutter, Eve Epstein, scheint immer gewusst zu haben, dass ich ein Buch schreiben werde. Zusätzlich zu ihrer Hilfe bei Übersetzungen aus dem Schwedischen hat sie mich mit ihrer Ermutigung unterstützt. Während ich an diesem Buch arbeitete, stieß ich auf einen Brief, den ein Musiklehrer an die aus Deutschland geflohenen Eltern meiner Mutter schrieb, als diese sieben Jahre alt war. In dem Brief steht:

> **Ich möchte Ihnen berichten, dass Ihre Tochter angesichts der knappen Zeit, die ich für sie hatte, außergewöhnliche Leistungen erbringt. Sie hat einen ungewöhnlich hohen musikalischen IQ und verdient die besondere Aufmerksamkeit eines Fachmannes. Ich kann nicht mehr als ein paar Minuten Zeit entbehren, um ihr besondere Aufmerksamkeit zu schenken, und das betrübt mich. In den letzten 20 Jahren, in denen ich Kinder kennengelernt und mit ihnen gearbeitet habe, ist mir noch kein wacheres, außergewöhnlicheres Kind begegnet als Eve. Möglicherweise könnten wir bald darüber reden.**
>
> **Mit freundlichen Grüßen Howard Baker**

Dieser Brief erinnert daran, dass sowohl Ererbtes als auch Erlerntes notwendig sind, und dass eins ohne das andere nichts ist.

Zum Schluss danke ich dir, Elizabeth. Ich vermute insgeheim, dass deine Geduld mit meinen Possen nur durch die hohe Schmerztoleranz einer MC1R-Genmutantin zu erklären ist. Wenn ich jemals ein weiteres Buch schreibe, wird es sicher ebenfalls dir gewidmet sein.

# ANMERKUNGEN UND AUSGEWÄHLTE QUELLENANGABEN

Für dieses Buch habe ich Hunderte von Interviews geführt. In vielen Fällen werden die Befragten direkt zitiert, was die Quelle der Informationen offensichtlich macht. In manchen Fällen haben mir Hochleistungsforscher ihre Daten von Spitzensportlern mit der Bitte zur Verfügung gestellt, nicht genannt zu werden, weil ihre Arbeit das Ziel hat, einen Wettbewerbsvorteil für ein bestimmtes Team oder einen bestimmten Sportler zu erzielen. Da ich in solchen Fällen keine Wissenschaftler oder Sportler nenne, habe ich deren Daten ausschließlich als ergänzende Informationen für andere Arbeiten verwendet.

Darüber hinaus habe ich auf Konferenzen, beispielsweise 2010 beim Treffen der British Association of Sport and Exercise Sciences oder beim Jahrestreffen des American College of Sports Medicine, wertvolle Hintergrundinformationen erhalten. In der Welt der Sportmedizin habe ich so lange genervt, bis ich 2012 von dem ACSM-Sprecher als Vortragsredner eingeladen wurde. Bei diesem Treffen hatte ich auch das große Vergnügen, gemeinsam mit Yannis Pitsiladis – dem weltreisenden DNA-Sammler – für die ACSM eine Podiumsdiskussion über Ererbtes und Erlerntes in der Sportkompetenz zu organisieren. Auf dem Podium saßen: Claude Bouchard (der einflussreichste Trainingsgenetiker der Welt); K. Anders Ericsson (der Mann mit der 10.000-Stunden-Regel); und Philip L. Ackerman (der Experte für den Erwerb motorischer Fähigkeiten, der den Fluglotsen-Test konzipiert hat). Selbstverständlich war die Debatte intensiv, aber das anschließende Abendessen harmonisch und höchst angenehm. Für mich war es Wissenschaft in Bestform, streitlustig und kollaborativ zugleich.

Hier gebe ich ausführliche, aber nicht erschöpfende Zitate wieder. Im gesamten Text lassen sich die von mir verwendeten Bücher und Studien leicht identifizieren, da ich häufig die Forscher und/oder Veröffentlichungen benenne. So waren Dutzende von Studien von Janet Starkes und Bruce Abernethy für das erste Kapitel aufschlussreich. Ich werde hier jedoch nicht den ganzen Stapel durchgehen. Diese Anmerkungen sollen Quellen kenntlich machen, die nicht im Text genannt sind, und als detaillierte Anlaufstelle für alle dienen, die an der Erkundung der Primärquellen interessiert sind. Die wörtliche Rede in diesem Buch stammt zum größten Teil direkt aus meinen Interviews. Ist dies nicht der Fall, wird die Quelle entweder im Text selbst oder hier angegeben.

## GEFÄHRLICHE MÄDCHENBÄLLE

14 Jennie Finch hat mir im Interview von ihrer Angst davor erzählt, dass Pujols ihr einen Line Drive zurückschlagen könnte, und dass Bonds sich weigerte, bestimmte Pitches filmen zu lassen. Viele von Finchs Würfen gegen Major-League-Spieler und Pujols' Ausspruch »So was will ich nie wieder erleben« finden sich auf einer DVD mit dem Titel *MLB Superstars Show You Their Game* (Major League Baseball Productions, 2005).

17 Über die Schwierigkeit, einen Fastball zu treffen:
Adair, Robert K. *The Physics of Baseball* (3. Ausg.). Harper Perennial, 2002.

18 Land, Michael F. und Peter McLeod (2000). »From Eye Movements to Actions: How Batsmen Hit the Ball.« *Nature Neuroscience*, 3(12): 1340-45.

McLeod, P. (1987). »Visual Reaction Time and High-Speed Ball Games.« *Perception*, 16(1): 49-59.

Joe Baker (York University) und Jörg Schorer (Universität Münster) belehrten mich über Reaktionsgeschwindigkeit und ließen mich einen virtuellen Okklusionstest machen, bei dem ich gegen professionelle Handballspielerinnen ein Tor erzielen musste. Meine Ergebnisse lassen sich aus dem ursprünglichen Titel des 1. Kapitels in einem frühen Entwurf des Buches ableiten: *Beat by a Digital Girl.*

Für alle, denen gesagt wurde, sie sollten den Ball im Auge behalten:
Bahill, Terry A. und Tom LaRitz (1984). »Why Can't Batters Keep Their Eyes on the Ball?« *American Scientist*, Mai–Juni.

19 Janet Starkes' Arbeit über Wahrnehmungsfähigkeit und einfache Reaktionszeit lässt sich hier kennenlernen:
Starkes, J. L. und J. Deakin (1984). »Perception in Sport: A Cognitive Approach to Skilled Performance.« In W. F. Straub and J. M. Williams Hrsg. *Cognitive Sports Psychology*, 115-28. Sport Science Intl.

19 Starkes, J. L. (1987). »Skill in Field Hockey: The Nature of the Cognitive Advantage.« *Journal of Sport Psychology*, 9: 146-60.

21 De Groots Experimente, die den Grundstein für die Erforschung der Schach-Expertise legten:
de Groot, A. D. *Thought and Choice in Chess*. Amsterdam University Press, 2008.

22 Chases und Simons Chunking-Theorie des Schachspielens:
Chase, William G. und Herbert A. Simon (1973). »Perception in Chess.« *Cognitive Psychology*, (4): 55-81.

24 Zur innovativen Okklusionsforschung von Bruce Abernethy und Kollegen:
Abernethy, B. et al. (2008). »Expertise and Attunement to Kinematic Constraints.« *Perception*, 37(6):931-48.

Mann, David L. et al. (2010). »An Event-Related Visual Occlusion Method for Examining Anticipatory Skill in Natural Interceptive Tasks.« *Behavior Research Methods*, 42(2): 556-62.

Muller, S. et al. (2006). »How do World-Class Cricket Batsmen Anticipate a Bowler's Intention?« *Quarterly Journal of Experimental Psychology*, 59(10): 2162-86.

25 Die visuelle Reaktionsschnelligkeit von Muhammad Ali und die anfänglichen Fehlinterpretationen von Alis Testergebnissen:
Kamin, Leon J. und Sharon Grant-Henry (1987). »Reaction Time, Race und Racism.« *Intelligence*, 11: 299-304.

26 Wahrnehmungsfähigkeiten beim Rebound im Basketball:
Aglhioti, Salvatore M. et al. (2008). »Action Anticipation and Motor Resonance in Elite Basketball Players.« *Nature Neuroscience*, 11(9): 1109-16.

Der Psychologe Richard Abrams hat Ergebnisse der 2006 an der Washington University durchgeführten Tests an Pujols bereitgestellt:
http://news.wustl.edu/news/pages/7535.aspx.

27 Hintergründe zur Erforschung sportlicher Fähigkeiten:
Starkes, Janet L. und K. Anders Ericsson, Hrsg. *Expert Performance in Sports: Advances in Research in Sport Expertise.* Human Kinetics, 2003.

Das Üben einer bestimmten Tätigkeit verändert das Gehirn und führt zu Automatisierung:
Duerden, Emma G. und Daniéle Laverdure-Dupont (2008). »Practice Makes Cortex.« *The Journal of Neuroscience*, 28(35): 8655-57.

Squire, Larry und Eric Kandel. *Memory: From Mind to Molecules* (Kap. 9). Macmillan, 2000.

Van Raalten, Tamar R. et al. (2008). »Practice Induces Function-Specific Changes in Brain Activity.« *PLoS ONE*, 3(10): e3270.

Gewöhnung an eine bestimmte Trainingsform beeinflusst die Hirnaktivität:
Brammer, V. et al. (2001). »Brain Cortical Activity Is Influenced by Exercise Mode and Intensity.« *Medicine & Science in Sports & Exercise*, 43(10): 1863-72.

28 Die beste Einführung in die moderne Leistungsforschung auf Gebieten wie Schach, Chirurgie oder Schreiben, mit Schwerpunkt »Software«:
Ericsson, K. Anders et al., Hrsg. *The Cambridge Handbook of Expertise and Expert Performance.* Cambridge University Press, 2006.

## ZWEI HOCHSPRINGER

33 Dan McLaughlins Fortschritte sind unter thedanplan.com einsehbar.

36 Zahlreiche Schachstudien von Campitelli und/oder Gobet wurden für das Buch verwendet. Dies sind die wichtigsten:
Campitelli, Guillermo und Fernand Gobet (2008). »The Role of Practice in Chess: A Longitudinal Study.« *Learning and Individual Differences*, 18 (4): 446-58.

Gobet, F. und G. Campitelli (2007). »The Role of Domain-Specific Practice, Handedness, and Starting Age in Chess.« *Developmental Psychology*, 43(1): 159-72.

Gobet, Fernand und Herbert A. Simon (2000). »Five Seconds or Sixty? Presentation Time in Expert Memory.« *Cognitive Science*, 24(4): 651-82.

38 Der Artikel, in dem K. Anders Ericsson kundtut, Gladwell habe seine Arbeit »missverstanden«:
Ericsson, K. Anders (2012). »Training History, Deliberate Practise and Elite Sports Performance: An Analysis in Response to Tucker and Collins Review – What Makes Champions?« *British Journal of Sports Medicine*, Okt. 30 (ePub ahead of print).

39 Holms Homepage (scholm.com) zeugt von einer lebenslangen Faszination für Hochsprung (und Lego).

45 Fotos von Thomas' erstem Wettkampf (in Schlabbershorts) sind hier zu sehen:
http://www.polevaultpower.com/forum/viewtopic.php?f=32&t=7161&sid=e6856 2cf62585697482flec91c086165.

Die meisten Angaben stammen von Thomas selbst und von Wettkampfprotokollen, außer das Zitat von Thomas' Cousin, dass Thomas »nicht weiß, dass die Aschebahn einen Kreis bildet«, und Claytons »wusste er nicht, wie man sich aufwärmt ...«. Beide Sätze wurden ursprünglich in einer Pressemitteilung der US-amerikanischen Track and Cross Country Coaches Association von 2007 veröffentlicht: »An Improbable Leap into the Limelight.«

48 Auf YouTube ist eine Aufnahme von Thomas' Sieg bei der Weltmeisterschaft:
http://www-youtube.com/watch?v=yzmPtZyuods.

49 Johnny Holms Beschimpfung »Clown« ist in der schwedischen Zeitschrift Sport Expressen am 30. August 2007 gefallen. Hier:
http://www.expressen.se/sport/friidrott/han-ar-en-javla-pajas/.

Die NHK-Doku über Holm and Thomas – der Titel lässt sich grob mit »Im Körper eines Spitzensportlers« übersetzen – ist brillant.

50 Ein gutes Beispiel für die enorme Bandbreite an Trainingsstunden, die Konkurrenten mit ähnlichen Fähigkeiten gesammelt haben:
Baker, Joseph, Jean Coté und Janice Deakin (2005). »Expertise in Ultra-Endurance Triathletes: Early Sport Improvement, Training Structure, and the Theory of Deliberate Practice.« *Journal of Applied Sport Psychology*, 17: 64-78.

51 Einige der Studien, die die Anzahl der Trainingsstunden von Spitzensportlern enthalten:
Baker, Joseph, Jean Coté und Bruce Abernethy (2003). »Sport-Specific Practice and the Development of Expert Decision-Making in Team Ball Sports.« *Journal of Applied Sport Psychology*, 15: 12-25.

Helsen, W. F., J. L. Starkes und N. J. Hodges (1998). »Team Sports and the Theory of Deliberate Practice.« *Journal of Sport & Exercise Psychology*, 20: 12-34.

Hodges, N. J. und J. L. Starkes (1996). »Wrestling with the Nature of Expertise: A Sport Specific Test of Ericsson, Krampe and Tesch-Romer's (1993) theory of ›deliberate practice.‹« *International Journal of Sport Psychology*, 27:400-24.

Williams, Mark A. und Nicola J. Hodges, Hrsg. *Skill Acquisition in Sport: Research, Theory and Practice* (Kap. 11). Routledge, 2004.

Über die 28 Prozent der australischen Sportler, die nach nur vier Jahren internationales Niveau erreicht haben:
Bullock, Nicola et al. (2009). »Talent Identification and Deliberate Programming in Skeleton: Ice Novice to Winter Olympian in 14 Months.« *Journal of Sports Sciences*, 2'7(4):397-404.

Oldenziel, K., F. Gagne und J. P. Gulbin (2004). »Factors Affecting the Rate of Athlete Development from Novice to Senior Elite: How Applicable Is the 10-Year Rule?« *Pre-Olympic Congress*, Athens. (Zusammenfassung: http://cev.org.br/biblioteca/factors-affecting-the-rate-of-athlete-development-from-novice-to-senior-elite-how-applicable-is-the-10-year-rule/.)

52 Thorndike, Edward L. (1908). »The Effect of Practice in the Case of a Purely Intellectual Function.« *American Journal of Psychology*, 19: 374-384.

55 Selbst beim Dart erklärt die gesammelte Übung einen kleinen Teil der Leistungsabweichung nach 15 Jahren:
Duffy, Linda J., Bahman Baluch und K. Anders Ericsson (2004). »Dart Performance as a Function of Facets of Practice Amongst Professional and Amateur Men and Women Players.« *International Journal of Sport Psychology*, 35: 232-45.

## EIN AUGE FÜR BASEBALL

57 Rosenbaum berichtet von seiner Arbeit mit den Dodgers in seinem Buch *Beware of GUS:*
*Government-University Symbiosis*. Lulu.com, 2010.

58 Die Hauptstudie mit den Daten der Dodgers (Daniel M. Laby hat freundlicherweise zusätzliche Daten bereitgestellt):
Laby, Daniel M. et al. (1996). »The Visual Function of Professional Baseball Players.« *American Journal of Ophthalmology*, 122: 476-85.

58 Die theoretischen Grenzen menschlicher Sehschärfe:
Applegate, Raymond A. (2000). »Limits to Vision: Can We Do Better Than Nature?« *Journal of Refractive Surgery*, 16: S547-51.

Über die unterschiedliche Dichte menschlicher Sehzellen:
Curcio, Christine A. et al. (1990). »Human Photoreceptor Topography.« *Journal of Comparative Neurology*, 292: 497-523.

59 Piazza wird aus Gefälligkeit seinem Vater gegenüber ausgewählt:
Whiteside, Kelly. »A Piazza with Everything.« *Sports Illustrated*, 5. Juli 1993.

Die Sehstärkeuntersuchungen aus China und Indien:
Nangia, Vinay et al. (2011). »Visual Acuity and Associated Factors: The Central India Eye and Medical Study.« *PLoS ONE*, 6(7): e22756.

Xu, L. et al. (2005). »Visual Acuity in Northern China in an Urban and Rural Population: The Beijing Eye Study.« *British Journal of Ophthalmology*, 89: 1089-93.

60 Untersuchungen der Sehschärfe bei jungen Menschen, auch schwedischen Teenagern:
Frisén, L. und M. Frisén (1981). »How Good Is Normal Visual Acuity? A Study of Letter Acuity Thresholds as a Function of Age.« *Albrecht von Graefes Archiv für klinische und experimentelle Ophthalmologie*, 215(3): 149-57.

Ohlsson, Josefin und Gerardo Villarreal (2005). »Normal Visual Acuity in 17-18 Year Olds.« *Acta Ophthalmologica Scandinavia*, 83: 487-91.

Im Allgemeinen werden Batter ab dem Alter von 29 Jahren schlechter:
Fair, Ray C. (2008). »Estimated Age Effects in Baseball.« *Journal of Quantitative Analysis in Sports*, 4(1): 1.

Ted Williams über seine eigene Sehstärke:
Williams, Ted und John W. Underwood. *My Turn at Bat: The Story of My Life*. Simon and Schuster, 1988, S. 93-94.

61/62 Dieser Satz von Keith Hernandez fiel, als er das 6. Inning des Spiels der Mets gegen die Nationals am 10. April 2012 kommentierte.

62 Studien an Battern in VR:
Gray, Rob (2002). »Behavior of College Baseball Players in a Virtual Batting Task.« *Journal of Experimental Psychology: Human Perception and Performance*, 28(5): 1131-48.

Hyllegard, R. (1991). »The Role of Baseball Seam Pattern in Pitch Recognition.« *Journal of Sport & Exercise Psychology*, 13: 80-84.

63 Die meisten Tennisprofis haben eine hervorragende Sehschärfe, aber einige haben nur eine durchschnittliche:
Fremion, Amy S. et al. (1986). »Binocular and Monocular Visual Function in World Class Tennis Players.« *Binocular Vision*, 1(3): 147-54.

Muhammad Alis Reaktionsschnelligkeit:
Kamin, Leon J. und Sharon Grant-Henry (1987). »Reaction Time, Race und Racism.« *Intelligence*, 11: 299-304.

Sehschärfe von Olympioniken:
Laby, Daniel M., David G. Kirschen und Paige Pantall (2011). »The Visual Function of Olympic-Level Athletes-An Initial Report.« *Eye & Contact Lens*, Mar. 3 (ePub ahead of print).

63 Tiefenwahrnehmung und Fanggenauigkeit:
Mazyn, Liesbeth I. N. et al. (2004). »The Contribution of Stereo Vision to One-Handed Catching.« *Experimental Brain Research*, 157: 383-90.

Mazyn, Liesbeth I. N. et al. (2007). »Stereo Vision Enhances the Learning of a Catching Skill.« *Experimental Brain Research*, 179: 723-26.

64 Studie an jugendlichen Baseball- und Softballspielern:
Boden, Lauren M. et al. (2009). »A Comparison of Static Near Stereo Acuity in Youth Baseball/Softball Players and Non-Ball Players.« *Optometry*, 80: 121-25.

64/65 Schneiders Tennisstudie:
Schneider, W., K. Bés und H. Rieder (1993). »Leistungsprognose bei jugendlichen Spitzensportlern.« In: J. Beckmann, H. Strang und E. Hahn, Hrsg. *Aufmerksamkeit und Energetisierung*. Göttingen: Hogrefe.

66 Dass Graf mit den Läuferinnen der Olympiamannschaft trainierte, erwähnt ihr Mann in seiner Autobiografie:
Agassi, Andre. *Open*. Vintage, 2010 (Kindle E-book).

Einführung in die Talentstudien aus Groningen:
Elferink-Gemser, Marije T. et al. (2004). »The Marvels of Elite Sports: How to Get There?« *British Journal of Sports Medicine*, 45: 683-84.

Elferink-Gemser, Marije T. und Chris Visscher. »Chapter 8: Who Are the Superstars of Tomorrow? Talent Development in Dutch Soccer.« In: Joseph Baker, Steve Cobley und Jörg Schorer, Hrsg. *Talent Identification and Development in Sport: International Perspectives*. Routledge, 2011.

70 Unterschiedliche Trainingszeiten bei belgischen und niederländischen Hockeyspielern:
van Rossum, Jacques H. A. »Chapter 37: Giftedness and Talent in Sport.« In: L. V. Shavinina, Hrsg. *International Handbook on Giftedness*. Springer, 2009.

In manchen Sportarten führen vielfältige, nicht spezialisierte Sporterfahrungen zu Hochleistungen:
Baker, Joseph (2003). »Early Specialization in Youth Sport: A Requirement for Adult Expertise?« *High Ability Studies*, 14(1): 85-94.

Baker, Joseph, Jean Coté und Bruce Abernethy (2003). »Sport-Specific Practice and the Development of Expert Decision-Making in Team Ball Sports.« *Journal of Applied Sport Psychology*, 15: 12-25.

72 Über das *speed plateau*:
Schiffer, Jürgen (2011). »Training to Overcome the Speed Plateau.« *New Studies in Athletics*, 26(1/2): 7-16.

74 Tiger Woods über seine Spielfreude:
Verdi, Bob. »The Grillroom: Tiger Woods.« *Golf Digest*. 1. Januar 2000, 51(1): 132.

Tiger konnte mit sechs Monaten auf der Hand seines Vaters balancieren:
Smith, Gary. »The Chosen One.« *Sports Illustrated*. 23. Dezember 1996.

## WARUM MÄNNER BRUSTWARZEN HABEN

77 Die Leidensgeschichte von Maria José Martínez-Patiño erzählt sie selbst am besten:
Martínez-Patiño, Maria José (2005). »Personal Account: A Woman Tried and Tested.« *Lancet*, 366: 838.

80 Umfrageergebnisse zur Frage, ob Sportlerinnen bald Sportler besiegen:
Holden, Constance (2004). »An Everlasting Gender Gap« *Science*, 305: 639-40.

Studien, denen zufolge Frauen schneller laufen werden als Männer:
Beneke, R., R. M. Leithauser und M. Doppelmayr (2005). »Women Will Do It in the Long Run.« *British Journal of Sports Medicine*, 39: 410.

Tatem, Andrew J. et al. (2004). »Momentous Sprint at the 2156 Olympics? Women Sprinters Are Closing the Gap on Men and May One Day Overtake Them.« *Nature*, 431: 525.

Whipp, Brian J. und Susan A. Ward (1992). »Will Women Soon Outrun Men?« *Nature*, 355:25.

82 Männer werfen um drei Standardabweichungen weiter als Frauen, und zwar schon ohne Sporterfahrung:
Thomas, Jerry R. und Karen E. French. »Gender Differences Across Age in Motor Performance: A Meta-Analysis.« *Psychological Bulletin*, 98 (2): 260-82.

Hintergründe zu Geschlechtsunterschieden (vor allem zum 1. Kapitel):
Baron-Cohen, Simon, Svetlana Lutchmaya und Rebecca Knickmeyer. *Prenatal Testosterone in Mind: Amniotic Fluid Studies*. The MIT Press, 2004.

David C. Gearys Buch *Male, Female: The Evolution of Human Sex Differences* (2. Ausg., American Psychological Association, 2010) liest sich faszinierend und ist in diesem Kapitel die Hauptfaktenquelle zu Geschlechtsunterschieden (Beispiel: Jungen bilden schon im Mutterleib längere Unterarme als Mädchen; 30 Prozent aller Männer in Naturvölkern sterben durch andere Männer; Geschlechtsunterschiede bei der Oberkörperkraft).

Diese Sammlung von Studien zu Geschlechtsunterschieden aus 100 Jahren wurde ebenfalls verwendet:
Ellis, Lee et al. *Sex Differences: Summarizing More Than a Century of Scientific Research*. Psychology Press, 2008.

83 Unterschiede in der Wurfweite zwischen Männern und Frauen und bei australischen Ureinwohnern:
Thomas, Jerry R. et al. (2010). »Developmental Gender Differences for Overhand Throwing in Australian Aboriginal Children.« *Research Quarterly for Exercise and Sport*, 81(4): 1-10.

Sexuelle Selektion und körperlicher Wettbewerb bei Menschen und Tieren in Bezug auf unterschiedliche Fähigkeiten:
Puts, David A. (2010). »Beauty and the Beast: Mechanisms of Sexual Selection in Humans.« *Evolution and Human Behavior*, 31: 157-75.

84 Zielsicherheit bei Frauen, die vor der Geburt mehr Testosteron ausgesetzt waren:
Hines, M. et al. (2003). »Spatial Abilities Following Prenatal Androgen Abnormality: Targeting and Mental Rotations Performance in Individuals with Congenital Adrenal Hyperplasia.« *Psychoneuroendocrinology*, 28(8): 1010-26.

Trotz unterschiedlicher Wurffähigkeiten werfen trainierte Frauen besser als untrainierte Männer:
Schorer, Jörg et al. (2007). »Identification of Interindividual and Intraindividual Movement Patterns in Handball Players of Varying Expertise Levels.« *Journal of Motor Behavior*, 39(5): A09-21.

Analyse von Leistungsunterschieden in Leichtathletik und Schwimmsport:
Thibault, Valérie et al. (2010). »Women and Men in Sport Performance: The Gender Gap Has Not Evolved Since 1983.« *Journal of Sports Science and Medicine*, 9: 214-23.

Geschlechtsunterschiede bei Ultra-Langläufen in einem berühmten Laufbuch, ab S. 682:
Noakes, Timothy D. *Lore of Running* (4. Ausg.). Human Kinetics, 2002.

85 Die Schere zwischen Männern und Frauen beim Laufen:
Denny, Mark W. (2008). »Limits to Running Speed in Dogs, Horses and Humans.« *The Journal of Experimental Biology*, 211: 3836-49.

Holden, Constance (2004). »An Everlasting Gender Gap?« *Science*, 305: 639-40.

86 Geschlechtsunterschiede im Knochen- und Körperbau:
Malina, Robert, Claude Bouchard und Oded Bar-Or. *Growth, Maturation & Physical Activity* (2. Ausg.). Human Kinetics, 2003.

Malina, Robert M. »Part Five: Post-natal Growth and Maturation.« In: Stanley J. Ulijaszek et al., Hrsg. *The Cambridge Encyclopedia of Human Growth and Development*. Cambridge University Press, 1998.

Morgenthal, Paige A. und Diane N. Resnick. »Chapter 14: The Female Athlete: Current Concepts.« In: Robert D. Mootz and Kevin McCarthy, Hrsg. *Sports Chiropractic*. Jones & Bartlett Learning, 1999.

87 Auf S. 176 eine Tabelle, die sportlich bedeutsame Geschlechtsunterschiede auflistet:
Abernethy, Bruce et al. *The Biophysical Foundations of Human Movement* (2. Ausg.). Human Kinetics, 2004.

88 Körperlicher Wettbewerb hängt vom Lebensraum eines Tieres ab:
Puts, David A. (2010). »Beauty and the Beast: Mechanisms of Sexual Selection in Humans.« *Evolution and Human Behavior*, 31: 157-75.

89 Dass moderne Menschen mehr weibliche als männliche Vorfahren haben, belegen viele Studien, hier eine Zusammenfassung:
Geary. *Male, Female: The Evolution of Human Sex Differences*, S. 234-35.

Die »Dschingis-Khan-Studie«:
Zerjal, T. et al. (2003). »The Genetic Legacy of the Mongols.« *American Journal of Human Genetics*, 72: 717-21.

89 Metaanalyse der geschlechtsspezifischen prä- und postpubertären Leistungsdifferenzen im Alter zwischen zwei und 20:
Thomas, Jerry R. und Karen E. French. »Gender Differences Across Age in Motor Performance: A Meta-Analysis.« *Psychological Bulletin*, 98 (2): 260-82.

Vor der Pubertät unterscheiden sich Jungen und Mädchen nicht in Körpergröße, Muskel- und Knochenmasse:
Gooren, Louis J. (2008). »Olympic Sports and Transsexuals.« *Asian Journal of Andrology*. 10(3): 427-32.

90 Altersbedingte Veränderungen bestimmter Fertigkeiten – werfen, sprinten – bei Jungen und Mädchen finden sich im 11. Kapitel von:
Malina, Robert, Claude Bouchard und Oded Bar-Or. *Growth, Maturation & Physical Activity* (2. Ausg.). Human Kinetics, 2003.

Körpereigenschaften, auch Körperfettanteil, von Marathonläuferinnen:
Christensen, Carol L. und R. O. Ruhling (1983). »Physical Characteristics of Novice and Experienced Women Marathon Runners.« *British Journal of Sports Medicine*, 17(3): 166-71.

91 Körpergröße und Leistungsentwicklung bei jungen Turnerinnen:
Claessens, Albrecht L. (2006). »Maturity-Associated Variation in the Body Size and Proportions of Elite Female Gymnasts 14-17 Years of Age.« *European Journal of Pediatrics*, 165: 186-92.

Malina, R. M. (1994). »Physical Growth and Biological Maturation of Young Athletes.« *Exercise and Sport Sciences Reviews*, 22: 389-433.

Ein spannender Blick ins Dopingprogramm der DDR:
Ungerleider, Steven. *Faust's Gold: Inside the East German Doping Machine*. Thomas Dunne Books, 2001.

92 Zwei sehr gute Übersichten zu intersexuellen Olympiateilnehmern:
Ritchie, Robert, John Reynard und Tom Lewis (2008). »Intersex and the Olympic Games.« *Journal of the Royal Society of Medicine*, 101: 395-99.

Tucker, Ross und Malcolm Collins (2009). »The Science and Management of Sex Verification in Sport.« *South African Journal of Sports Medicine*, 21(4): 147-150.

93 Die männlichen und weiblichen Testosteronwerte stammen aus Interviews mit Endokrinologen und aus Laborreferenzbereichen. Der Testosteron-Referenzbereich variiert geringfügig von Labor zu Labor.

Quest Diagnostics setzt für Männer eine Spanne von 241 bis 827 Nanogramm Testosteron pro Deziliter Blut. Die Mayo-Klinik arbeitet mit ähnlichen Werten: http://www.mayomedicallaboratories.com/test-catalog/Clinical+and-+Interpretive/8508.

Sieben Sportlerinnen bei den Olympischen Spielen in Atlanta, bei denen ein SRY-Gen festgestellt wurde:
Wonkam, Ambroise, Karen Fieggen und Raj Ramesar (2010). »Beyond the Caster Semenya Controversy.« *Journal of Genetic Counseling*, 19(6): 545–548.

Vorkommen eines Y-Chromosoms bei Sportlerinnen in fünf Olympiaden:
Foddy, Bennett und Julian Savulescu (2011). »Time to Re-evaluate Gender Segregation in Athletics?« *British Journal of Sports Medicine*, 45(15): 1184-88.

93 Vorkommen von Androgenresistenz:
Galani, Angeliki et al. (2008). »Androgen Insensitivity Syndrome: Clinical Features and Molecular Defects.« *Hormones*, 7(3): 217-29.

Studien, die hohen Wuchs und männliche Skelett-Proportionen bei Frauen mit AIS belegen:
Han T. S. et al. (2008). »Comparison of Bone Mineral Density and Body Proportions Between Women with Complete Androgen Insensitivity Syndrome and Women with Gonadal Dysgenesis.« *European Journal of Endocrinology*, 159: 179-85.

Zachmann, M. et al. (1986). »Pubertal Growth in Patients with Androgen Insensitivity: Indirect Evidence for the Importance of Estrogens in Pubertal Growth of Girls.« *Journal of Pediatrics*, 108: 694-97.

94 Androgenresistenz nur »Spitze des Eisbergs« von Intersexualität im Sport:
Foddy, Bennett und Julian Savulescu (2011). »Time to Re-Evaluate Gender Segregation in Athletics?« *British Journal of Sports Medicine*, 45(15): 1184-88.

95 Testosteronspiegel von Spitzensportlerinnen:
Cook, C. J. et al. (2012). »Comparison of Baseline Free Testosterone and Cortisol Concentrations Between Elite and Non-Elite Athletes.« *American Journal of Human Biology*, 24(6): 856-58.

Netball-Spielerinnen mit mehr Testosteron fordern sich mehr:
Cook, C. J. und C. M. Beaven (2013). »Salivary Testosterone is Related to Self-Selected Training Load in Elite Female Athletes.« *Physiology & Behavior*, 116-117C:8-12 (ePub ahead of print).

98 Männerherzen wachsen schneller:
Kolata, Gina. »Men, Women and Speed. 2 Words: Got Testosterone?« *New York Times*, 22. August 2008.

## DAS TALENT DER TRAINIERBARKEIT

99 Neben Interviews liefert Ryuns Biografie *In Quest of Gold*, die er mit Mike Phillips geschrieben hat, einen detaillierten Bericht über seinen Aufstieg in der Leichtathletik und ist die Quelle von Zitaten von Ryun und seinen Eltern.

104 Die HERITAGE-Studie hat über hundert Artikel in Fachjournalen nach sich gezogen. Hier die für dieses Kapitel wichtigsten:
Bouchard, Claude et al. (1999). »Familial Aggregation of $VO_2$max Response to Exercise Training: Results from the HERITAGE Family Study.« *Journal of Applied Physiology*, 87:1003-8.

Bouchard, Claude et al. (2011). »Genomic Predictors of the Maximal $O_2$ Uptake Response to Standardized Exercise Training Programs.« *Journal of Applied Physiology*, 10(5):1160-70.

Rankinen, T. et al. (2010). »CREB1 Is a Strong Genetic Predictor of the Variation in Exercise Heart Rate Response to Regular Exercise: The HERITAGE Family Study.« *Circulation: Cardiovascular Genetics*, 3(3):294-99.

104 Timmons, James A. et al. (2010). »Using Molecular Classification to Predict Gains in Maximal Aerobic Capacity Following Endurance Exercise Training in Humans.« *Journal of Applied Physiology*, 108: 1487-96.

Die HERITAGE-Studie, für Laien erklärt:
Roth, Stephen M. *Genetics Primer for Exercise Science and Health*. Human Kinetics, 2007.

108 Zu den Unterschieden im Ausmaß der Expression von 29 Genen:
Bamman, Marcas M. (2010). »Does Your (Genetic) Alphabet Soup Spell ‚Runner'?« *Journal of Applied Physiology*, 108: 1452-53.

109 Daten der GEAR-Studie wurden mir freundlicherweise vom Team zur Verfügung gestellt: Pascal J. Goldschmidt (Dean, Miller School of Medicine, University of Miami); Margaret A. Pericak-Vance (Director, Miami Institute of Human Genomics); Jeffrey Farmer (GEAR Project Manager); Evadnie Rampersaud (Director, Division of Genetic Epidemiology in the Center for Genetic Epidemiology and Statistical Genetics, John P. Hussman Institute for Human Genomics).

115 Die Studie mit den »naturfitten Sechs«:
Martino, Marco, Norman Gledhill und Veronica Jamnik (2002). »High $VO_2$max with No History of Training Is Primarily Due to High Blood Volume.« *Medicine & Science in Sports & Exercise*, 34(6): 966-71.

120 Wellingtons »nahezu unmögliche« Leistung:
»Wellington Wins World Ironman Championships.« *Britishtriathlon.org*, 14. Oktober 2007.

122 Andrew Wheatings Anfänge in der Leichtathletik werden hier beschrieben:
Layden, Tim. »Off to a Blazing Start.« *Sports Illustrated*, 20. September 2010.

123 Alberto Juantorena erzählt von seinem Wechsel vom Basketball zum Laufen:
Sandrock, Michael. *Running with the Legends*. Human Kinetics, 1996, S. 204.

124 Jack Daniels' fünfjährige Studie von Jim Ryuns:
Daniels, Jack (1974). »Running with Jim Ryun: A Five-Year Study.« *The Physician and Sportsmedicine*, 2: 63-67.

125 Studie an jungen japanischen Sportlern:
Murase, Yutaka et al. (1981). »Longitudinal Study of Aerobic Power in Superior Junior Athletes.« *Medicine & Science in Sports & Exercise*, 13(3): 180-84.


## SUPERBABY, SUPERHUND


127 Die ursprüngliche Superbaby-Studie:
Schuelke, Marcus et al. (2004). »Myostatin Mutation Associated with Gross Muscle Hypertrophy in a Child.« *New England Journal of Medicine*, 350: 2682-88.

128 Die erste Beschreibung von Myostatin in der wissenschaftlichen Literatur:
McPherron, Alexandra C., Ann M. Lawler und Se-Jin Lee (1997). »Regulation of Skeletal Muscle Mass in Mice by a New TGF-β Superfamily Member.« *Nature*, 387(6628): 83-90.

129 Myostatin-Mutation bei doppellendigen Rindern:
McPherron, Alexandra C. und Se-Jin Lee (1997). »Double Muscling in Cattle Due to Mutations in the Myostatin Gene.« *Proceedings of the National Academy of Sciences*, 94: 12457-61.

131 Whippets mit Myostatin-Mutation:
Mosher, Dana S. et al. (2007). »A Mutation in the Myostatin Gene Increases Muscle Mass and Enhances Racing Performance in Heterozygote Dogs.« *PLoS ONE*, 3(5): e79.

Myostatin-Gen ist Indikator für Sprintfähigkeit und Preisgelder bei Pferden:
Hill, Emmeline W. et al. (2010). »A Sequence Polymorphism in MSTN Predicts Sprinting Ability and Racing Stamina in Thoroughbred Horses.« *PLoS ONE*, 5(1): e8645.

Varianten des Myostatin-Gens und sportliche Leistung bei Tieren:
Lee, Se-Jin (2007). »Sprinting Without Myostatin: A Genetic Determinant of Athletic Prowess.« *Trends in Genetics*, 23(10):475-77.

Lee, Se-Jin (2010). »Speed and Endurance: You Can Have It All.« *Journal of Applied Physiology*, 109: 621-22.

132 Myostatinhemmendes Molekül führt bei Mäusen in zwei Wochen zu 60 Prozent mehr Muskelmasse:
Lee, Se-Jin et al. (2005). »Regulation of Muscle Growth by Multiple Ligands Signaling Through Activin Type IT Receptors.« *Proceedings of the National Academy of Sciences*, 102(50): 18117-22.

133 Pharmaunternehmen testen myostatinhemmende Medikamente am Menschen:
Attie, Kenneth M. et al. (2012). »A Single Ascending-Dose Study of Muscle Regulator ACE-031 in Health Volunteers.« *Muscle & Nerve*, 1. August (ePub ahead of print).

H. Lee Sweeney über seine Forschung zu IGF-1 und die Zukunft von Gendoping:
Sweeney, H. Lee (2004). »Gene Doping.« *Scientific American*, (Juli 2004): 63-69.

135 Studien des Core Muscle Research Laboratory und des Veterans Affairs Medical Center der University of Alabama-Birmingham:
Bamman, Marcas M. et al. (2007). »Cluster Analysis Tests the Importance of Myogenic Gene Expression During Myofiber Hypertrophy in Humans.« *Journal of Applied Physiology*, 102: 2232-39.

Petrella, John K. et al. (2008). »Potent Myofiber Hypertrophy During Resistance Training in Humans Is Associated with Satellite Cell-Mediated Myonuclear Addition: A Cluster Analysis.« *Journal of Applied Physiology*, 104: 1736-42.

136 Daten der GEAR-Studie wurden freundlicherweise von Mitgliedern des Forschungsteams aus Miami bereitgestellt.

Kraftzuwächse zwischen 0 und 250 Prozent nach zwölf Wochen:
Hubal, M. J. et al. (2005). »Variability in Muscle Size and Strength Gain After Unilateral Resistance Training.« *Medicine & Science in Sports & Exercise*, 37(6): 964-72.

137 Schnelligkeit der Muskelkontraktion begrenzt das menschliche Sprinttempo:
Weyand, Peter G. et al. (2010). »The Biological Limits to Running Speed Are Imposed from the Ground Up.« *Journal of Applied Physiology*, 108(4): 950-61.

137 Leicht verständliche Einführung in das Thema Muskelfasertypen mit grafischer Darstellung der Proportionen:
Andersen, Jesper L. et al. (2007). »Muscle, Genes and Athletic Performance.« In: *Building the Elite Athlete. Scientific American.*

138 Zwei der berühmtesten Studien zum Anteil von Muskelfasertypen bei Sportlern:
Costill, D. L. et al. (1976). »Skeletal Muscle Enzymes and Fiber Composition in Male and Female Track Athletes.« *Journal of Applied Physiology*, 40(2):149-54.

Fink, W. J., D. L. Costill. and M. L. Pollock (1977). »Submaximal and Maximal Working Capacity of Elite Distance Runners. Part II: Muscle Fiber Composition and Enzyme Activities.« *Annals of the New York Academy of Sciences*, 301: 323-27.

Eine hervorragende und frei verfügbare Einführung in das Thema Muskelfasertypen:
Zierath, Juleen R. und John A. Hawley. »Skeletal Muscle Fiber Type: Influence on Contractile and Metabolic Properties.« *PLoS Biology*, 2(10): e348.

Frank Shorters Wadenbiopsie lässt sich in Abb. 2 dieses Online-Artikels gratis besichtigen:
Zierath, Juleen R. und John A. Hawley. »Skeletal Muscle Fiber Type: Influence on Contractile and Metabolic Properties.« *PLoS Biology*, 2(10): e348.

Acht Stunden elektrische Stimulation am Tag verändert nicht den Slow-twitch-Faser-Anteil:
Simoneau, Jean-Aimé und Claude Bouchard (1995). »Genetic Determinism of Fiber Type Proportion in Human Skeletal Muscle.« *The FASEB Journal*, 9: 1091-95.

Die von Jesper Anderson mitverfasste Übersicht über die Wirkungen von Training auf Muskelfasern:
Andersen, J. L. und P. Aagaard (2010). »Effects of Strength Training on Muscle Fiber Types and Size: Consequences for Athletes Training for High-Intensity Sport.« *Scandinavian Journal of Medicine & Science in Sports*, 20(Suppl. 2): 32-38.

Die russische Studie, die Ausdauergene mit Muskelfaserproportionen in Beziehung setzt:
Ahmetoy, Ildus I. (2009). »The Combined Impact of Metabolic Gene Polymorphisms on Elite Endurance Athlete Status and Related Phenotypes.« *Human Genetics*, 126(6): 751-61.

## DER URKNALL DER KÖRPERTYPEN

143 *Winner-take-all*-Märkte unter Berücksichtigung von Technologie:
Frank, Robert H. Luxury Fever: *Money and Happiness in an Era of Excess.* Free Press, 1999 (Kindle e-book).

144 Jesse Owens' Gelenkbewegungen waren ähnlich schnell wie die von Carl Lewis:
Schechter, Bruce. »How Much Higher? How Much Faster?« In: *Building the Elite Athlete. Scientific American*, 2007.

Über die perfekte Körperform des Menschen:
Sargent, D. A. (1887). »The Physical Characteristics of the Athlete.« *Scribner's Magazine*, 2(5): 558.

145 Norton und Olds haben ausführlich über veränderte Körperformen bei Spitzensportlern geschrieben.
Dies sind zwei der besten Übersichtsartikel, aus denen viele der sportspezifischen Beispiele in diesem Kapitel stammen:
Norton, Kevin und Tim Olds (2001). »Morphological Evolution of Athletes Over the 20th Century: Causes and Consequences.« *Sports Medicine*, 31(11): 763-83.

Olds, Timothy. »Chapter 9: Body Composition and Sports Performance.« In: Ronald J. Maughan, Hrsg. *The Olympic Textbook of Science in Sport*, Blackwell Publishing, 2009.

146 Sehr große Frauen nehmen 191-mal eher an einem Olympiafinale teil als sehr kleine Frauen:
Khosla, T. und V. C. McBroom (1988). »Age, Height and Weight of Female Olympic Finalists.« British Journal of Sports Medicine, 19: 96-99.

148 Norton und Olds haben gemeinsam das Lehrbuch *Anthropometrica* (UNSW Press, 2004) herausgegeben, die letztgültige Einführung in die Messung von Körpertypen im Sport. Das 11. Kapitel »Anthropometry and Sports Performance«, ist ein wahrer Wissensschatz und enthält unter anderem die schnelle Änderung der Körpergröße von Hochspringern nach Einführung des Fosbury-Flops und Grafiken, die zeigen, wie die Körper von Weltrekordhaltern je nach Laufstrecke variieren.

149 Wärmehaushalt und Körpergröße von Läufern:
O'Connor, Helen, Tim Olds und Ronald J. Maughan (2007). »Physique and Performance for Track and Field Events.« *Journal of Sports Sciences*, 25(S2): S49-60.

Auswirkungen der Körperkerntemperatur (und die Wirkung von Amphetaminen) auf die Anstrengung:
Roelands, Bart et al. (2008). »Acute Norepinephrine Reuptake Inhibition Decreases Performance in Normal and High Ambient Temperature.« *Journal of Applied Physiology*, 105: 206-12.

Tucker, Ross (2009). »The Anticipatory Regulation of Performance: The Physiological Basis for Pacing Strategies and the Development of a Perception-Based Model for Exercise Performance.« *British Journal of Sports Medicine*, 43: 392-400.

Erörterung des Wärmehaushalts im Hinblick auf den Fall Paula Radcliffe:
Schwellnus, Martin P., Hrsg. *The Olympic Textbook of Medicine in Sport*. Wiley, 2008, S. 463.

150 Die berühmte Studie über Körpertypen bei den olympischen Spielen in Mexiko-Stadt 1968.
de Garay, Alfonso L., Louise Levine und J. E. Lindsay Carter, Hrsg. *Genetic and Anthropological Studies of Olympic Athletes*. Academic Press, 1974.

151 Michael Phelps' kurze Beine:
McMullen, Paul. »Measure of a Swimmer: From Flipper Feet to a Long Trunk, Phelps Represents a One-Man Body Shop of What a Swimmer Should Be.« *Baltimore Sun*, 9. März 2004.

152 Lohnschere zwischen Durchschnittsverdienern und Profisportlern (mit Zahlen vom U.S. Census Bureau aktualisiert):
Olds, Timothy. »Chapter 9: Body Composition and Sports Performance.« In: Ronald J. Maughan, Hrsg. *The Olympic Textbook of Science in Sport*. Blackwell Publishing, 2009.

152 Die GIANT-Studie:
Willer, C. J. et al. (2009). »Six New Loci Associated with Body Mass Index Highlight a Neuronal Influence on Body Weight Regulation.« *Nature Genetics*, 41(1): 25-34.

Forscher in den USA und Finnland haben herausgefunden, dass ein hoher Anteil an Fast-twitch-Muskelfasern die Fettverbrennung senkt und den Blutdruck und das Risiko für Herzerkrankungen erhöht:
Hernelahti, Miika et al. (2008). »Muscle Fiber-Type Distribution as a Predictor of Blood Pressure: A 19-Year Follow-Up Study.« *Hypertension*, 45(5): 1019-23.

Kujala, Urho M. und Heikki O. Tikkanen (2001). »Disease-Specific Mortality Among Elite Athletes.« *JAMA*, 285(1): 44.

Tanner, Charles J. et al. (2002). »Muscle Fiber Type Is Associated with Obesity and Weight Loss.« *American Journal of Physiology-Endocrinology and Metabolism*, 282: E1191-96.

153 Francis Holway hat freundlicherweise seine Daten über die Körpermaße von Sportlern bereitgestellt.

154 Cowgill über angeborene Unterschiede im Knochenbau:
Cowgill, L. W. (2010). »The Ontogeny of Holocene and Late Pleistocene Human Postcranial Strength.« *American Journal of Physical Anthropolgy*, 141(1): 16-37.

156 Tanners Zitat stammt aus:
Tanner, J. M. *Fetus into Man: Physical Growth from Conception to Maturity* (revidierte und erweiterte Ausgabe). Harvard University Press, 1990.

## DER VITRUVIANISCHE BASKETBALLER

160 Dennis Rodman hat sein schnelles Wachstum in einem Interview bestätigt, aber sein Buch gibt das lebendigste Zeugnis davon und liefert seine Zitate:
Rodman, Dennis. *Bad as I Wanna Be*. Dell, 1997.

161 Michael Jordan erzählt in dem Video *Come Fly with Me* (Fox/NBA), wie er schon als 1,73 Meter großer Neuntklässler angefangen hat zu dunken. Auch die Sportlichkeit und kleine Statur seines Bruders wird oft erwähnt, vielleicht am ausführlichsten im 2. Kapitel von:
David Halberstam. *Playing for Keeps: Michael Jordan and the World He Made*. Three Rivers Press, 2000.

162 Genvermischung trägt möglicherweise zu allgemein höherem Wuchs bei:
Malina, Robert M. (1979). »Secular Changes in Size and Maturity: Causes and Effects.« *Monographs of the Society for Research in Child Development*, 44(3/4): 59-102.

Wissenschaftliche Studien, die sich mit der Schwellenbehauptung von Journalisten wie Malcolm Gladwell und David Brooks auseinandersetzen:
Arneson, Justin J., Paul R. Sackett und Adam S. Beatty (2011). »Ability-Performance Relationships in Education and Employment Settings: Critical Tests of the More-Is-Better and the Good-Enough Hypotheses.« *Psychological Science*, 22(10): 1336-42.

162 Hambrick, David Z. und Elizabeth J. Meinz (2011). »Limits on the Predictive Power of Domain-Specific Experience and Knowledge in Skilled Performance.« *Current Directions in Psychological Science*, 20(5): 275–79. (Laut dieser Studie erhalten Kinder, die im Alter von 13 Jahren beim Mathematikabschnitt des SAT-Tests im 99,9. Perzentil liegen, mit 18-mal höherer Wahrscheinlichkeit einen Doktortitel in Mathematik oder Naturwissenschaften als Kinder, die »nur« das 99,1. Perzentil erreichen.)

163 Die Datenanalyse der NBA-Körpertypen in diesem Kapitel wurde für dieses Buch vom Autor und dem Psychologen Drew H. Bailey durchgeführt. Wir haben Daten der NBA und der im Text genannten US-Behörden verwendet.

165 Der 1,60 Meter kleine Muggsy Bogues konnte dunken:
Foreman, Tom Jr. »Bogues, Webb Make Case for the Little Guy.« *Associated Press*, 16. Februar 1985.

168 Faszinierender Bericht über die »Erschaffung« von Yao Ming:
Larmer, Brook. *Operation Yao Ming: The Chinese Sports Empire, American Big Business, and the Making of an NBA Superstar*. Gotham, 2005.

Durchschnittsgröße von Franzosen im 17. Jahrhundert:
Blue, Laura. »Why Are People Taller Today Than Yesterday?« *Time*, 8. Juli 2008.

J. M. Tanners *Fetus into Man* (Harvard University Press, 1990) ist die Quelle für die Wachstumstrends in Industrieländern. Darin kommen vor: die Geschichte der eineiigen Zwillinge, die in völlig unterschiedlichen Umgebungen aufgewachsen sind (S. 121); die Wachstumsmuster von Zwillingen (S. 123); dass sich der Mensch nicht mit dem Supermarkt entwickelt hat (S. 130); Beinlängenunterschiede zwischen sozioökonomischen Klassen (S. 131); Hinweise darauf, dass blinde Kinder andere Wachstumsmuster haben (S. 146); das rapide Beinwachstum während Japans »Wirtschaftswunder« (S. 159).

Die Studie, die 45 Prozent der Höhenvarianz mit DNA-Varianten erklärt, enthält auch den allgemeinen Befund, dass die Körpergröße in einer bestimmten Population zu etwa 80 Prozent vererbbar ist:
Yang, Jian et al. (2010). »Common SNPs Explain a Large Proportion of the Heritability for Human Height.« *Nature Genetics*, 42(7): 565-69.

169 Über die Schwierigkeit, ein Gen für Körpergröße zu finden:
Maher, Brendan (2008). »The Case of the Missing Heritability.« *Nature*, 456: 18-21.

Bei Turnerinnen verspätet sich die erste Menstruation, sie erreichen aber als Erwachsene eine normale Statur:
Norton, Kevin und Tim Olds. *Anthropometrica*. UNSW Press, 2004, S. 313.

170 Beinlänge und Beinwachstum in Japan:
Eveleth, Phyllis B. und James M. Tanner. *Worldwide Variation in Human Growth* (2. Ausg.). Cambridge University Press, 1991.

Tabellen mit Beinlängen je nach ethnischer Zugehörigkeit:
Eveleth, Phyllis B. und James M. Tanner. »Chapter 9: Genetic Influence on Growth: Family and Race Comparisons.« *Worldwide Variation in Human Growth* (2. Ausg.). Cambridge University Press, 1990.

171 Die Sportlervermessung bei den olympischen Spielen 1968 in Mexiko-Stadt (das Zitat über »hartnäckige« ethnische Unterschiede steht auf S. 73):
de Garay, Alfonso L., Louise Levine und J. E. Lindsay Carter, Hrsg. *Genetic and Anthropological Studies of Olympic Athletes*. Academic Press, 1974.

173 Die originale Studie mit der Allen'schen Regel:
Allen, Joel Asaph (1877). »The Influence of Physical Conditions in the Genesis of Species.« *Radical Review*, 1: 108-140.

Umfangreiche Forschungsarbeiten haben die Regeln von Allen und Bergmann auf den Menschen übertragen. Eine aktuelle Erörterung mit einer Liste von bestätigenden Studien:
Cowgill, Libby W. et al. (2012). »Development Variation in Ecogeographic Body Proportions.« *American Journal of Physical Anthropology*, 148: 557-70.

Die Analyse von Körperproportionen auf der ganzen Welt:
Katzmarzyk, Peter T. und William R. Leonard (1998). »Climatic Influences on Human Body Size and Proportions: Ecological Adaptations and Secular Trends.« *American Journal of Physical Anthropology*, 106: 483-503.

175 Die Bauchnabel-Studie von 2010:
Bejan, A., Edward C. Jones und Jordan D. Charles (2010). »The Evolution of Speed in Athletics: Why the Fastest Runners Are Black and Swimmers White.« *International Journal of Design & Nature*, 5(3): 199-211.

Pressestelle Duke University. »For Speediest Athletes, It's All in the Center of Gravity.« 12. Juli 2010.

## WIR SIND ALLE (IRGENDWIE) SCHWARZ

177 Über die Hypothese des afrikanischen Ursprungs und die zuvor konkurrierenden Hypothesen:
Klein, Richard G. »Chapter 7: Anatomically Modern Humans.« *The Human Career: Human Biological and Cultural Origins* (2. Ausg.). University of Chicago Press, 1999.

178 Eine Darstellung des menschlichen »Stammbaums«:
Tishkoff, Sarah A. und Kenneth K. Kidd (2004). »Implications of Biogeography of Human Populations for ›Race‹ and Medicine.« *Nature Genetics*, 36(11): 21-27.

179 Es waren wenige Menschen, die sich aus Afrika herauswagten:
Macaulay, V. et al. (2005). »Single, Rapid Coastal Settlement of Asia Revealed by Analysis of Complete Mitochondrial Genomes.« *Science*, 308: 1034-36.

Wade, Nicholas. »To People the World, Start with 500.« *New York Times*, 11. November 1997, S. F1.

Datierung der Spaltung zwischen Mensch und Schimpanse und der Migration außerhalb Afrikas anhand von molekularen und fossilen Nachweisen:
Gibbons, Ann (2012). »Turning Back the Clock: Slowing the Pace of Prehistory.« *Science*, 338: 189-91.

179 Ein Überblick darüber, wie die genetische Vielfalt mit zunehmender Entfernung von Afrika abnimmt:
Prugnolle, Franck, Andrea Manica und Francois Balloux (2005). »Geography Predicts Neutral Genetic Diversity of Human Populations.« *Current Biology*, 15(5): R159-60. Siehe Abb. 2.

182 Im von Kenneth Kidd's mitverfassten Artikel über CYP2E1 finden sich seine Regenbogendiagramme zur genetischen Diversität:
Lee, M. Y. et al. (2008). »Global Patterns of Variation in Allele and Haplotype Frequencies and Linkage Disequilibrium Across the CYP2E1 Gene.« *The Pharmacogenomics Journal*, 8(5): 349-56.

183 Ein ausgezeichneter und leicht verständlicher Vortrag von Sarah Tishkoff über die genetischen Veränderungen, die die Laktoseverdauung bei Erwachsenen ermöglichte: http://wwwyoutube.com/watch?y=sgNEbO0itPOs.

Laktoseintoleranz bei Erwachsenen ist in Ruanda verbreitet:
Cox, Joseph A. und Francis G. Elliott (1974). »Primary Adult Lactose Intolerance in the Kivu Lake Area: Rwanda and the Bushi.« *American Journal of Digestive Diseases*, 19(8): 714-724.

Eine häufige Genvariante verleiht Immunität gegen einen Sportdoping-Test:
Schulze, Jenny Jakobsson et al. (2008). »Doping Test Results Dependent on Genotype of Uridine Diphospho-Glucuronosyl Transferase 2B17, the Major Enzyme for Testosterone Glucuronidation.« *Journal of Clinical Endocrinology & Metabolism*, 93(7): 2500-2506.

184 Interessanter, aber trockener Artikel über die 99,5-prozentige genetische Ähnlichkeit von Menschen:
Levy, Samuel et al. (2007). »The Diploid Genome Sequence of an Individual Human.« *PLoS Biology*, 5(10): e254.

185 Wissenschaftlicher Durchbruch des Jahres 2007 – die genetische Varianz des Menschen:
Pennisi, Elizabeth (2007). »Breakthrough of the Year: Human Genetic Variation.« *Science*, 318: 1842-43.

Örtliche Herkunft von Isländern an der DNA erkennbar:
Helgason, A. et al. (2005). »An Icelandic Example of the Impact of Population Structure on Association Studies.« *Nature Genetics*, 37(1): 90-95.

DNA verrät europäische Abstammung auf wenige Hundert Kilometer genau:
Novembre, John et al. (2008). »Genes Mirror Geography Within Europe. *Nature*, 456(7218): 98-101.

Software teilt DNA in geografische Großregionen ein:
Rosenberg, Noah A. et al. (2002). »Genetic Structure of Human Populations.« *Science*, 298(5602): 2381-85.

Die Stanford-Studie über ethische Selbsteinschätzung und Genetik:
Tang, Hua et al. (2005). »Genetic Structure, Self-Identified Race/Ethnicity und Confounding in Case-Control Association Studies.« *American Journal of Human Genetics*, 76(2): 268-75.

186 Die Presseerklärung von Stanford (»Racial Groupings Match Genetic Profiles, Stanford Study Finds«) für die Studie findet sich hier:
http://med.stanford.edu/news_releases/2005/january/racial-data.htm.

Über Hautfarbe, UV-Strahlung und Breitengrad:
Jablonski, Nina G. und George Chaplin (2000). »The Evolution of Human Skin Coloration.« *Journal of Human Evolution*, 39: 57-106.

Die großen genetischen und geografischen Gruppierungen »korrelieren mit dem Rassenbegriff«:
Tishkoff, Sarah A. und Kenneth K. Kidd (2004). »Implications of Biogeography of Human Populations for ›Race‹ and Medicine.« *Nature Genetics*, 36(11): 21-27.

Der genetische Hintergrund der Afroamerikaner:
Tishkoff, Sarah A. et al. (2009). »The Genetic Structure and History of Africans and African Americans.« *Science*, 324(5930): 1035-44.

Tishkoff erwähnt die »geringe genetische Differenzierung« in einer Presseerklärung der University of Pennsylvania:
http://www.upenn.edu/pennnews/current/node/3643.

187 Das National Human Genome Research Institute über Ethnizität, Genetik und genotypische und phänotypische Vielfalt:
Race, Ethnicity and Genetics Working Group of the National Human Genome Research Institute (2005). »The Use of Racial, Ethnic, and Ancestral Categories in Human Genetics Research.« *American Journal of Human Genetics*, 77: 519-32.

189 Der ursprüngliche Artikel über ACTN3:
North, Kathryn N. et al. (1999). »A Common Nonsense Mutation Results in o-Actinin-3 Deficiency in the General Population.« *Nature Genetics*, 21: 353-54.

191 Der erste Artikel, der einen Unterschied im Vorkommen von ACTN3-Varianten bei Sprintern und Durchschnittsmenschen feststellte:
Yang, Nan et al. (2003). »ACTN3 Genotype Is Associated with Human Elite Athletic Performance.« *American Journal of Human Genetics*, 73: 627-31.

Studien über ACTN3 und sportliche Leistung in verschiedenen Populationen auf der Welt:
Eynon, Nir et al. (2012). »The ACTN3 R577X Polymorphism Across Three Groups of Elite Male European Athletes.« *PLoS ONE*, 7(8): e43132.

Niemi, A. K. und K. Majamaa (2005). »Mitochondrial DNA and ACTN3 Genotypes in Finnish Elite Endurance and Sprint Athletes.« *European Journal of Human Genetics*, 13: 965-69.

Papadimitriou, I. D. et al. (2008). »The ACTN3 Gene in Elite Greek Track and Field Athletes.« *International Journal of Sports Medicine*, 29: 352-55.

Scott, Robert A. et al. (2010). »ACTN3 and ACE Genotypes in Elite Jamaican and US Sprinters.« *Medicine & Science in Sports & Exercise*, 42(1): 107-12.

Yang, Nan et al. (2007). »The ACTN3 R577X Polymorphism in East and West African Athletes.« *Medicine & Science in Sports & Exercise*, 39(11): 1985-88.

191 Die ACTN3-Daten von japanischen Sprintern haben mir Noriyuki Fuku und Eri Mikami bei meinem Besuch in der Abteilung für Genomik für Langlebigkeit und Gesundheit am Tokyo Metropolitan Institute of Gerontology großzügig zur Verfügung gestellt.

192 Die Verbreitung der ACTN3-X-Variante bei Menschen war möglicherweise eine evolutionäre Anpassung:
North, Kathryn (2008). »Why Is α-Actinin-3 Deficiency So Common in the General Population? The Evolution of Athletic Performance.« *Twin Research and Human Genetics*, 11(4): 384-94.

Der beste Überblick über die ACTN3-Forschung und die Auswirkungen eines α-Actinin-3-Mangels auf die Muskeleigenschaften:
Berman, Yemima und Kathryn N. North (2010). »A Gene for Speed: The Emerging Role of α-Actinin-3 in Muscle Metabolism.« *Physiology*, 25: 250-59.

Die Idee, dass sich die ACTN3-X-Variante als Anpassung an die Landwirtschaft entwickelt haben könnte, findet sich auf S. 117 von:
Cochran, Gregory und Henry Harpending. *The 10,000 Year Explosion: How Civilization Accelerated Human Evolution.* Basic Books, 2010.

## KRIEGER, SKLAVEN UND JAMAIKANISCHE SPRINTER

196 Überblick über die Theorien zum jamaikanischen Sprinterfolg (auf Seite 2 finden sich ACTN3-Daten für Jamaikaner und andere Populationen):
Irving, Rachael und Vilma Charlton, Hrsg. *Jamaican Gold: Jamaican Sprinters.* University of the West Indies Press, 2010.

199 Listen mit Sprintern jamaikanischer Abstammung, die für andere Länder antreten, und mit jamaikanischen Sprintern aus Trelawny finden sich im Anhang von:
Robinson, Patrick. *Jamaican Athletics: A Model for 2012 and the World.* Black Amber, 2009. (Die Listen sind unvollständig. Auf der Trelawny-Liste stehen beispielsweise weder der olympische 100-Meter-Finalist Michael Green noch die 4×100-Meter-Weltmeisterin Merlene Frazer, die beide in Trelawny geboren wurden.)

201 Umfangreiche Geschichte der jamaikanischen Maroons (die Zitate »geborene Helden« und »Erhabenheit der Seele« stehen auf S. 45):
Campbell, Mavis C. *The Maroons of Jamaica 1655-1796.* Africa World Press, 1990.

Eine Geschichte Jamaikas unter besonderer Berücksichtigung der afrikanisch-jamaikanischen Perspektive:
Sherlock, Philip und Hazel Bennett. *The Story of the Jamaican People.* Tan Randle Publishers, 1998. (Die »gefährlichen Insassen« und William Beckfords Schilderung eines Zuckerrohrfeuers stehen auf S. 134. Die ängstlichen Briten tauchen auf S. 139 auf. Das 13. Kapitel »The African-Jamaican Liberation Wars, 1650-1800« enthält die Unabhängigkeitskämpfe der Maroons und Geschichten über Cudjoe and Nanny.)

201 Ein faszinierender zeitgenössischer Bericht über die Maroons findet sich in den ungekürzten Nachdrucken von Briefen aus dem frühen 19. Jahrhundert:
Dallas, Robert C. *The History of the Maroons: From Their Origin to the Establishment of Their Chief Tribe at Sierra Leone* (Bd. I u. II). Adamant Media Corporation, 2005. (Erstveröffentlichung 1803 durch T. N. Longman und O. Rees.)

204 Erörterung der Krieger/Sklaven/Sprinter-Theorie mit dem Zitat von Michael Johnson aus dem Dokumentarfilm von Channel:
Beck, Sally. »Survival of the Fastest: Why Descendants of Slaves Will Take the Medals in the London 2012 Sprint Finals.« *Daily Mail*, 30. Juni 2012.

205 Y-Chromosome von jamaikanischen Männern:
Benn Torres, Jada (2012). »Y Chromosome Lineages in Men of West African Descent.« *PLoS ONE*, 7(1): e29687.

Genetische Studien der jamaikanischen Demografie, mitverfasst von Errol Morrison und Yannis Pitsiladis:
Deason, Michael L. et al. (2012). »Interdisciplinary Approach to the Demography of Jamaica.« *BMC Evolutionary Biology*, 12: 24.

Deason, M. et al. (2012). »Importance of Mitochondrial Haplotypes and Maternal Lineage in Sprint Performance Among Individuals of West African Ancestry.« *Scandinavian Journal of Medicine & Science in Sports*, 22: 217-23.

Genetische Nachweise dafür, dass die Taino in Jamaika nicht ausgestorben sind. Die Studie gibt auch Aufschluss über die genetische »Afrikanität« unterschiedlicher karibischer Populationen:
Benn Torres, J. et al. (2007). »Admixture and Population Stratification in African Caribbean Populations.« *Annals of Human Genetics*, 72: 90-98.

206 Jeder Leichtathletik-Fan sollte einmal die Champs besuchen. Die zweitbeste Möglichkeit:
Lawrence, Hubert. *Champs 100: A Century of Jamaican Highschool Athletics*, 19102010. Great House, 2010.

214 Pitsiladis' Ratschlag für angehende weiße Sprinter ist hier zu finden:
»No Proof Sporting Success Is Genetic According to Academic.« *Scotsman.com*, 23. März 2011.

## MALARIA UND MUSKELFASERN

215 Hintergründe zu Breitengrad und Beckenbreite:
Nuger, Rachel Leigh. *The Influence of Climate on the Obstetrical Dimensions of the Human Bony Pelvis.* UMI Dissertation Publishing, 2011.

Der Artikel, in dem Cooper und Morrison ihre Hypothese vorstellen:
Morrison, E. Y. St. A. und P. D. Cooper (2006). »Some Bio-Medical Mechanisms in Athletic Prowess.« *West Indian Medical Journal*, 55(3): 205-209.

216 Patrick Coopers Witwe Juin – und mehrere Nachrufe – haben mir Einzelheiten aus seinem Leben verraten. Coopers Buch über schwarze Sportler:
Cooper, Patrick Desmond. *Black Superman: A Cultural and Biological History of the People That Became the World's Greatest Athletes.* First Sahara, 2003.

217 Noch einmal die Vermessung der Olympioniken 1968 in Mexiko-Stadt:
de Garay, Alfonso L., Louise Levine und J. E. Lindsay Carter, Hrsg. *Genetic and Anthropological Studies of Olympic Athletes.* Academic Press, 1974.

218 Sichelzellenträger sind bei Laufdistanzen ab 800 Meter unterrepräsentiert:
Eichner, Randy E. (2006). »Sickle Cell Trait and the Athlete.« *Gatorade Sports Science Institute: Sports Science Exchange,* 19(4): 103.

Analyse des Sterberisikos von College-Footballern mit Sichelzellenmerkmal:
Harmon, Kimberly G. et al. (2012). »Sickle Cell Trait Associated with a RR of Death of 37 Times in National Collegiate Athletic Association Football Athletes: A Database with 2 Million Athlete-Years as Denominator.« *British Journal of Sports Medicine,* 46: 325-30.

Der erste Artikel über niedrige Hämoglobinwerte bei Afroamerikanern, den Cooper zitierte:
Garn, Stanley M., Nathan J. Smith und Diance C. Clark (1975). »Lifelong Differences in Hemoglobin Levels Between Blacks and Whites.« *Journal of the National Medical Association,* 67(2): 91-96.

219 Datenmaterial des National Genter for Health Statistics beim CDC ist öffentlich verfügbar und kann durch einen Anruf in der Zentrale leicht gefunden werden.

Haufenweise Hämoglobin-Daten finden sich auch in veröffentlichten Berichten:
Hollowell J. G. et al. (2005). »Hematological and Iron-Related Analytes- Reference Data for Persons Aged 1 Year and Over: United States, 1988-94.« *National Center for Health Statistics. Vital Health Statistics,* 11(247).

Robins, Edwin B. und Steve Blum (2007). »Hematologic Reference Values for African American Children and Adolescents.« *American Journal of Hematology,* 82: 611-14.

Studie mit 715.000 Blutspendern:
Mast, Alan E. et al. (2010). »Demographic Correlates of Low Hemoglobin Deferral Among Prospective Whole Blood Donors.« *Transfusion,* 50(8): 1794-1802.

220 Hier verweisen Ärzte auf einen »Kompensationsmechanismus«:
Kraemer, Michael J. et al. (1977). »Race-Related Differences in Peripheral Blood and in Bone Marrow Cell Populations of American Black and American White Infants.« *Journal of the National Medical Association,* 69(5): 327-31.

Die von Bouchard mitverfasste Studie über Muskelfasertypen:
Ama, P. F. et al. (1986). »Skeletal Muscle Characteristics in Sedentary Black and Caucasian Males.« *Journal of Applied Physiology,* 61(5): 1758-61.

221 Das Sichelzellenmerkmal führt zu einer verringerten Fähigkeit zur Energieerzeugung auf hauptsächlich sauerstoffbasiertem Wege:
Bitanga, E. und J. D. Rouillon (1998). »Influence of the Sickle Cell Trait Heterozygote on Energy Abilities.« *Pathologie Biologie,* 46(1): 46-52.

Le Gallais, D. et al. (1994). »Sickle Cell Trait as a Limiting Factor for High-Level Performance in a Semi-Marathon.« *International Journal of Sports Medicine,* 15(7): 399-402.

Ein wenig Hintergrund zum Malariaschutz, den das Sichelzellenmerkmal mit sich bringt: Pierce, E. C. »How Sickle Cell Trait Protects Against Malaria.« *Medical Journal of Therapeutics Africa,* 1(1): 61-62.

221 Anthony C. Allison hat als Erster den Zusammenhang zwischen Sichelzellenmerkmal und Malariaresistenz festgehalten:
Allison, A. C. (1954). »Protection Afforded by Sickle-Cell Trait Against Subtertian Malarial Infection.« *British Medical Journal*, 1(4857): 290-94.

Allison, Anthony C. (2002). »The Discovery of Resistance to Malaria of Sickle-Cell Heterozygotes.« *Biochemistry and Molecular Biology Education*, 30(5): 279-87.

222 Das langsame Verschwinden des Sichelzellenmerkmals bei Afroamerikanern wird hier auf S. 99 behandelt:
Nesse, Randolph M. und George C. Williams. Why We Get Sick: The New Science of Darwinian Medicine. *Vintage*, 1996.

Das Malariarisiko bei Eisensupplementation ist seit Langem von Stephen J. Oppenheimer und anderen belegt:
English, M. und R. W. Snow (2006). »Iron and Folic Acid Supplementation and Malaria Risk.« *Lancet*, 367(9505): 90-91.

Oppenheimer, S. J. et al. (1986). »Iron Supplementation Increases Prevalence and Effects of Malaria: Report on Clinical Studies in Papua New Guinea.« *Transactions of the Royal Society of Tropical Medicine and Hygiene*, 80(4)603-12.

Oppenheimer, Stephen (2007). »Comments on Background Papers Related to Iron, Folic Acid, Malaria and Other Infections.« *Food and Nutrition Bulletin*, 28(4): S550-59.

223 2006 hat die WHO ihre Empfehlungen zur Eisensupplementation in Malariagebieten revidiert: http://www.who.int/maternal_child_adolescent/documentsiron_statement/en/.

Die weltweite Verteilung des Sichelzellgens und sein Verhältnis zur Malaria (mit online erhältlichen farbkodierten Karten):
Piel, Frédéric B. et al. (2010). »Global Distribution of the Sickle Cell Gene and Geographical Confirmation of the Malaria Hypothesis.« *Nature Communications*, 1: 104.

Dänischen Wissenschaftlern zufolge sind Fast-twitch-Fasern der Grund für bestimmte körperliche Merkmale von Afroamerikanern:
Nielsen, J. und D. L. Christensen (2011). »Glucose Intolerance in the West African Diaspora: A Skeletal Muscle Fibre Type Distribution Hypothesis.« *Acta Physiologica*, 202(4): 605-16.

224 Daniel Le Gallais hat diese Studien über sportliche Leistung und das Sichelzellenmerkmal mitverfasst:
Bilé A., etal. (1998). »Sickle Cell Trait in Ivory Coast Athletic Throw and Jump Champions, 1956-1995.« *International Journal of Sports Medicine*, 19(3): 215-19.

Hue, O. et al. (2002). »Alactic Anaerobic Performance in Subjects with Sickle Cell Trait and Hemoglobin AA.« *International Journal of Sports Medicine*, 23(3): 174-77.

Le Gallais, D. et al. (1994). »Sickle Cell Trait as a Limiting Factor for High-Level Performance in a Semi-Marathon.« *International Journal of Sports Medicine*, 15(7): 399-402.

Marlin, L. et al. (2005). »Sickle Cell Trait in French West Indian Elite Sprint Athletes.« *International Journal of Sports Medicine*, 26(8): 622-25.

225 Die beiden Studien, die eine Änderung der Muskelfasermischung bei Mäusen mit niedrigem Hämogobinspiegel belegen:
Esteva, Santiago et al. (2008). »Morphofunctional Responses to Anaemia in Rat Skeletal Muscle.« *Journal of Anatomy*, 212: 836-44.

Ohira, Yoshinobu und Sandra L. Gill (1983). »Effects of Dietary Iron Deficiency on Muscle Fiber Characteristics and Whole-Body Distribution of Hemoglobin in Mice.« *Journal of Nutrition*, 113: 1811-18.

227 Bei Populationen in ostafrikanischen Höhenlagen ist die Sichelzellenmutation selten oder nicht vorhanden:
Ayodo, George et al. (2007). »Combining Evidence of Natural Selection with Association Analysis Increases Power to Detect Malaria-Resistance Variants.« *American Journal of Human Genetics*, 81: 234-42.

Foy, Henry et al. (1954). »The Variability of Sickle-Cell Rates in the Tribes of Kenya and the Southern Sudan.« *British Medical Journal*, 1(4857): 294.

Williams, Dianne. *Race, Ethnicity and Crime: Alternate Perspectives*. Algora Publishing, 2012, S. 20.

## IST JEDER KALENJIN EIN LÄUFER?

229 Übersicht über die Spitzenläufer Kenias und ihre Stammeszugehörigkeit:
Onywera, Vincent O. et al. (2006). »Demographic Characteristics of Elite Kenyan Endurance Runners.« *Journal of Sports Sciences*, 24(4): 415-22.

233 Viehdiebstahl galt nur innerhalb des Stammes als Verbrechen:
Bale, John und Joe Sang. *Kenyan Running: Movement Culture, Geography and Global Change*. Frank Cass, 1996, S. 53.

Die beste Sammlung von akademischer Literatur über den ostafrikanischen Lauferfolg: Pitsiladis, Yannis et al., Hrsg. *East African Running: Towards a Cross-Disciplinary Perspective*. Routledge, 2007.

Die demografischen Daten über Äthiopien entstammen dem *Summary and Statistical Report of the 2007 Population and Housing Census*, herausgegeben von der äthiopischen Volkszählungskommission.

John Manners Schriften über die Rinderhaltung, Berichte über die Wunderkinder der Kalenjin und seine Aussagen über Rotich:
Manners, John (1997). »Kenya's Running Tribe.« *The Sports Historian*, 17(2): 14-27.

Manners, John. »Chapter 3: Raiders from the Rift Valley: Cattle Raiding and Distance Running in East Africa.« In: Yannis Pitsiladis, et al., Hrsg. *East African Running: Towards a Cross-Disciplinary Perspective*. Routledge, 2007.

236 Auf Grundlage der IAAF-Liste mit Marathon-Bestzeiten aus 2011; John Manners half dabei, die Kalenjin-Sportler herauszusuchen.

237 Scott Bickards verglich Peter Kosgei mit einem NBA-Spieler im *Utica Observer-Dispatch* am 21. April 2011.

239 Zusammenfassung der Kopenhagener Forschungsarbeit – einschließlich der Aussage »scheint zu bestätigen« von Saltin:
Saltin, Bengt (2003). »The Kenya Project-Final Report.« *New Studies in Athletics*, 18(2): 15-24.

239-242 Hier eine detailliertere Beschreibung:
Larsen, Henrik B. (2003). »Kenyan Dominance in Distance Running.« *Comparative Biochemistry and Physiology Part A: Molecular & Integrative Physiology*, 136(1): 161-70.

241 Noch eine Studie, die bei afrikanischen Läufern eine bessere Laufökonomie feststellt als bei Europäern:
Weston, A. R., Z. Mbambo und K. H. Myburgh (2000). »Running Economy of African and Caucasian Distance Runners.« *Medicine & Science in Sports & Exercise*, 32(6): 1130-34.

Was Gewichte an den Fußgelenken energetisch bewirken:
Jones, B. H. et al. (1986). »The Energy Cost of Women Walking and Running in Shoes and Boots.« *Ergonomics*, 29: 439-43.

Myers, M. J. und K. Steudel (1985). »Effect of Limb Mass and Its Distribution on the Energetics Cost of Running.« *Journal of Experimental Biology*, 116: 363-73.

Dan Lieberman von Harvard hat ebenfalls den erhöhten Energieaufwand bei distaler Last bestätigt und die Ergebnisse der Adidas-Ingenieure wurden mir von Andrew Barr, Produktmanager für Laufprodukte bei Adidas, übermittelt.

Lange Beine und dünne Unterschenkel tragen unabhängig voneinander zur Laufökonomie bei:
Steudel-Numbers, Karen L., Timothy D. Weaver und Cara M. Wall-Scheffler (2007). »The Evolution of Human Running: Effects of Changes in Lower-Limb Length on Locomotor Economy.« *Journal of Human Evolution*, 53(2): 191-96.

Kenianische Läufer und ihre langen Achillessehnen:
Sano, K. et al. (2012). »Muscle-Tendon Interaction and EMG Profiles of World Class Endurance Runners During Hopping.« *European Journal of Applied Physiology*, 11. Dezember (ePub ahead of print).

Larsens Behauptung, das Rätsel der kenianischen Laufdominanz sei geknackt:
Holden, Constance (2004). »Peering Under the Hood of Africa's Runners.« *Science*, 305(5684): 637-39.

Zersenay Tadeses Laufökonomie:
Lucia, Alejandro et al. (2007). »The Key to Top-Level Endurance Running Performance: A Unique Example.« *British Journal of Sports Medicine*, 42: 172-174.

246 Vincent Sarichs Berechnung beginnt auf S. 174 von:
Sarich, Vincent und Frank Miele. *Race: The Reality of Human Differences*. Westview Press, 2004.

Die Berechnung von *Runner's World* steht in:
Burfoot, Amby (1992). »White Men Can't Run.« *Runner's World*, 27(8): 89-95.

## DAS GRÖSSTE (HÖCHSTGELEGENE) TALENTSIEB DER WELT

253 Die meisten kenianischen Läufer sind Kalenjin und sind zu Fuß zur Schule gelaufen: Onywera, Vincent O. et al. (2006). »Demographic Characteristics of Elite Kenyan Endurance Runners.« *Journal of Sports Science*, 24(4): 415-22.

254 Die meisten äthiopischen Läufer sind Oromo und sind zu Fuß zur Schule gelaufen: Scott, Robert A. et al. (2003). »Demographic Characteristics of Elite Ethiopian Endurance Runners.« *Medicine & Science in Sports & Exercise*, 35(10): 1727-32.

Die mitochondrielle DNA von äthiopischen Oromo und kenianischen Kalenjin ist nicht besonders eng verwandt:
Scott, Robert A. et al. (2008). »Mitochondrial Haplogroups Associated with Elite Kenyan Athlete Status.« *Medicine & Science in Sports & Exercise*, 41(1): 123-28.

Scott, Robert A. et al. (2005). »Mitochondrial DNA Lineages of Elite Ethiopian Athletes.« *Comparative Biochemistry and Physiology Part B: Biochemistry and Molecular Biology*, 140(3): 497-503.

257 Wissenschaftler des 19. Jahrhunderts wussten noch nichts von der Vielfalt der Höhenanpassungen, die Beall finden würde:
Beall, Cynthia M. (2006). »Andean, Tibetan, and Ethiopian Patterns of Adaptation to High-Altitude Hypoxia.« *Integrative and Comparative Biology*, 46(1): 18-24.

259 Beall wies darauf hin, dass Äthiopier, die in Höhenlagen leben, den Sauerstofftransfer von der Lunge zum Blut verbessert haben. (Snell hat seine Theorie zu diesem Thema im Interview mit dem Autor geäußert.)

Beall, Cynthia M. et al. (2002). »An Ethiopian Pattern of Human Adaptation to High-Altitude Hypoxia.« *Proceedings of the National Academy of Sciences*, 99(26): 17215-18.

Die Daten aus Kenenisa Bekeles Höhentraining hat Barry Fudge, leitender Physiologe am English Institute of Sport, freundlicherweise bereitgestellt.

260 Wissenschaftler aus Norwegen und Texas haben Sportler in Höhenlagen trainieren lassen und Änderungen der EPO-Werte festgehalten:
Jedlickova, K. et al. (2003). »Search for Genetic Determinants of Individual Variability of the Erythropoietin Response to High Altitude.« *Blood Cells, Molecules & Diseases*, 31(2): 175-82.

261 Die Änderung der Anzahl der roten Blutkörperchen und der 5.000-Meter-Laufzeiten in großer Höhe ist individuell sehr verschieden:
Chapman, Robert F. (1998). »Individual Variation in Response to Altitude Training.« *Journal of Applied Physiology*, 85(4): 1448-56.

Angaben zur »Optimalhöhe« entstammen zahlreichen Interviews mit Höhenexperten, darunter Randall L. Wilber vom U.S. Olympic Training Center in Colorado Springs, Colorado. Hier finden sich Hintergrundinformationen, einschließlich einer Liste mit den Höhen wichtiger Trainingsstädte:
Wilber, Randall L. *Altitude Training and Altitude Performance*. Human Kinetics, 2004.

262 Kinder, die in Höhenlagen aufwachsen, haben eine größere Lungenoberfläche; Erwachsene, die dorthin ziehen, jedoch nicht:
Moore, Lorna G., Susan Niermeyer und Stacy Zamudio (1998). »Human Adaptation to High Altitude: Regional and Life-Cycle Perspectives.« *Yearbook of Physical Anthropology*, 41: 25-64.

In großer Höhe lebende Äthiopier haben ein größeres Atemvolumen als äthiopische Tieflandbewohner. (Enthält auch eine Tabelle mit Messwerten von Körpergröße und Sitzhöhe bei Äthiopiern.)

Harrison, G. A. et al. (1969). »The Effects of Altitudinal Variation in Ethiopian Populations.« *Philosophical Transactions of the Royal Society of London. Series B, Biological Sciences*, 805(256): 147-82.

267 Von Claudio Berardelli mitverfasster Artikel über die Laufökonomie bei europäischen und kenianischen Läufern:
Tam, E. et al. (2012). »Energetics of Running Top-Level Marathon Runners from Kenya.« *European Journal of Applied Physiology*, 112(11): 3797-806.

268 Andrew M. Jones' jahrelangen physiologischen Untersuchungen an Paula Radcliffe:
Jones, Andrew M. (2006). »The Physiology of the World Record Holder for the Women's Marathon.« *International Journal of Sports Science & Coaching*, 1(2): 101-16.

269 Sir Roger Bannisters Zitat erschien am 20. June 1955 in der *Sports Illustrated*.

## SCHLITTENHUNDE, ULTRALÄUFER UND FAULPELZ-GENE

271 Offenherziger und packender Lebensbericht von Lance Mackey:
Mackey, Lance. *The Lance Mackey Story: How My Obsession with Dog Mushing Saved My Life*. Zorro Books, 2010.

277 Der Physiologe und Tierarzt Michael Davis (Oklahoma State University) hielt bei der Texas A&M Huffines Discussion 2012 einen leicht verständlichen Vortrag über seine Forschungen zur Trainingsanpassung von Schlittenhunden. (Ich war auch als Redner eingeladen und hatte das Vergnügen, mit Dr. Davis über seine Arbeit zu sprechen.) Sein Vortrag ist hier abrufbar:
http://huffinesinstitute.org/resources/videosentryid/330/huffines-discussion-2012-oklahoma-states-dr-michael-davis.

280 Die Genetik von Alaskan Huskys:
Huson, Heather J. et al. (2010). »A Genetic Dissection of Breed Composition and Performance Enhancement in the Alaskan Sled Dog.« *BMC Genetics*, 11: 71.

282 Von Garland mitverfasste Arbeit über Dopamin, Ritalin und »laufsüchtige« Mäuse:
Rhodes, J. S., S. C. Gammie und T. Garland Jr. (2005). »Neurobiology of Mice Selected for High Voluntary Wheel-Running Activity.« *Integrative and Comparative Biology*, 45(3): 438-55.

286 Die Mäuse von der University of Wisconsin, mit denen sich Pam Reed vergleicht:
Rhodes, J. S., T. Garland Jr. und S. C. Gammie (2003). »Patterns of Brain Activity Associated with Variation in Voluntary Wheel Running Behavior.« *Behavioral Neuroscience*, 117(6): 1243-56.

288 Hintergrundwissen über Dopamin und Sucht:
Holden, Constance (2001). »Behavioral' Addictions: Do They Exist?« *Science*, 294: 980-82.

Peirce, R. C. und V. Kumaresan (2006). »The Mesolimbic Dopamine System: The Final Common Pathway for the Reinforcing Effect of Drugs of Abuser« *Neuroscience & Biobehavioral Reviews*, 30(2): 215-38.

Alle am Menschen durchgeführten Studien haben ergeben, dass freiwillige körperliche Aktivität signifikant erblich ist:
Lightfoot, J. Timothy (2011). »Current Understanding of the Genetic Basis for Physical Activity.« *Journal of Nutrition*, 141(3): 526-30.

Bei 13.000 schwedischen Zwillingspaaren waren eineiige Zwillinge mit viel größerer Wahrscheinlichkeit ähnlich physisch aktiv oder inaktiv:
Carlsson, S., et al. (2006). »Genetic Effects on Physical Activity: Results from the Swedish Twin Registry.« *Medicine & Science in Sports & Exercise*, 38 (8): 1396-1401.

Wird die Aktivität direkt mit Beschleunigungsmessern gemessen, bleibt der Unterschied zwischen zweieiigen und eineiigen Zwillingen bestehen:
Joosen, A. M. et al. (2005). »Genetic Analysis of Physical Activity in Twins.« *American Journal of Clinical Nutrition*, 82(6): 1253-59.

Stubbe, Janine H. et al. (2006). »Genetic Influences on Exercise Participation in 37,051 Twin Pairs from Seven Countries.« *PLoS ONE*, 1: e22.

Überblick über Forschungen zum Dopaminsystem – und erste genetische Erkenntnisse – und freiwillige körperliche Aktivität:
Knab, Amy M. und J. Timothy Lightfoot (2010). »Title: Does the Difference Between Physically Active and Couch Potato Lie in the Dopamine System?« *International Journal of Biological Science*, 6(2): 133-50.

DRD4-7R und ADHS:
Li, D. et al. (2006). »Meta-analysis Shows Significant Association Between Dopamine System Genes and Attention Deficit Hyperactivity Disorder (ADHD).« *Human Molecular Genetics*, 15(14): 2276-84.

Swanson, J. M. et al. (2007). »Etiologic Subtypes of Attention-Deficit-Hyperactivity Disorder: Brain Imaging, Molecular Genetic and Environmental Factors and the Dopamine Hypothesis.« *Neuropsychology Review*, 17(1): 39-59.

289 Das DRD4-Gen in nomadischen und sesshaften Kulturen:
Chen, Chuansheng et al. (1999). »Population Migration and the Variation in Dopamine D4 Receptor (DRD4) Allele Frequencies Around the Globe.« *Evolution and Human Behavior*, 20: 309-24.

Matthews, L. J. und P. M. Butler (2011). »Novelty-Seeking DRD4 Polymorphisms Are Associated with Human Migration Distance Out-of-Africa After Controlling for Neutral Population Gene Structure.« *American Journal of Physical Anthropology*, 145(3): 382-89.

289 Das DRD4-Gen beim Stamm der Ariaal:
Eisenberg, Dan T. A. et al. (2008). »Dopamine Receptor Genetic Polymorphisms and Body Composition in Undernourished Pastoralists: An Exploration of Nutrition Indices Among Nomadic and Recently Settled Ariaal Men of Northern Kenya.« *BMC Evolutionary Biology*, 8: 173.

## DAS GEN, DAS HERZEN BRICHT

296 Die besten Hintergrundinformationen über plötzlichen Sportlertod:
Estes III, Mark N. A., Deeb N. Salem und Paul J. Wang, Hrsg. *Sudden Cardiac Death in the Athlete*. Futura, 1998.

Maron, Barry J., Hrsg. *Diagnosis and Management of Hypertrophic Cardiomyopathy*. Futura, 2004.

In meinem *Sports-Illustrated*-Artikel »Following the Trail of Broken Hearts« (10. Dezember 2007) habe ich den Vergleich zwischen einer HCM-Mutation und einem Tippfehler in der *Encyclopaedia Britannica* gezogen. Dort setze ich die Änderung einer DNA-Base mit einem Tippfehler in 60 vollständigen Ausgaben der *Britannica* gleich. In diesem Buch nehme ich 13 vollständige Ausgaben der Enzyklopädie. Im Artikel habe ich jedes Wort in der *Encyclopaedia Britannica* als möglichen Tippfehler betrachtet. Für dieses Buch lasse ich jeden einzelnen Buchstaben als einen potenziellen Tippfehler gelten – was meiner Meinung nach einen akkurateren Vergleich mit dem Genom ergibt.

297 Hervorragende Einführung über HCM, für Laien geschrieben und mit Bildern von Herzzellen:
Maron, Barry J. und Lisa Salberg. *Hypertrophic Cardiomyopathy: For Patients, Their Families and Interested Physicians* (2. Ausg.). Wiley-Blackwell, 2006.

298 Das MYH7-Gen war das erste, aber inzwischen kennen wir noch viele andere Mutationen, die HCM verursachen:
Maron, Barry J., Martin S. Maron und Chrisopher Semsarian (2012). »Genetics of Hypertrophic Cardiomyopathy After 20 Years.« *Journal of the American College of Cardiology*, 60(8): 705-15.

299 Das Gewicht von Kevin Richards' Herz entnehme ich seiner Autopsie-Akte, die ich mit schriftlicher Genehmigung seiner Eltern, Gwendolyn und Rupert Richards, einsehen durfte.

In immer mehr amerikanischen Bundesstaaten dürfen Nicht-Ärzte Sportzugangsprüfungen vornehmen:
Glover, David W., Drew W. Glover und Barry]. Maron (2007). »Evolution in the Process of Screening United States Highschool Student-Athletes for Cardiovascular Disease.« *American Journal of Cardiology*, 100: 1709-12.

303 Alan Milsteins Aussage erschien hier:
Litke, Jim. »Curry's DNA Fight with Bulls ›Bigger Than Sports World.‹« *Associated Press*, 29. September 2005.

306 ApoE4-Träger bekommen öfter und früher Alzheimer:
Corder, E. H., et. al. (1993). »Gene Dose of Apolipoprotein E type 4 Allele and the Risk of Alzheimer's Disease in Late Onset Families.« *Science*, 261(5123): 921-23.

306 ApoE4 hat Auswirkungen auf die Schwere von Hirnverletzungen:
Jordan, Barry D. (2007). »Genetic Influences on Outcome Following Traumatic Brain Injury.« *Neurochemical Research*, 32: 905-15.

Boxer mit ApoE4 haben schlimmere Hirnschäden:
Jordan, Barry D. (1997). »Apolipoprotein E epsilon4 Associated with Chronic Traumatic Brain Injury.« *Journal of the American Medical Association*, 278 (2): 136-40.

307 Alter, Schläge auf den Kopf und ApoE4 wirken negativ auf die Hirnfunktion:
Kutner, K. C. et al. (2000). »Lower Cognitive Performance of Older Football Players Possessing Apolipoprotein E epsilon4.« *Neurosurgery*, 47(3): 651-57.

Mehr über CTE und John Grimsleys Gehirn:
http://www.bumce.bu.edu/supportingbusm/research/brain/cte/.

Zwei Prozent aller Menschen haben zwei Kopien der ApoE4-Genvariante:
Izaks, Gerbrand J. et al. (2011). »The Association of ApoE Genotype with Cognitive Function in Persons Aged 35 Years or Older.« *PLoS ONE*, 6(11): e27415.

CTE-Vorkommen bei Sportlern:
McKee, Ann C. et al. (2009). »Chronic Traumatic Encephalopathy in Athletes: Progressive Tauopathy Following Repetitive Head Injury.« *Journal of Neuropathology & Experimental Neurology*, 68(7): 709-35.

Sam Gandy vom Center for Cognitive Health am Mt. Sinai Hospital setzt das ApoE4-Risiko mit dem Risiko einer NFL-Teilnahme gleich:
http://www.alzforum.org/new/detail.asprid=3264.

309 Wenn Menschen ihre ApoE-Version erfahren:
Green, Robert C. et al. (2009). »Disclosure of ApoE Genotype for Risk of Alzheimer's Disease.« New England Journal of Medicine, 361: 245-54.

Hintergrundwissen darüber, wie Gene die Verletzungsanfälligkeit beeinflussen:
Collins, Malcolm und Stuart M. Raleigh. »Genetic Risk Factors for Musculoskeletal Soft Tissue Injuries.« In: Malcolm Collins, Hrsg. *Genetics and Sports*. Karger, 2009, 54: 136-49.

310 COL5A1 hat wegen der Stabilität der Achillessehne möglicherweise auch Einfluss auf Flexibilität und Laufleistung:
Posthumus, Michael, Martin P. Schwellnus und Malcolm Collins (2011).

»The COL5AI Gene: A Novel Marker of Endurance Running Performance.« *Medicine & Science in Sports & Exercise*, 43(4): 584-89.

311 Einige NFL-Spieler lassen sich auf Verletzungsanfälligkeit testen:
Assael, Shaun. »Cheating Is So 1999.« *ESPN The Magazine*, October 8, 2009, S. 88-97.

313 Großartiger – aber sehr fachspezifischer – Überblick über das Gebiet der Schmerzgenetik:
Mogil, Jeffrey S. The Genetics of Pain. ASP Press, 2004.

»Rotschopf-Mutation« verringert die Schmerzempfindlichkeit:
Mogil, J. et al. (2005). »Melanocortin-1 Receptor Gene Variants Affect Pain and p-Opioid Analgesia in Mice and Humans.« *Journal of Medical Genetics*, 42(7): 583-87.

314 Britische Forscher über die schmerzresistente pakistanische Familie:
Cox, James J. et al. (2006). »An SCN9A Channelopathy Causes Congenital Inability to Experience Pain.« *Nature*, 444(7121): 894-98.

Das Schmerzempfinden ändert sich aufgrund einer häufigen Variante von SCN9A:
Reimann, Frank et al. (2010). »Pain Perception Is Altered by a Nucleotide Polymorphism in SCN9A.« *Proceedings of the National Academy of Sciences*, 107(11): 5148-53.

315 Mehr über das COMT-Gen:
Goldman, David. »Chapter 13: Warriors and Worriers.« *Our Genes, Our Choices: How Genotype and Gene Interactions Affect Behavior*. Academic Press, 2012.

Stein, Dan J. et al. (2006). »Warriors Versus Worriers: The Role of COMT Gene Variants.« *Pearls in Clinical Neuroscience*, 11(10): 745-48.

316 Sportler sind am Wettkampftag weniger schmerzempfindlich:
Sternberg, W. F. et al. (1998). »Competition Alters the Perception of Noxious Stimuli in Male and Female Athletes.« *Pain*, 76(1-2): 231-38.

## DER MUTANT MIT DER GOLDMEDAILLE

330 Erste Erwähnung des Reichtums an roten Blutkörperchen in der Familie Mäntyranta:
Juvonen, Eeva et al. (1991). »Autosomal Dominant Erythrocytosis Caused by Increased Sensitivity to Erythropoietin.« *Blood*, 78(11): 3066-69.

332 Erste Erwähnung der EPOR-Mutation in der Familie Mäntyranta:
de la Chapelle, Albert et al. (1993). »Familial Erythrocytosis Genetically Linked to Erythropoietin Receptor Gene.« *Lancet*, 341: 82-84.

333 Detaillierte Analyse der EPOR-Mutation in der Familie Mäntyranta:
de la Chapelle, Albert, Ann-Liz Traskelin und Eeva Juvonen (1993). »Truncated Erythropoietin Receptor Causes Dominantly Inherited Benign Human Erythrocytosis.« *Proceedings of the National Academy of Sciences*, 90: 4495-99.

## EPILOG: DER PERFEKTE SPORTLER

344 Williams, Alun G. und Jonathan P. Folland (2008). »Similiarity of Polygenic Profiles Limits the Potential for Elite Human Physical Performance.« *The Journal of Physiology*, 586(pt. 1): 113-21.

346 Cunningham, Patrick. »The Genetics of Thoroughbred Horses.« *Scientific American* (Mai 1991).

348 Tanners Aussage über optimale Entwicklung:
Tanner, J.M. *Fetus Into Man: Physical Growth from Conception to Maturity* (überarbeitete und erweiterte Ausg.). Harvard University Press, 1990, S. 120.

## NACHWORT ZUR TASCHENBUCHAUSGABE


350 Dennis Kimettos Aussage, er wäre vor 2010 »buchstäblich« nie gelaufen:
Eder, Larry (2013). »Chicago Marathon Diary: Dennis Kimetto wins in CR of 2:03.45.« *RunBlogRun*, 13. Oktober 2013.

352 Ericssons Brief über das Delegieren der Wissenschaft an Journalisten lässt sich bei seiner Fakultät unter »2012 Ericsson's reply« herunterladen:
http://www.psy.fsu.edu/faculty/ericsson/ericsson.hp.html.

Und hier sein kritischer Artikel:
Ericsson, K. Anders (2012). »Training History, Deliberate Practise and Elite Sports Performance: An Analysis in Response to Tucker and Collins Review – What Makes Champions?« *British Journal of Sports Medicine*, 30. Oktober (ePub ahead of print).

354-355 Die Diagramme mit Trainingsstunden beruhen auf Daten aus:
Moesch, K. et al. (2011). »Late Specialization: the key to success in centimeters, grams, or seconds (cgs) sports.« *Scandinavian Journal of Medicine & Science in Sports*, 21(6): e282-290.

355 Studien über späte Spezialisierung in Tennis, Baseball und anderen Mannschaftssportarten:
Carlson, Rolf (1988). »The Socialization of Elite Tennis Players in Sweden: An Analysis of the Players' Backgrounds and Development.« *Sociology of Sport Journal*, 5: 241-256.

Hill, Grant M. (1993). »Youth Sport Participation of Professional Baseball Players.« *Sociology of Sport Journal*, 10: 107-114.

Moesch, K. et al. (2013). »Making It to the Top in Team Sports: Start Later, Intensify, and Be Determined!« *Talent Development & Excellence*, 5(2): 85-100.

356 Football-Spieler steigern Kraft, aber nicht Tempo:
Jacobson, B.H. et al. (2013). »Logitudinal morphological and performance profiles for American, NCAA Division I football players.« *Journal of Strength and Conditioning Research*, 27(9): 2347-2354.

358-359 Spätere Spezialisierung bei herausragenden Musikstudenten:
Sloboda, John A. and Michael J. A. Howe (1991). »Biographical Precursors of Musical Excellence: An Interview Study.« *Psychology of Music*, 19: 3-21.

359 Gladwell über The Sports Gene:
http://www.newyorker.com/online/blogs/sportingscene/2013/08psychology-ten-thousand-hour-rule-complexity.html.

Hier ebenso: http:/www.newyorker.com/arts/critics/atlarge/2013/09/09/130909crat_atlarge_gladwell.

Eine Analyse seiner Analyse von Alex Hutchinson, einem Doktor der Physik, der für Kanada im Nationalteam lief und *Which Comes First, Cardio or Weights?* verfasst hat:
http://m.runnersworld.com/general-interest/on-malcolm-gladwelland-naturals.

361 BDNF und motorische Fähigkeiten:
Kleim, Jeffrey A. et al. (2006). »BDNF val66met polymorphism is associated with modified experience-dependent plasticity in human motor cortex.« *Nature Neuroscience*, 9(6): 735-737.

McHughen, S.A. et al. (2010). »BDNF val66met polymorphism influences motor system function in the human brain.« *Cerebral Cortex*, 20(5): 1254-1262.

362 Kunden von 23andMe reagieren bisher vernünftig auf Informationen über Gesundheitsrisiken:
Francke, Uta et al. (2013). »Dealing with the unexpected: consumer response to direct-access BRCA mutation testing.« *Peerj*, 1: e8.

# INDEX

## B



## C

## L

## T



## U